Gerl · Steuergestaltung bei Unternehmenskrisen

Steuergestaltung bei Unternehmenskrisen

Ausgewählte Problembereiche
der beteiligten Personengruppen

Von
Dipl.-Kaufmann
Dr. Christian Gerl

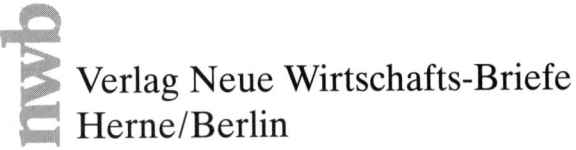

Verlag Neue Wirtschafts-Briefe
Herne/Berlin

Die Deutsche Bibliothek – CIP-Einheitsaufnahme

Gerl, Christian:
Steuergestaltung bei Unternehmenskrisen : ausgewählte Problembereiche der beteiligten Personengruppen / von Christian Gerl. – Herne ; Berlin : Verl. Neue Wirtschafts-Briefe, 1997
    Zugl.: Regensburg, Univ., Diss., 1997
    ISBN 3-482-48331-0

ISBN 3-482-**48331**-0
© Verlag Neue Wirtschafts-Briefe GmbH & Co., Herne/Berlin, 1997
Alle Rechte vorbehalten.
Dieses Buch und alle in ihm enthaltenen Beiträge und Abbildungen sind urheberrechtlich geschützt. Mit Ausnahme der gesetzlich zugelassenen Fälle ist eine Verwertung ohne Einwilligung des Verlages unzulässig.
Druck: Kleineidam GmbH & Co. KG, 27283 Verden

Vorwort

Noch nie gab es so viele Unternehmenskrisen wie in den letzten Jahren. So hat sich seit 1992 die Zahl der Insolvenzen verdoppelt, und die beteiligten Personengruppen mußten im Jahr 1996 Vermögensverluste von über 60 Milliarden DM verzeichnen. Diese Zahlen belegen die Notwendigkeit, sich mit den steuerlichen Problemen der involvierten Personengruppen auseinanderzusetzen. Denn durch eine steuerliche Berücksichtigung lassen sich die erlittenen Verluste zumindest abfedern. Diese ökonomisch gebotene Möglichkeit hat jedoch dazu geführt, daß Gesetzgebung und Finanzverwaltung aufgrund der großen Steuerausfälle zunehmend darum bemüht sind, den steuerlichen Verlustabzug zu begrenzen. Deshalb werden im Folgenden immer dann, wenn für den betroffenen Sachverhalt der Verlustabzug nicht generell untersagt ist, die restriktiven Voraussetzungen genau analysiert und erläutert, um den Verlustabzug zu sichern. Ist für den betroffenen Sachverhalt die steuerliche Berücksichtigung des erlittenen Vermögensverlustes jedoch generell untersagt, so werden Gestaltungen vorgestellt, die es ermöglichen, die Verlustabzugsbeschränkungen zu umgehen.

Sonstige zu diesem Themenbereich erschienene Abhandlungen beschäftigen sich vorwiegend mit dem Verhältnis von Konkurs- und Steuerrecht. Dabei wird untersucht, ob es sich bei den betroffenen Steuerzahlungen um Masseforderungen (§§ 57 ff. KO) oder um Konkursforderungen (§§ 61 ff. KO) handelt, bzw. welche Gestaltungsmöglichkeiten das Krisenunternehmen selbst hat. Im Gegensatz dazu ist es Ziel dieser Darstellung, die durch Unternehmenskrisen hervorgerufenen steuerlichen Auswirkungen auf die beteiligten Personengruppen zu analysieren. Das heißt, es wird die Rechtslage in ausgewählten Problembereichen der jeweiligen Krisensituationen dargestellt und es werden Gestaltungen aufgezeigt, die es den Gesellschaftern, Arbeitnehmern, Kapitalanlegern, Geschäftspartnern und Banken ermöglichen, die durch ihr wirtschaftliches Engagement erlittenen Vermögensverluste steuermindernd geltend zu machen.

Es werden insbesondere folgende Problembereiche steuerlich optimiert:

- Wertminderungen von Beteiligungen an Kapitalgesellschaften
- Mittelzuführung von Gesellschaftern an die Kapitalgesellschaft
- Transfer der laufenden Verluste von der Ebene der Kapitalgesellschaft auf die Ebene der Gesellschafter

- Anrechenbarkeit einbehaltener aber nicht abgeführter Körperschaft-, Kapitalertrag- und Lohnsteuer
- Vorzeitiger Wegfall des negativen Kapitalkontos von Kommanditisten
- Maximales Verlustausgleichs- bzw. -abzugsvolumen i.S.d. § 15a EStG

Dieses Buch wendet sich insbesondere an steuerliche Berater. Der Aufbau der Darstellung ermöglicht es ihnen, je nachdem, ob der betroffene Mandant als Gesellschafter, als Arbeitnehmer oder als Geschäftspartner durch eine Unternehmenskrise mit Vermögensverlusten konfrontiert wird, sofort die steuerlichen Problembereiche zu erkennen und Gestaltungsmöglichkeiten zu ergreifen. Darüber hinaus bietet es allen Steuerpflichtigen, die in Unternehmenskrisen involviert sind, die Möglichkeit, sich mit Hilfe diverser Beispiele einen Einblick in eine ansonsten nur schwer verständliche Thematik zu verschaffen.

Gräfelfing, im Frühjahr 1997   Dr. Christian Gerl

Inhaltsverzeichnis

Seite

Vorwort 5
Abbildungsverzeichnis 13
Literaturverzeichnis 15
Abkürzungsverzeichnis 29

Teil 1:
Grundlagen 35

Kapitel 1:
Problemstellung und Gang der Untersuchung 35

Kapitel 2:
Der Krisenverlauf 39

Teil 2:
Gesellschafter einer Kapitalgesellschaft 47

Kapitel 1:
Steuerliche Behandlung des Untergangs der Beteiligung 47

   A. *Beteiligung im Betriebsvermögen* 47

   B. *Beteiligung im Privatvermögen* 50

        I. Wesentliche Beteiligung 50

        II. Nicht wesentliche Beteiligung 54

   C. *Gestaltungsmöglichkeiten* 54

        I. Frühestmögliche Verlustrealisation des Untergangs
           einer wesentlichen Beteiligung 55

        II. Vermeidung der Verlustabzugsbeschränkung des
           § 17 Abs. 1 Satz 1 EStG bei nicht wesentlich Beteiligten .. 56

           1. Atypisch stille Beteiligung 56
           2. Zukauf von Anteilen (Rotationsmodell) 57

        III. Vermeidung der Verlustabzugsbeschränkung des
           § 17 Abs. 2 Satz 4 EStG bei wesentlich Beteiligten 60

	Seite

1. Eine wesentliche Beteiligung ab Gründung 60
2. Umwandlung in Personengesellschaft 64

Kapitel 2:
Zivil- und steuerrechtliche Behandlung von
Finanzierungsmaßnahmen der Gesellschafter 66

    I. Kapitalerhöhung 66
    II. Gesellschafterdarlehen 72
        1. Behandlung in der Krise 74
            a) Gesellschaftsrechtliche Behandlung 74
                (1) Umqualifizierung eines Gesellschafterdarlehens
                     zum eigenkapitalersetzenden Darlehen 75
                (2) Rechtsfolgen der Umqualifizierung 79
            b) Handelsbilanzrechtliche Behandlung 83
                (1) Bilanzierung bei der Gesellschaft 83
                (2) Bilanzierung beim Gesellschafter 85
            c) Steuerrechtliche Behandlung 86
                (1) Auf der Ebene der Gesellschaft 86
                (2) Auf der Ebene des Gesellschafters 87
            d) Die Darlehenszinsen 96
        2. Gestaltungsmöglichkeiten 98
            a) Der Rangrücktritt 98
            b) Der Verzicht 101
                (1) Rechtsfolgen bei der Gesellschaft 101
                (2) Rechtsfolgen beim Gesellschafter 106
            c) Der Verzicht mit Besserungsvereinbarung 108
    III. Bürgschaften 112
    IV. Stille Beteiligungen 119
        1. Typisch stille Beteiligung 119
        2. Atypisch stille Beteiligung 120
    V. Nachschüsse 123
    VI. Zuschüsse 127
    VII. Zusammenfassung 128

Seite

Kapitel 3:
Vermeidung der Verlustfalle 131

A. *Vermeidung der Verlustfalle durch Umwandlung* 131

   I. Umwandlung einer Kapitalgesellschaft auf eine
andere Kapitalgesellschaft 132

   II. Umwandlung einer Kapitalgesellschaft in eine
Personengesellschaft 134

B. *Vermeidung der Verlustfalle durch stille Beteiligung* 140

Kapitel 4:
Anrechenbarkeit nicht abgeführter Steuern 146

A. *Körperschaftsteuer* 146

B. *Kapitalertragsteuer* 151

C. *Solidaritätszuschlag* 155

Teil 3:
Gesellschafter einer Personengesellschaft 157

Kapitel 1:
Allgemeine Probleme 157

A. *Besteuerung nicht entnahmefähiger Liquidationsgewinne* 157

B. *Verzicht auf Gesellschafterdarlehen* 158

C. *Verlustzurechnung nach Veruntreuung durch Gesellschafter* 158

Kapitel 2:
Sonderprobleme der Kommanditisten
im Zusammenhang mit § 15a EStG 159

A. *Grundlagen* 159

   I. Handelsrechtliche Grundlagen 159

   II. Steuerrechtliche Grundlagen 162

     1. Historische Entwicklung der Verlustbeschränkung 162

     2. Das Kapitalkonto i.S.d. § 15a EStG 165

Seite

3. Ermittlung des maximalen Verlustausgleichs-
bzw. -abzugsvolumens i.S.v. § 15a EStG 172

B. Der Wegfall des negativen Kapitalkontos 179

I. Vorzeitiger Wegfall des negativen Kapitalkontos 179
 1. Grundsatz der nicht ermäßigten Nachversteuerung ... 179
 2. Umfang des Wegfalls 183
 3. Zeitpunkt des Wegfalls 188
 4. Behandlung von Bürgschaften beim
    vorzeitigen Wegfall des negativen Kapitalkontos 192
 5. Behandlung von Sanierungsgewinnen beim
    vorzeitigen Wegfall des negativen Kapitalkontos 195
 6. Nachholung versäumter Auflösung des
    negativen Kapitalkontos 196

II. Wegfall des negativen Kapitalkontos bei
 Vollbeendigung der Gesellschaft 198
 1. Gesellschaftsrechtliche Grundlagen 198
 2. Steuerliche Rechtsfolgen 200

III. Gestaltungsempfehlungen 204

C. Größeres Verlustausgleichs- bzw. -abzugsvolumen durch
Einlagenerhöhung bzw. Haftungserweiterung 206

I. Keine Umwandlung vorhandener verrechenbarer
Verluste in ausgleichs- bzw. abzugsfähige Verluste
durch Einlagenerhöhung 207

II. Umwandlung von verrechenbaren Verlusten in
ausgleichs- bzw. abzugsfähige Verluste durch
Einlagenerhöhung im Jahr der Verlustzuweisung 208

III. Haftungserweiterung 209

D. Behandlung des Überhangs von verrechenbaren Verlusten
bei der Liquidation 213

E. Saldierungsverbot von Verlusten aus dem Gesellschaftsvermögen mit Gewinnen aus dem Sonderbetriebsvermögen 214

	Seite
F. Übertragung eines Kommanditanteils in der Krise	215
I. Einkommensteuerliche Auswirkungen	216
1. Entgeltliche Übertragung eines Kommanditteils	216
2. Unentgeltliche bzw. teilentgeltliche Übertragung eines Kommanditanteils	217
II. Erbschaft- und schenkungsteuerliche Auswirkungen	218
G. Zusammenfassung	219

**Teil 4:
Arbeitnehmer** 221

**Kapitel 1:
Anrechenbarkeit nicht abgeführter Lohnsteuer** 221

**Kapitel 2:
Arbeitnehmer-Darlehen und -Bürgschaften** 224

**Kapitel 3:
Haftungsbeträge gem. § 69 AO** 229

**Kapitel 4:
Zahlungen des Pensionssicherungsvereins** 232

**Teil 5:
Kapitalanleger** 235

**Kapitel 1:
Normalfall** 235

**Kapitel 2:
Betrügerische Gewinngutschriften bei sog. „Schneeballsystemen"** .. 237

**Teil 6:
Geschäftspartner, Lieferanten, Banken** 241

**Kapitel 1:
Rechnungskorrektur gem. § 17 UStG** 241

Seite

Kapitel 2:
Verringerung von Verbindlichkeitsausfällen durch Widerruf
der USt-Option nach § 9 Abs. 1 UStG 243

Kapitel 3:
Vorsteuerabzug bei der Verwertung von beweglichem
Sicherungsgut und der Zwangsversteigerung von Grundvermögen . 244

    A. Die Verwertung mobilen Sicherungsguts 245

        I. Zivilrechtliche Fallgestaltungen 245

        II. Umsatzsteuerliche Rechtsfolgen 248

            1. Rechtslage bis 31.12.1992 248
            2. Rechtslage ab 1.1.1993 252
            3. Gestaltungsmöglichkeit 253

    B. Die Verwertung immobilen Sicherungsguts 254

        I. Rechtslage bis 31.12.1992 255

        II. Rechtslage ab 1.1.1993 257

        III. Gestaltungsmöglichkeit 258

Teil 7:
Fazit

Register 263

A. Rechtsprechung 263

B. Verwaltungsanweisungen 270

Stichwortverzeichnis 271

Abbildungsverzeichnis

Seite

Abb. 1: Entwicklung der Unternehmensinsolvenzen in der
Bundesrepublik Deutschland (1985–1995) 35

Abb. 2: Der Verlauf von Unternehmenskrisen in Abhängigkeit
von der Finanz- bzw. Vermögenssituation 40

Abb. 3: Schema zur Ermittlung der konkursrechtlichen
Überschuldung 44

Abb. 4: Formen der Kapitalerhöhung 67

Abb. 5: Zeitliche Reihenfolge des Auftretens der Kriterien
„Kreditunwürdigkeit", „konkursrechtliche
Überschuldung" und „Zahlungsunfähigkeit". 76

Abb. 6: Voraussetzungen der Umqualifikation eines
normalen Gesellschafterdarlehens in ein
eigenkapitalersetzendes Darlehen 77

Abb. 7: Schema zur Überprüfung der gesellschaftsrechtlichen
Ausschüttungssperren 83

Abb. 8: Steuerliche Folgen der Darlehensgewährung von
wesentlich beteiligten Gesellschafter nach
Ansicht des I. Senats 92

Abb. 9: Steuerliche Folgen der Darlehensgewährung von
wesentlich beteiligten Gesellschafter nach Ansicht
des VIII. Senats 94

Abb. 10: Der Verzicht führt in voller Höhe zur verdeckten
Einlage und zur Einstellung ins EK04 104

Abb. 11: Der Verzicht führt nur in Höhe des werthaltigen Teils
zur verdeckten Einlage und zur Einstellung ins EK04 104

Abb. 12: Die drei Möglichkeiten der Nachschußpflicht 123

Abb. 13: Gründe für die Eröffnung des Konkursverfahrens in
Abhängigkeit von der Gesellschaftsform 139

Abb. 14: Schema zur Überprüfung der Einlageleistung 167

Seite

Abb. 15: Übersicht zur Ermittlung der möglichen
Verlustzurechnung 173

Abb. 16: Verlustausgleichs- bzw. -abzugsvolumen, falls die
Haftsumme größer ist als die Pflichteinlage 175

Abb. 17: Verlustausgleichs- bzw. -abzugsvolumen, falls die
Haftsumme kleiner ist als die Pflichteinlage 176

Abb. 18: Übersicht der Ausnahmeregelungen bei der
Verlustzurechnung 178

Abb. 19: Übersicht der Rechtsfolgen bei sog.
Schneeballsystemen 240

Abb. 20: Widerruf der Umsatzsteueroption nach Konkurs
des Leistungsempfängers 244

Literaturverzeichnis

1. Kommentare

Adler/Düring/Schmalz, Rechnungslegung und Prüfung der Unternehmen, 6. Aufl. Stuttgart 1995.

Ballreich/Kirsch, Umwandlungsrecht und Umwandlungssteuerrecht, Berlin 1996.
Baumbach/Hopt, Handelsgesetzbuch – Kommentar, 29. Aufl. München 1995.
Beck'scher Bilanz-Kommentar, 3. Aufl. München 1995.
Biergans, Einkommensteuer, 6. Aufl. München 1992.
Blümich, Einkommensteuer, Körperschaftsteuer, Gewerbesteuer, § 17 Rdnr. 113.

Dehmer, Umwandlungsgesetz Umwandlungssteuergesetz, 2. Aufl. München 1996.
Dötsch/Eversberg/Jost/Witt, Die Körperschaftsteuer, Stuttgart (Stand: Oktober 1996).

Frotscher, Einkommensteuergesetz, Freiburg im Breisgau (Stand: November 1996).

Glanegger/Güroff, Gewerbesteuergesetz – Kommentar, 3. Aufl. München 1994.
Goutier/Knopf/Tulloch, Kommentar zum Umwandlungsrecht, Köln 1996.

Hachenburg/Ulmer, Gesetz betreffend die Gesellschaften mit beschränkter Haftung, 8. Aufl. Berlin 1991.
Hartmann/Böttcher/Nissen/Bordewin, Kommentar zum Einkommensteuergesetz, Heidelberg (Stand: Oktober 1996).
Herrmann/Heuer/Raupach, Einkommensteuer- und Körperschaftsteuergesetz – Kommentar, Köln (Stand: September 1996).
Heymann, Handelsgesetzbuch – Kommentar, 2 Aufl. Berlin 1996.
Hofbauer/Kupsch, Bonner Handbuch Rechnungslegung, Bonn (Stand: März 1995).
Höfer/Reiners/Wüst, Gesetz zur Verbesserung der betrieblichen Altersversorgung, 3. Aufl. München 1992.

Kilger/Schmidt, K., Konkursordnung, 16. Aufl. München 1993.
Kirchhof/Söhn, Einkommensteuergesetz – Kommentar, Heidelberg (Stand: Oktober 1996).
Küting/Weber, Handbuch der Rechnungslegung, 3. Aufl. Stuttgart 1990.

Lademann/Söffing, Kommentar zum Einkommensteuergesetz mit Nebengesetzen, Stuttgart/München/Hannover/Berlin/Weimar (Stand: April 1996).
Lammerding, Abgabenordnung und FGO, 12. Aufl. Achim 1993.
Lenski/Steinberg, Gewerbesteuergesetz - Kommentar, Köln (Stand: September 1996).
Littmann/Bitz/Hellwig, Das Einkommensteuerrecht, Kommentar zum Einkommensteuerrecht, Stuttgart (Stand: September 1996).

Meyer-Landrut/Miller/Niehus, GmbH-Gesetz, Berlin 1987.
Meyer-Scharenberg/Popp/Woring, Gewerbesteuerkommentar, 2. Aufl. Herne/Berlin 1996.

Palandt, Bürgerliches Gesetzbuch, 54. Aufl. München 1995.

Rau/Dürrwächter/Flick/Geist, Umsatzsteuergesetz, Köln (Stand: Oktober 1996).
Rowedder, u. a., Gesetz betreffend die Gesellschaften mit beschränkter Haftung (GmbHG), 3. Aufl. München 1995.

Schaumburg/Rödder, Umwandlungsgesetz und Umwandlungssteuergesetz, Köln 1996.
Schlegelberger, Handelsgesetzbuch – Kommentar, 5. Aufl. München 1986.
Schmidt, L., Einkommensteuergesetz – Kommentar, 15. Aufl. München 1996.
Scholz, GmbH-Gesetz, 8. Aufl. Köln 1993.
Schwarz, Kommentar zur Abgabenordnung, Freiburg im Breisgau (Stand: Oktober 1995).
Straub, Großkommentar HGB, Berlin 1970.
Streck, Körperschaftsteuergesetz, 4. Aufl. München 1995.

Widmann/Mayer, Umwandlungsrecht, Bonn (Stand: Oktober 1996).
Wysocki/Schulze-Osterloh, Handbuch des Jahresabschlusses in Einzeldarstellungen, Kommentar, Köln (Stand: Dezember 1995).

Zeller/Stöber, Zwangsversteigerungsgesetz, 15. Aufl. München 1996.

2. Bücher und Zeitschriftenaufsätze

Apitz, Darlehensforderungen eines Gesellschafters als Verlust bei wesentlicher Beteiligung, FR 1992, 124.

Bachem, Bilanzierung und Besteuerung eigenkapitalersetzender Maßnahmen, DB 1994, 1055.
Bachem, Eigenkapitalersatz durch Stehenlassen von Darlehen und nachträgliche Anschaffungskosten auf die Beteiligung, DStZ 1992, 712.
Bachem, Probleme der Bilanzierung und Besteuerung von eigenkapitalersetzenden Maßnahmen, Hrsg. Institut „Finanzen und Steuern" e.V., Bonn 1993.
Bader, Gesellschafter-Fremdfinanzierung durch nicht-anrechnungsberechtigte Gesellschafter (§ 8a KStG), NWB F.4, 3975.
Baetge, Früherkennung negativer Entwicklungen der zu prüfenden Unternehmung mit Hilfe von Kennzahlen, WPg 1980, 651.
Bandenberg, Ertragsteuerliche Kernfragen der Gestaltungspraxis bei Personengesellschaften, JbFfSt 1991/92, 187.
Bea/Kötzle, Ursachen von Unternehmenskrisen und Maßnahmen zur Krisenbewältigung, DB 1983, 565.

Literaturverzeichnis

Beermann, AO-Geschäftsführerhaftung und ihre Grenzen nach der Rechtsprechung des BFH, DStR 1994, 805.
Beine, Eigenkapitalersetzende Gesellschafterleistungen, Düsseldorf 1994, 222.
Berger, Gleichbehandlung von Sanierungen auf Gesellschafterebene mit Nachschüssen bei der Gliederung des verwendbaren Eigenkapitals, DB 1982, 2487.
Biergans, Verlust bei beschränkter Haftung, DStR 1981, 3.
Bilsdorfer/Engel, Darlehens- und Bürgschaftsverluste von GmbH-Gesellschaftern und -Geschäftsführern, INF 1994, 321.
Binger, Einkommen- und Gewerbesteuer bei der atypisch stillen Gesellschaft, DB 1988, 414.
Binz, Die GmbH & Co., 8. Aufl. München 1992.
Blanke, Steuerfreiheit des Sanierungsgewinns gemäß § 3 Nr. 66 EStG beim Kommanditisten mit negativem Kapitalkonto, BB 1994, 757.
Blaurock, Die GmbH & Still im Steuerrecht, BB 1992, 1969.
Blumers, Fortführung und Nutzung von Verlusten nach dem neuen Umwandlungssteuergesetz, DStR 1996, 691.
Blumers/Beinert, Grundregeln für die Optimierung des Unternehmenskaufs nach neuem Umwandlungs (-steuer) recht, DB 1995, 1043.
Blumers/Marquardt, Unternehmenskäufe durch Anteilserwerb nach neuem Umwandlungs (-steuer) recht, DStR 1994, 1869.
Bopp in: Raupach (Hrsg.), Das negative Kapitalkonto des Kommanditisten, Köln 1978, 11.
Bordewin, Gesetz zur Änderung des Einkommensteuergesetzes, des Körperschaftsteuergesetzes und anderer Gesetze, BB 1980, 1033.
Bordewin, Mitunternehmerbesteuerung im Spannungsfeld zwischen Einheit der Gesellschaft und Vielheit der Gesellschafter, StbJb 1982/83, 181.
Bordewin, Steuerliche Anerkennung des negativen Kapitalkontos?, BB 1978, 441.
Bordewin/Söffing/Brandenberg, Verlustverrechnung bei negativem Kapitalkonto, 2. Aufl. Herne/Berlin 1986.
Bordt, Das Grund- und Stammkapital der Kapitalgesellschaften, in: Wysocki/Schulze-Osterloh, Handbuch des Jahresabschlusses in Einzeldarstellungen, Kommentar, Loseblatt, Köln 1990, Abt. III/1, Rn. 221.
Borup, Die eingetretene Zahlungsunfähigkeit aus der Sicht der Betriebswirtschaftslehre und das Problem ihrer Meßbarkeit, BB 1986, 1883.
Braun, Die wertlose Bürgschaftsverpflichtung – Anschaffungskosten im Rahmen des § 17 EStG?, GmbHR 1995, 211.
Brenner, Neuere Rechtsprechung zu Einlagen in Kapitalgesellschaften, zu Tantiemen als verdeckte Gewinnausschüttungen und zur Anrechnung ausländischer Steuern, DStZ 1995, 97.
Breuninger/Prinz, DStR-Fachliteratur-Auswertung: Besteuerung von Personengesellschaften, DStR 1995, 927.
Bruse/v. Braunschweig, Zur steuerlichen Behandlung des Verzichts auf nicht werthaltige Gesellschafterdarlehen, DB 1993, 2302.
Bullinger, Steuerliche Fragen von Gesellschafterdarlehen an die GmbH, DStR 1993, 225.
Buyer, Nochmals: Mantelkauf – Ein Argument für das verdeckte Nennkapital, DB 1988, 468.

Carl, Verdeckte Einlagen im Handels- und Steuerrecht, INF 1993, 14.
Carl, Zur Frage der Steuerpflicht von im sogenannten Schneeballsystem ausgeschütteten Kapitalerträgen, INF 1994, 680.
Carl/Klos, Zur Frage der Steuerpflicht von im sogenannten Schneeballsystem ausgeschütteten Kapitalerträgen, INF 1994, 680.
Centrale-Gutachterdienst, Übertragung von Teilgeschäftsanteilen an GmbH und Veräußerungsverlust, GmbHR 1990, R 59.
Centrale-Gutachterdienst, Bürgschaftsübernahme durch einen Gesellschafter, GmbHR 1995, 440.
Centrale-Gutachterdienst, Verzicht auf Darlehensforderung des Gesellschafters gegen GmbH, GmbHR 1993, 417.

Dankmeyer, Künftige Verlustverrechnungsmöglichkeiten bei beschränkt haftenden Unternehmern, DStR 1980, 131.
Depping, Geschäftsführerhaftung bei gerichtlich angeordneter Sequestration, DStZ 1995, 173.
Döllerer, Bilanzrechtliche Fragen des kapitalersetzenden Darlehens und der kapitalersetzenden Miete, in: Entwicklungen bei der Bilanzierung und Prüfung von Kapitalgesellschaften, Hrsg. Moxter/Windmöller/Müller/Wysocki, Düsseldorf 1992, 199.
Döllerer, Die atypisch stille Gesellschaft – gelöste und ungelöste Probleme, DStR 1985, 295.
Döllerer, Steuerbilanz der Gesellschaft und Gesamtbilanz der Mitunternehmerschaft bei Anwendung des § 15a EStG, DStR 1981, 19.
Döllerer, Verdeckte Kapitalzuführung bei der Kapitalgesellschaft unter besonderer Berücksichtigung der unterschiedlichen Betrachtungsweisen bei der Kapitalgesellschaft und der Gesellschafter und der Veränderung in der Krisensituation, JbFfSt 1988/89, 325.
Döllerer, Verlust eines eigenkapitalersetzenden Gesellschafterdarlehens als nachträgliche Anschaffungskosten einer wesentlichen Beteiligung, FR 1992, 233.
Döllerer, Zur Rechtsnatur der neuen Körperschaftsteuer, BB 1983, 1.
Dörner, Sanierungsprobleme der GmbH aus steuerlicher Sicht, INF 1993, 201.
Dörner, Teilwertabschreibungen auf GmbH-Anteile, INF 1995, 225.
Dornfeld, Anerkennung des negativen Kapitalkontos durch den Großen Senat des BFH, FR 1981, 129.
Dötsch, Föderales Konsolidierungsprogramm: Der neue Solidaritätszuschlag zur Körperschaftsteuer, DB 1993, 1140.
Drenseck, Anmerkungen zum BFH-Urteil v. 12.11.1991, FR 1992, 332.
Drukarczyk, Bilanzielle Überschuldungsmessung, ZGR 1979, 553.
Drukarczyk, Finanzierung, 6. Aufl. Stuttgart 1993, 304.
Drukarczyk, Gesellschafterdarlehen, Rechtsprechungsgrundsätze des BGH und § 32a GmbHG, in: Unternehmenstheorie und Besteuerung, Hrsg. Elschen/Siegel/Wagner, Wiesbaden 1995, 180.
Drukarczyk, Kapitalerhaltungsrecht, Überschuldung und Konsistenz, WM 1994, 1737.
Drukarczyk, Unternehmen und Insolvenz, Wiesbaden 1987.

Literaturverzeichnis

Drukarczyk, Was kann der Tatbestand der Überschuldung leisten?, ZfbF 1986, 207.
Dziadkowski/Treisch, Zur Steuerfreiheit des Sanierungsgewinns nach § 3 Nr. 66 EStG, FR 1995, 330.
Ebenroth/Wilken, Kapitalersatz und Betriebsaufspaltung, BB, 1993, 305.
Eggesieker, Aktuelles zu steuerbegünstigten Kapitalanlagen aus der Sicht des Steuerberaters, StbJb 1981/82, 147.
Eggesieker/Eisenach/Schürner, Überraschende Effekte des Verlustbegrenzungsgesetzes – Einlageminderung und Einlageerhöhung, FR 1981, 13.
Elberg, Verzicht auf eine nicht mehr werthaltige Gesellschafterforderung, DStZ 1992, 113.
Endres, Hinzurechnung des negativen Kapitalkontos des Kommanditisten als laufender Gewinn, BB 1985, 2150.

Felix/Strahl, Beschränkte Verlustberücksichtigung nach § 17 Abs. 2 Satz 4 EStG, BB 1996, 1582.
Fett, Haftung des Geschäftsführers einer GmbH für steuerlichen Schaden aufgrund eines verspäteten Antrags auf Eröffnung des Konkurs-/Gesamtvollstreckungsverfahrens, DStZ 1995, 112.
Fichtelmann, Die steuerlichen Probleme der Unternehmenssanierung, 2. Aufl. Heidelberg 1990.
Fichtelmann, GmbH-Beteiligungen als Betriebsvermögen, INF 1994, 705.
Fleck, Das kapitalersetzende Bankdarlehen in der GmbH, in: Festschrift für Werner, 1984, 106.
Fleck, Das kapitalersetzende Gesellschafterdarlehen in der GmbH-Bilanz – Verbindlichkeiten oder Eigenkapital?, GmbHR 1989, 313.
Fleege-Althoff, Die notleidende Unternehmung, Stuttgart 1930.
Fleischer, Die Vermeidung von Grunderwerbsteuer durch steuergünstige Gestaltungen bei der Umstrukturierung von Unternehmen, DStR 1996, 1390.
Forster in: WP-Handbuch 1992, 10. Aufl. Düsseldorf 1992, Bd. 1, Abschn. F.
Frotscher, Steuern im Konkurs, 3. Aufl. Heidelberg 1990.
Funk, Aspekte der Unternehmensbewertung in der Praxis, ZfbF 1995, 491.

Gassner, Gesellschafter-Zuschüsse und Gesellschafter-Darlehen bei Kapital- und Personengesellschaften, JbFStG 1976/77, 227.
Geiger, Zahlungen eines Gesellschafter-Geschäftsführers auf Grund einer zugunsten der GmbH eingegangenen Bürgschaft, DB 1988, 1522.
Geißler, Fallstudien zum Gläubigerschutz beim eigenkapitalersetzenden Gesellschafterdarlehen, BB 1995, 1145.
Geißler, Rechtsfragen um die Eigenkapitalersatzfunktion des in der Krise belassenen Gesellschafterdarlehens, GmbHR 1994, 152.
Geist, Insolvenzen und Steuern, 3. Aufl. Herne/Berlin 1980.
Gerl/Sturm, § 17 Abs. 2 Satz 4 EStG - Verunglückte Formulierung oder eine beabsichtigte Verschärfung weit über die Gesetzesbegründung hinaus?, DB 1996, 1102.
Glade, Änderung der Unternehmensform nach dem Umwandlungssteuergesetz 1994, NWB F. 18, 3383.

Goerdeler/Müller, Die Behandlung von nichtigen oder schwebend unwirksamen Anschaffungsgeschäften, von Forderungsverzichten und Sanierungszuschüssen im Jahresabschluß, WPg 1980, 313.

Greb in: Gablers Wirtschaftslexikon, 11. Aufl. Wiesbaden 1983, „Betriebsrentengesetz" II. 5.

Grenz, Dimensionen und Typen der Unternehmenskrise, Frankfurt 1987.

Groh, § 15a EStG und die Kunst der Gesetzesanwendung, DB 1990, 13.

Groh, Abschaffung des Sanierungsprivilegs?, DB 1996, 1890.

Groh, Eigenkapitalersatz in der Bilanz, BB 1993, 1882.

Gross/Fink, Besserungsscheine im Jahresabschluß der GmbH, BB 1991, 1379.

Grützner, Änderungen der Einkommensteuer durch das Jahressteuergesetz 1996, NWB F. 3b, 4585.

Grützner, Berücksichtigung von Verlusten eines Kommanditisten, BBK F. 14, 1229.

Haarmann, Finanzierung von Kapitalgesellschaften, JbFfSt 1985/86, 407.

Haas, Finanzierungsmodalitäten durch Kommanditisten und § 15a Abs. 1 EStG, DStZ 1992, 655.

Haegele/Hess/Theobald, Konkurs, Vergleich, Gläubigeranfechtung, 5. Aufl. Herne/Berlin 1990.

Hantschel, Insolvenzprophylaxe bei mittelständischen Unternehmen als Aufgabe von Steuerberatern und Wirtschaftsprüfern, DB 1994, 105.

Hasitschka, Betriebswirtschaftliche Krisenprophylaxe, Stuttgart 1988.

Häuselmann, Rangrücktritt versus Forderungsverzicht mit Besserungsabrede, BB 1993, 1552.

Heidemann, Die Finanzierung der GmbH durch ihre Gesellschafter, INF 1995, 724.

Heidemann, Ausschüttungspolitik und Solidaritätszuschlag, DB 1993, 2501.

Herlinghaus, Forderungsverzichte und Besserungsvereinbarungen zur Sanierung von Kapitalgesellschaften, Köln 1994.

Herzig, Anteilsrotation vor Liquidation einer Kapitalgesellschaft, DB 1980, 1605.

Herzig/Förster, Problembereiche bei der Auf- und Abspaltung von Kapitalgesellschaften nach neuem Umwandlungssteuerrecht, DB 1995, 338.

Hess/Boochs/Weis, Steuerrecht in der Insolvenz, Neuwied 1996.

Hoffmann, Der Verzicht des Gesellschafters auf Forderungen gegen die Kapitalgesellschaft, DStR 1995, 77.

Hoffmann, Die Bilanzierung von Beteiligungen an Personenhandelsgesellschaften, BB 1988, Beil. 2.

Hoffmann, Die Sanierung der Kapitalgesellschaft durch Forderungsverzicht des Gesellschafters, BB 1991, 773.

Hoffmann, Gesellschafterdarlehen mit Rangrücktritt, DStR 1993, 1057.

Hoffmann, Sind wertlose Forderungen gegen Kapitalgesellschaften zum Nennwert einlagefähig?, BB 1992, 575.

Hoffmann, Steuerliche Gestaltungsmöglichkeiten beim Verzicht des Gesellschafters auf wertlose Forderungen gegen die Gesellschaft, DStR 1995, 1459.

Hoffmann, Verzicht und Einlage, BB 1995, 614.

Hollatz, Verdeckte Einlage einer Gesellschafter-Forderung, DStR 1994, 1137.

Holzapfel, Grundprobleme kollektiver Steuerplanung, Frankfurt 1994.

Hommelhoff, Das Gesellschafterdarlehen als Beispiel institutioneller Rechtsfortbildung, ZGR 1988, 460.
Hommelhoff, Rechtliche Überlegungen zur Vorbereitung der GmbH auf das BiRiLiG, WPg 1984, 629.
Hommelhoff/Kleindeck in: Lutter/Ulmer/Zöllner, Festschrift 100 Jahre GmbH-Gesetz, Köln 1992, 421.
Horn/Maertins, Mitunternehmerische Betätigung und Beteiligung bei der GmbH & atypisch Still, GmbHR 1995, 816.
Huber, Gesellschafterkonten in der Personengesellschaft, ZGR 1988, 2.

Jakobs/Fahrenberg, Jahressteuergesetz 1997: Ausdehnung der Grunderwerbsteuerpflicht beim Formwechsel?, DStR 1996, 1673.
Jestädt, Kapitalkonto im Sinne des § 15a EStG ohne Einbeziehung positiven und negativen Sonderbetriebsvermögens, DStR 1992, 413.
Jl., Die Unternehmensinsolvenzen erreichen einen neuen Höchststand, in: FAZ v. 4.12.1996, Nr. 283, 17.
Jülicher, Steuerliche Behandlung von im Konkurs verlorenen Gesellschafterdarlehen beim Privatvermögen nach § 17 EStG, DStR 1994, 305.
Jungen, Doch keine steuerpflichtigen Einkünfte bei betrügerischem „Schneeballsystem"?, DStR 1994, 1882.
Jungen, Steuerpflichtige Einkünfte bei betrügerischem „Schneeballsystem"?, DStR 1994, 1676.

Kaiser/Sigrist, Nettolohnvereinbarungen im deutschen Steuerrecht, DB 1994, 178.
Kempka, Die Wirkung des Solidaritätszuschlags im körperschaftsteuerlichen Anrechnungsverfahren, DB 1995, 4.
Kerkhoff, Die steuerliche Haftung des GmbH-Geschäftsführers, NWB F. 18, 3429.
Kerssenbrock, Die Verwendungsfiktion des § 28 Abs. 3 KStG, DB 1987, 1658.
Keßler, Zum Solidaritätszuschlag bei der Kapitalertragsteuer und bei der Abzugsteuer nach § 50a Abs. 4 EStG, DStR 1991, 1209.
Kießling/Pelikan/Jäger, Körperschaftsteuer, 14. Aufl. Achim 1995.
Klaus, Eigenkapitalersetzende Gesellschafterdarlehen in der Handelsbilanz der verpflichteten GmbH, BB 1994, 680.
Knobbe-Keuk, Bilanz- und Unternehmenssteuerrecht, 8. Aufl. Köln 1991.
Knobbe-Keuk, Die Besteuerung des Gewinns der Personengesellschaft und der Sondervergütungen der Gesellschafter, StuW 1974, 1.
Knobbe-Keuk, Konkurs und Umsatzsteuer, BB 1977, 757.
Knobbe-Keuk, Rangrücktrittsvereinbarung und Forderungserlaß mit oder ohne Besserungsschein, StuW 1991, 306.
Knobbe-Keuk, Stille Beteiligung und Verbindlichkeiten mit Rangrücktrittsvereinbarung im Überschuldungsstatus und in der Handelsbilanz des Geschäftsinhabers, ZIP 1983, 127.
Kohler-Gerig, Außergerichtlicher Vergleich zur Schuldenbereinigung und Sanierung, Stuttgart 1987.
Koops, Bürgschaft des Gesellschafters für seine GmbH, DStR 1991, 533.

Korn/Kupfer, Änderungen des Steuerrechts durch das Jahressteuergesetz 1996 mit Beratungshinweisen, KÖSDI 1995, 10443.
Kothe, Verluste und Bürgschaftsverpflichtungen: Verrechnung beim Kommanditisten mit negativem Kapitalkonto, INF 1986, 25.
Kramer, Konkurs- und Steuerverfahren, Bergisch Gladbach 1993.
Kräußlein, Ertragsteuerliche Verlustkompensationsstrategien in Krisenunternehmen, Köln 1992.
Krystek, Unternehmenskrisen, Wiesbaden 1987.
Kudraß, Verlustzurechnung beim Ausscheiden eines Kommanditisten mit negativem Kapitalkonto im Übergangsbereich zum § 15a EStG, BB 1986, 637.
Küffner, Rechnungslegung beim Eigenkapitalersatz, DStR 1993, 180.
Küting/Kessler, Eigenkapitalähnliche Mittel in der Handelsbilanz und im Überschuldungsstatus, BB 1994, 2103.
Küting/Kessler, Teilwertabschreibungen auf Beteiligungen unter besonderer Berücksichtigung der höchstrichterlichen Finanzrechtsprechung, GmbHR 1995, 345.

Lange/Grützner/Kussmann/Moench/Reiß, Personengesellschaften im Steuerrecht, 4. Aufl. Herne/Berlin 1993.
Lange/Reiss, Lehrbuch der Körperschaftsteuer, 7. Aufl. Herne/Berlin 1994.
Langel, Steuerliche Aspekte der Unternehmenssanierung, StbJb 1977/78, 321.
Larenz, Lehrbuch des Schuldrechts, 14. Aufl. München 1987.
Le Coutre, Krisenlehre für die Unternehmensführung, DG 1926, Heft 4 und 5.
Lehner, Das kurzfristige Halten von Gesellschaftsanteilen im Spannungsfeld zwischen Spekulationsgewinn und privilegiertem Veräußerungserlös, DStR 1996, 1153.
Leker, Fraktionierende Frühdiagnose von Unternehmenskrisen, Köln 1993.
Lempenau, Verlustzurechnung und Verlustverrechnung beim Kommanditisten – handelsrechtlich und steuerrechtlich –, StuW 1981, 235.
List, Verdeckte Einlagen bei Kapitalgesellschaften, NWB F. 4, 4023.
Löhneysen, Die rechtzeitige Erkennung von Unternehmenskrisen mit Hilfe von Frühwarnsystemen als Voraussetzung für ein wirksames Krisenmanagement, Göttingen 1982.
Lohse/Madle, Rechtsprechungsänderung des BFH bei Ertragsteuern und Umsatzsteuer im Jahre 1993, DStR 1994, 684.
Lutter, Kölner Umwandlungsrechtstage: Verschmelzung – Spaltung – Formwechsel, Köln 1995.

Märkle, Gestaltungen zur Vermeidung oder Minderung der Gewerbesteuer, DStR 1995, 1001.
Marx, Verdeckte Einlage als Problemfälle der Rechnungslegung und Besteuerung, FR 1995, 453.
Maus, Steuerrechtliche Probleme im Insolvenzverfahren, 2. Aufl. München 1995.
Mayer, Kapitalersetzende Darlehen im GmbH-Recht aus handels- und konkursrechtlicher Sicht, BB 1990, 1935.
Meermann, Kapitalersetzende Darlehen und Bürgschaften des GmbH-Gesellschafters, StBp 1988, 110.

Meilicke/Pohl, Die Forderungseinlage bei sanierungsbedürftigen Kapitalgesellschaften, FR 1995, 877.
Mellwig, Rechnungslegungszwecke und Kapitalkonten bei Personengesellschaften, BB 1979, 1409.
Menger, Die Überschuldung des Unternehmens, GmbHR 1982, 22.
Meyer, Gestaltungsüberlegungen zur Umwandlung mittelständischer GmbH in Personengesellschaften – insbesondere Vorweggestaltungen in 1994, DStR 1994, 1767.
Meyer-Scharenberg in: Maßbaum/Meyer-Scharenberg/Perlet, Die deutsche Unternehmensbesteuerung im europäischen Binnenmarkt, Berlin 1994, 821.
Meyer-Scharenberg, § 15a EStG-Falle bei der Umwandlung einer Kapitalgesellschaft in eine Kommanditgesellschaft, DStR 1996, 1318.
Meyer-Scharenberg, Steuerfreie Sanierungsgewinne, NWB F. 3, 7655.
Meyer-Scharenberg, Steuergestaltung durch Umwandlung, Berlin 1990.
Meyer-Scharenberg, Steuerprobleme im Konkursfall, DStR 1994, 889.
Meyer-Scharenberg, Umwandlungsrecht, Berlin 1995.
Meyer-Scharenberg, Zur Bewertung verdeckter Gewinnausschüttungen und verdeckter Einlagen, StuW 1987, 11.
Meyer-Scharenberg, Zweifelsfragen beim Abzug von Arbeitnehmer-Darlehen als Werbungskosten, DStR 1994, 1450.
Mingers, Forderungsverzicht gegenüber einer Kapitalgesellschaft, StBp 1993, 112.
Mittelsteiner, Neue Erkenntnisse zum § 15a EStG, DStR 1981, 363.
Mohrbutter/Mohrbutter, Handbuch der Konkurs- und Vergleichsverwaltung, 6. Aufl. München 1990.
Möhrle, Erfolgsmäßige Behandlung des Verzichts auf eine nicht mehr werthaltige Forderung bei der Kapitalgesellschaft, BBK F. 17, 1589.
Mujkanovic, Teilwertermittlung – ein betriebswirtschaftlich lösbares Problem, DB 1995, 837.
Müller, Regeln für eigenkapitalersetzende Gesellschafterdarlehen bei der GmbH und ihre Übertragbarkeit auf die AG, Frankfurt 1987.
Mundry, Kommanditistendarlehen mit Eigenkapitalcharakter als Teil des Kapitalkontos i.S.d. § 15a EStG?, DB 1993 1741.

Neu, Darlehensforderungen gegenüber interessenverflochtenen Personen aus bilanzsteuerlicher Sicht, BB 1995, 1579.
Neu, Die Nutzbarmachung von Verlustvorträgen einer Kapitalgesellschaft durch Umwandlung in eine Personengesellschaft, DB 1995, 1731.
Neufang, Verlustvortrag und Übernahmeverlust bei der Umwandlung einer GmbH in ein Einzelunternehmen oder eine Personengesellschaft, DB 1995, 1933.
Neun, Die Nettolohnvereinbarung aus arbeits- und steuerrechtlicher Sicht, NWB F. 26, 2629.

o.V., DStR-Aktuell, DStR 1996 Heft 47, VIII.
o.V., FAZ v. 24.10.1996, Nr. 248, 17.
o.V., Gerupfte Anleger jetzt vom Fiskus gebeutelt, SZ. v. 31.1.1994, 19.

o.V., GStB 1996, Heft 11, 1.
o.V., GStB Nr. 3 1996, 5.
Obermeier, Vorweggenommene Erbfolge und Erbauseinandersetzung,
  2. Aufl. Herne/Berlin 1995.
Obermüller, Konkursanmeldung bei Zahlungsunfähigkeit und Überschuldung,
  DB 1973, 267.
Oesterle/Gauß, Betriebswirtschaftliche Überlegungen zur Teilwertabschreibung
  auf Beteiligungen an Kapitalgesellschaften in der Rechtsprechung des BFH,
  WPg 1991, 317.
Onusseit, Umsatzsteuer im Konkurs, Köln 1987.
Orth, Bewertung verdeckter Einlagen durch Verzicht auf nicht vollwertige Forderungen,
  FR 1994, 251.
Orth, Überlegungen zur erstmaligen Anwendung des UmwStG 1995, DB 1995, 169.

Pannen, Zur Existenz steuerpflichtiger Einkünfte bei betrügerischem Schneballsystem,
  DB 1995, 1531.
Papke, Zum Begriff der Zahlungsunfähigkeit, DB 1969, 735.
Paulik/Blaurock, Handbuch der stillen Gesellschaft, 4. Aufl. Köln 1988.
Paus, Nach Zwangsversteigerung entstehende Schuldzinsen keine nachträglichen
  Werbungskosten, DStZ 1992, 634.
Paus, Sind Zinsen nach Veräußerung eines Mietwohngrundstücks Werbungskosten?,
  FR 1984, 135.
Plewka, Führt eine Rangrücktrittserklärung zur gewinnerhöhenden Auflösung der
  (zurücktretenden) Verbindlichkeit?, KFR F. 3 EStG § 5, 4/93, 215.
Pohl, Krisen in Organisationen, Mannheim 1977.
Post/Hoffmann, Die stille Beteiligung am Unternehmen der Kapitalgesellschaft,
  2. Aufl. Bielefeld 1984.
Priester, Gläubigerrücktritt zur Vermeidung der Überschuldung, DB 1977, 2429.
Priester, Sind eigenkapitalersetzende Gesellschafterdarlehen Eigenkapital?,
  DB 1991, 1917.

Reis/Kretschmer, Steuerfreie Sanierungsgewinne, Investitionszulagen und § 15a EStG,
  DB 1994, 1846.
Rödder/Hötzel, Perspektiven für die steueroptimale Form des Unternehmenskaufs,
  FR 1994, 285.
Rödder/Momen, Gewerbesteuerliche Behandlung des Übernahmeverlustes bei
  Umwandlung einer Kapital- in eine Personengesellschaft, DStR 1996, 1799.
Roser, Gedanken zum Gesellschafterverzicht, DB 1996, 1303.
Roser/Jung, Der Verlustabzug nach dem neuen Umwandlungssteuergesetz, FR 1995, 597.
Rößler, Nach Zwangsversteigerung entstehende Schuldzinsen keine nachträglichen
  Werbungskosten, DStZ 1992, 493.
rs in: KÖSDI 1995, 10122, Nr. 118.
Ruban, Die atypisch stille Gesellschaft im Ertragsteuerrecht – Tendenzen in der neueren
  Rechtsprechung des Bundesfinanzhofs, DStZ 1995, 637.
Ruban, Die atypisch stille Gesellschaft im Ertragsteuerrecht, DStZ 1995, 637.

Sagasser/Bula, Umwandlungen, München 1995.
Schaumburg, Die Verschmelzung von Kapitalgesellschaften und Personenhandelsgesellschaften nach dem neuen Umwandlungssteuerrecht, FR 1995, 211.
Scheffler, Der beizulegende Wert von Auslandsbeteiligungen im handelsrechtlichen Jahresabschluß, in: Herzig, N., Bewertung von Auslandsbeteiligungen, Köln 1992, 1.
Scherrer/Heni, Liquidationsrechnungslegung, 2. Aufl. Düsseldorf 1996.
Schick, Steuerschuld und Steuerhaftung im Lohnsteuerverfahren, BB 1983, 1041.
Schildbach, Der handelsrechtliche Jahresabschluß, 4. Aufl. Berlin 1995.
Schipper, Aktuelle Fragen der Konkursverschleppung durch den GmbH-Geschäftsführer, DB 1994, 197.
Schmidt, K., Einlage und Haftung des Kommanditisten, Köln 1977.
Schmidt, K., Gesellschaftsrecht, 2. Aufl. Köln 1991.
Schmidt, K., Konkursgründe und präventiver Gläubigerschutz, AG 1978, 334.
Schmidt, K., Liquidations- und Konkursbilanzen, Heidelberg 1989.
Schmidt, K., Quasi-Eigenkapital als haftungsrechtliches und bilanzrechtliches Problem, in: Festschrift Goerdeler, Bilanz und Konkursrecht, Düsseldorf 1987, 487.
Schmidt, K., Summenmäßige Begrenzung der Ausfallhaftung nach § 31 Abs. 3 GmbHG, BB 1995, 529.
Schmidt, L., Bemerkungen zur jüngsten Rechtsprechung des BFH zu § 15a EStG und deren mögliche Konsequenzen, DStR 1992, 702.
Schmidt, L., Flüchtige Randbemerkungen zu neuralgischen Punkten des § 17 EStG, StuW 1996, 300.
Schnell, Eigenkapitalersetzende Gesellschafterleistungen, Bergisch Gladbach/Köln 1992.
Schoor, Die GmbH & Still im Steuerrecht, 2. Aufl. Herne/Berlin 1995.
Schuhmann, Zur Geschäftsführerhaftung bei der Umsatzsteuer, UR 1996, 37.
Schulze-Osterloh, Die zivilrechtlich formulierten Tatbestandsmerkmale des § 15a EStG und ihre steuerlichen Auswirkungen, JbFfSt 1981/82, 246.
Schwedhelm, Die Unternehmensumwandlung, 2. Aufl. Köln 1996.
Schwedhelm, Forderungsverzicht mit Besserungsklausel, DStR 1991, 73.
Schweigert/Eggesieker, Zum Problem der Verlustzuweisungen an Kommanditisten bei negativen Kapitalkonten im Konkurs der Gesellschaft, FR 1977, 348.
Seeger, Millionäre über Nacht, WiWo 1995, Heft 29, 92.
Sender, Bilanzielle und körperschaftsteuerliche Behandlung der Verbindlichkeit mit Rangrücktrittsvereinbarung und des Forderungsverzichts gegen Besserungsklausel, GmbHR 1992, 157.
Sender, Ist die Rückzahlung eines Gesellschafterzuschusses durch die GmbH eine Kapitalrückzahlung oder ist sie eine Ausschüttung i.S.d. §§ 27, 28 KStG?, StWa 1993, 228.
Söffing, Anmerkung zum BFH-Urteil vom 26.3.1981, FR 1981, 386.
Söffing, Besteuerung der Mitunternehmer, 3. Aufl. Herne/Berlin 1990.
Söffing, Das negative Kapitalkonto eines Kommanditisten bei Gesellschafterwechsel und Gesellschaftsauflösung, BB 1982, 629.
Söffing, Die neue Rechtsprechung zum Schuldzinsenabzug und ihre Auswirkungen, FR 1984, 185.
Söffing, Spekulationsverluste, FR 1988, 187.

Spiegelberger, Vermögensnachfolge, München 1994.
Statistisches Bundesamt, Fachserie 2: Unternehmen und Arbeitsstätten, Reihe 4.1: Insolvenzverfahren.
Straub, Besteuerung der Einmann GmbH & Still bei gleichzeitiger Beteiligung der GmbH an einer zweiten GmbH, DB 1990, 1302.
Streck/Posdziech, Verschmelzung und Formwechsel nach dem neuen Umwandlungssteuergesetz (II), GmbHR 1995, 357.
Streck/Schwedhelm, Eine nachträgliche Verlustberücksichtigung kann auch dann noch möglich sein, wenn der Einkommensteuer- oder Körperschaftsteuerbescheid des Veranlagungszeitraums, in dem der Verlust entstanden ist, schon bestandskräftig ist, Stbg 1996, 495.

Thiel, Der Verlust des Kommanditisten, DB 1964, 1166.
Thiel, Einlagen in Kapitalgesellschaften – Aktuelle Steuerfragen bei der Gesellschaft und beim Gesellschafter, DStR 1992, 1.
Thiel, Im Grenzbereich zwischen Eigen- und Fremdkapital – ein Streifzug durch die ertragsteuerlichen Probleme der Gesellschafter-Fremdfinanzierung, GmbHR 1992, 20.
Thiel, Wege aus der Kapitalgesellschaft – Gestaltungsmöglichkeiten und Zweifelsfragen, DB 1995, 1196.
Tillmann, Kapitalausstattung der GmbH – zivil und steuerrechtlich, GmbHR 1987, 329.
Tipke, Steuerrecht, 11. Aufl. Köln 1987.
Tischer, Vollständige und zeitnahe Verlustverrechnung bei Kommanditgesellschaften, FR 1990, 625.

Uelner/Dankmeyer, Die Verrechnung von Verlusten mit anderen positiven Einkünften nach dem Änderungsgesetz vom 20. August 1980 (sog. § 15a-Gesetz), DStZ 1981, 12.
Uhlenbruck, Überlegungen vor einer Eröffnung und bei Abwicklung gerichtlicher Insolvenzverfahren, WPg 1978, 661.
Unvericht, Gewerbeertrag und Gewerbekapital der atypisch stillen Gesellschaft, DStR 1987, 413.

v. Gerkan, Zum Stand der Rechtsentwicklung bei den kapitalersetzenden Gesellschafterleistungen, GmbHR 1990, 384.
van Lishaut, § 15a EStG nach der Ausgliederung von Sonderbetriebsvermögen, FR 1994, 273.
van Lishaut, Bewertungsprobleme bei Verlust stehengelassener Gesellschafterdarlehen, FR 1993, 602.
Verband der Vereine Creditreform e.V., Unternehmensentwicklung 1. Halbjahr 1995, Neuss 1995.
Vogel, Aktuelle Fragen des Einkommensteuerrechts, StbJb 1964/65, 163.
Völlmeke, Das Entschließungsermessen beim Haftungsbescheid, DStR 1991, 1001.
Völlmeke, Probleme bei der Anrechnung von Lohnsteuer, DB 1994, 1746.
Vollmer/Maurer, Die Eignung von Sanierungsdarlehen zur Abwehr der Überschuldung, DB 1993, 2315.

Wacker, Ertragsteuerrechtliche Behandlung der vorweggenommenen Erbfolge, NWB F. 3, 8647.

Wassermeyer, § 15a EStG: Eine Herausforderung für den steuerlichen Berater – Gestaltungshinweise für das Nutzbarmachen steuerlicher Verluste, DB 1985, 2634.

Wassermeyer, Ausgewählte ertragsteuerliche Aspekte bei atypisch stiller Beteiligung an einer GmbH einschließlich ihrer Folgen bei Auslandsbeziehungen, JbFfSt 1985/86, 353.

Wassermeyer, Rund um die Anrechnung der Körperschaftsteuer, GmbHR 1989, 423.

Wassermeyer, Verdeckte Kapitalzuführung bei der Kapitalgesellschaft unter besonderer Berücksichtigung der unterschiedlichen Betrachtungsweise bei der Kapitalgesellschaft und der Gesellschafter und der Veränderung in der Krisensituation, JbFfSt 1988/89, 325.

Wassermeyer, Zur Einlage nicht mehr werthaltiger Gesellschafter-Forderungen in das Vermögen einer Kapitalgesellschaft, DB 1990, 2288.

Watermeyer, § 17 Abs. 4 EStG – Veräußerungsverlust durch eigenkapitalersetzende Gesellschafterdarlehen?, BB 1993, 403.

Weber, Ausgewählte Zweifelsfragen zum Formwechsel einer Kapitalgesellschaft in eine Personengesellschaft (II), GmbHR 1996, 334.

Weber, Auswirkungen eines steuerfreien Sanierungsgewinns bei Kommanditisten mit negativem Kapitalkonto, DStZ 1994, 129.

Weber, Bilanzierung und Prüfung von kapitalersetzenden Darlehen an Aktiengesellschaften beim Darlehensgeber, WPg 1986, 1.

Weber, Eigenkapitalersetzende Darlehen des GmbH-Gesellschafters, BB 1992, 525.

Weber, Grundsätze ordnungsmäßiger Bilanzierung für Beteiligungen, 1980, 83.

Weber-Grellet, Verzicht und Einlage, BB 1995, 243.

Weiland, Vermeidung und Bewältigung von Unternehmenskrisen, INF 1995, 85.

Welzel, Das Umsatzsteuerabzugsverfahren bei der Verwertung mobilen und immobilen Vermögens innerhalb und außerhalb des Konkurses, DStZ 1994, 647.

Wernke, Besteuerung des Initiators einer nach dem Schneeballsystem betriebenen Kapitalanlagegesellschaft, INF 1995, 129.

Weyand, Die Feststellung der Überschuldung einer GmbH, INF 1993, 241.

Weyand, Die Zahlungsunfähigkeit einer GmbH, INF 1993, 269.

Winkeljohann/Halfar, Gewerbesteuerliche Vorzüge der GmbH & atypisch Still?, DB 1994, 2471.

Wochinger/Dötsch, Das neue Umwandlungssteuergesetz und seine Folgeänderungen bzw. Auswirkungen bei der Einkommen-, Körperschaft- und Gewerbesteuer, DB 1994 Beilage 14 zu Heft 51/52.

Wolff-Diepenbrock, Verlust eines Darlehens als Anschaffungskosten bei § 17 EStG – Änderung des Anschaffungskostenbegriffs?, DB 1994, 1539.

Zacharias/Hebig/Rinnewitz, Die atypisch stille Gesellschaft, Bielefeld 1996.

Zimmermann/Reyher/Hottmann, Die Personengesellschaft im Steuerrecht, 5. Aufl. Achim 1995.

Abkürzungsverzeichnis

A	Aktiva
a.A.	anderer Ansicht
Abb.	Abbildung
Abs.	Absatz
Abschn.	Abschnitt
AfA	Absetzung für Abnutzung
AG	Die Aktiengesellschaft (Zeitschrift)
AK	Anschaffungskosten
AktG	Aktiengesetz
Alt.	Alternative
AnfG	Gesetz betreffend die Anfechtung von Rechtshandlungen eines Schuldners außerhalb des Konkursverfahrens
Anm.	Anmerkung
AO	Abgabenordnung
Aufl.	Auflage
AV	Anlagevermögen
Az.	Aktenzeichen
BB	Betriebs-Berater (Zeitschrift)
BBK	Buchführung, Bilanzierung, Kostenrechnung (Zeitschrift)
Bd.	Band
BerlinFG	Berlinförderungsgesetz
BetrAVG	Gesetz zur Verbesserung der betrieblichen Altersversorgung
BewG	Bewertungsgesetz
BFH	Bundesfinanzhof
BFH/AV	Die Anhängigkeitsdatei zu der Entscheidungssammlung BFH/NV
BFH/NV	Sammlung amtlich nicht veröffentlichter Entscheidungen des Bundesfinanzhofs (Zeitschrift)
BGB	Bürgerliches Gesetzbuch
BGH	Bundesgerichtshof
BGBl.	Bundesgesetzblatt (Zeitschrift)
BGHZ	Amtliche Sammlung von Entscheidungen des Bundesgerichtshofs in Zivilsachen
BMF	Bundesminister der Finanzen
BMG	Bemessungsgrundlage
BiRiLiG	Bilanzrichtliniengesetz
Bsp.	Beispiel
BStBl.	Bundessteuerblatt (Zeitschrift)

BT	Bundestag
BW	Buchwert
bzw.	beziehungsweise
ca.	cirka
d.	des
DB	Der Betrieb (Zeitschrift)
ders.	derselbe
DG	Das Geschäft (Zeitschrift)
d.h.	das heißt
DM	Deutsche Mark
DStR	Deutsches Steuerrecht (Zeitschrift)
DStZ	Deutsche Steuerzeitung (Zeitschrift)
EFG	Entscheidungen der Finanzgerichte (Zeitschrift)
EK	Eigenkapital
ESt	Einkommensteuer
EStDV	Einkommensteuer-Durchführungsverordnung
EStG	Einkommensteuergesetz
EStH	Amtliches Einkommensteuer-Handbuch
EStR	Einkommensteuer-Richtlinien
EU	Einzelunternehmen
e.V.	eingetragener Verein
f.	folgende
F.	Fach
FA	Finanzamt
ff.	fortfolgende
FAZ	Frankfurter Allgemeine Zeitung (Zeitung)
FG	Finanzgericht
FGO	Finanzgerichtsordnung
FinMin	Finanzministerium
FK	Fremdkapital
FN	Fußnote
FR	Finanz-Rundschau (Zeitschrift)
GbR	Gesellschaft bürgerlichen Rechts
gem.	gemäß
Ges.Darl.	Gesellschafterdarlehen

Abkürzungsverzeichnis 31

GewStG	Gewerbesteuergesetz
GewStR	Gewerbesteuer-Richtlinien
gl. A.	gleicher Ansicht
GmbH	Gesellschaft mit beschränkter Haftung
GmbHG	Gesetz betreffend die GmbH
GmbHR	GmbH-Rundschau (Zeitschrift)
GrS	Großer Senat
GStB	Gestaltende Steuerberatung (Zeitschrift)
H	Hinweis
HFA	Hauptfachausschuß des Instituts der Wirtschaftsprüfer
HFR	Höchstrichterliche Finanzrechtsprechung (Zeitschrift)
HGB	Handelsgesetzbuch
i.d.R.	in der Regel
INF	Die Information über Steuer und Wirtschaft (Zeitschrift)
i.S.d.	im Sinne des
i.V.m.	in Verbindung mit
JbFfSt	Jahrbuch der Fachanwälte für Steuerrecht
KapErhStG	Gesetz über steuerliche Maßnahmen bei Erhöhung des Nennkapitals aus Gesellschaftsmitteln
KapESt	Kapitalertragsteuer
KFR	Kommentierte Finanzrechtsprechung (Loseblatt)
KG	Kommanditgesellschaft
KO	Konkursordnung
KÖSDI	Kölner Steuerdialog (Zeitschrift)
KSt	Körperschaftsteuer
KStG	Körperschaftsteuergesetz
KWG	Kreditwesengesetz
LöschG	Löschungsgesetz
LuL	Lieferung und Leistung
max.	maximal
m.E.	meines Erachtens
Mrd.	Milliarden
MU	Mitunternehmer
m.w.N.	mit weiteren Nachweisen

NJW	Neue Juristische Wochenschrift (Zeitschrift)
Nr.	Nummer
n.rkr.	nicht rechtskräftig
NWB	Neue Wirtschafts-Briefe (Zeitschrift)
n.v.	nicht veröffentlicht
OFD	Oberfinanzdirektion
OHG	Offene Handelsgesellschaft
OLG	Oberlandesgericht
o.V.	ohne Verfasser
P	Passiva
R	Richtlinie (früher Abschnitt) der Einkommensteuer-Richtlinien
Rdn.	Randnummer
Rdnr.	Randnummer
RFH	Reichsfinanzhof
RStBl.	Reichssteuerblatt (Zeitschrift)
rkr.	rechtskräftig
Rn.	Randnummer
Rz.	Randziffer
Rzn.	Randziffern
S.	Seite
Schr.	Schreiben
sog.	sogenannt
SolZ	Solidaritätszuschlag
SolZG	Solidaritätszuschlagsgesetz
sonst.	sonstige
Stammkap.	Stammkapital
Stbg	Die Steuerberatung (Zeitschrift)
StbJb	Steuerberater-Jahrbuch
StBp	Die steuerliche Betriebsprüfung (Zeitschrift)
StGB	Strafgesetzbuch
StuW	Steuer und Wirtschaft (Zeitschrift)
StWa	Die Steuer-Warte (Zeitschrift)
Tz.	Textziffer

USt	Umsatzsteuer
UStDV	Umsatzsteuer-Durchführungsverordnung
UStG	Umsatzsteuergesetz
UStR	Umsatzsteuer-Richtlinien
UmwG	Umwandlungsgesetz
UmwStG	Umwandlungssteuergesetz
usw.	und so weiter
UV	Umlaufvermögen
v.	vom
vEK	verwendbares Eigenkapital
VerglO	Vergleichsordnung
vgl.	vergleiche
v.H.	vom Hundert
VStR	Vermögensteuerrichtlinien
VuV	Vermietung und Verpachtung
VZ	Veranlagungszeitraum
WG	Wirtschaftsgüter
WM	Wertpapier-Mitteilungen (Zeitschrift)
WP	Wirtschaftsprüfer
WPg	Die Wirtschaftsprüfung (Zeitschrift)
z.B.	zum Beispiel
ZfbF	Zeitschrift für betriebswirtschaftliche Forschung (Zeitschrift)
ZGR	Zeitschrift für Unternehmens- und Gesellschaftsrecht (Zeitschrift)
Zinsverb.	Zinsverbindlichkeiten
ZIP	Zeitschrift für Wirtschaftsrecht (Zeitschrift)
ZVG	Gesetz über die Zwangsversteigerung und Zwangsverwaltung

Problemstellung und Gang der Untersuchung 35

Teil 1:
Grundlagen

Kapitel 1:
Problemstellung und Gang der Untersuchung

Seit 1990 nimmt die Zahl der Unternehmenskrisen ständig zu, wobei der dramatische Anstieg seit 1992 fast zu einer Verdoppelung der Insolvenzen geführt hat.[1]

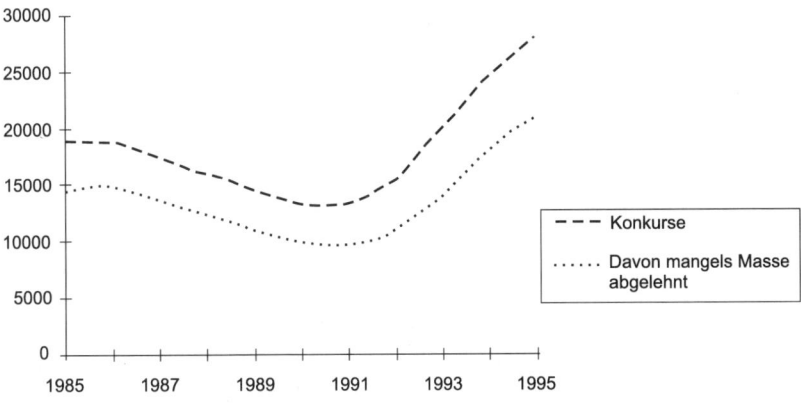

Abb. 1: Entwicklung der Unternehmensinsolvenzen in der Bundesrepublik Deutschland (1985–1995)[2]

Auch wenn sich aus der Insolvenzstatistik keine unmittelbaren Aussagen über die Vermögensverluste der einzelnen beteiligten Personengruppen ableiten lassen, so zeigt doch die hohe Anzahl von Konkursverfahren (ca.

---

1 Statistisches Bundesamt, Fachserie 2: Unternehmen und Arbeitsstätten, Reihe 4.1: Insolvenzverfahren; Statistische Jahrbücher der Bundesrepublik Deutschland; Verband der Vereine Creditreform e.V., Unternehmensentwicklung, Neuss 1995. Auch für 1996 und 1997 ist mit einem weiteren Anstieg der Insolvenzen zu rechnen. So prognostiziert der Verband der Vereine Creditreform 1996 einen Anstieg der Insolvenzen um 19% gegenüber 1995 und für 1997 nochmals 17% mehr Unternehmenszusammenbrüche als 1996. (FAZ v. 4.12.1996, Nr. 283, 17).

2 Das Zahlenmaterial berücksichtigt bis 1990 nur das frühere Bundesgebiet. Ab 1991 sind die Insolvenzen der Neuen Länder und Ost-Berlins eingearbeitet. Dabei wurden die Gesamtvollstreckungsverfahren in den neuen Bundesländern in die Kategorie Konkurse einbezogen.Die Entwicklung der Insolvenzen vor 1985 kann den Ausführungen von *Bea/Kötzle* (Ursachen von Unternehmenskrisen und Maßnahmen zur Krisenbewältigung, DB 1983, 565) entnommen werden.

99% aller Insolvenzen), wovon ca. 77% mangels Masse abgelehnt werden, daß die Gläubigerposition bei Unternehmenskrisen mit sehr hohen Risiken und fast immer mit dem Untergang des gesamten eingesetzten Kapitals verbunden ist. Lediglich 1% der Insolvenzverfahren enden in einem Vergleich, wovon jedoch 33% nicht zur gewünschten Sanierung des Krisenunternehmens führen, sondern im Anschlußkonkurs enden.

Diese Zahlen und die Tatsache, daß allein 1996 den beteiligten Personengruppen durch Unternehmensinsolvenzen Schäden in Höhe von 62 Mrd. DM³ entstanden sind, zeigen die Notwendigkeit, sich mit diesen Problemen aus steuerrechtlicher Sicht zu befassen. Denn fast immer betreffen die durch Unternehmensinsolvenzen verursachten Vermögensverluste Leistungen, die dem Unternehmen zur Verfügung gestellt wurden, um damit Einkünfte zu erzielen. Geht dieses Vermögen teilweise oder gänzlich verloren, so ist zum einen zu prüfen, inwieweit eine steuerliche Abzugsfähigkeit gegeben ist, und zum anderen, ob nicht bei drohenden oder beginnenden Krisen Gestaltungen gewählt werden können, die eine steuerliche Berücksichtigung der Verluste gewährleisten.

Die zu diesem Themenbereich erschienenen Abhandlungen beschäftigen sich vorwiegend mit dem Problemkreis, ob es sich bei den betroffenen Steuerzahlungen um Masseforderungen (§§ 57 ff. KO) oder um Konkursforderungen (§§ 61 ff. KO) handelt,[4] bzw. mit Gestaltungsmöglichkeiten bezüglich des Krisenunternehmens selbst.[5] Es existiert bisher jedoch keine umfassende Analyse der durch Unternehmenskrisen hervorgerufenen steuerlichen Auswirkungen auf die beteiligten Personengruppen. Ziel dieser Abhandlung ist es daher, die Rechtslage in ausgewählten Problembereichen der jeweiligen Krisensituationen darzustellen und Gestaltungen aufzuzeigen, die es den Gesellschaftern, Arbeitnehmern, Kapitalanlegern, Geschäftspartnern und Banken ermöglichen, die durch ihr wirtschaftliches Engagement erlittenen Vermögensverluste steuermindernd geltend zu machen.

---

3 Vgl. *Jl.*, Die Unternehmensinsolvenzen erreichen einen neuen Höchststand in FAZ v. 4.12.1996, Nr. 283, 17: Von dem Gesamtschaden betreffen 22 Mrd. DM die öffentliche Hand.

4 Vgl. *Hess/Boochs/Weis*, Steuerrecht in der Insolvenz, Neuwied 1996; *Maus*, Steuerrechtliche Probleme im Insolvenzverfahren, 2. Aufl. München 1995; *Kramer*, Konkurs- und Steuerverfahren, Bergisch Gladbach 1993; *Frotscher*, Steuern im Konkurs, 3. Aufl. Heidelberg 1990; *Onusseit*, Umsatzsteuer im Konkurs, Köln 1987; *Geist*, Insolvenzen und Steuern, 3. Aufl. Herne/Berlin 1980.

5 Vgl. *Kräußlein*, Ertragsteuerliche Verlustkompensationsstrategien in Krisenunternehmen, Köln 1992; *Fichtelmann*, Die steuerlichen Probleme der Unternehmenssanierung, 2. Aufl. Heidelberg 1990.

Der Schwerpunkt der Untersuchung liegt bei den internen Beteiligten, d.h. denjenigen, die über gute Informationen bezüglich der wirtschaftlichen Situation des Unternehmens verfügen und denen sich eine Krise somit früher andeutet als den externen Beteiligten. Insbesondere die Gesellschafter haben somit mehr steuerliche Gestaltungsmöglichkeiten, den jeweiligen Krisensituationen zu begegnen.

Dabei wird unterstellt, daß der Steuerpflichtige von jeglichen sonstigen Präferenzen abstrahiert und aus den möglichen Gestaltungsalternativen immer diejenige auswählt, die in der untersuchten Situation zum einen die Konkurs- bzw. Vergleichsantragspflicht vermeidet und zum anderen die geringste Steuerbelastung bedeutet. Bei der Komplexität der realen Zusammenhänge ist es nur unter dieser Prämisse möglich, sich nicht lediglich auf rein darstellende Betrachtungen zu beschränken, sondern mittels quantitativer Analysen mögliche Gestaltungen zu untersuchen, und die jeweils optimale Handlungsalternative aufzuzeigen.

Nach der Einführung und der Darstellung des Krisenverlaufs sowie der damit zusammenhängenden Begriffsdefinitionen, befaßt sich der zweite Teil mit den steuerlichen Problemen der Gesellschafter einer Kapitalgesellschaft. Dabei werden zuerst die Grundzüge der Behandlung des Untergangs von Beteiligungen dargestellt und Gestaltungsmöglichkeiten diskutiert, wie Vermögensverluste steuerlich geltend gemacht werden können. Eng mit diesen Problemen verbunden ist die steuerliche Behandlung aller übrigen Mittelzuwendungen an die Gesellschaft. Denn gehen diese Leistungen aufgrund einer Unternehmenskrise verloren, müssen Gestaltungen gefunden werden, die zu nachträglichen Anschaffungskosten auf die Beteiligung führen. Der Kern dieser Ausführungen ist dem Gesellschafterdarlehen gewidmet, da es das am häufigsten eingesetzte Finanzierungsmittel darstellt und die steuerliche Behandlung äußerst kompliziert und daher auch sehr umstritten ist. Neben diesen Vermögensverlusten der eingesetzten Finanzierungsmittel drohen dem Gesellschafter einer Kapitalgesellschaft in Unternehmenskrisen rechtsformbedingte Steuernachteile. Es werden daher Gestaltungen untersucht, die es ermöglichen, die in Krisensituationen auftretenden Verluste nicht bei der Kapitalgesellschaft zu belassen, sondern diese auf die Ebene des Gesellschafters zu transferieren, um sie dort mit anderen positiven Einkünften verrechnen zu können. Abschließend befaßt sich dieser Teil mit der Frage, wie sich Gesellschafter die Anrechenbarkeit von Körperschaft-, Kapitalertragsteuer und Solidaritätszuschlag sichern können, sofern die Kapitalgesellschaft aufgrund der Krisensituation diese einbehaltenen Steuern nicht an das Finanzamt abgeführt hat.

Die steuerliche Behandlung von Mitunternehmern unterscheidet sich vollkommen von jener der Gesellschafter einer Kapitalgesellschaft. So kann bei Unternehmenskrisen z.B. der Fall auftreten, daß dem Gesellschafter Liquidationsgewinne zugewiesen werden und somit der Besteuerung unterliegen, obwohl der Gesellschafter zu keinem Zeitpunkt eine Entnahmemöglichkeit hat. Es wird daher untersucht, welche Möglichkeiten bestehen, diese Steuerzahlungen abzuwenden. Ein weiteres in der Praxis häufig auftretendes Problem ist die Behandlung von Vermögensveruntreuungen durch Mitgesellschafter. Hier wird dargelegt, daß es sich bei dem Vermögensschaden der übrigen Gesellschafter nicht um eine Entnahme, sondern um steuerlich zu berücksichtigende Verluste handelt. Die steuerlichen Sonderprobleme der Kommanditisten werden ausnahmslos durch die Verlustbeschränkungsnorm des § 15a EStG verursacht. Es erfolgt somit anfangs eine Darstellung der Grundlagen, wobei erstmals die handelsrechtlichen Definitionen der Begriffe „Pflichteinlage" und „Haftsumme" durchgängig auf die Ebene des Steuerrechts übertragen werden. Die daraus resultierenden Neuerungen und insbesondere die Abweichungen im Verhältnis zur gängigen Praxis sowie zur Auffassung der Finanzverwaltung beeinflussen somit alle im 2. Kapitel diskutierten Probleme. Große steuerliche Nachteile des Kommanditisten entstehen dann, wenn das Finanzamt bei fortgeschrittenen Krisensituationen den vorzeitigen Wegfall des negativen Kapitalkontos unterstellt. Die dadurch ausgelöste Besteuerung unterliegt nämlich im Gegensatz zur Auflösung bei der Vollbeendigung der Gesellschaft nicht dem ermäßigten Steuersatz. Zum einen werden die möglichen Zeitpunkte des Wegfalls diskutiert und dadurch größtenteils die Meinung der Verwaltung widerlegt sowie zum anderen dargestellt, daß ein vorzeitiger Wegfall i.d.R. nicht in voller Höhe des negativen Kapitalkontos, sondern nur anteilig vorzunehmen ist. Außerdem werden Gestaltungen vorgestellt, mittels derer der Kommanditist einen drohenden vorzeitigen Wegfall des negativen Kapitalkontos verhindern kann. Das in der Praxis am häufigsten auftretende steuerliche Problem der Kommanditisten besteht darin, wie in Krisensituationen das Verlustausgleichs- bzw. -abzugsvolumen erhöht werden kann. Folglich werden die beiden Möglichkeiten – Aufstockung der geleisteten Einlage bzw. der Haftsumme – diskutiert, und dabei die verschiedenen Möglichkeiten erörtert und auf Fehlerquellen hingewiesen. Unmittelbar an diese Problematik schließt sich die Frage an, was mit einem Überhang an verrechenbaren Verlusten geschieht, die durch Einlagen entstanden sind. Anhand jüngster BFH-Rechtsprechung wird dargestellt, daß diese Verluste bei der Betriebsaufgabe steuermindernd zu berücksichtigen sind. Des weiteren werden Gestaltungsmöglichkeiten aufgezeigt, die es ermöglichen, das Saldierungsverbot von verrechenbaren Verlusten des Gesellschaftsvermögens mit Gewinnen des Sonderbetriebsvermögens zu umgehen. Da vielfach eine Übertragung des negativen Kapitalkontos auf Dritte die optimale steuerliche Gestaltung darstellt, wird abschließend auf die gravierendsten Fehler hingewiesen, die es bei diesen Übertragungen zu vermeiden gilt.

Die Personengruppe der Arbeitnehmer wird in Krisensituationen des Arbeitgebers häufig damit konfrontiert, daß das Finanzamt die Arbeitnehmer für vom Arbeitgeber einbehaltene aber nicht abgeführte Lohnsteuer in Anspruch nehmen möchte. Wie diese Forderungen abzuwenden sind, und auf welche Weise verlorene Arbeitnehmer-Darlehen steuermindernd geltend gemacht werden können, beschreibt der 4. Teil. Außerdem wird geprüft, in welchen Fällen Zahlungen infolge einer Geschäftsführerhaftung als Werbungskosten abgesetzt werden können, und ob die Zahlung des Pensionssicherungsvereins zu einem steuerbegünstigten Zufluß führt.

Im 6. Teil werden abschließend, nach einer grundlegenden Darstellung der umsatzsteuerlichen Anforderungen an eine Rechnungskorrektur, Gestaltungen vorgestellt, die es den Geschäftspartnern, Lieferanten und Banken ermöglichen, ihre Gläubigerposition – bezogen auf die Höhe der Umsatzsteuer – gegenüber dem Krisenunternehmen mit dem Finanzamt zu tauschen.

Kapitel 2:
Der Krisenverlauf

Die betriebswirtschaftliche Auseinandersetzung mit Unternehmenskrisen hat eine lange Tradition.[6] Die erschienenen Abhandlungen haben mittler-

---

6 Die ersten intensiven Untersuchungen wurden bereits anläßlich der Weltwirtschaftskrise Ende der zwanziger Jahre von: *Fleege-Althoff*, Die notleidende Unternehmung, Stuttgart 1930, Bd. 1; *Le Coutre*, Krisenlehre für die Unternehmensführung, DG 1926, Heft 4 und 5, vorgenommen.

weile ein unüberschaubares Ausmaß[7] angenommen. Die meisten Arbeiten beschäftigen sich mit der Früherkennung von Krisen. In dieser Darstellung wird insbesondere auf Untersuchungen über den Krisenverlauf und die unterschiedlichen Krisenstadien zurückgegriffen.[8] Denn die steuerlichen Auswirkungen, die eine Unternehmenskrise für die beteiligten Personengruppen mit sich bringt, ändern sich in Abhängigkeit vom Krisenzustand der Unternehmung. Das hier zugrundeliegende Modell der Unternehmenskrise ist an die Darstellung des Krisenverlaufs von *Krystek*[9] angelehnt. Allerdings wird auf der Ordinate nicht die „Überlebenschance" sondern die „Finanz- und/oder Vermögenssituation" des Unternehmens in Abhängigkeit vom Zeitablauf abgetragen. Denn anhand dieser Größen können Punkte determiniert werden, auf die das Zivil- und das Steuerrecht abstellen, um bestimmte Rechtsfolgen eintreten zu lassen.

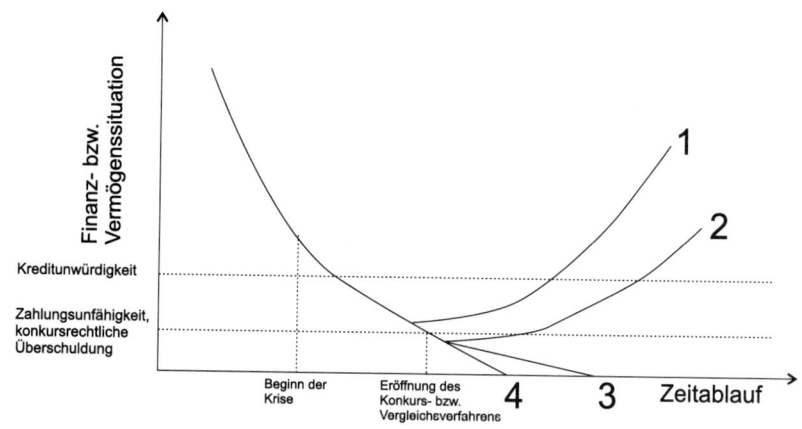

1 = Sanierung
2 = Vergleich mit erfolgreicher Sanierung
3 = Vergleich mit Anschlußkonkurs
4 = Konkurs

Abb. 2: Der Verlauf von Unternehmenskrisen in Abhängigkeit von der Finanz- bzw. Vermögenssituation

---

7 Gute Übersichten finden sich bei: *Hasitschka*, Betriebswirtschaftliche Krisenprophylaxe, Stuttgart 1988, 42-75; *Krystek*, Unternehmenskrisen, Wiesbaden 1987, 2-66; *Löhneysen*, Die rechtzeitige Erkennung von Unternehmenskrisen mit Hilfe von Frühwarnsystemen als Voraussetzung für ein wirksames Krisenmanagement, Göttingen 1982, 1-142.
8 Vgl. *Grenz*, Dimensionen und Typen der Unternehmenskrise, Frankfurt 1987; *Krystek*, Unternehmenskrisen, Wiesbaden 1987; *Pohl*, Krisen in Organisationen, Mannheim 1977.
9 Vgl. *Krystek*, Unternehmenskrisen, Wiesbaden 1987, Abb. 4, S. 11.

In der vorstehenden Grafik verschlechtert sich die Finanz- bzw. Vermögenssituation des Unternehmens im Zeitablauf kontinuierlich. Die Krise beginnt, wenn sich den beteiligten Personengruppen ein deutlicher Rückgang des Unternehmenserfolges offenbart.[10] Schreitet die Krise weiter fort, so wird das Untenehmen ab einem bestimmten Zeitpunkt bei gesellschaftsfremden Dritten kreditunwürdig. Falls den Beteiligten dann keine Sanierung des Unternehmens gelingt (1), wird bei Zahlungsunfähigkeit und/oder Überschuldung das Konkurs- bzw. Vergleichsverfahren eröffnet bzw. mangels Masse sofort eingestellt.[11] Kommt es zum Vergleichsverfahren, so endet der Vergleich je nachdem, ob die Zugeständnisse der Gläubiger ausreichen, in einer erfolgreichen Sanierung (2) oder einem Anschlußkonkurs (3). Kommt kein Vergleichsverfahren zustande, so wird das Unternehmen im Zuge eines Konkursverfahrens abgewickelt (4).

Ist der Beginn der Krise in diesem Modell noch nicht genau definierbar und somit eher fließend, so bestehen für die einzelnen Stadien der Finanz- bzw. Vermögenssituation ziemlich exakte Kriterien, die eine Zeitbestimmung ermöglichen.

Unter *Kreditunwürdigkeit* ist zu verstehen, daß die Gesellschaft von einem wirtschaftlich vernünftig handelnden außenstehenden Dritten unter Kenntnis aller relevanten Informationen keinen Kredit mehr erhält.[12] Entscheidend für die Beurteilung der Kreditunwürdigkeit der Gesellschaft ist dabei die objektive Würdigung der Situation bei der Kreditgewährung (ex ante).[13] Im nachhinein (ex post) kann die Kreditunwürdigkeit meist nur anhand von Indizien nachgewiesen werden, die auf den jeweiligen Sachverhalt bezogen und objektiv gewürdigt werden müssen.[14]

---

10 Vgl. *Weiland*, Vermeidung und Bewältigung von Unternehmenskrisen, INF 1995, 85; *Hantschel*, Insolvenzprophylaxe bei mittelständischen Unternehmen als Aufgabe von Steuerberatern und Wirtschaftsprüfern, DB 1994, 105; *Leker*, Fraktionierende Frühdiagnose von Unternehmenskrisen, Köln 1993, 18; *Löhneysen*, Die rechtzeitige Erkennung von Unternehmenskrisen mit Hilfe von Frühwarnsystemen als Voraussetzung für ein wirksames Krisenmanagement, Göttingen 1982, 104.
11 Bei Personengesellschaften entsteht die Konkurs- bzw. Vergleichsantragspflicht nur bei Zahlungsunfähigkeit (vgl. S. 139 f.).
12 Vgl. *Lutter/Hommelhoff*, GmbH-Gesetz, 14. Aufl. Köln 1995, § 32a/b, Rn. 21.
13 Vgl. BGH v. 13.7.1992 II ZR 269/91, BGHZ 119, 201 [207].
14 Vgl. *Mayer*, Kapitalersetzende Darlehen im GmbH-Recht aus handels- und konkursrechtlicher Sicht, BB 1990, 1935 [1937 f.].

Indizien, die für eine Kreditunwürdigkeit sprechen:
- deutliche Diskrepanz zwischen Eigen- und Fremdkapital[15]
- Bank verlangt Darlehensbesicherung durch Gesellschafter, da Gesellschaft keine Sicherheiten anbieten kann[16]
- Kreditgeber ist eine für den Geschäftsbetrieb unübliche Person[17]
- sehr lange Laufzeit des Darlehens (nur im Zusammenhang mit anderen Indizien)[18]
- ungewöhnlich geringe oder fehlende bzw. besonders hohe Verzinsung[19]
- Gesellschafter läßt sich sein Gesellschafterdarlehen von Mitgesellschaftern durch deren sonstiges Vermögen absichern[20]
- fällige Verbindlichkeiten werden in erheblichem Umfang nicht beglichen[21]
- kurze Zeit nach Darlehenshingabe tritt Konkursreife ein[22]
- eine Verlustübernahmeerklärung der Muttergesellschaft ist zum Nachweis der Kreditfähigkeit dann nicht ausreichend, wenn die Liquiditätsversorgung der Tochter nicht ständig und pünktlich erfolgt[23]
- unzureichende Geschäftsführung[24]
- schlechter Gesundheitszustand der Geschäftsführer[25]
- der Gesellschafter erklärt sich im Darlehensvertrag bereit, das Darlehensverhältnis insbesondere auch dann aufrechtzuerhalten, wenn sich die Vermögenslage der Gesellschaft verschlechtern sollte[26]

Die Tatsache einer Unterbilanz[27] läßt nicht automatisch den Schluß zu, daß die Gesellschaft kreditunwürdig ist.[28]

---

15 Vgl. *Mayer*, Kapitalersetzende Darlehen im GmbH-Recht aus handels- und konkursrechtlicher Sicht, BB 1990, 1935 [1937].
16 Vgl. OLG Hamburg v. 4.4.1984, ZIP 1984, 584 [585]; v. 18.7.1986, ZIP 1986, 1113 [1119].
17 Vgl. OLG Karlsruhe v. 16.12.1988, ZIP 1989, 588 [590].
18 Vgl. OLG Düsseldorf v. 2.3.1989, ZIP 1989, 586 [587].
19 Vgl. OLG Düsseldorf v. 2.3.1989, ZIP 1989, 586 [587].
20 Vgl. *Lutter/Hommelhoff*, GmbH-Gesetz, 14. Aufl. Köln 1995, § 32a/b, Rn. 30.
21 Vgl. BGH v. 4.12.1995 II ZR 281/94, DB 1996, 465.
22 Vgl. OLG Köln v. 19.10.1988, ZIP 1989, 523.
23 Vgl. BGH v. 19.9.1988 II ZR 255/87, BGHZ 105, 168.
24 Vgl. OLG Hamburg v. 8.12.1989, GmbHR 1991, 103 [107 f.].
25 Vgl. OLG Hamburg v. 18.7.1986, ZIP 1986, 1113 [1120]; nicht so weitreichend BGH v. 28.9.1987 II ZR 28/87, ZIP 1987, 1541 [1542].
26 Vgl. BGH v. 9.3.1992 II ZR 168/91, GmbHR 1992, 367 [368].
27 Eine Unterbilanz entsteht dann, wenn das bilanzierte Reinvermögen (Vermögen ./. Schulden) das Stammkapital nicht mehr abdeckt (*Lutter/Hommelhoff*, GmbH-Gesetz, 14. Aufl. Köln 1995, § 30 Rdn. 10; *Schmidt, K.* in: Scholz, GmbH-Gesetz, 8. Aufl. Köln 1993, § 63 Anm. 10).
28 Vgl. BGH v. 13.7.1992 II ZR 269/91, BGHZ 119, 201 [212 f.].

Indizien, die gegen eine Kreditunwürdigkeit sprechen:
- Gesellschaft stellt dem Gesellschafter für sein Darlehen Sicherheiten[29]
- Freigabe von Gesellschaftersicherheiten durch Gläubiger[30]
- positives Gutachten eines krediterfahrenen Wirtschaftsprüfers[31]
- positive Erfolgs- und Ertragsaussichten der Produkte[32]
- zeitnahe Kreditvergabe durch mehrere außenstehende Dritte[33]

Der Tatbestand der *Zahlungsunfähigkeit* ist zwar in § 63 GmbHG und §§ 102, 207 KO gesetzlich fixiert, aber nicht definiert worden. Mittlerweile hat der BGH entschieden, daß unter Zahlungsunfähigkeit[34] ein Zustand zu verstehen ist, in dem eine Gesellschaft voraussichtlich auf Dauer nicht mehr in der Lage ist, ihre fälligen Schulden aus bereitstehenden Mitteln zu tilgen.[35] Dabei sind eigenkapitalersetzende Gesellschafterdarlehen nicht als fällige Verbindlichkeiten der Gesellschaft zu berücksichtigen.[36] Vorhandene Refinanzierungsmöglichkeiten finden jedoch Eingang in die Berechnungen.[37]

Zahlungsunfähigkeit ist nicht gegeben, wenn der Gemeinschuldner lediglich zahlungsunwillig ist.[38] Auch eine Zahlungsstockung, wenn z.B. fällige Außenstände nicht pünktlich eingehen, ist kein Indiz für eine vorliegende Zahlungsunfähigkeit.[39] Eine Zahlungsunfähigkeit des Gemeinschuldners wird jedoch unterstellt, wenn mehrfach eine erfolglose Pfändung durchge-

---

29 Vgl. BGH v. 14.11.1988 II ZR 115/88, BB 1989, 242.
30 Vgl. OLG Hamburg v. 25.5.1990, GmbHR 1991, 109 [111].
31 Vgl. *Fleck*, Das kapitalersetzende Bankdarlehen in der GmbH in: Festschrift für Werner, 1984, 106 [128].
32 Vgl. BGH v. 13.7.1992 II ZR 269/91, BGHZ 119, 201 [204 ff.].
33 Vgl. BGH v. 14.11.1988 II ZR 115/88, WM 1989, 60 [62].
34 Zur Messung der Zahlungsunfähigkeit aus betriebswirtschaftlicher Sicht: *Borup*, Die eingetretene Zahlungsunfähigkeit aus der Sicht der Betriebswirtschaftslehre und das Problem ihrer Meßbarkeit, BB 1986, 1883.
35 Vgl. BGH v. 17.4.1986 IX ZR 54/85, DB 1986, 1718; *Kuhn/Uhlenbruck*, Konkursordnung, 11. Aufl. München 1994, § 102 Rdnr. 2; *Kilger/Schmidt, K.*, Konkursordnung, 16. Aufl. München 1993, § 30 Anm. 5, § 102 Anm. 2a.
36 Vgl. *Schmidt, K.* in: Scholz, GmbH-Gesetz, 8. Aufl. Köln 1993, § 63 Anm. 6.
37 Vgl. *Uhlenbruck*, Überlegungen vor einer Eröffnung und bei Abwicklung gerichtlicher Insolvenzverfahren, WPg 1978, 661 [664].
38 Vgl. *Weyand*, Die Zahlungsunfähigkeit einer GmbH, INF 1993, 269.
39 Strittig ist jedoch die Dauer der Zahlungsstockung. *Obermüller* (Konkursanmeldung bei Zahlungsunfähigkeit und Überschuldung, DB 1973, 267 [269]) hält 10 Tage für unproblematisch, *Papke* (Zum Begriff der Zahlungsunfähigkeit, DB 1969, 735 [736[) plädiert für sechs Wochen. Herrschende Meinung sind wohl 30 Tage (vgl. *Rowedder* in: Rowedder, u. a., Gesetz betreffend die Gesellschaften mit beschränkter Haftung (GmbHG), 3. Aufl. München 1995, § 63 RdNr. 5; *Lutter/Hommelhoff*, GmbH-Gesetz, 14. Aufl. Köln 1995, § 63 Rdn. 2).

führt wurde und der Geschäftsführer Kreditmöglichkeiten verneint,[40] falls häufig Wechselproteste eingelegt werden[41] und bei Nicht- bzw. schleppender Zahlung von Löhnen und Gehältern.[42] Auf jeden Fall ist Zahlungsunfähigkeit dann anzunehmen, wenn eine Zahlungseinstellung erfolgt ist.[43] Das heißt, wenn der Gemeinschuldner, zumindest gegenüber einzelnen Gläubigern,[44] die Zahlungsunfähigkeit kundgetan hat.[45]

Eine *konkursrechtliche Überschuldung* des Gemeinschuldners liegt gem. § 64 Abs. 1 Satz 2 GmbHG dann vor, wenn das Vermögen nicht mehr ausreicht, um die Schulden zu decken.[46] Um dieses Kriterium zu überprüfen, ist folgende zweistufige Prüfungsmethode anzuwenden:[47]

Überwiegen im *Überschuldungsstatus* die Vermögensgegenstände die Verbindlichkeiten?

Nein ↓   ↓ Ja

Besteht eine positive *Fortbestehens- oder Überlebensprognose?*   Der Gemeinschuldner ist im konkursrechtlichen Sinne nicht überschuldet.

Nein ⊢————————⊣ Ja

Der Gemeinschuldner ist im konkursrechtlichen Sinne überschuldet.   Der Gemeinschuldner ist im konkursrechtlichen Sinne nicht überschuldet.

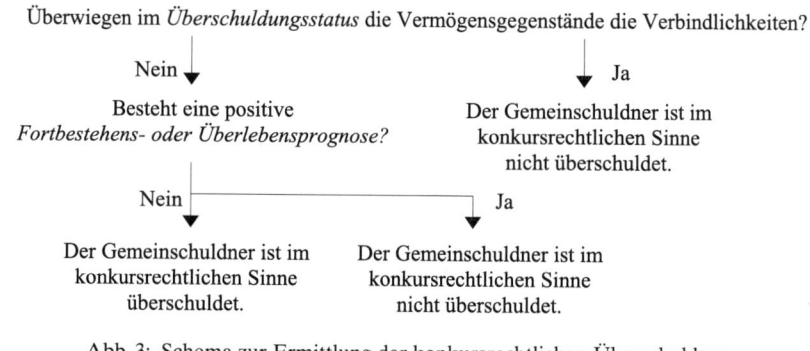

Abb. 3: Schema zur Ermittlung der konkursrechtlichen Überschuldung

---

40 Vgl. BGH v. 3.12.1991 1 StR 469/91, GmbHR 1992, 678.
41 Vgl. BGH v. 10.4.1957 V ZR 240/56, BB 1957, 941.
42 Vgl. *Kilger/Schmidt, K.,* Konkursordnung, 16. Aufl. München 1993, § 30 Anm. 5.
43 Vgl. § 102 Abs. 2 KO.
44 Vgl. BGH v. 10.1.1985 IX ZR 4/84, NJW 1985, 1785.
45 Vgl. *Kilger/Schmidt, K.,* Konkursordnung, 16. Aufl. München 1993, § 30 Anm. 5, § 102 Anm. 3.
46 Zur Diskussion über die Zweckmäßigkeit und die Definition dieses Insolvenztatbestandes vgl.: *Schmidt, K.* in: Scholz, GmbH-Gesetz, 8. Aufl. Köln 1993, §§ 63 Anm. 10-12; *Ulmer* in: Hachenburg, GmbHG, 8. Aufl. Berlin 1990, § 63 RdNr. 23 ff.; *Drukarczyk,* Was kann der Tatbestand der Überschuldung leisten?, ZfbF 1986, 207; *ders.,* Bilanzielle Überschuldungsmessung, ZGR 1979, 553.
47 Vgl. BGH v. 21.2.1994 II ZR 60/93, BB 1994, 882 [884]; *Lutter/Hommelhoff,* GmbH-Gesetz, 14. Aufl. Köln 1995, § 63 Rdn. 5; *Schmidt, K.* in: Scholz, GmbH-Gesetz, 8. Aufl. Köln 1993, § 63 Anm. 10; *Ulmer* in: Hachenburg, GmbHG, 8. Aufl. Berlin 1990, § 63 RdNr. 35 ff.; *Weyand,* Die Feststellung der Überschuldung einer GmbH, INF 1993, 241; *Schmidt, K.,* Konkursgründe und präventiver Gläubigerschutz, AG 1978, 334; krit.: *Drukarczyk,* Kapitalerhaltungsrecht, Überschuldung und Konsistenz, WM 1994, 1737 [1741]; *Schipper,* Aktuelle Fragen der Konkursverschleppung durch den GmbH-Geschäftsführer, DB 1994, 197 [199]; *Vollmer/Maurer,* Die Eignung von Sanierungsdarlehen zur Abwehr der Überschuldung, DB 1993, 2315 [2317]; *Drukarczyk,* Unternehmen und Insolvenz, Wiesbaden 1987, 79 ff.

Ein Auslöser zur Überprüfung, ob im konkursrechtlichen Sinne eine Überschuldung besteht, stellt die Position „Nicht durch Eigenkapital gedeckter Fehlbetrag"[48] in der Handelsbilanz der Gesellschaft dar.[49] Diese bilanzielle Überschuldung signalisiert wirtschaftliche Schwierigkeiten, und deshalb muß spätestens zu diesem Zeitpunkt ein Überschuldungsstatus aufgestellt werden.[50]

Der *Überschuldungsstatus* ist eine Vermögensaufstellung, die alleine nach Liquidationsgesichtspunkten erfolgt.[51] Das heißt, auf der Aktivseite[52] werden alle Vermögenswerte erfaßt, die im Falle einer augenblicklichen Konkurseröffnung verwertet werden könnten. Auf der Passivseite[53] sind alle Verbindlichkeiten anzusetzen, die im Falle des Konkurses aus der Masse bedient werden müßten.[54] Dazu gehören auch Gesellschafterdarlehen, die im Überschuldungsstatus grundsätzlich als Fremdkapital zu passivieren sind. Die Behandlung eines eigenkapitalersetzenden Darlehens[55] im Überschuldungsstatus ist äußerst umstritten. Die herrschende Meinung im Schrifttum[56] befürwortet eine Passivierung mit der Begründung, daß § 32a Abs. 1 Satz 5 des Regierungsentwurfs zur GmbH-Novelle 1980[57] eine Pas-

---

48 Vgl. § 268 Abs. 3 HGB.
49 Vgl. *Menger*, Die Überschuldung des Unternehmens, GmbHR 1982, 221 [222].
50 Vgl. *Lutter/Hommelhoff*, GmbH-Gesetz, 14. Aufl. Köln 1995, § 63 Rdn. 7.
51 Vgl. *Müller, W.* in: WP-Handbuch 1996, 11. Aufl. Düsseldorf 1996, Abschn. T, Tz. 25.
52 Vgl. *Schmidt, K.* in: Scholz, GmbH-Gesetz, 8. Aufl. Köln 1993, § 63 Anm. 16.
53 Vgl. *Schmidt, K.* in: Scholz, GmbH-Gesetz, 8. Aufl. Köln 1993, § 63 Anm. 26; *Küting/Kessler*, Eigenkapitalähnliche Mittel in der Handelsbilanz und im Überschuldungsstatus, BB 1994, 2103.
54 Da eine detaillierte Behandlung des Überschuldungsstatus im Rahmen dieser Darstellung nicht möglich ist, wird im folgenden nur auf die Positionen „Gesellschafterdarlehen" und „Rangrücktrittserklärungen" eingegangen. Ausführliche Abhandlungen zum Überschuldungsstatus finden sich bei: *Kuhn/Uhlenbruck*, Konkursordnung, 11. Aufl. München 1994, § 102 Rdnr. 6i ff.; *Schmidt, K.* in: Scholz, GmbH-Gesetz, 8. Aufl. Köln 1993, § 63 Anm. 13 ff.
55 Zur Definition von eigenkapitalersetzenden Darlehen vgl. S. 75 ff.
56 Vgl. BGH v. 6.12.1993 II ZR 102/93, BB 1994, 392 [393]: ohne Stellungnahme aber m.w.N.; OLG Hamburg v. 18.7.1986, DB 1986, 2015 f.; BT-Drucks. 8/1347, S. 40: Regierungsentwurf zur GmbH-Novelle und die Begründung dazu; WP-Handbuch 1996, 11. Aufl. Düsseldorf 1996, Bd. 1, Abschn. T, Tz. 31; *Kuhn/Uhlenbruck*, Konkursordnung, 11. Aufl. München 1994, § 102 Rdnr. 6w; *Schmidt, K.* in: Scholz, GmbH-Gesetz, 8. Aufl. Köln 1993, § 63 Anm. 27; *Küting/Kessler*, Eigenkapitalähnliche Mittel in der Handelsbilanz und im Überschuldungsstatus, BB 1994, 2103 [2108]; *Ahrenkiel/Lork*, Überschuldung trotz kapitalsetzender Bürgschaft?, DB 1987, 823 m.w.N.; *Schmidt, K.*, Quasi-Eigenkapital als haftungsrechtliches und bilanzrechtliches Problem, in: Festschrift Goerdeler, Bilanz und Konkursrecht, Düsseldorf 1987, 487 [505].
57 Vgl. BT-Drucks. 8/1347, S. 40.

sivierung vorsah. Die Gegenmeinung[58] und insbesondere zwei jüngere Gerichtsentscheidungen[59] führen m.E. zu Recht an, daß dieses Passivierungsgebot gerade nicht Gesetz geworden sei, und somit eine Berücksichtigung unterbleiben müsse. Unstrittig ist jedoch, daß eine Rangrücktrittserklärung[60] des Gesellschafters[61] dazu führt, daß das Darlehen im Überschuldungsstatus nicht passiviert werden muß.

Kommt man infolge der Aufstellung des Überschuldungsstatus zu dem Ergebnis, daß die Gesellschaft im konkursrechtlichen Sinne überschuldet ist, so muß die Geschäftsführung mit Hilfe betriebswirtschaftlicher Erfolgs- und Finanzanalysen eine *Fortbestehens- und Überlebensprognose* anstellen und überprüfen, ob die Finanzkraft der Gesellschaft mittelfristig[62] zur Fortführung der Gesellschaft ausreicht.[63] Falls man zu der Überzeugung gelangt, daß die Überlebens- bzw. Fortbestehensfähigkeit nicht mehr gegeben ist, muß gem. § 63 Abs. 1 GmbHG Konkursantrag gestellt werden.

---

58 Vgl. *Lutter/Hommelhoff*, GmbH-Gesetz, 14. Aufl. Köln 1995, § 63 Rdn. 7 m.w.N.; *Hachenburg/Ulmer*, GmbHG, 8. Aufl. Berlin 1991, § 63 Rn. 46a; *Fleck*, Das kapitalersetzende Gesellschafterdarlehen in der GmbH-Bilanz – Verbindlichkeiten oder Eigenkapital?, GmbHR 1989, 313 [322 ff.].
59 Vgl. OLG München v. 8.7.1994, NJW 1994, 3112 [3114]; v. 17.2.1966, NJW 1966, 2366 f.; LG Waldshut-Thiengen v. 28.7.1995, DB 1995, 2157.
60 Zur Definition der Rangrücktrittserklärung sowie einem Formulierungsvorschlag vgl. S. 98 ff.
61 Auch Dritte können bzgl. ihrer Forderungen einen Rangrücktritt erklären, um die Passivierung im Überschuldungsstatus zu verhindern (*Müller, W.* in: WP-Handbuch 1996, 11. Aufl. Düsseldorf 1996, Abschn. T, Tz. 37).
62 Was der BGH mit „mittelfristig" meint, ist umstritten. Genannt wird im Schrifttum der Zeitraum „mind. bis zum Ende des nächsten Geschäftsjahres" (*Lutter/Hommelhoff*, GmbH-Gesetz, 14. Aufl. Köln 1995, § 63 Rdn. 8).
63 Vgl. BGH v. 13.7.1992 II ZR 269/91, GmbHR 1992, 659 [663].

Teil 2:
Gesellschafter einer Kapitalgesellschaft[64]

Kapitel 1:
Steuerliche Behandlung des Untergangs der Beteiligung

Verliert die Beteiligung an einer Kapitalgesellschaft während einer Krise an Wert bzw. wird sie infolge eines Konkurses wertlos, so hängt die steuerliche Berücksichtigung der Verluste entscheidend davon ab, ob sich die Anteile im Betriebs- oder im Privatvermögen des Gesellschafters befinden.

A. Beteiligung im Betriebsvermögen

Als Bewertungsmaßstab einer Beteiligung an Kapitalgesellschaften ist gem. § 6 Abs. 1 Nr. 2 Satz 1 EStG auf die Anschaffungskosten und gegebenenfalls den niedrigeren Teilwert abzustellen (§ 6 Abs. 1 Nr. 2 Sätze 2 und 3 EStG).[65] Hält der Gesellschafter seine Anteile im Betriebsvermögen,[66] dann führt eine Wertberichtigung der Beteiligung sofort, im Zeit-

---

64 Die folgenden Ausführungen sind grundsätzlich auf alle Arten von Kapitalgesellschaften anwendbar. Da die aufgezeigten Gestaltungsmöglichkeiten jedoch bei Aktiengesellschaften aufgrund der breiten Streuung der Anteile nur äußerst selten Anwendung finden und etwaige Sonderregelungen der Kommanditgesellschaft auf Aktien sowie der Bergrechtlichen Gewerkschaften den Umfang dieser Darstellung unnötig ausweiten würden, werden die steuerlichen Problembereiche bei Unternehmenskrisen exemplarisch am Beispiel der Gesellschaft mit beschränkter Haftung erläutert.

65 Im Folgenden werden die Begriffe „Anteile an einer Kapitalgesellschaft" und „Beteiligung an einer Kapitalgesellschaft" synonym verwendet. D.h., unter der „Beteiligung an einer Kapitalgesellschaft" wird nicht auf die handelsrechtliche Definition (mehr als 20% des Nennkapitals der Gesellschaft; § 271 Abs. 1 Satz 3 HGB), sondern auf den steuerrechtlichen Sprachgebrauch (0-25% des Nennkapitals = nicht wesentliche Beteiligung; über 25% wesentliche Beteiligung; § 17 Abs. 1 Satz 4 EStG) abgestellt. Denn auch für die Frage, ob steuerlich eine Teilwertabschreibung vorgenommen werden darf oder nicht, spielen die unterschiedlichen Ausweis- und die damit verbundenen Bewertungsprobleme (AV i.d.R. gemildertes Niederstwertprinzip; UV strenges Niederstwertprinzip) insofern keine Rolle, als unterstellt werden kann, daß es sich in einer Krisensituation immer um eine voraussichtlich dauernde Wertminderung handelt. Über § 253 Abs. 1 Satz 1 HGB (Anschaffungskosten) i.V.m. § 253 Abs. 2 Satz 3 HGB (Niederstwertprinzip im AV, bei voraussichtlicher dauernder Wertminderung) bzw. § 253 Abs. 3 Satz 1 HGB (strenges Niederstwertprinzip im UV) und § 5 Abs. 1 EStG (Maßgeblichkeit) wird das steuerrechtliche Wahlrecht zur Teilwertabschreibung (§ 6 Abs. 1 Nr. 2 Satz 2 EStG), unabhängig davon, ob es sich um „Beteiligungen" (AV) oder um „Anteile" (AV bzw. UV) handelt, zu einem Gebot.

66 Wenn der Gesellschafter die Beteiligung im Betriebsvermögen hält, wird im folgenden unterstellt, daß die Gewinnermittlung mittels einer Bilanz vorgenommen wird.

punkt der Wertminderung, zu Betriebsausgaben.[67] Es muß also bei einem Unternehmen, das sich in der Krise befindet, nicht erst der Konkurs abgewartet werden, um die, bis zu diesem Zeitpunkt eingetretene, Wertminderung steuerlich berücksichtigen zu können.[68]

Für die Ermittlung des Teilwertes hat der BFH einige Vermutungsgrundsätze entwickelt.[69] Dazu gehört, daß die Aufwendungen im Zeitpunkt der Anschaffung i.d.R. dem Teilwert entsprechen und dieser Wertzusammenhang auch an den folgenden Bilanzstichtagen fortbesteht.[70] Diese Vermutung ist vom Steuerpflichtigen zu widerlegen,[71] falls er eine Abschreibung vornehmen möchte. Denn die Bewertung von Anteilen an Kapitalgesellschaften mit den Anschaffungskosten stellt die Regel und der Ansatz zum niedrigeren Teilwert die Ausnahme dar. Beim Teilwert handelt es sich um einen objektiven Wert, der nicht auf die persönliche Auffassung eines einzelnen Kaufmanns über die zukünftige wirtschaftliche Entwicklung abstellt. Vielmehr ist die Wertentwicklung entscheidend, wie sie in der Marktlage am Bilanzstichtag ihren Ausdruck findet.[72] Die Abschreibung einer Beteiligung auf den niedrigeren Teilwert setzt nach Ansicht des BFH voraus, daß der „innere Wert der Beteiligung" gesunken ist.[73] Ein niedrigerer Teilwert kann sich z.b. aus folgenden Gründen ergeben:[74]

1. Der Beteiligungserwerb stellt sich als Fehlmaßnahme dar, weil
   - die erworbene Substanz entgegen der Annahme beim Erwerb (zum Teil) nicht vorhanden oder wertlos ist,
   - unerkannte Lasten (z.B. Altlasten) nicht berücksichtigt wurden,
   - erwartete Synergieeffekte nicht erreichbar sind,

---

67 Vgl. *Heinicke* in: Schmidt, L., Einkommensteuergesetz, 15. Aufl. München 1996, § 4 Rz. 473; *Dörner*, Teilwertabschreibungen auf GmbH-Anteile, INF 1995, 225; *Bachem*, Eigenkapitalersatz durch Stehenlassen von Darlehen und nachträgliche Anschaffungskosten auf die Beteiligung, DStZ 1992, 712 [712].
68 Vgl. *Döllerer*, Verlust eines eigenkapitalersetzenden Gesellschafterdarlehens als nachträgliche Anschaffungskosten einer wesentlichen Beteiligung, FR 1992, 233 [235].
69 Sie sind abgeleitete von § 6 Abs. 1 Nr. 2 EStG.
70 Vgl. BFH v. 21.7.1982 I R 177/77, BStBl. II 1982, 758; v. 28.10.1976 IV R 76/72, BStBl. II 1977, 73; v. 22.4.1964 I 386/61 U, BStBl. III 1964, 362.
71 Vgl. BFH v. 7.11.1990 I R 116/86, BStBl. II 1991, 342.
72 Vgl. BFH v. 31.1.1991 IV R 31/90, BStBl. II 1991, 627; v. 26.1.1956 IV 566/54 U, BStBl. III 1956, 113.
73 Vgl. BFH v. 27.1.1988 I R 104/84, BStBl. II 1989, 274.
74 *Scheffler*, Der beizulegende Wert von Auslandsbeteiligungen im handelsrechtlichen Jahresabschluß, in: Herzig, Bewertung von Auslandsbeteiligungen, Köln 1992, 1 [8]; vgl. auch *Küting/Kessler*, Teilwertabschreibungen auf Beteiligungen unter besonderer Berücksichtigung der höchstrichterlichen Finanzrechtsprechung, GmbHR 1995, 345 [350 ff.].

- die erwartete Ertragskraft nicht oder nur zum Teil gegeben ist oder
- die erwarteten Vorteile aus der Beteiligung aus rechtlichen oder faktischen Gründen nicht realisiert werden können.
2. Die Beteiligung ist aufgrund der Entwicklung nach dem Beteiligungserwerb
   - nicht oder nicht mehr (ausreichend) rentabel oder
   - aufgrund von Vermögensverlusten (z.B. staatliche Eingriffe, Forderungsausfälle, Katastrophenfall) nicht mehr (voll) werthaltig.
3. Maßnahmen der Kapitaleigner führen zu einer substanzbedingten Wertminderung
   - durch offene oder verdeckte Gewinnausschüttung.

Der „objektive" Wert einer Beteiligung an einer Kapitalgesellschaft richtet sich grundsätzlich nach den Wiederbeschaffungskosten.[75] Von einer Wertminderung kann daher nur ausgegangen werden, wenn sich der innere Wert einer Beteiligung dergestalt ändert, daß der Ertragswert der Beteiligung sowie der Substanzwert[76] sinken.[77] Dies führt dazu, daß in den meisten Fällen der Teilwert geschätzt werden muß.[78] Dabei ist nach Ansicht des BFH grundsätzlich von einem gemischten Bewertungsverfahren auszugehen, das sowohl die Ertragsaussichten als auch den Substanzwert berücksichtigt.[79] Für eine, an diesen Grundsätzen orientierte, Bestimmung des Teilwertes existiert jedoch kein geeignetes Rechenverfahren.[80] Dies führt in der Praxis dazu, daß der Steuerpflichtige erhebliche Probleme hat, den durch irgendein Schätzverfahren ermittelten Teilwert gegenüber den Finanzbehörden darzulegen. Deshalb ist die Durchsetzung einer Teilwertabschreibung mit einer nicht zu verkennenden Unsicherheit behaftet.[81]

---

75 Vgl. BFH v. 31.10.1978 VIII R 124/74, BStBl. II 1979, 108.
76 Der Substanzwert entspricht dem Vermögen der Gesellschaft zu Wiederbeschaffungspreisen.
77 Vgl. BFH v. 7.11.1990 I R 116/86, BStBl. II 1991, 342.
78 Vgl. *Werndl* in: Kirchhof/Söhn, Einkommensteuergesetz, § 6 Rdnr. B 528.
79 Vgl. BFH v. 7.11.1990 I R 116/86, BStBl. II 1991, 342; BFH v. 27.7.1988 I R 104/84, BStBl. II 1989, 274; *Glanegger* in: Schmidt, L., Einkommensteuergesetz, 15. Aufl. München 1996, § 6 Rz. 250 Stichwort „Beteiligungen an Kapitalgesellschaften im Anlagevermögen"; Auch die Praxis verwendet als Ausgangspunkt für die Unternehmensbewertung Kombinationsmodelle aus Substanz- und Ertragswert: *Funk*, Aspekte der Unternehmensbewertung in der Praxis, ZfbF 1995, 491 [493].
80 Vgl. *Oesterle/Gauß*, Betriebswirtschaftliche Überlegungen zur Teilwertabschreibung auf Beteiligungen an Kapitalgesellschaften in der Rechtsprechung des BFH, WPg 1991, 317 [327]. Das von *Mujkanovic* (Teilwertermittlung - ein betriebswirtschaftlich lösbares Problem, DB 1995, 837) entwickelte Modell ist m.E. in der Praxis nicht einsetzbar.
81 Vgl. *Dörner*, Teilwertabschreibungen auf GmbH-Anteile, INF 1995, 225.

B. Beteiligung im Privatvermögen

Hält der Gesellschafter die Beteiligung im Privatvermögen, so richten sich die steuerlichen Folgen danach, ob es sich um eine wesentliche Beteiligung i.S.d. § 17 EStG handelt, oder ob die Beteiligung geringer ist als 25 v.H.[82]

I. Wesentliche Beteiligung

Der Vermögensverlust aus dem Untergang der Beteiligung infolge eines Konkurses kann sich steuermindernd auswirken, wenn der Gesellschafter an der Kapitalgesellschaft wesentlich beteiligt ist.[83] Denn § 17 Abs. 4 EStG stellt die Auflösung einer Kapitalgesellschaft der Veräußerung gleich. Unter Auflösung ist dabei die gesellschaftsrechtliche Auflösung einer Kapitalgesellschaft zu verstehen.[84] Mögliche Auflösungsgründe einer GmbH in der Krise sind:[85]

- Eröffnung des Konkursverfahrens der GmbH (§ 60 Abs. 1 Nr. 4 GmbHG)

- Rechtskräftige Ablehnung der Konkurseröffnung mangels Masse (§ 1 LöschG)

- Löschung wegen Vermögenslosigkeit (§ 2 LöschG)

Der Auflösungsverlust[86] gem. § 17 Abs. 4 i.V.m. Abs. 2 EStG wird dann nach folgendem Schema ermittelt:

	Gemeiner Wert des zurückgezahlten Vermögens
./.	Auflösungskosten
./.	Anschaffungskosten[87]
=	Auflösungsverlust

---

82 Auf Besonderheiten im Zusammenhang mit dem Umwandlungssteuergesetz (z.B. einbringungsgeborene oder spaltungsgeborene Anteile) wird im Folgenden nicht eingegangen.
83 Eine wesentliche Beteiligung ist dann gegeben, wenn der Gesellschafter an der Gesellschaft zu mehr als einem Viertel unmittelbar oder mittelbar beteiligt ist (§ 17 Abs. 1 Satz 4 EStG).
84 Vgl. BFH v. 3.6.1993, VIII R 81/91, BStBl. II 1994, 162.
85 Vgl. *Lutter/Hommelhoff,* GmbH-Gesetz, 14. Aufl. Köln 1995, § 60 Rdn. 2 ff.; *Miller* in: Meyer-Landrut/Miller/Niehus, GmbH-Gesetz, Berlin 1987, § 60 Rdn. 2 ff.
86 Ein Auflösungsgewinn wird nicht behandelt. Falls sich nach Auflösung der GmbH herausstellen sollte, daß die Substanz die Ansprüche der Gläubiger übersteigt, soll die Gesellschaft ihre Tätigkeit fortsetzen. D.h. es kommt nicht zur Ausschüttung von Auflösungsgewinnen an die Gesellschafter.
87 Die Anschaffungskosten setzen sich zusammen aus dem Anschaffungspreis, den Anschaffungsnebenkosten und den nachträglichen Anschaffungskosten.

Liegt das zurückgezahlte Vermögen abzüglich der Auflösungskosten unter den Anschaffungskosten, so ergibt sich ein Auflösungsverlust, der mit anderen positiven Einkünften verrechnet werden kann.[88] Ist diese Verrechnung nicht oder nur teilweise möglich, so kann der verbleibende Verlust gem. den Regelungen des § 10d EStG zurück- bzw. vorgetragen werden.[89]

Aufgrund des § 23 Abs. 2 Satz 2 EStG[90] ist die steuerliche Geltendmachung von Liquidationsverlusten jedoch nur mit Einschränkungen möglich.[91] Denn bei Verkäufen bzw. Liquidation innerhalb von sechs Monaten nach Erwerb der Anteile hat § 23 EStG Vorrang vor den allgemeinen Grundsätzen des § 17 EStG.[92] Somit können Verluste im Gegensatz zu § 17 EStG nur noch mit Gewinnen aus anderen Spekulationsgeschäften des gleichen Wirtschaftsjahres ausgeglichen werden. Es muß sich dabei nicht um gleichartige Spekulationsgeschäfte handeln.[93] So kann der Verlust aus dem Untergang einer Beteiligung z.B. mit Gewinnen aus anderen Wertpapiergeschäften oder auch mit Grundstückswertsteigerungen saldiert werden. Werden Ehegatten gem. § 26 EStG zusammen veranlagt, so können die Verluste des einen Ehegatten allerdings nicht mit Spekulationsgewinnen des anderen verrechnet werden.[94]

Größere Bedeutung hat eine weitere Einschränkung, die ab dem Veranlagungszeitraum 1996[95] hinzugekommen ist. Nach der neuen Formulierung des § 17 Abs. 2 Satz 4 EStG kann ein Anteilseigner einen Veräußerungsverlust steuerlich nur noch dann geltend machen, wenn er „die wesentliche Beteiligung im Rahmen der Gründung der Kapitalgesellschaft entgeltlich erworben hat, oder die Anteile mehr als fünf Jahre vor der Veräußerung entgeltlich erworben hat und [er] ... während dieses Zeitraums wesentlich am Kapital der Gesellschaft beteiligt war".[96] War es also früher vorteilhaft,

---

88 Vgl. BFH v. 10.10.1978 VIII R 126/75, BStBl. II 1979, 77.
89 Vgl. *Schmidt, L.* in: Schmidt, L., Einkommensteuergesetz, 15. Aufl. München 1996, § 17 Rz. 196.
90 Vgl. Mißbrauchsbekämpfungs- und Steuerbereinigungsgesetz v. 21.12.1993, BStBl. I 1994, 50 [53].
91 Vgl. BMF-Schr. v. 24.8.1994, BStBl. I 1994, 711.
92 Vgl. § 23 Abs. 4 Satz 3 EStG; BMF-Schr. v. 24.8.1994, BStBl. I 1994, 711.
93 Vgl. *Söffing*, Spekulationsverluste, FR 1988, 187; *Heinicke* in: Schmidt, L., Einkommensteuergesetz, 15. Aufl. München 1996, § 23 Rz. 60.
94 Vgl. *Glenk* in: Blümich, Einkommensteuergesetz, Körperschaftsteuergesetz, Gewerbesteuergesetz, § 23 Rz. 144 EStG.
95 Vgl. Jahressteuergesetz 1996 v. 11.10.1995, BGBl. I 1995, 438 [446 f.].
96 Vgl. zu den einzelnen Fallgestaltungen des § 17 Abs. 2 Satz 4 EStG: *Gerl/Sturm*, § 17 Abs. 2 Satz 4 EStG - Verunglückte Formulierung oder eine beabsichtigte Verschärfung weit über die Gesetzesbegründung hinaus?, DB 1996, 1102; *Schmidt*, Flüchtige Randbemerkungen zu neuralgischen Punkten des § 17 EStG, StuW 1996, 300; *Felix/Strahl*, Beschränkte Verlustberücksichtigung nach § 17 Abs. 2 Satz 4 EStG, BB 1996, 1582.

die Liquidation der Gesellschaft so zu betreiben, daß der Veräußerungsverlust so früh wie möglich realisiert werden konnte, kann jetzt genau das Gegenteil der Fall sein, um somit eventuell noch die Fünfjahresfrist zu erfüllen.

Der *Zeitpunkt,* zu dem der Auflösungsverlust erfaßt werden muß, liegt in dem Jahr, „in dem mit einer wesentlichen Änderung des bereits feststehenden Verlustes nicht mehr zu rechnen ist".[97] Das heißt, auch wenn sich die Betriebsaufgabe über mehrere Veranlagungszeiträume erstreckt, entsteht der Auflösungsverlust gem. § 17 Abs. 4 EStG zu einem bestimmten Zeitpunkt und kann nicht wie im Betriebsvermögen[98] schon zu Beginn der Krise teilweise vorweggenommen werden. Dabei ist nicht auf das Zuflußprinzip des § 11 EStG abzustellen, sondern eine Stichtagsbewertung auf den Zeitpunkt der Entstehung des Gewinns oder Verlustes vorzunehmen.[99] Somit entsteht der Auflösungsverlust in dem Zeitpunkt, in dem feststeht, daß an die Gesellschafter kein Vermögen mehr verteilt werden kann[100] und auch keine weiteren wesentlichen nachträglichen Anschaffungskosten oder Auflösungskosten mehr anfallen.[101]

Ein möglicher Zeitpunkt ist z.B. der amtliche Beschluß über die Ablehnung der Konkurseröffnung mangels Masse (§ 60 GmbHG i.V.m. § 107 Abs. 1 KO und § 1 Abs. 1 LöschG).[102] Spätestens entsteht der Verlust jedoch in dem Jahr, in dem die Abwicklung förmlich abgeschlossen ist und die Kapitalgesellschaft aus dem Handelsregister gelöscht wird.[103] Fallen die Schlußrechnung des Konkursverwalters und die Schlußverteilung sowie die Löschung aus dem Handelsregister in unterschiedliche Veranlagungszeiträume, so ist m.E. der Verlust in dem Zeitpunkt entstanden, in dem der Konkursverwalter dem Konkursgericht die Schlußrechnung vorlegt.[104] Denn hieraus ergibt sich, unter Berücksichtigung der Schlußkosten und des anteilig zur Zurückzahlung zur Verfügung stehenden Vermögens, der

---

97 BFH v. 2.10.1984 VIII R 20/84, BStBl. II 1985, 428.
98 Vgl. S. 47 f.
99 Vgl. BFH v. 21.9.1982 VIII R 140/79, BStBl. II 1983, 289 [292]; v. 12.2.1980 VIII R 114/77, BStBl. II 1980, 494; v. 17.10.1957 IV 64/57 U, BStBl. III 1957, 443.
100 Vgl. BFH v. 7.7.1992 VIII R 56/88, BFH/NV 1993, 25; FG Münster v. 24.10.1990, EFG 1991, 320.
101 Vgl. BFH v. 3.6.1993 VIII R 81/91, BStBl. II 1994, 162.
102 Vgl. BFH v. 3.6.1993 VIII R 81/91, BStBl. II 1994, 162.
103 Vgl. BFH v. 2.10.1984 VIII R 20/84, BStBl. II 1985, 428; mit Verweisen auf: RFH v. 13.11.1930 VI A 1286/30, RStBl. 1931, 134; v. 17.2.1937 VI A 485/36, RStBl. 1937, 963.
104 Vgl. FG Düsseldorf v. 2.4.1993, EFG 1993, 710 (rkr.).

Liquidationsverlust des Gesellschafters.[105] Und das ist auch der Zeitpunkt, an dem alle für die Verlustermittlung erforderlichen Informationen vorliegen.[106] Es ergeben sich insbesondere durch die Löschung der GmbH aus dem Handelsregister keine weiteren Änderungen, die einen späteren Zeitpunkt der Berechnung des Veräußerungsverlustes rechtfertigen würden.

Die vorstehend beschriebenen Zeitpunkte der Verlustrealisation ändern sich nicht, wenn danach noch unwesentliche Aufwendungen anfallen, die nachträgliche Anschaffungskosten der Beteiligung i.S.d. § 17 Abs. 2 Satz 1 EStG sind.[107] Das kann z.b. dann der Fall sein, wenn ein Gesellschafter für eine Verbindlichkeit der Gesellschaft eine Bürgschaft übernommen hat und der Ersatzanspruch aus der Bürgschaft[108] gegen die Gesellschaft nicht realisierbar ist.[109] Bei diesen nachträglichen Anschaffungskosten handelt es sich um ein nachträgliches Ereignis i.S.d. § 175 Abs. 1 Nr. 2 AO, das die Höhe des Veräußerungsverlustes beeinflußt, auf den Zeitpunkt der Auflösung zurückzubeziehen und bei der Ermittlung der Steuerschuld zu berücksichtigen ist.[110]

Stellt sich nach einiger Zeit heraus, daß der Veräußerungsverlust in einem falschen Jahr geltend gemacht wurde, so ist eine Korrektur dieses Fehlers auch dann noch möglich, wenn die Einkommen- oder Körperschaftsteuer schon bestandskräftig veranlagt wurde.[111] Denn gem. § 10d Abs. 3 EStG ist ein verbleibender Verlustvortrag gesondert festzustellen, und der Feststellungsbescheid kann unabhängig von der Bestandskraft der Einkommen- oder Körperschaftsteuerbescheide geändert werden.[112] Da zudem gem. § 181 Abs. 5 AO die Feststellungsverjährung nicht eintritt, wenn eine Änderung des Feststellungsbescheids Auswirkungen auf nachfolgende Bescheide hat, ist das Finanzamt auch bei bestandskräftigen Einkommen-

---

105 Vgl. *Haegele/Hess/Theobald*, Konkurs, Vergleich, Gläubigeranfechtung, 5. Aufl. Herne/Berlin 1990, Rz. 529 ff.
106 Vgl. *Meyer-Scharenberg*, Steuerprobleme im Konkursfall, DStR 1994, 889 [890].
107 Vgl. BFH v. 3.6.1993 VIII R 81/91, BStBl. II 1994, 162.
108 Zur Behandlung von Bürgschaften vgl. S. 112 ff.
109 Vgl. BFH v. 3.6.1993 VIII R 81/91, BStBl. II 1994, 162 [163 f.]; v. 2.10.1984 VIII R 20/84, BStBl. II 1985, 428 [430 f.].
110 Vgl. BFH v. 2.10.1984 VIII R 20/84, BStBl. II 1985, 428 [430].
111 Vgl. BFH v. 5.4.1995 I B 126/94, BStBl. II 1995, 496 [497]; *Streck/Schwedhelm*, Eine nachträgliche Verlustberücksichtigung kann auch dann noch möglich sein, wenn der Einkommensteuer- oder Körperschaftsteuerbescheid des Veranlagungszeitraums, in dem der Verlust entstanden ist, schon bestandskräftig ist, Stbg 1996, 495.
112 Vgl. *Lindberg* in: Frotscher, Einkommensteuergesetz, § 10d Anm. 94 f.

oder Körperschaftsteuerbescheiden verpflichtet, die Verlustfestsetzung entsprechend zu ändern.[113]

II. Nicht wesentliche Beteiligung

Gewinne aus der Veräußerung nicht wesentlicher Beteiligungen, die sich im Privatvermögen befinden, sind i.d.r. nicht steuerbar, da sie von keiner der sieben Einkunftsarten erfaßt werden.[114] Verluste, die im Zusammenhang mit diesen Beteiligungen entstehen, stellen daher einen nicht steuerrelevanten Vermögensverlust der Privatsphäre dar.[115]

Nur in den Fällen, in denen ein Spekulationsgeschäft i.S.d. § 23 Abs. 1 Nr. 1b EStG vorliegt (Kauf und Verkauf bzw. Untergang der Anteile innerhalb von sechs Monaten), werden Veräußerungsgewinne aus Beteiligungen der Besteuerung unterworfen und führen zu sonstigen Einkünften.[116] Somit ist dies auch der einzige Fall, daß ein Verlust aus dem Untergang einer Beteiligung sich steuermindernd auswirkt.[117]

C. Gestaltungsmöglichkeiten

Wie in diesem Kapitel bisher aufgezeigt wurde, führt der Vermögensverlust aufgrund des Untergangs einer Beteiligung, in Abhängigkeit von der Art der Beteiligung, zu gravierenden Unterschieden in der steuerlichen Behandlung.

Art der Beteiligung	steuerliche Verlustberücksichtigung
Im Betriebsvermögen	sofort mittels Teilwertabschreibung
Wesentliche Beteiligung im Privatvermögen	bei gesellschaftsrechtlicher Auflösung unter Beachtung der Beschränkungen des § 17 Abs. 2 Satz 4 EStG
Nicht wesentliche Beteiligung im Privatvermögen	keine Verlustberücksichtigung gem. § 17 Abs. 1 Satz 1 EStG

---

113 Vgl. BFH v. 10.12.1992 IV R 11/790, BStBl. II 1994, 381 [384].
114 Vgl. *Biergans*, Einkommensteuer, 6. Aufl. München 1992, 755.
115 Vgl. *Bilsdorfer/Engel*, Darlehens- und Bürgschaftsverluste von GmbH-Gesellschaftern und -Geschäftsführern, INF 1994, 321 [326].
116 Vgl. § 22 Nr. 2 EStG; *Lehner*, Das kurzfristige Halten von Gesellschaftsanteilen im Spannungsfeld zwischen Spekulationsgewinn und privilegiertem Veräußerungserlös, DStR 1996, 1153 [1154].
117 Zu den Voraussetzungen der Geltendmachung von Vermögensverlusten bei Spekulationsgeschäften vgl. S. 51.

Es werden daher für folgende Probleme Gestaltungen dargestellt:
- Wie kann der wesentlich beteiligte Gesellschafter den Verlust früher als bei der gesellschaftsrechtlichen Auflösung realisieren?
- Wie kann der nicht wesentlich beteiligte Gesellschafter seinen Vermögensverlust steuerlich geltend machen?
- Wie kann der wesentlich beteiligte Gesellschafter die Verlustabzugsbeschränkung des § 17 Abs. 2 Satz 4 EStG umgehen?

I. Frühestmögliche Verlustrealisation des Untergangs einer wesentlichen Beteiligung

Handelt es sich um eine *Beteiligung im Betriebsvermögen* oder um eine *wesentliche Beteiligung im Privatvermögen,* so kann der Vermögensverlust, der durch den Untergang der Beteiligung im Konkurs der GmbH entsteht, steuerlich dadurch abgefedert werden, daß der Verlust mit anderen Einkünften verrechnet werden kann. Auch wenn der Vermögensverlust in diesen beiden Fällen in voller Höhe steuerlich Berücksichtigung findet, so gibt es doch hinsichtlich der zeitlichen Geltendmachung gravierende Unterschiede. Da die Wertminderung bei Beteiligungen im Betriebsvermögen zeitnah realisiert werden kann,[118] bei wesentlichen Beteiligungen im Privatvermögen jedoch erst bei der Liquidation,[119] beinhaltet die erste Variante einen erheblichen Zinsvorteil. Es ist daher sinnvoll, eine wesentliche Beteiligung, die im Privatvermögen gehalten wird, in ein Betriebsvermögen einzulegen und somit die eintretenden Vermögensverluste früher zu realisieren.[120] Ermöglicht wird diese Gestaltung durch ein Urteil des BFH, der ausführt, daß die wertgeminderte Einlage einer wesentlichen Beteiligung entgegen dem Gesetzeswortlaut des § 6 Abs. 1 Nr. 5b EStG stets mit den Anschaffungskosten zu erfolgen hat.[121] Die Finanzverwaltung hat zu diesem Urteil einen Nichtanwendungserlaß bekanntgegeben.[122] Begründet wird diese Haltung mit einem noch anhängigen Verfahren, das jedoch wie-

---

118 Vgl. S. 47 ff.
119 Vgl. S. 50 f.
120 Vgl. *o.V.*, GStB Nr. 3 1996, 5.
121 Vgl. BFH v. 25.7.1995 VIII R 25/94, DStR 1995, 1954. Vor diesem Urteil erfolgte die Einlage zum Teilwert bzw. den niedrigeren Anschaffungskosten und ermöglichte somit keine Abschreibung im Betriebsvermögen.
122 BMF-Schr. v. 5.12.1996, BStBl. I 1996, 1500; korrigierte Fassung DB 1997, 552.

derum vom VIII. Senat behandelt wird. Sollte der VIII. Senat seine Rechtsprechung bestätigen, muß die Finanzverwaltung den Erlaß zurücknehmen. Eine Möglichkeit die gewünschten Rechtsfolgen herbeizuführen besteht darin, eine Betriebsaufspaltung zu begründen. Wenn man an einer Krisen-GmbH wesentlich beteiligt ist, gründet man eine GmbH & Co. KG, verkauft an diese das gesamte Anlagevermögen und pachtet es anschließend von der Besitzpersonengesellschaft zurück. Durch diese Gestaltung wird die wesentliche Beteiligung an der GmbH zu den Anschaffungskosten in das Sonderbetriebsvermögen II des Gesellschafters eingelegt. Am Bilanzstichtag können die aufgetretenen Wertverluste mittels einer Teilwertabschreibung in der Sonderbilanz des Gesellschafters realisiert, und mit anderen Einkünften verrechnet bzw. gem. § 10d EStG zurück- oder vorgetragen werden. Da die Rechtsprechung entgegen der eindeutigen Formulierung des § 6 Abs. 1 Nr. 5b EStG eine Gesetzesauslegung gem. den Grundsätzen des § 17 EStG vornimmt, sind m.E. jedoch die Beschränkungen für Veräußerungsverluste des § 17 Abs. 2 Satz 4 EStG zu beachten.[123] Das heißt, um die Teilwertabschreibung im Sonderbetriebsvermögen vornehmen zu können, muß der Gesellschafter die wesentliche Beteiligung entweder seit Gründung der GmbH besitzen, oder sie länger als fünf Jahre halten.

II. Vermeidung der Verlustabzugsbeschränkung des § 17 Abs. 1 Satz 1 EStG bei nicht wesentlich Beteiligten

1. Atypisch stille Beteiligung

Immer dann, wenn es sich um eine *nicht wesentliche Beteiligungen im Privatvermögen* handelt, ist die durch den Untergang der Beteiligung entstandene Wertminderung aufgrund der Verlustabzugsbeschränkung des § 17 Abs. 1 Satz 1 EStG grundsätzlich nicht berücksichtigungsfähig. Eine Gestaltung, den Untergang der nicht wesentlichen Beteiligungen steuerlich dennoch geltend machen zu können, besteht darin, daß sich die nicht wesentlich beteiligten Gesellschafter an der GmbH atypisch still beteiligen. Dadurch wird die im Privatvermögen gehaltene nicht wesentliche

---

[123] Vgl. Gl.A. *Schmidt, L.*, Flüchtige Randbemerkungen zu neuralgischen Punkten des § 17 EStG, StuW 1996, 300 [304 f.]; a.A. o.V., GStB Nr. 3 1996, 5 [7]: ohne Begründung.

Beteiligung Bestandteil des Sonderbetriebsvermögens II.[124] Die Einlage erfolgt jedoch nicht wie bei wesentlichen Beteiligungen zu den Anschaffungskosten,[125] sondern zum Teilwert.[126] Somit wirkt sich die Wertminderung der GmbH-Beteiligung nur dann steuerlich aus, wenn die GmbH & atypisch Still bei Beginn der Krise begründet wird. Bei einer Einmann-GmbH wird die Gründung einer GmbH & atypisch Still nur anerkannt, wenn sie dem Finanzamt innerhalb von drei Monaten angezeigt wird.[127]

Es ist jedoch darauf zu achten, daß diese Gestaltung mit teilweise erheblichen gewerbesteuerlichen Nachteilen verbunden ist.[128]

2. Zukauf von Anteilen (Rotationsmodell)

Eine weitere Gestaltung, um auch den nicht wesentlich beteiligten Gesellschafter in den Genuß des § 17 Abs. 4 i.V.m. Abs. 2 EStG zu bringen, besteht darin, die Beteiligung durch Zukauf auf über 25% des Kapitals der Gesellschaft aufzustocken.

In der Praxis finden sich häufig Gestaltungen derart, daß z.B. A, B, C und D eine sog. Kleeblatt-GmbH (jeder ist mit 25% beteiligt) gründen, um die GmbH-Anteile später einmal steuerfrei verkaufen zu können. Wenn sich die Geschäfte jedoch nach einigen Jahren nicht wie prognostiziert entwickeln und die Eröffnung eines Konkursverfahrens droht, könnte keiner der Gesellschafter den Vermögensverlust der Beteiligung geltend machen. Die Lösung des Problems stellt ein gezielter Verkauf der Anteile dar, nachdem der/die verbleibende(n) Gesellschafter über eine wesentliche Beteili-

---

124 Vgl. *Schmidt, L.* in: Schmidt, L., Einkommensteuergesetz, 15. Aufl. München 1996, § 15 Rz. 357; *Schoor*, Die GmbH & Still im Steuerrecht, 2. Aufl. Herne/Berlin 1995, Rdn. 180; *Ruban*, Die atypisch stille Gesellschaft im Ertragsteuerrecht, DStZ 1995, 637 [642]; *Fichtelmann*, GmbH-Beteiligungen als Betriebsvermögen, INF 1994, 705 [708]; *Wassermeyer*, Ausgewählte ertragsteuerliche Aspekte bei atypisch stiller Beteiligung an einer GmbH einschließlich ihrer Folgen bei Auslandsbeziehungen, JbFfSt 1985/86, 353 [370]. Nur wenn die stille Einlage deutlich höher ist als die Einlage als GmbH Gesellschafter: *Döllerer*, Die atypisch stille Gesellschaft - gelöste und ungelöste Probleme, DStR 1985, 295 [299]; *Blaurock*, Die GmbH & Still im Steuerrecht, BB 1992, 1969 [1977].
125 Vgl. S. 55 f.
126 Es handelt sich nämlich nicht um einen Fall des § 6 Abs. 1 Nr. 5 Satz 1 Buchstabe b EStG, sondern um den Grundfall des § 6 Abs. 5 Satz 1 1. Halbsatz EStG.
127 Vgl. FG Nürnberg v. 4.7.1996, NWB EN-Nr. 1154/96, Rev. BFH: IV B 90/96; *o.V.*, GStB 1996, Heft 11, 1: fordert eine Korrektur dieser „künstlichen Hürde" durch den BFH.
128 Vgl. zur steuerlichen Behandlung der laufenden Verlustzuweisung der GmbH & Still die Ausführungen auf S. 140 ff. Die steuerlichen Auswirkungen des Untergangs der Einlage werden auf S. 119 ff. näher erläutert.

gung verfügen.[129] Dabei sollten die Gesellschafter die Anteile der anderen übernehmen, die das Verlustpotential möglichst gut mit anderen Einkünften verrechnen können.

Beispiel:

A und B kaufen die Anteile von C und D (AK jeweils: 25.000 DM) für jeweils 10.000 DM auf.[130] C und D realisieren somit zwar einen steuerlich irrelevanten Veräußerungsverlust in Höhe von 15.000 DM (25.000 DM – 10.000 DM), stellen sich aber immer noch um 10.000 DM besser als ohne Verkauf. A und B haben nun insgesamt 35.000 DM für ihre Anteile aufgewendet und können im Falle des Konkurses der GmbH einen ausgleichs- und abzugsfähigen Liquidationsverlust in Höhe dieser 35.000 DM geltend machen, was bei einem Grenzsteuersatz von 61,21%[131] zu einer Steuerersparnis von 21.423,25 DM führt.

Gesellschafter	A	B	C	D	Insgesamt
Beteiligungsumfang	25%	25%	25%	25%	100%
Anteile werden gehalten im:	Privatvermögen	Privatvermögen	Privatvermögen	Privatvermögen	
Nennkapital = Anschaffungskosten = Buchwert	25.000	25.000	25.000	25.000	100.000
Grenzsteuerbelastung	61,2150%	61,2150%	45,0%	45,0%	
Vermögensverlust durch Untergang der Anteile	–25.000,00	–25.000,00	–25.000,00	–25.000,00	–100.000
davon ausgleichs- und abzugsfähiger Verlust bei Untergang der Anteile	0,00	0,00	0,00	0,00	
Vermögensverlust nach Steuern	**–25.000,00**	**–25.000,00**	**–25.000,00**	**–25.000,00**	**–100.000**
A und B kaufen von C und D jeweils 25%	–10.000,00	–10.000,00	10.000,00	10.000,00	
Veräußerungsverlust C und D (Veräußerungspreis-AK)			–15.000,00	–15.000,00	
Anschaffungskosten insgesamt A und B	35.000,00	35.000,00			

---

129 In den folgenden Berechnungen wird mittels kollektiver Steuerplanung versucht, die Steuerzahllast der Gesellschafter in der Summe möglichst gering zu halten. Zur wissenschaftlichen Untersuchung dieses Ansatzes vgl. *Holzapfel*, Grundprobleme kollektiver Steuerplanung, Frankfurt 1994.
130 Bei diesem Preis teilen sie den Steuervorteil fast gleichmäßig untereinander auf. A und B erhalten für die Übernahme der Abwicklung einen etwas größeren Vorteil.
131 53% ESt + (8% Kirchensteuer und 7,5% Solidaritätszuschlag auf die ESt) ergibt 61,21%.

Steuerliche Behandlung des Untergangs der Beteiligung 59

Gesellschafter	A	B	C	D	Insgesamt
Ausgleichs- und abzugsfähiger Verlust bei Untergang der Anteile	−35.000,00	−35.000,00	0,00	0,00	
Steuerersparnis durch Verlust	21.425,25	21.425,25	0,00	0,00	
Vermögensverlust durch Untergang (A/B) bzw. Veräußerung (C/D) der Anteile	−35.000,00	−35.000,00	−15.000,00	−15.000,00	−100.000
Vermögensverlust nach Steuern	**−13.574,75**	**−13.574,75**	**−15.000,00**	**−15.000,00**	**−57.150**
Verbesserung gegenüber Situation vorher	**11.425,25**	**11.425,25**	**10.000,00**	**10.000,00**	**42.851**

Dieses Modell, das einen Teilaspekt des Herzig'schen Anteilsrotationsmodells[132] darstellt, wurde von einigen Autoren als rechtsmißbräuchlich i.S.d. § 42 AO angesehen.[133] Der BFH hat jedoch in seinem Urteil v. 7.7.1992[134] entschieden, daß sogar beim Erwerb von Anteilen unmittelbar vor der Liquidation der Gesellschaft[135] durchaus wirtschaftliche und sonstige beachtliche nichtsteuerliche Gründe vorliegen können, um diese Gestaltung auch steuerlich anzuerkennen. Die wirtschaftliche Notwendigkeit der Anteilsveräußerung wurde vom BFH damit begründet, daß ein Gesellschafter an der Abwicklung nicht mehr teilnehmen wollte, und die übrigen Gesellschafter daher dessen Anteile übernahmen.

Aufgrund des § 23 Abs. 2 Satz 2 EStG[136] können bei Verkäufen bzw. bei der Liquidation innerhalb von sechs Monaten nach dem Erwerb der Anteile, Verluste nur noch mit Gewinnen aus anderen Spekulationsgeschäften des gleichen Wirtschaftsjahres ausgeglichen werden.[137] Da zwischen dem Kauf der Anteile und dem Zeitpunkt, ab dem der Liquidationsverlust feststeht, i.d.R. mehr als sechs Monate vergehen, konnte das oben dargestellte

---

132 Vgl. *Herzig*, Anteilsrotation vor Liqiuidation einer Kapitalgesellschaft, DB 1980, 1605 ff.
133 Vgl. *Dötsch* in: Dötsch/Eversberg/Jost/Witt, Die Körperschaftsteuer, § 17 EStG Tz. 140; *Centrale-Gutachterdienst*, Übertragung von Teilgeschäftsanteilen an GmbH und Veräußerungsverlust, GmbHR 1990, R 59.
134 Vgl. BFH v. 7.7.1992 VIII R 56/88, BFH/NV 1993, 25.
135 In diesem Fall lagen die Voraussetzungen der wesentlichen Beteiligung nur für eine logische Sekunde vor.
136 Vgl. Mißbrauchsbekämpfungs- und Steuerbereinigungsgesetz v. 21.12.1993, BStBl. I 1994, 50 [53].
137 Vgl. § 23 Abs. 4 Satz 3 EStG; Zu den Voraussetzungen der Geltendmachung von Vermögensverlusten bei Spekulationsgeschäften vgl. S. 51.

Modell jedoch immer so gestaltet werden, daß es von dieser Gesetzesänderung nicht tangiert wurde.

Größere Bedeutung hat die neue Verlustbeschränkung des § 17 Abs. 2 Satz 4 EStG.[138] Danach müssen von den ersten Anzeichen der Krise, aufgrund derer man dann die Anteilsrotation durchführt, bis zum Zeitpunkt der steuerlichen Erfassung des Verlustes fünf Jahre vergehen, um den Untergang der Anteile steuerlich geltend machen zu können. War es also früher vorteilhaft, die Liquidation der Gesellschaft so zu betreiben, daß der Veräußerungsverlust so früh wie möglich realisiert werden konnte, kann jetzt genau das Gegenteil der Fall sein, um somit eventuell noch die Fünfjahresfrist zu erfüllen.

III. Vermeidung der Verlustabzugsbeschränkung des § 17 Abs. 2 Satz 4 EStG bei wesentlich Beteiligten

1. Eine wesentliche Beteiligung ab Gründung

Aufgrund der Verlustabzugsbeschränkungen des § 17 Abs. 2 Satz 4 EStG,[139] kann es insbesondere in Anbetracht der stetig steigenden Insolvenzzahlen[140] vorteilhaft sein, schon bei Neugründungen einen der vier Gesellschafter wesentlich z.b. mit 26% und die anderen entsprechend nur mit 24,67% am Kapital der Gesellschaft zu beteiligen. Da der Erwerb einer gründungsgeborenen wesentlichen Beteiligung i.S.d. § 17 Abs. 2 Satz 4 Buchstabe a EStG nicht auf einzelne Anteile, sondern auf die gesamte Beteiligung abstellt, sind somit auch die Verluste der später entgeltlich erworbenen Anteile zu berücksichtigen.[141]

Beispiel:

Entwickelt sich die GmbH positiv und bietet sich z.B. nach einigen Jahren die Gelegenheit, die Anteile profitabel zu verkaufen, so können 74% des Veräußerungsgewinns sofort steuerfrei vereinnahmt werden. Der wesentlich beteiligte Gesellschafter verkauft entweder 1% seiner Beteiligung sofort (Variante 2 der folgenden Berechnungen) und die restlichen 25% erst nach Ablauf der Fünfjahresfrist (§ 17 Abs. 1 Satz 1 EStG), oder er veräußert seine Beteiligung zusammen mit den anderen Gesellschaftern (Variante 3 der

---

138 Vgl. Jahressteuergesetz 1996 v. 11.10.1995, BGBl. I 1995, 438 [446 f.].
139 Vgl. hierzu S. 51 ff.
140 Vgl. Grafik auf S. 35.
141 Vgl. *Felix/Strahl*, Beschränkte Verlustberücksichtigung nach § 17 Abs. 2 Satz 4 EStG, BB 1996, 1582.

Steuerliche Behandlung des Untergangs der Beteiligung

folgenden Berechnungen) und versteuert den Gewinn zum halben durchschnittlichen Steuersatz.[142] Gegenüber der Kleeblatt-GmbH (Variante 1 der folgenden Berechnungen) verschlechtert sich die Vermögenssituation der vier Gesellschafter in der Variante 2 lediglich um 0,11%[143] bzw. in der Variante 3 nur um 2,93%[144] bezogen auf den erzielten Veräußerungsgewinn.

Anteilsrotation im Gewinnfall

Variante 1

Gesellschafter	A	B	C	D	Insgesamt
Beteiligungsumfang	25,00%	25,00%	25,00%	25,00%	100,00%
Anteile werden gehalten im:	Privatvermögen	Privatvermögen	Privatvermögen	Privatvermögen	
Nennkapital = Anschaffungskosten = Buchwert	25.000	25.000	25.000	25.000	100.000
Grenzsteuerbelastung	45,0%	45,0%	30,0%	30,0%	
A, B, C und D verkaufen ihre Anteile an E	50.000,00	50.000,00	50.000,00	50.000,00	200.000
Gewinn aus der Veräußerung der Anteile	25.000,00	25.000,00	25.000,00	25.000,00	100.000
Steuer auf Veräußerungsgewinn	0,00	0,00	0,00	0,00	
Vermögen nach Verkauf der Anteile	50.000,00	50.000,00	50.000,00	50.000,00	200.000

Variante 2

Gesellschafter	A	B	C	D	Insgesamt
Beteiligungsumfang	26,00%	24,67%	24,67%	24,67%	100,00%
Anteile werden gehalten im:	Privatvermögen	Privatvermögen	Privatvermögen	Privatvermögen	
Nennkapital = Anschaffungskosten = Buchwert	26.000,00	24.666,67	24.666,67	24.666,67	100.000
Grenzsteuerbelastung	45,0%	45,0%	30,0%	30,0%	
A, B, C und D verkaufen ihre Anteile (A nur 1%) an E	2.000,00	49.333,33	49.333,33	49.333,33	150.000

---

142 Vgl. § 34 Abs. 1 Satz 2 EStG. Der Freibetrag von 20.000 DM (§ 17 Abs. 3 EStG) wird bei der Berechnung vernachlässigt, da er bei Veräußerungsgewinnen ab 100.000 DM nicht mehr gewährt wird und somit die Berücksichtigung im obigen Beispiel die Aussagefähigkeit der Berechnung für größere Beträge beeinträchtigen würde. Da der Gesellschafter die Anteile schon einige Jahre hält, kommt § 23 Abs. 2 EStG nicht zur Anwendung. Ansonsten würde der halbe durchschnittliche Steuersatz nicht gewährt.
143 225 DM/200.000 DM = 0,001125.
144 5.850 DM/200.000 DM = 0,02925.

Teil 2: Gesellschafter einer Kapitalgesellschaft

Gesellschafter	A	B	C	D	Insgesamt
Gewinn aus der Veräußerung der Anteile	1.000,00	24.666,67	24.666,67	24.666,67	75.000
Steuer auf Veräußerungsgewinn	-225,00	0,00	0,00	0,00	
Vermögen nach Verkauf der Anteile	1.775,00	49.333,33	49.333,33	49.333,33	149.775
Nach fünf Jahren:					
A verkauft restliche 25% an E	50.000,00				50.000
Gewinn aus der Veräußerung der Anteile	25.000,00				
Steuer auf Veräußerungsgewinn	0,00				
Vermögen nach Verkauf der Anteile	51.775,00	49.333,33	49.333,33	49.333,33	199.775
Vermögen im Vergleich zu Variante 1	**1.775,00**	**–666,67**	**–666,67**	**–666,67**	**–225,00**

Variante 3

Gesellschafter	A	B	C	D	Insgesamt
Beteiligungsumfang	26,00%	24,67%	24,67%	24,67%	100,00%
Anteile werden gehalten im:	Privatvermögen	Privatvermögen	Privatvermögen	Privatvermögen	
Nennkapital = Anschaffungskosten = Buchwert	26.000,00	24.666,67	24.666,67	24.666,67	100.000
Grenzsteuerbelastung	45,0%	45,0%	30,0%	30,0%	
A, B, C und D verkaufen ihre Anteile an E	52.000,00	49.333,33	49.333,33	49.333,33	200.000
Gewinn aus der Veräußerung der Anteile	26.000,00	24.666,67	24.666,67	24.666,67	100.000
Steuer auf Veräußerungsgewinn	-5.850,00	0,00	0,00	0,00	
Vermögen nach Verkauf der Anteile	46.150,00	49.333,33	49.333,33	49.333,33	194.150
Vermögen im Vergleich zu Variante 1	**–3.850,00**	**–666,67**	**–666,67**	**–666,67**	**–5.850,00**

Steuerliche Behandlung des Untergangs der Beteiligung

Entwickelt sich die Gesellschaft jedoch schlechter als erwartet und gerät sie in Konkurs, so kann, da ein Gesellschafter wesentlich beteiligt ist, der gemeinsame Vermögensverlust aller Gesellschafter im Vergleich zur reinen Kleeblatt-GmbH (Variante 1 der folgenden Berechnungen) sehr stark reduziert werden.[145] Denn in diesem Fall kann der mit mehr als 25% am Kapital der Gesellschaft beteiligte Anteilseigner nach dem oben beschriebenen Modell die Beteiligungen der Mitgesellschafter aufkaufen, und da er die Voraussetzungen des neuen § 17 Abs. 2 Satz 4 EStG erfüllt, den Verlust auch steuerlich geltend machen (Variante 2 der folgenden Berechnungen).[146] Würde ein Untergang der vier Kleeblatt-Beteiligungen einen kollektiven Vermögensverlust von ⁄100.000 DM hervorrufen, so kann er durch einen Zukauf der Anteile von B,C und D durch A, um 43.463 DM auf ⁄56.537 DM reduziert werden.

Anteilsrotation im Konkurs

Variante 1

Gesellschafter	A	B	C	D	Insgesamt
Beteiligungsumfang	25%	25%	25%	25%	100,00%
Anteile werden gehalten im:	Privatvermögen	Privatvermögen	Privatvermögen	Privatvermögen	
Nennkapital = Anschaffungskosten = Buchwert	25.000	25.000	25.000	25.000	100.000
Grenzsteuerbelastung	61,2150%	61,2150%	45,0%	45,0%	
Ausgleichs- und abzugsfähiger Verlust bei Untergang der Anteile	0,00	0,00	0,00	0,00	
Vermögensverlust durch Untergang der Anteile	–25.000,00	–25.000,00	–25.000,00	–25.000,00	–100.000
Vermögensverlust nach Steuern	**–25.000,00**	**–25.000,00**	**–25.000,00**	**–25.000,00**	**–100.000**

---

145 Der gemeinsame Vorteil steigt mit zunehmendem Preis, den A an die anderen Gesellschafter für deren Anteile bezahlt. Gleichzeitig verschlechtert sich jedoch seine individuelle Position.
146 Auch wenn der Gesetzeswortlaut des § 17 Abs. 2 Satz 4 EStG bezüglich dieser Fallgestaltung den Verlustabzug der zugekauften Anteile eigentlich ausschließt (vgl. *Gerl/Sturm*, § 17 Abs. 2 Satz 4 EStG - Verunglückte Formulierung oder eine beabsichtigte Verschärfung weit über die Gesetzesbegründung hinaus?, DB 1996, 1102 [Beispiel 9 auf S. 1105]) ist davon auszugehen, daß es sich um eine verunglückte Formulierung handelt, die im Ergebnis nicht zu einer Restriktion führen darf (vgl. *Felix/Strahl*, Beschränkte Verlustberücksichtigung nach § 17 Abs. 2 Satz 4 EStG, BB 1996, 1582 [1586]; *Schmidt, L.* in: Schmidt, L., Einkommensteuergesetz, 15. Aufl. München 1996, § 17 Rz. 198; *Korn/Kupfer*, Änderungen des Steuerrechts durch das Jahressteuergesetz 1996 mit Beratungshinweisen, KÖSDI 1995, 10443 [10457]).

Variante 2

Gesellschafter	A	B	C	D	Insgesamt
Beteiligungsumfang	26,00%	24,67%	24,67%	24,67%	100,00%
Anteile werden gehalten im:	Privat-vermögen	Privat-vermögen	Privat-vermögen	Privat-vermögen	
Nennkapital = Anschaffungskosten = Buchwert	26.000,00	24.666,67	24.666,67	24.666,67	100.000
Grenzsteuerbelastung	61,2150%	61,2150%	45,0%	45,0%	
Ausgleichs- und abzugsfähiger Verlust bei Untergang der Anteile	15.915,90	0,00	0,00	0,00	
Vermögensverlust durch Untergang der Anteile	−26.000,00	−24.666,67	−24.666,67	−24.666,67	−100.000
Vermögensverlust nach Steuern	−10.084,10	−24.666,67	−24.666,67	−24.666,67	−84.084,10
A kauft alle Anteile von B, C und D	−45.0000	15.0000	15.000	15.000	
Veräußerungsverlust B, C und D (§ 17 Abs. 2 EStG)		−9.666,67	−9.666,67	−9.666,67	
Anschaffungskosten insgesamt von A	71.000				
Ausgleichs- und abzugsfähiger Verlust bei Untergang der Anteile	−71.000,00	0,00	0,00	0,00	
Steuerersparnis durch Verlust	43.462,65	0,00	0,00	0,00	
Vermögensverlust durch Untergang der Anteile	−71.000,00	−9.666,67	−9.666,67	−9.666,67	−100.000
Vermögensverlust nach Steuern	**−27.537,35**	**−9.666,67**	**−9.666,67**	**−9.666,67**	**−56.537,35**
Vermögen im Vergleich zu Variante 1	**−2.537,35**	**15.333,33**	**15.333,33**	**15.333,33**	**43.462,65**

2. Umwandlung in Personengesellschaft

Eine weitere Gestaltungsmöglichkeit um den Verlustbeschränkungen des § 17 Abs. 2 Satz 4 EStG auszuweichen, besteht darin, die GmbH in eine Personengesellschaft umzuwandeln.[147] Zwar untersagt § 4 Abs. 2 Satz 2 UmwStG, daß die übernehmende Personengesellschaft bzgl. des Verlustpotentials der übertragenden Körperschaft in deren Rechtsstellung ein-

---

147 Vgl. *Weber*, Ausgewählte Zweifelsfragen zum Formwechsel einer Kapitalgesellschaft in eine Personengesellschaft (II), GmbHR 1996, 334 [343]; a. A. *Schmidt*, Flüchtige Randbemerkungen zu neuralgischen Punkten des § 17 EStG, StuW 1996, 300 [304]: hält § 17 Abs. 2 Satz 4 EStG für eventuell anwendbar.

Steuerliche Behandlung des Untergangs der Beteiligung

tritt, über den infolge des Vermögensübergangs zu bildenden Übernahmeverlust (§ 4 Abs. 4 UmwStG) erreicht man jedoch, daß die Wertminderung der GmbH-Anteile auf die Gesellschafter-Ebene transferiert werden.[148]

Zu beachten ist jedoch, daß diese Gestaltung nur wesentlich beteiligten Gesellschaftern die Verlustrealisation ermöglicht. Liegt eine Kleeblatt-GmbH vor, so muß vor der Umwandlung eine Anteilsrotation[149] durchgeführt werden, da nicht wesentlich beteiligte Gesellschafter bei der Ermittlung des Übernahmeverlustes nicht berücksichtigt werden.[150]

Beispiel:
Eine Kleeblatt-GmbH verfügt am 31.12. über einen Verlustvortrag in Höhe von 100.000 DM. Stille Reserven sind nicht vorhanden. Da das Vermögen exakt den Schulden entspricht, wird unterstellt, daß der Wert der Beteiligung Null DM beträgt. Um die Wertminderung der Anteile steuerlich geltend machen zu können, wird die GmbH nach einer Anteilsrotation in ein Einzelunternehmen umgewandelt. Dabei setzt die GmbH die Wirtschaftsgüter in der steuerlichen Schlußbilanz gem. § 3 Satz 2 UmwStG mit den Buchwerten an.

A	Bilanz 31.12.		P
AV	100.000 DM	Stammkap.	100.000 DM
		Verlustvortrag	./. 100.000 DM
		Verbindlichkeiten	100.000 DM
	100.000 DM		100.000 DM

Der Übernahmeverlust des Einzelunternehmens berechnet sich wie folgt:

	Buchwert d. übergegangenen Vermögens (§ 4 Abs. 4 UmwStG):	0 DM
./.	Buchwert der Anteile (§§ 4 Abs. 4 i.V.m. 5 Abs. 2 UmwStG):	./. 100.000 DM
=	Übernahmeverlust (§ 4 Abs. 4 UmwStG):	./. 100.000 DM
+	Aufstockung der WG d. AV (§ 4 Abs. 6 UmwStG):	0 DM
=	Verlust gem. § 15 EStG:	./. 100.000 DM

Da die WG des Anlagevermögens nicht aufgestockt werden müssen, und keine immateriellen WG, insbesondere kein Firmen- bzw. Geschäftswert vorhanden sind, entsteht in

---
148 Vgl. *Dötsch* in: Dötsch/Eversberg/Jost/Witt, Die Körperschaftsteuer, Anhang UmwStG Tz. 82a.
149 Zum Durchführung einer Anteilsrotation vgl. S. 57 ff.
150 Vgl. *Dehmer*, Umwandlungsgesetz Umwandlungssteuergesetz, 2. Aufl. München 1996, UmwStG 2 § 5 Rn. 50.

Höhe von 100.000 DM auf der Gesellschafter-Ebene ein sofort ausgleichs- bzw. abzugsfähiger Verlust.[151] Aufgrund der Tatsache, daß als Umwandlungsstichtag der 31.12. gewählt wurde, können die Mitunternehmer die 100.000 DM mit anderen positiven Einkünften dieses Jahres verrechnen.[152]

Kapitel 2:
Zivil- und steuerrechtliche Behandlung von Finanzierungsmaßnahmen der Gesellschafter

Befindet sich die Gesellschaft in der Krise, so wird es mit zunehmender Krise immer schwieriger, von Dritten Mittel zur Verfügung gestellt zu bekommen. Um das Überleben des Unternehmens zu ermöglichen, müssen somit die Gesellschafter die finanzielle Situation verbessern. Dies geschieht i.d.R. durch folgende Maßnahmen:[153]

- Kapitalerhöhungen
- Gesellschafterdarlehen
- Bürgschaften
- Stille Beteiligungen
- Nachschüsse
- Zuschüsse

Im Folgenden werden diese verschiedenen Finanzierungsformen dargestellt und daraufhin untersucht, in welchen Phasen sie dem Gesellschafter und/oder der Unternehmung Vor- bzw. Nachteile bringen.

I. Kapitalerhöhung

Eine Möglichkeit der Kapitalbeschaffung ist die Kapitalerhöhung. Hierbei muß handelsrechtlich zwischen folgenden Formen unterschieden werden:[154]

---

151 Vgl. *Dehmer*, Umwandlungsgesetz Umwandlungssteuergesetz, 2. Aufl., München 1996, § 4 UmwStG Anm. 116 ff.
152 Vgl. *Dötsch* in: Dötsch/Eversberg/Jost/Witt, Die Körperschaftsteuer, Anhang UmwStG Tz. 70a.
153 Zur Fremdfinanzierung mittels stiller Beteiligung vgl. S. 140 ff. und *Heidemann*, Die Finanzierung der GmbH durch ihre Gesellschafter, INF 1995, 724.
154 Vgl. *Lutter/Hommelhoff*, GmbH-Gesetz, 14. Aufl. Köln 1995, § 55 Rdn. 1 ff.; *Priester* in: Scholz, GmbH-Gesetz, 8. Aufl. Köln 1993, § 55 Anm. 6 ff.

Zivil- und steuerrechtliche Behandlung v. Finanzierungsmaßnahmen 67

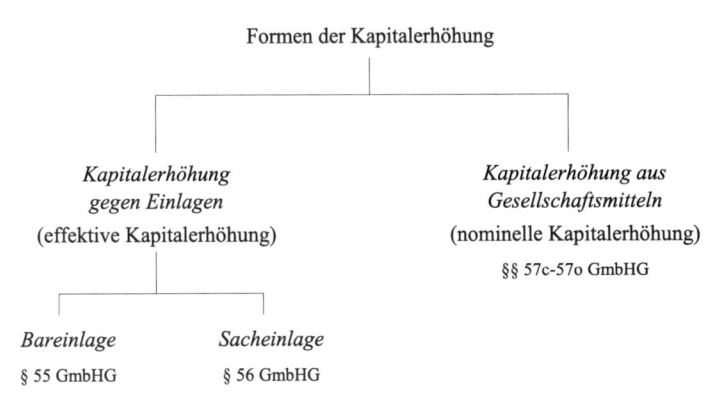

```
                        Formen der Kapitalerhöhung
                                  |
        ┌─────────────────────────┴─────────────────────────┐
   Kapitalerhöhung                              Kapitalerhöhung aus
   gegen Einlagen                               Gesellschaftsmitteln
 (effektive Kapitalerhöhung)                  (nominelle Kapitalerhöhung)
          |                                        §§ 57c-57o GmbHG
   ┌──────┴──────┐
 Bareinlage   Sacheinlage
 § 55 GmbHG   § 56 GmbHG
```

Abb. 4: Formen der Kapitalerhöhung

Nur die effektive Kapitalerhöhung führt dem Unternehmen neue Wirtschaftsgüter zu. Die Kapitalerhöhung aus Gesellschaftsmitteln schafft dagegen kein neues Eigenkapital. Es werden lediglich Rücklagen in Nennkapital umgegliedert. Da Rücklagen der Kapitalgesellschaft jedoch leichter entzogen werden können als Nennkapital,[155] steigert die *nominelle Kapitalerhöhung* die Gläubigerpositionen und somit die Kreditfähigkeit der Gesellschaft. Beachtet werden muß jedoch, daß die Kapitalerhöhung aus Gesellschaftsmitteln nicht durchgeführt werden darf, falls in der zugrunde gelegten Bilanz ein Verlust, einschließlich eines Verlustvortrags, ausgewiesen ist.[156] Darüber hinaus unterliegt die Kapitalerhöhung aus Gesellschaftsmitteln weiteren handelsrechtlichen Voraussetzungen.[157] So muß z.B. die Bilanz, auf deren Grundlage die Kapitalerhöhung vorgenommen werden soll, einen uneingeschränkten Bestätigungsvermerk des Abschlußprüfers tragen,[158] und die Anmeldung des Kapitalerhöhungsbeschlusses muß spätestens acht Monate nach dem Bilanzstichtag beim Registergericht erfolgen.[159]

Verschlechtert sich die Situation des Unternehmens nachhaltig, bleibt den Gesellschaftern i.d.R. keine andere Wahl, als durch eine *effektive Kapital-*

---

155 Vgl. §§ 58b-58d GmbHG.
156 Vgl. § 57d Abs. 2 GmbHG.
157 Vgl. § 57e GmbHG.
158 Sofern die Gesellschaft gem. § 316 Abs. 1 Satz 1 HGB prüfungspflichtig ist.
159 Vgl. § 57e Abs. 1 GmbHG.

erhöhung privates Vermögen in die Kapitalgesellschaft einzuschießen. Dazu können sie entweder Sach- oder Bareinlagen leisten. Sacheinlagen beinhalten jedoch notwendigerweise ein Bewertungsproblem. Sie müssen daher – wie auch bei der Gründung – einer registergerichtlichen Wertprüfung[160] unterzogen werden. Es bleibt somit in den meisten Fällen einer fortgeschrittenen Krisensituation, wenn z.b. das Eigenkapital aufgezehrt ist und man den Ausweis der Position „Nicht durch Eigenkapital gedeckter Fehlbetrag"[161] vermeiden möchten, nur der Weg der Bareinlage.

Steuerrechtlich handelt es sich auf der *Ebene der Kapitalgesellschaft* sowohl bei der Kapitalerhöhung durch Einlagen als auch bei der Kapitalerhöhung aus Gesellschaftsmitteln um einkommensneutrale Vorgänge.[162] Das neue Nennkapital ist Bestandteil des übrigen Eigenkapitals und verändert bei der Kapitalerhöhung durch Einlagen die vEK-Gliederung nicht.[163] Lediglich das Aufgeld stellt eine Einlage dar, die nicht auf das Nennkapital geleistet wird und daher in das EK04 einzustellen ist.[164] Bei der Kapitalerhöhung aus Gesellschaftsmitteln scheidet nur umgewandeltes EK03 und EK04 aus der vEK-Gliederung aus.[165] Werden andere Positionen des vEK zur Kapitalerhöhung aus Gesellschaftsmitteln verwendet, so bleiben diese in Nennkapital umgewandelten Rücklagen weiterhin Bestandteile des vEK.[166] Sie werden somit doppelt erfaßt.[167] Die Auskehrung der Kapitalerhöhung aus Gesellschaftsmitteln löst die gleichen Rechtsfolgen aus, wie eine Gewinnausschüttung. Dadurch wird zum einen verhindert, daß bei einer Kapitalherabsetzung die Körperschaftsteuer-Tarifbelastung definitiv wird, und zum anderen, daß die Teilbeträge des EK01 und EK02 der Besteuerung entzogen werden.[168]

Auch beim *Gesellschafter* wirkt sich die Zahlung einer Bareinlage anläßlich der Gründung oder einer effektiven Kapitalerhöhung nicht ertragsteuerlich aus. Es entstehen Anschaffungskosten in Höhe der Bareinlage zuzüglich etwaiger Anschaffungsnebenkosten wie z.B. Vermittlungsprovisionen,

---

160 Vgl. § 8 Abs. 1 Nr. 5 GmbHG.
161 Vgl. § 268 Abs. 3 HGB.
162 Vgl. *Kießling/Pelikan/Jäger*, Körperschaftsteuer, 14. Aufl. Achim 1995, 163.
163 Vgl. *Lange/Reiss*, Lehrbuch der Körperschaftsteuer, 7. Aufl. Herne/Berlin 1994, 550.
164 Vgl. *Dötsch* in: Dötsch/Eversberg/Jost/Witt, Die Körperschaftsteuer, § 29 Tz. 5 und 83.
165 Vgl. *Dötsch* in: Dötsch/Eversberg/Jost/Witt, Die Körperschaftsteuer, § 29 Tz. 107 ff.
166 Vgl. § 29 Abs. 3 KStG.
167 Vgl. *Dötsch* in: Dötsch/Eversberg/Jost/Witt, Die Körperschaftsteuer, § 29 Tz. 108.
168 Vgl. *Dötsch* in: Dötsch/Eversberg/Jost/Witt, Die Körperschaftsteuer, § 29 Tz. 92.

Notar- oder Reisekosten, die später zur Ermittlung des Veräußerungsgewinns bzw. -verlusts vom Veräußerungspreis abzuziehen sind.[169] Eine Kapitalerhöhung aus Gesellschaftsmitteln führt jedoch nicht zu Anschaffungskosten der Beteiligung.[170] In diesen Fällen sind gem. § 3 KapErhStG die ursprünglichen Anschaffungskosten auf die alten und die neuen Anteile aufzuteilen.[171]

Gerät die Gesellschaft in die Krise und müssen die Gesellschafter bei einer Kapitalerhöhung Barmittel einbringen, so hat dieser Vorgang wie oben dargestellt normalerweise keine unmittelbaren ertragsteuerlichen Auswirkungen. Wollen die Gesellschafter sich jedoch von ihren Beteiligungen trennen, ist es in Krisensituationen oftmals nötig, eine Kapitalerhöhung durchzuführen, um überhaupt einen Käufer für die Gesellschaft zu finden. In einem Fall, der die Jahre 1984 und 1985 betraf, hat der BFH entschieden, daß ein um den Hinzuerwerb von GmbH-Anteilen erhöhter Veräußerungsverlust steuerlich anzuerkennen ist, wenn die Kapitalerhöhung deshalb durchgeführt wurde, um die gesamte wesentliche Beteiligung überhaupt veräußern zu können und um die geschäftliche Reputation für weitere Aktivitäten nicht zu gefährden.[172] Denn obwohl die Kapitalerhöhung und die sich daran anschließende Veräußerung der wesentlichen Beteiligung am gleichen Tag und somit innerhalb der Spekulationsfrist des § 23 EStG erfolgte,[173] erhöhten sich die Anschaffungskosten der Beteiligung, da § 17 EStG vor §§ 22 Nr. 2, 23 EStG Vorrang hätte.

Seit dem Veranlagungszeitraum 1994 ist aufgrund der Einführung des § 23 Abs. 2 Satz 2 EStG[174] diese Rechtsprechung jedoch nicht mehr anwendbar. Jetzt gilt die Regelung, daß die Spekulationsbesteuerung gegenüber § 17 EStG Vorrang hat, d.h. das Verlustausgleichs- bzw. -abzugsverbot des § 23 EStG greift, wenn zwischen dem Anschaffungsvorgang und der Veräuße-

---

169 Vgl. *Hörger* in: Littmann/Bitz/Hellwig, Das Einkommensteuerrecht, § 17 Rn. 54 f. Zur Ermittlung des Veräußerungsverlustes, vgl. das Schema auf S. 50.
170 Vgl. *Schmidt, L.* in: Schmidt, L., Einkommensteuergesetz, 15. Aufl. München 1996, § 17 Rz. 157; *Hörger* in: Littmann/Bitz/Hellwig, Das Einkommensteuerrecht, § 17 Rn. 55. Deshalb wird im Folgenden nur noch die effektive Kapitalerhöhung untersucht.
171 Vgl. *Dötsch* in: Dötsch/Eversberg/Jost/Witt, Die Körperschaftsteuer, § 29 Tz. 104: mit Beispielen.
172 Vgl. BFH v. 29.6.1995 VIII R 68/93, BStBl. II 1995, 722.
173 Die Kapitalerhöhung gilt als Anschaffungsgeschäft i.S.d. § 23 Abs. 1 EStG. Vgl. *Glenk* in: Blümich, Einkommensteuer, § 23 Rdnr. 56; *Heinicke* in: Schmidt, L., Einkommensteuergesetz, 15. Aufl. München 1996, § 23 Rz. 20.
174 Vgl. Mißbrauchsbekämpfungs- und Steuerbereinigungsgesetz v. 21.12.1993, BStBl. I 1994, 50 [53].

rung weniger als sechs Monate liegen.[175] Eine weitere Einschränkung ist ab dem Veranlagungszeitraum 1996[176] hinzugekommen. Nach der neuen Formulierung des § 17 Abs. 2 EStG kann ein Anteilseigner einen Veräußerungsverlust steuerlich nur noch dann geltend machen, wenn er „die wesentliche Beteiligung im Rahmen der Gründung der Kapitalgesellschaft entgeltlich erworben hat, oder die Anteile mehr als fünf Jahre vor der Veräußerung entgeltlich erworben hat und [er] ... während dieses Zeitraums wesentlich am Kapital der Gesellschaft beteiligt war".[177]

Anteile, die durch eine Kapitalerhöhung entstehen, sind wie die Anteile zu behandeln, die im Rahmen der Gründung der Gesellschaft erworben werden.[178] Somit sind m.E. folgende Fallgruppen zu unterscheiden:

1) Es besteht seit der Gründung eine wesentliche Beteiligung. Um diese in der Krise veräußern zu können, wird später eine Kapitalerhöhung durchgeführt.

2) Eine wesentliche Beteiligung wird entgeltlich erworben. Um diese in der Krise veräußern zu können, wird später eine Kapitalerhöhung durchgeführt.

3) Eine nicht wesentliche Beteiligung wird entgeltlich erworben. Um diese in der Krise veräußern zu können, wird später eine Kapitalerhöhung durchgeführt, die an der Höhe der Beteiligung nichts verändert.

4) Eine nicht wesentliche Beteiligung wird entgeltlich erworben. Um diese in der Krise veräußern zu können, wird später eine Kapitalerhöhung durchgeführt, die aus der nicht wesentlichen eine wesentliche Beteiligung macht.

---

175 Vgl. BMF-Schr. v. 15.4.1993, BStBl. I 1994, 711: auch zur Behandlung vor VZ 1994. Zu den Voraussetzungen der Geltendmachung von Vermögensverlusten bei Spekulationsgeschäften vgl. S. 51.
176 Vgl. Jahressteuergesetz 1996 v. 11.10.1995, BStBl. I 1995, 438 [446 f.].
177 Vgl. zu den einzelnen Fallgestaltungen des § 17 Abs. 2 Satz 4 EStG: *Gerl/Sturm*, § 17 Abs. 2 Satz 4 EStG - Verunglückte Formulierung oder eine beabsichtigte Verschärfung weit über die Gesetzesbegründung hinaus?, DB 1996, 1102; *Schmidt*, Flüchtige Randbemerkungen zu neuralgischen Punkten des § 17 EStG, StuW 1996, 300; *Felix/Strahl*, Beschränkte Verlustberücksichtigung nach § 17 Abs. 2 Satz 4 EStG, BB 1996, 1582.
178 Vgl. *Gerl/Sturm*, § 17 Abs. 2 Satz 4 EStG - Verunglückte Formulierung oder eine beabsichtigte Verschärfung weit über die Gesetzesbegründung hinaus?, DB 1996, 1102 [1103]; gl.A. *Felix/Strahl*, Beschränkte Verlustberücksichtigung nach § 17 Abs. 2 Satz 4 EStG, BB 1996, 1582; *Grützner*, Änderungen der Einkommensteuer durch das Jahressteuergesetz 1996, NWB F. 3b, 4585 (4592).

Zivil- und steuerrechtliche Behandlung v. Finanzierungsmaßnahmen 71

Beispiel zu 1):

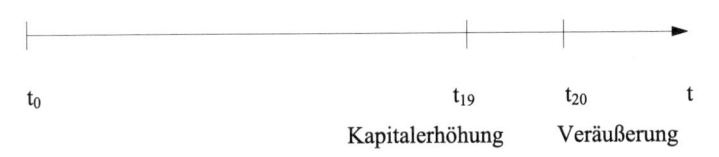

```
|-----------------------------|-----|-----|----->
t₀                            t₁₉   t₂₀   t
                        Kapitalerhöhung  Veräußerung
```

V, der seit der Gründung an der GmbH wesentlich beteiligt ist (z.b. 30%), nimmt in t_{19} an einer Kapitalerhöhung teil. In t_{20} veräußert er alle Anteile mit Verlust. Da die Kapitalerhöhung der Gründung gleichsteht, handelt es sich bei allen Anteilen um „gründungsgeborene Anteile", die gem. § 17 Abs. 2 Satz 4 Buchstabe a EStG zur Berücksichtigung des Veräußerungsverlustes führen.[179]

Beispiel zu 3):

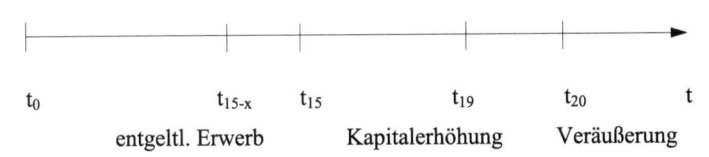

```
|------|------|--------|------|------|----->
t₀    t₁₅₋ₓ   t₁₅      t₁₉    t₂₀    t
   entgeltl. Erwerb   Kapitalerhöhung  Veräußerung
```

V erwirbt in t_{15-x} (d.h. zu irgendeinem Zeitpunkt vor dem 1.1.15) eine *nicht wesentliche Beteiligung* (z.B. 20%). Um diese in der Krise veräußern zu können, muß er in t_{19} eine Kapitalerhöhung durchführen.[180] In t_{20} veräußert er alle Anteile mit Verlust. Da V zu keinem Zeitpunkt über eine wesentliche Beteiligung verfügt ist § 17 EStG nicht einschlägig und der Veräußerungsverlust somit steuerlich irrelevant.

Beispiel zu 4):

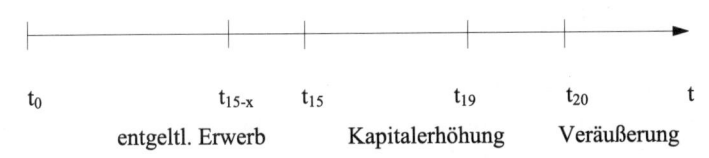

```
|------|------|--------|------|------|----->
t₀    t₁₅₋ₓ   t₁₅      t₁₉    t₂₀    t
   entgeltl. Erwerb   Kapitalerhöhung  Veräußerung
```

V erwirbt in t_{15-x} (d.h. zu irgendeinem Zeitpunkt vor dem 1.1.15) eine **nicht wesentliche Beteiligung** (z.B. 20%). Um diese in der Krise veräußern zu können, muß er in t_{19} eine Kapitalerhöhung durchführen, durch die seine Beteiligung auf 30% aufgestockt wird. In t_{20} veräußert er alle Anteile mit Verlust. Da V im Veräußerungszeitpunkt über eine

---

179 Vgl. *Felix/Strahl*, Beschränkte Verlustberücksichtigung nach § 17 Abs. 2 Satz 4 EStG, BB 1996, 1582.
180 Die Kapitalerhöhung soll in diesem Beispiel nichts an den Beteiligungsverhältnissen ändern.

wesentliche Beteiligung verfügt, ist § 17 EStG anzuwenden. Für die steuerliche Behandlung müssen m.E. zwei Gruppen von Anteilen gebildet werden. Zum einen handelt es sich um die Anteile, die nach der Gründung der Gesellschaft entgeltlich erworben wurden, zum zweiten um die Anteile, die anläßlich der Kapitalerhöhung geschaffen wurden. Obwohl die entgeltlich erworbenen Anteile mehr als fünf Jahre vor der Veräußerung erworben wurden, ist die zweite Voraussetzung des § 17 Abs. 2 Satz 4 Buchstabe b EStG nicht erfüllt. Denn die wesentliche Beteiligung besteht erst seit t_{19}. Auch die Veräußerungsverluste, die mit den Anteile zusammenhängen, die im Zuge der Kapitalerhöhung entstanden sind, können steuerlich nicht geltend gemacht werden. Denn obwohl die im Zuge einer Kapitalerhöhung erworbenen Anteile wie Gründungsanteile zu behandeln sind, erfüllen sie nicht die Voraussetzung des § 17 Abs. 2 Satz 4 Buchstabe a EStG, da es sich bei der vorliegenden Kapitalerhöhung nicht eine Beteiligung von mehr als 25% handelt.

Würde V seine Beteiligung durch die Kapitalerhöhung in t_{19} um mehr als 25% (z.B. um 30% auf 50%) erhöhen, so liegt hierin – da Anteile, die durch eine Kapitalerhöhung entstehen, wie die Anteile zu behandeln sind, die im Rahmen der Gründung der Gesellschaft erworben werden – der Erwerb einer gründungsgeborenen Beteiligung i.S.d. § 17 Abs. 2 Satz 4 Buchstabe a EStG. Da § 17 Abs. 2 Satz 4 Buchstabe a EStG nicht auf einzelne Anteile, sondern auf die gesamte Beteiligung abstellt, sind somit in diesem Fall auch die Verluste der in t_{15-x} entgeltlich erworbenen Anteile zu berücksichtigen.[181]

Bei der Berechnung der Fristen ist zu beachten, daß bei der Sechs-Monats-Frist des § 23 EStG auf den Abschluß des schuldrechtlichen Verpflichtungsgeschäfts abzustellen ist, hingegen bei der Fünf-Jahres-Frist des § 17 EStG die Übertragung des wirtschaftlichen Eigentums zugrunde gelegt wird.[182] Entsteht die wesentliche Beteiligung eines Gesellschafters jedoch erst durch die Kapitalerhöhung, indem z.B. ein anderer Gesellschafter daran nicht teilnimmt, so beginnt der Sechs-Monats- bzw. Fünf-Jahres-Zeitraum ab der Eintragung der Kapitalerhöhung im Handelsregister zu laufen.[183]

II. Gesellschafterdarlehen

Das Gesellschafterdarlehen ist die wohl am häufigsten gewählte Form der Gesellschafter-Fremdfinanzierung. Es resultiert aus der Hingabe von Gelddarlehen, durch Lieferungs- und Leistungsbeziehungen oder aus nicht

---

181 Vgl. *Felix/Strahl*, Beschränkte Verlustberücksichtigung nach § 17 Abs. 2 Satz 4 EStG, BB 1996, 1582.
182 Vgl. *Schmidt, L.* in: Schmidt, L., Einkommensteuergesetz, 15. Aufl. München 1996, § 17 Rz. 74; *Ebling* in: Blümich, Einkommensteuer, § 17 Rdnr. 113; *Heinicke* in: Schmidt, Einkommensteuergesetz, 15. Aufl. München 1996, § 23 Rz. 11; *Fitsch* in: Lademann/Söffing, Kommentar zum Einkommensteuergesetz, § 23 Anm. 20
183 Vgl. *Hörger* in: Littmann/Bitz/Hellwig, Das Einkommensteuerrecht, § 17 Rn. 27; *Heuer/Raupach* in: Herrmann/Heuer/Raupach, Einkommensteuer- und Körperschaftsteuergesetz, § 17 Rdn. 62.

entnommenen Gewinnen. Die Motive der Gesellschafter, nicht Eigenkapital, sondern Fremdkapital zuzuführen, sind vielschichtig.[184] Der wichtigste Grund, gegenüber der eigenen Gesellschaft eine Gläubigerposition einzunehmen, ist die dadurch ausgelöste Verminderung der steuerlichen Bemessungsgrundlagen. Denn es werden durch die Darlehensgewährung zum einen die Substanzsteuern (Vermögen- und Gewerbekapitalsteuer) und zum anderen durch die, als Betriebsausgaben abzugsfähigen, Zinszahlungen die Gewerbeertragsteuer gesenkt.[185] Besonders vorteilhaft ist die Gesellschafter-Fremdfinanzierung für diejenigen Anteilseigner, die von der Anrechnung der Körperschaftsteuer und der Kapitalertragsteuer ausgeschlossen sind.[186] Statten sie ihre Gesellschaften mit Fremdkapital aus, so erhalten sie anstelle von Gewinnausschüttungen Zinserträge und vermeiden somit, daß die Körperschaft- und die Kapitalertragsteuer, in voller Höhe oder zum Teil, zu einer Definitivbelastung werden. Um diese Lücke zu schließen, wurde mit Wirkung ab 1994 der § 8a KStG geschaffen. Er beschränkt die Gewinnabsaugungsmöglichkeiten mittels der Gesellschafter-Fremdfinanzierung auf bestimmte Bilanzrelationen (Fremdkapital zu Eigenkapital) der Gesellschaft.[187]

In der Krise bieten Gesellschafterdarlehen gegenüber der Kapitalerhöhung gewisse Vorteile. So kann eine Darlehensgewährung schneller und günstiger durchgeführt werden als eine Kapitalerhöhung, die notwendigerweise nur von einer Gesellschafterversammlung beschlossen werden kann.[188] Auch ändert das Gesellschafterdarlehen nicht die Beteiligungsverhältnisse. Das kann speziell dann von Bedeutung sein, wenn nicht alle Gesellschafter gleichermaßen willens oder in der Lage sind, im Verhältnis ihrer Beteiligung eine Einlagenerhöhung mitzutragen. Sinkt zu einem späteren Zeitpunkt der Finanzbedarf der Gesellschaft wieder, z.B. nach einer erfolgreichen Sanierung, so lassen sich die Kredite leichter zurückführen als nach einer Kapitalerhöhung mit anschließender -herabsetzung.[189]

---

184 Vgl. *Carl*, Verdeckte Einlagen im Handels- und Steuerrecht, INF 1993, 14.
185 Vgl. *Drukarczyk*, Finanzierung, 6. Aufl. Stuttgart 1993, 304 f.
186 Nicht anrechnungsberechtigt sind ausländische Anteilseigner und gem. § 2 Nr. 2 KStG beschränkt steuerpflichtige Körperschaften (vgl. *Heinicke* in: Schmidt, L., Einkommensteuergesetz, 15. Aufl. München 1996, § 36 Rz. 27).
187 Zu weiteren Einzelheiten vgl. *Dötsch/Eversberg/Jost/Witt*, Die Körperschaftsteuer, § 8a KStG; *Bader*, Gesellschafter-Fremdfinanzierung durch nicht-anrechnungsberechtigte Gesellschafter (§ 8a KStG), NWB F.4, 3975.
188 Vgl. § 55 GmbHG.
189 Vgl. *Müller*, Regeln für eigenkapitalersetzende Gesellschafterdarlehen bei der GmbH und ihre Übertragbarkeit auf die AG, Frankfurt 1987, 60.

Auch gegenüber dem Nachschußkapital[190] i.S.d. §§ 26 ff. GmbHG werden die Gesellschafterdarlehen in der Praxis vorgezogen. Sie gelten als schneller, unkomplizierter, flexibler und vor allem muß gem. § 30 Abs. 2 Satz 2 GmbHG eine Zurückzahlung nicht öffentlich bekanntgegeben werden.[191]

Um die steuerliche Behandlung der Gesellschafterdarlehen analysieren zu können, erfolgt zuerst eine gesellschaftsrechtliche Darstellung zu welchem Zeitpunkt ein „normales" Gesellschafterdarlehen in ein „eigenkapitalersetzendes" Gesellschafterdarlehen umqualifiziert wird, und in welcher Höhe dadurch eine Rückzahlungssperre besteht. Diese Grundlagen werden zum einen aus terminologischer Sicht benötigt, zum anderen sind diese zivilrechtlichen Kenntnisse deshalb erforderlich, da die steuerlichen Gestaltungen immer erst dann Anwendung finden, wenn der Gesellschafter gesellschaftsrechtlich keine Möglichkeit mehr hat, das Darlehen zurückbezahlt zu bekommen.

1. Behandlung in der Krise

a) Gesellschaftsrechtliche Behandlung

Ein wichtiges Motiv für die Unternehmensform der GmbH stellt die Haftungsbegrenzung auf das Gesellschaftsvermögen dar. Dieser unbestreitbare Vorteil auf seiten der Unternehmer, im Konkurs nicht das gesamte Privatvermögen zu verlieren, kollidiert mit den Interessen der Gläubiger, die ihre Forderungen natürlich möglichst weitgehend gesichert wissen wollen. Aus diesem Grund ist die Finanzverfassung der GmbH auf die Aufbringung (§§ 7, 19 GmbHG) und die Erhaltung des Stammkapitals (§§ 30 ff. GmbHG) ausgerichtet.[192] Wenn die Gesellschafter ihren Unternehmen anstatt Eigenkapital Fremdkapital, in Form von Gesellschafterdarlehen, zuführen, so besteht die Gefahr, daß die Gesellschafter ihren Informationsvorsprung in Krisensituationen dazu verwenden, um ihre Darlehen und Zinsen zurückzuzahlen, bevor alle anderen Gläubiger befriedigt werden. Um dies zu verhindern, werden unter bestimmten Vor-

---

190 Vgl. hierzu die Ausführungen auf S. 123 ff.
191 Vgl. *Hommelhoff*, Das Gesellschafterdarlehen als Beispiel institutioneller Rechtsfortbildung, ZGR 1988, 460 [465]; *Tillmann*, Kapitalausstattung der GmbH - zivil und steuerrechtlich, GmbHR 1987, 329 ff.
192 Vgl. *Schmidt, K.*, Gesellschaftsrecht, 2. Aufl. Köln 1991, 827.

aussetzungen Gesellschafterdarlehen kraft zwingendem Rechts dem haftenden Kapital gleichgestellt.[193]

Die Konstruktion des sog. eigenkapitalersetzenden Darlehens ist zunächst durch die analoge Anwendung der §§ 30, 31 GmbHG von der Rechtsprechung entwickelt worden.[194] Erst 1980 erfolgte durch die GmbH-Novelle mit der Einführung der Spezialnorm des § 32a GmbHG die gesetzliche Kodifizierung. Der § 32a GmbHG hat jedoch das Ziel verfehlt,[195] die Haftkapitalrechtsprechung des BGH zu den §§ 30, 31 GmbHG zu ersetzen.[196] Denn in mehreren Bereichen blieb die neue Regelung unterhalb des Niveaus, welches durch die Auslegung der §§ 30, 31 GmbHG erreicht worden war. Der BGH hat deshalb in seinem grundlegenden Urteil v. 26.3.1984 erklärt, daß beide Haftungsgrundlagen nebeneinander bestehen und einen sog. *dualen Eigenkapitalschutz* bieten.[197] Ob und ab wann ein Gesellschafterdarlehen eigenkapitalersetzenden Charakter hat, muß deshalb auf zwei Ebenen untersucht werden, die zudem unterschiedliche Rechtsfolgen auslösen können.

(1) Umqualifizierung eines Gesellschafterdarlehens zum eigenkapitalersetzenden Darlehen

In *§ 30 GmbHG* ist festgeschrieben, daß das zur Erhaltung des Stammkapitals erforderliche Vermögen der Gesellschaft nicht an die Gesellschafter ausgezahlt werden darf. Dieser Grundsatz der Erhaltung des Stammkapitals gilt nicht nur für die Beträge, die der Gesellschafter der GmbH als Eigenkapital zur Verfügung stellt, sondern auch für Fremdkapital, das er ihr in Form von Gesellschafterdarlehen überläßt.[198] Bis 1980 wurde von der BGH-Rechtsprechung ein Gesellschafterdarlehen, das der Gesellschaft formal als Fremdkapital zur Verfügung gestellt wird, dann in Eigenkapitalersatz umqualifiziert, wenn die Gesellschaft bei der Hingabe überschuldet bzw. zahlungsunfähig war. Durch die Entscheidung v. 24.3.1980 wurden die Voraussetzungen der Umqualifikation jedoch entscheidend verschärft, da

---

193 Vgl. *Schmidt, K.,* Gesellschaftsrecht, 2. Aufl. Köln 1991, 431 f.; *Geißler,* Fallstudien zum Gläubigerschutz beim eigenkapitalersetzenden Gesellschafterdarlehen, BB 1995, 1145.
194 Vgl. *Lutter/Hommelhoff,* GmbH-Gesetz, 14. Aufl. Köln 1995, § 32a/b, Rn. 8.
195 Vgl. BGH v. 26.3.1984 II ZR 14/84, BGHZ 90, 370 [370 und 376 ff.]; für viele: *Schmidt, K.* in: Scholz, GmbH-Gesetz, 8. Aufl. Köln 1993, §§ 32a, 32b Anm. 12 ff. m.w.N.
196 Vgl. ausführlich: *Hachenburg/Ulmer,* GmbH-Gesetz, 8. Aufl. Berlin 1991, §§ 32a, 32b Rn. 14 ff.
197 Vgl. BGH v. 26.3.1984 II ZR 14/84, BGHZ 90, 370 [370 und 376 ff.]; *Hommelhoff/Kleindeck* in: Lutter/Ulmer/Zöllner, Festschrift 100 Jahre GmbH-Gesetz, Köln 1992, 421 [432].
198 Vgl. BGH v. 26.3.1984 II ZR 171/83, BGHZ 90, 390; v. 21.9.1981 II ZR 104/80, BGHZ 81, 311.

als alternatives Kriterium die Kreditunwürdigkeit definiert wurde.[199] Dadurch wird der Zeitpunkt der Behandlung eines Gesellschafterdarlehens als eigenkapitalersetzendes Darlehen vorverlagert. Auf dem Zeitstrahl lassen sich die drei Kriterien folgendermaßen abbilden:[200]

```
|────────────────────────────|────────────────────────────────|──────→  Zeit

Kreditunwürdigkeit       konkursrechtliche Überschuldung        Zahlungsunfähigkeit
```

Abb. 5: Zeitliche Reihenfolge des Auftretens der Kriterien „Kreditunwürdigkeit", „konkursrechtliche Überschuldung" und „Zahlungsunfähigkeit"

Ob das Darlehen eigenkapitalersetzenden Charakter hat, ist jedoch nicht nur im Zeitpunkt der Darlehensgewährung zu prüfen. Denn auch wenn der Gesellschafter das Darlehen vor der Krise gewährt hat und es in dem Moment, wo er der Gesellschaft Eigenkapital zuführen müßte, stehengelassen hat, so unterliegt auch dieses Darlehen den Regelungen der §§ 30, 31, 32a GmbHG.[201] Es wird nämlich angenommen, daß ein neuer Kredit zur Verfügung gestellt wird. Ein einseitiges „Nicht-Abziehen" des Darlehens seitens des Gesellschafters führt jedoch noch nicht zur Umqualifizierung. Vielmehr muß hinzukommen, daß der Kredit im ausdrücklichen oder stillschweigenden Einvernehmen mit der Gesellschaft im Gesellschaftsvermögen belassen wird (konkludente Finanzierungsabrede).[202]

In der *GmbH-Novelle* hat der Gesetzgeber diese BGH-Rechtsprechung so umgesetzt, daß gem. § 32a GmbHG ein Gesellschafterdarlehen dann zu einem eigenkapitalersetzenden Darlehen wird, wenn es in einem Zeitpunkt zugeführt wird, in dem ein ordentlicher Kaufmann der Gesellschaft Eigenkapital zugeführt hätte. Da der Begriff des „ordentlichen Kaufmanns" große Interpretationsschwierigkeiten bereitet, haben das Schrifttum und die Rechtsprechung ein Hilfskriterium zur Konkretisierung erarbeitet. Demnach würde ein ordentlicher Kaufmann Eigenkapital zuführen, wenn die Gesellschaft bei gesellschaftsfremden Dritten kreditunwürdig wäre und ohne das Gesellschafterdarlehen hätte liquidiert werden müs-

---

199 Vgl. BGH v. 24.3.1980 II ZR 213/77, NJW 1980, 1524.
200 Vgl. *Drukarczyk*, Gesellschafterdarlehen, Rechtsprechungsgrundsätze des BGH und § 32a GmbHG, in: Unternehmenstheorie und Besteuerung, Hrsg. Elschen/Siegel/Wagner, Wiesbaden 1995, 180. Siehe auch Grafik auf S. 40, und zur Definition der Kriterien S. 41 ff.
201 Vgl. BGH v. 21.3.1988 II ZR 238/87 NJW 1988, 1841; v. 26.3.1984 II ZR 14/84, NJW 1984, 1891.
202 Vgl. *Schmidt, K.* in: Scholz, GmbH-Gesetz, 8. Aufl. 1993, §§ 32a, 32b Rdn. 44.

Zivil- und steuerrechtliche Behandlung v. Finanzierungsmaßnahmen 77

sen.[203] Da dieses Kriterium schon durch die daneben weiterhin gültige BGH-Rechtsprechung zu §§ 30, 31 GmbHG zur Umqualifikation in eigenkapitalersetzende Darlehen führt, bringt die Novellen-Regelung bezüglich der Qualifikation eines eigenkapitalersetzenden Darlehens keine Neuerung.

Zusammenfassend ergeben sich folgende Möglichkeiten der Umqualifikation eines Gesellschafterdarlehens in eigenkapitalersetzende Maßnahmen:

Voraussetzungen der Umqualifikation eines Gesellschafterdarlehens in eigenkapitalersetzende Maßnahmen [204]

Kreditunwürdigkeit bei Hingabe bzw. nach Stehenlassen	konkursrechtliche Überschuldung bei Hingabe bzw. nach Stehenlassen	Zahlungsunfähigkeit bei Hingabe bzw. nach Stehenlassen
gem. §§ 30, 31 GmbHG gem. § 32a GmbHG	gem. §§ 30, 31 GmbHG	gem. §§ 30, 31 GmbHG

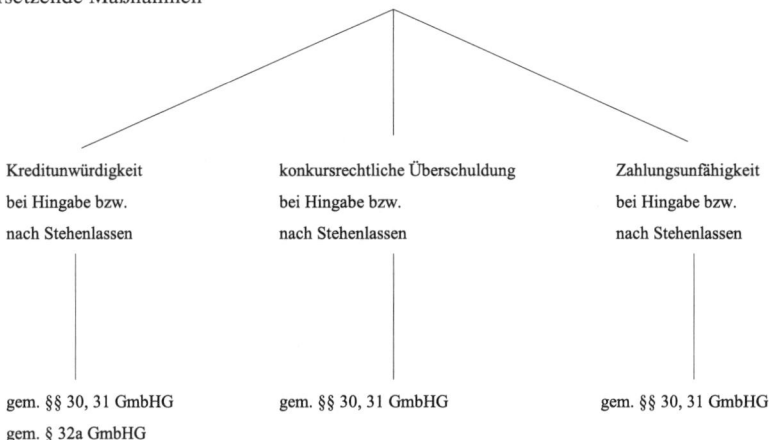

Abb. 6: Voraussetzungen der Umqualifikation eines normalen Gesellschafterdarlehens in ein eigenkapitalersetzendes Darlehen

Ein Gesellschafterdarlehen, das einer erheblich überschuldeten Gesellschaft gewährt wird, hat unabhängig von den aufgeführten Kriterien in jedem Fall eigenkapitalersetzenden Charakter.[205] Gleiches gilt für Darlehen die zur Abwendung eines ansonsten unabwendbaren Konkurses gegeben werden.[206] Auch Finanzplankredite, die neben den Einlagen der Gesellschaft zur Verfügung gestellt werden um z.B. langfristige Investitionen zu

---

203 *Schmidt, K.* in: Scholz, GmbH-Gesetz, 8. Aufl. Köln 1993, §§ 32a, 32b Anm. 35 m.w.N.
204 Zur Definition der Begriffe: „Kreditunwürdigkeit", „konkursrechtliche Überschuldung" und „Zahlungsunfähigkeit" vgl. S. 41 ff.
205 Vgl. OLG Hamburg v. 25.5.1990, ZIP 1990, 1262; v. 16.12.1985, ZIP 1986, 227 [228].
206 Vgl. BGH v. 19.9.1988 II ZR 255/87, BGHZ 105, 168 [181 f.].

tätigen, zu denen die Gesellschaft mit ihren eigenen Mitteln nicht in der Lage wäre, haben immer eigenkapitalersetzenden[207] Charakter.[208] Gewährt der Gesellschafter der Gesellschaft ein Darlehen lediglich, um kurzfristige Liquiditätsengpässe zu überbrücken (Überbrückungsdarlehen), so liegen nach Auffassung des BGH keine eigenkapitalersetzenden Darlehen vor.[209] Das Schrifttum stellt jedoch höhere Anforderungen. Demnach muß eine reale Aussicht bestehen, daß das Darlehen innerhalb einer bestimmten (kurzen) Zeitspanne zurückgezahlt werden kann und dann auch wird.[210] Ist jedoch nicht damit zu rechnen, daß die Gesellschaft den Zwischenkredit aus eigenen Mitteln alsbald zurückführen kann, so liegt ein sog. Verschleppungsdarlehen vor, das auf alle Fälle eigenkapitalersetzenden Charakter hat.[211] Werden Gesellschafterdarlehen innerhalb der Dreiwochenfrist des § 64 Abs. 1 Satz 1 GmbHG, also nach Zahlungsunfähigkeit aber vor Konkursantrag, der notleidenden Gesellschaft zur Verfügung gestellt, so werden diese ausnahmsweise nicht als eigenkapitalersetzend behandelt. Denn sie können den notwendigen Aufschub gewähren, um in einiger Ruhe ein Sanierungskonzept zu erarbeiten.[212]

Sind die oben genannten Voraussetzungen erfüllt, so ist das gesamte Darlehen in Eigenkapitalersatz umzuqualifizieren.[213] Dies läßt jedoch noch keine Rückschlüsse darauf zu, in welcher Höhe eine Rückzahlung dieses Darlehens bzw. der Zinsen gegen § 31 GmbHG bzw. § 32a KO verstößt.[214]

Fallen die Voraussetzungen durch eine erfolgreiche Sanierung wieder weg, ist die Gesellschaft also nicht mehr kreditunwürdig, zahlungsunfähig oder überschuldet, so erfolgt wiederum eine Umqualifikation zurück in ein normales Gesellschafterdarlehen mit Fremdkapitalcharakter, welches folgenlos an den Gesellschafter ausbezahlt werden darf.[215]

---

207 *Ebenroth/Wilken* (Kapitalersatz und Betriebsaufspaltung, BB, 1993, 305 [307]) sowie *v. Gerkan* (Zum Stand der Rechtsentwicklung bei den kapitalersetzenden Gesellschafterleistungen, GmbHR 1990, 384 [385]) sprechen sogar von einlagengleichen Krediten.
208 Vgl. BGH v. 21.3.1988 II ZR 238/87, BGHZ 104, 33 [38 ff.].
209 Vgl. BGH v. 24.4.1989 II ZR 207/88, WM 1989, 1166 [1168]; v. 26.3.1984 II ZR 171/83, DB 1984, 1188.
210 Vgl. *Schmidt, K.* in: Scholz, GmbH-Gesetz, 8. Aufl. Köln 1993, §§ 32a, 32b Anm. 39.
211 Vgl. *Lutter/Hommelhoff*, GmbH-Gesetz, 14. Aufl. Köln 1995, § 32a/b, Rn. 34.
212 Vgl. BGH v. 26.3.1984 II ZR 171/83, BGHZ 90, 381 [394]; v. 9.7.1979 II ZR 118/77, BGHZ 75, 96 [112].
213 Vgl. *Schmidt, K.* in: Scholz, GmbH-Gesetz, 8. Aufl. 1993, §§ 32a, 32b Rdn. 49.
214 Vgl. *Schmidt, K.* in: Scholz, GmbH-Gesetz, 8. Aufl. 1993, §§ 32a, 32b Rdn. 77. Siehe hierzu die Ausführungen auf S. 79 ff.
215 Vgl. BGH v. 28.9.1981 II ZR 223/80, NJW, 1982, 386; v. 27.9.1976 II ZR 162/75, NJW, 1977, 104.

(2) Rechtsfolgen der Umqualifizierung

Falls eigenkapitalersetzende Darlehen an die Gesellschafter zurückgezahlt werden sollen, sehen die §§ 30, 31, 32a GmbHG und § 32a KO Auszahlungssperren bzw. bei Mißachtung Rückforderungsansprüche vor, die ein Aushöhlen der Haftungsmasse durch die Gesellschafter verhindern. Hierbei ist zu unterscheiden, ob es sich um ein BGH- oder ein Novellen-Darlehen handelt, da sich daraus unterschiedliche Rechtsfolgen ableiten. Während BGH-Darlehen nur einer anteiligen Rückzahlungssperre unterliegen, dürfen bei eröffnetem Konkurs- bzw. Vergleichsverfahren Novellen-Darlehen überhaupt nicht zurückgewährt werden. Beide Ansätze haben jedoch gemein, daß Auszahlungssperren bzw. Rückforderungsansprüche nur entstehen können, wenn es sich um eigenkapitalersetzende Darlehen handelt.[216]

Die *BGH-Regeln* gelten gem. dem Urteil des BGH v. 26.3.1984[217] neben den Anfechtungstatbeständen des § 32a GmbHG weiter. Somit dürfen keine Auszahlungen an den Gesellschafter vorgenommen werden, wenn damit das zur Erhaltung des Stammkapitals notwendige Vermögen angegriffen würde. Dieser Ausschüttungssperre unterliegen auch Zinszahlungen.[218] Es darf also durch die Auszahlung an den Gesellschafter keine **Unterbilanz** (Reinvermögen[219] < Stammkapital) entstehen.[220] Das heißt jedoch nicht, daß das gesamte Gesellschafterdarlehen gesperrt ist, sondern eine Rückzahlung ist durchaus in der Höhe möglich, die das nominale Stammkapital nicht angreift.[221] Ob sich durch Auszahlungen an den Gesellschafter eventuell eine Unterbilanz ergibt, ist während des Wirtschaftsjahres mittels einer Zwischenbilanz zu überprüfen.[222] Dabei ist von der handelsrechtlichen Bilanz auszugehen, also unter Außerachtlassung von stillen Reserven.[223]

---

216 Vgl. *Fleck*, Das kapitalersetzende Bankdarlehen in der GmbH, in: Festschrift für Werner, 1984, 106 [118].
217 Vgl. BGH v. 26.3.1984 II ZR 171/83, BGHZ 90, 390.
218 Vgl. BGH v. 16.10.1989 II ZR 307/88, BGHZ 109, 55 [66].
219 Reinvermögen = Vermögen ./. Schulden.
220 Vgl. *Lutter/Hommelhoff*, GmbH-Gesetz, 14. Aufl. Köln 1995, § 30 Rdn. 10; *Schmidt, K.* in: Scholz, GmbH-Gesetz, 8. Aufl. Köln 1993, § 63 Anm. 10.
221 Vgl. BGH v. 26.3.1984 II ZR 14/84, BGHZ, 90, 370 [378].
222 Vgl. *Geißler*, Rechtsfragen um die Eigenkapitalersatzfunktion des in der Krise belassenen Gesellschafterdarlehens, GmbHR 1994, 152 [158].
223 Vgl. BGH v. 11.5.1987 II ZR 226/86, WM 1987, 1040.

Beispiel 1:

A	Bilanz 31.12.		P
UV	80.000 DM	Stammkap.	50.000 DM
		Ges.Darl.	30.000 DM
	80.000 DM		80.000 DM

Die Gesellschaft verfügt über 80.000 DM Vermögen. Somit kann das gesamte Gesellschafterdarlehen an den Gesellschafter ausbezahlt werden. Betrügen die Aktiva jedoch nur 70.000 DM wäre eine Auszahlung um nicht mit § 30 GmbHG zu kollidieren, d.h. damit keine Unterbilanz entsteht, nur in Höhe von 20.000 DM zulässig.

Lediglich in den Sonderfällen, daß eine Unterbilanz z.b. durch steuerliche Sonderabschreibungen entstanden ist, die Gesellschaft aber noch über die nötige Ertrags- und Finanzkraft verfügt, um nicht kreditunwürdig zu werden, unterliegt das Gesellschafterdarlehen nicht den Beschränkungen des § 30 GmbHG, da es gar nicht in ein eigenkapitalersetzendes Darlehen umqualifiziert wird.[224]

Beispiel 2:

A	Bilanz 31.12.		P
AV	100.000 DM	Stammkap.	50.000 DM
UV	10.000 DM	Verlustvortrag	./. 10.000 DM
		Ges.Darl.	70.000 DM
	110.000 DM		110.000 DM

Handelt es sich beim Anlagevermögen z.B. um Ostimmobilien mit einem Verkehrswert von ca. 200.000 DM, auf die Sonder-AfA in Höhe von 100.000 DM vorgenommen wurde, so ist die Gesellschaft durchaus noch kreditwürdig. Somit kann das gesamte Gesellschafterdarlehen in Höhe von 70.000 DM ausgeschüttet werden. Wäre die Gesellschaft nicht mehr kreditwürdig (z.b. weil der Verkehrswert des AV dem Buchwert entspricht und auch sonst keine stillen Reserven vorhanden sind), so dürfte gem. § 30 GmbHG nur 60.000 DM (das Vermögen ist um 60.000 DM höher als das Stammkapital) des Gesellschafterdarlehens ausbezahlt werden.

Diesen Grundsatz der Ausschüttungssperre bei Unterbilanz hat der BGH, in analoger Auslegung der §§ 30, 31 GmbHG, auch auf die Fälle der bilanziellen Überschuldung ausgedehnt.[225] Dieser Entscheidung ist zuzustim-

---

224 Vgl. *Fleck*, Das kapitalersetzende Bankdarlehen in der GmbH, in: Festschrift für Werner, 1984, 106 [118].
225 Vgl. BGH v. 5.2.1990 II ZR 114/89, NJW 1990, 1730.

men, denn es macht keinen Sinn, daß der Anwendungsbereich des § 30 GmbHG bei einer über die Unterbilanz hinausgehenden Situation nicht mehr greifen würde, und somit nur der Teil des eigenkapitalersetzenden Darlehens der Auszahlungssperre unterliegen würde, der notwendig ist, um die Unterbilanz zu beseitigen, also maximal das gesamte Stammkapital.[226]

Beispiel 3:

A	Bilanz 31.12.		P
AV	100.000 DM	Stammkap.	50.000 DM
		Verlustvortrag ∕. 60.000 DM	
		davon nicht gedeckt 10.000 DM	∕. 50.000 DM
nicht durch EK		Gesellschafterdarlehen	70.000 DM
gedeckter Fehlbetrag	10.000 DM	sonst. Verbindlichkeiten	40.000 DM
	110.000 DM		110.000 DM

Die Gesellschaft darf maximal 10.000 DM (100.000 DM ∕. 40.000 DM = 60.000 DM; d.h. das Vermögen ist um 10.000 DM höher als das Stammkapital) auszahlen.

Der Unterschied zum Beispiel 2 in Höhe von 50.000 DM ergibt sich dadurch, daß erstens 40.000 DM sonstige Verbindlichkeiten durch das Vermögen abgedeckt werden müssen, und zudem der nicht durch Eigenkapital gedeckte Fehlbetrag den Auszahlungsbetrag um weitere 10.000 DM verringert.

Die *Novellen-Regelung* (§§ 32a/b GmbHG) führt nur im Konkurs- und Vergleichsverfahren zu einem Auszahlungsverbot. Dann ist ein eigenkapitalersetzendes Gesellschafterdarlehen jedoch in voller Höhe vom Konkurs- bzw. Vergleichsverfahren ausgeschlossen und nicht nur, wie bei der BGH-Rechtsprechung zu §§ 30, 31 GmbHG bis zur Höhe des Stammkapitals.[227] Befindet sich das Unternehmen lediglich in einer Krisensituation, beschränken die §§ 32a/b GmbHG die Kapitalrückzahlung somit auch dann nicht, wenn zwar das Kriterium der Kreditunwürdigkeit im Zeitpunkt der Gewährung erfüllt ist und es sich somit um eigenkapitalersetzende Darlehen handelt, die Gesellschaft aber weder überschuldet noch zahlungsunfähig ist. Dies gilt entsprechend für die Zinsen. Das heißt, sie sind dem Gesellschafter gutzuschreiben und auszuzahlen.[228] Falls jedoch innerhalb eines Jahres nach Darlehensrückzahlung bzw. Zinszahlungen das

---

226 Zu der sich daraus ergebenden Problematik der Ausfallhaftung gem. § 31 Abs. 3 GmbHG vgl. *Schmidt, K.*, Summenmäßige Begrenzung der Ausfallhaftung nach § 31 Abs. 3 GmbHG, BB 1995, 529.
227 Vgl. *Lutter/Hommelhoff*, GmbH-Gesetz, 14. Aufl. Köln 1995, § 32a/b, Rn. 11 und 74.
228 Zu Details der Behandlung von Darlehenszinsen vgl. S. 96 f.

Konkurs- bzw. Vergleichsverfahren[229] eröffnet wird, können diese Auszahlungen entweder von den Gläubigern (§ 3b AnfG) oder dem Konkursverwalter (§ 36 i.V.m. § 32a KO) angefochten und zurückgefordert (§ 7 Abs. 1 AnfG; § 37 Abs. 1 KO) werden. Dabei ist der Rückforderungsanspruch innerhalb einer einjährigen Anfechtungsfrist (§ 41 Abs. 1 KO) geltend zu machen.[230]

Somit treten in der Praxis zwei Fälle auf, in denen die Novellen-Regelung des § 32a/b GmbHG zu einem anderen Ergebnis kommt als die BGH-Rechtsprechung zu den §§ 30, 31 GmbHG. Das ist zum einen, wenn die Gesellschaft in Beispiel 2 innerhalb eines Jahres nach Auszahlung des Gesellschafterdarlehens in Höhe von 70.000 DM in Konkurs fällt, denn dann muß der Gesellschafter gem. § 32a KO den zurückgezahlten Betrag erstatten. Die zweite Abweichung liegt dann vor, wenn die Umqualifizierung durch die Merkmale konkursrechtliche Überschuldung bzw. Zahlungsunfähigkeit erfolgt. In diesen Fällen ist die Gesellschaft nämlich immer zwingend kreditunwürdig, und das Konkurs- bzw. Vergleichsverfahren ist zu eröffnen. Somit gelten sowohl §§ 30, 31 GmbHG als auch § 32a GmbHG. Die BGH-Rechtsprechung sperrt die Auszahlung des Gesellschafterdarlehens im Unterschied zur Novellen-Regelung jedoch nicht generell in voller Höhe.

Beispiel 4:

A	Bilanz 31.12.		P
AV	70.000 DM	Stammkap.	50.000 DM
		Verlustvortrag	∕. 40.000 DM
		Ges.Darl.	60.000 DM
	70.000 DM		70.000 DM

Die Gesellschaft ist zahlungsunfähig. Gemäß § 63 GmbHG wird das Konkursverfahren eröffnet. § 30 GmbHG ließe 20.000 DM (das Vermögen ist um 20.000 DM höher als das Stammkapital) zur Auszahlung zu, während § 32a GmbHG das gesamte Darlehen sperrt.

Somit ergibt sich zur Überprüfung, ob ein eigenkapitalersetzendes Darlehen den gesellschaftsrechtlichen Ausschüttungssperren unterliegt, folgendes Schema:

---

229 Entscheidend ist die Eröffnung des Konkursverfahrens nicht der Konkursantrag. Vgl. *Lutter/Hommelhoff*, GmbH-Gesetz, 14. Aufl. Köln 1995, § 32a/b, Rn. 72.
230 Vgl. BGH v. 20.9.1993 II ZR 151/92, BGHZ 123, 289.

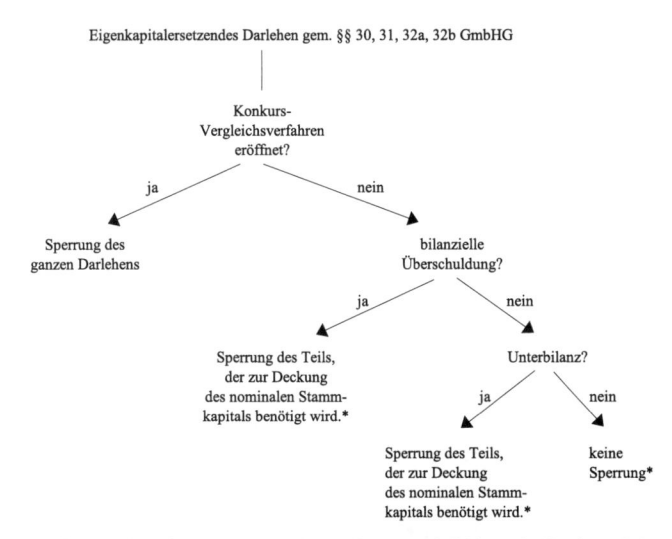

Zivil- und steuerrechtliche Behandlung v. Finanzierungsmaßnahmen 83

```
                Eigenkapitalersetzendes Darlehen gem. §§ 30, 31, 32a, 32b GmbHG
                                            │
                               Konkurs-
                               Vergleichsverfahren
                               eröffnet?
                        ja  ╱           ╲  nein
          Sperrung des                        bilanzielle
          ganzen Darlehens                    Überschuldung?
                                         ja ╱          ╲ nein
                             Sperrung des Teils,            Unterbilanz?
                             der zur Deckung
                             des nominalen Stamm-        ja ╱     ╲ nein
                             kapitals benötigt wird.*
                                            Sperrung des Teils,       keine
                                            der zur Deckung           Sperrung*
                                            des nominalen Stamm-
                                            kapitals benötigt wird.*
```

*) Die Gesellschafter haften für die zurückgewährten Beträge, falls innerhalb eines Jahres nach der Rückgewähr ein Konkursverfahren eröffnet wird (§ 32a KO).

Abb. 7: Schema zur Überprüfung der gesellschaftsrechtlichen Ausschüttungssperren

b) Handelsbilanzrechtliche Behandlung

(1) Bilanzierung bei der Gesellschaft

In Anlehnung an die gesellschaftsrechtliche Behandlung im GmbHG stellt sich die Frage, ob Gesellschafterdarlehen, die in eigenkapitalersetzende Darlehen umqualifiziert werden, handelsbilanziell unterschiedlich zu behandeln sind, je nachdem ob es sich um BGH-Rechtsprechungs- oder um Novellen-Darlehen handelt. Eine Aufteilung ließe sich zwar in bezug auf die unterschiedlichen Rechtsfolgen und den § 264 Abs. 2 HGB rechtfertigen,[231] wird jedoch m.E. zu Recht von der herrschenden Meinung[232] abgelehnt, da eine exakte Trennung praktisch fast nicht möglich ist.[233]

---

231 Vgl. *Schnell*, Eigenkapitalersetzende Gesellschafterleistungen, Bergisch Gladbach/Köln 1992, 143 ff.; *Hommelhoff*, Rechtliche Überlegungen zur Vorbereitung der GmbH auf das BiRiLiG, WPg 1984, 629 [631 f.].
232 Vgl. *Lutter/Hommelhoff*, GmbH-Gesetz, 14. Aufl. Köln 1995, § 32a/b, Rn. 39; *Baumbach/Hopt*, Handelsgesetzbuch, 29. Aufl. München 1995, § 266 Anm. 17; *Clemm/Nonnen-macher* in: Beck'scher Bilanz-Kommentar, 3. Aufl. München 1995, § 247 Rdn. 231.
233 Vgl. *Klaus*, Eigenkapitalersetzende Gesellschafterdarlehen in der Handelsbilanz der verpflichteten GmbH, BB 1994, 680 [682].

Bezüglich des Ausweises eigenkapitalersetzender Gesellschafterdarlehen wurden im Schrifttum mehrere Möglichkeiten vorgeschlagen.[234] Nach herrschender Ansicht hat der Ausweis jedoch, wie bei normalen Gesellschafterdarlehen, unter der Position „Verbindlichkeiten gegenüber Gesellschaftern" (§ 266 Abs. 3 Buchstabe C HGB i.V.m. § 42 Abs. 3 GmbHG) zu erfolgen.[235] Zusätzlich sollten diese Darlehen durch eine detaillierte Angabe im Anhang gekennzeichnet werden.[236] Unter dem Gesichtspunkt des „true and fair view" (§ 264 Abs. 2 HGB) muß diese Kennzeichnung m.E. ab dem Zeitpunkt erfolgen, ab dem das Darlehen eigenkapitalersetzend wird, um somit den externen Bilanzadressaten so früh wie möglich eine Krise anzuzeigen.[237] Werden nämlich lediglich die eigenkapitalersetzenden Darlehen mit einem Zusatz versehen, die nach den gesellschaftsrechtlichen Regelungen einer Auszahlungssperre unterliegen, können die externen Gläubiger meist nicht mehr reagieren, da dann i.d.R. innerhalb kurzer Zeit das Konkurs- bzw. Vergleichsverfahren eröffnet wird.

Entfällt der eigenkapitalersetzende Charakter wieder, weil z.B. eine erfolgreiche Sanierung durchgeführt wurde, ist keine Umgliederung in der Bilanz notwendig, lediglich die zusätzlichen Kennzeichnungen werden nicht mehr benötigt.

Wird das Darlehen entgegen den gesellschaftsrechtlichen Auszahlungssperren an den Gesellschafter zurückgezahlt, so erlischt zunächst die Verbindlichkeit der Gesellschaft (§ 362 BGB). Sie lebt erst mit der Rückzahlung an die Gesellschaft wieder auf.[238] In der Zwischenzeit ist jedoch der

---

234 Vgl. *Lutter/Hommelhoff*, Nachrangiges Haftkapital und Unterkapitalisierung in der GmbH, ZGR 1979, 31 [53]: für den Ausweis als EK; *Knobbe-Keuk,* Stille Beteiligung und Verbindlichkeiten mit Rangrücktrittsvereinbarung im Überschuldungsstatus und in der Handelsbilanz des Geschäftsinhabers, ZIP 1983, 127 [131]: für den Ausweis zwischen EK und FK.
235 Vgl. *Clemm/Nonnenmacher* in: Beck´scher Bilanz-Kommentar, 3. Aufl. München 1995, § 266 Rdn. 255; BGH v. 6.12.1993 II ZR 102/93, ZIP 1994, 295 [296]: allerdings für Vorbelastungsbilanz.
236 Vgl. *Baumbach/Hopt*, Handelsgesetzbuch, 29. Aufl. München 1995, § 266 Anm. 17; *Lutter/Hommelhoff*, GmbH-Gesetz, 14. Aufl. Köln 1995, § 42, Rn. 42; *Küting* in: Küting/Weber, Handbuch der Rechnungslegung, 3. Aufl. Stuttgart 1990, § 272 Rdn. 28; *Fleck*, Kapitalersetzende Gesellschafterdarlehen in der GmbH-Bilanz – Verbindlichkeiten oder Eigenkapital?, GmbHR 1989, 313 [317.].
237 Vgl. *Clemm/Nonnenmacher* in: Beck´scher Bilanz-Kommentar, 3. Aufl. München 1995, § 266 Rdn. 255, die es zwar als wünschenswert erachten, aber aufgrund der schwierigen Beurteilung nicht verlangen wollen; *Priester*, Sind eigenkapitalersetzende Gesellschafterdarlehen Eigenkapital?, DB 1991, 1917 [1923], fordert eine Kennzeichnung erst, „wenn die eigenkapitalersetzende Funktion relevant geworden ist oder relevant zu werden droht" und dann mit der Differenzierung „davon § 32a GmbHG unterfallend" bzw. „nach § 30 GmbHG gesperrt".
238 Vgl. BGH v. 11.5.1987 II ZR 226/86, WM 1987, 1040 [1041].

Rückzahlungsanspruch der Gesellschaft (aus § 31 GmbHG oder § 812 BGB) zu aktivieren. Da mit der Darlehensrückgewähr die Verbindlichkeit gegenüber dem Gesellschafter gleichzeitig wieder auflebt (§ 607 BGB),[239] kann der gesamte Vorgang zu keinem Zeitpunkt eine Erfolgsauswirkung haben. *Bachem*[240] ist daher zuzustimmen, wenn er fordert, für die Zeit zwischen Auszahlung an den Gesellschafter und Rückgewähr des Darlehens dem Erstattungsanspruch aufgrund der „zunächst ungewissen und erst bei tatsächlicher Wiedereinzahlung der Valuta wieder auflebenden Verbindlichkeit ... eine Rückstellung für ungewisse Verbindlichkeit" gegenüberzustellen. Die Buchung „Erstattungsanspruch gegen Verbindlichkeit" negiert die zivilrechtlichen Gegebenheiten und ist daher abzulehnen.[241] Der Vorgang ist somit durch folgende Buchungssätze darzustellen:

(1) Verbindlichkeit an Bank (Auszahlung trotz Sperrung)
(2) Erstattungsanspruch an Rückstellung für ungewisse Verbindlichkeit
(3a) Bank an Erstattungsanspruch (Rückzahlung des Darlehens)
(3b) Rückstellung für ungewisse Verbindlichkeiten an Verbindlichkeit

Die Bewertung eigenkapitalersetzender Gesellschafterdarlehen kann sich nicht von der normaler Gesellschafterdarlehen unterscheiden, da es sich in beiden Fällen um Verbindlichkeiten handelt. Sie sind somit stets mit dem Rückzahlungsbetrag zu passivieren (§ 253 Abs. 1 Satz 2 HGB).[242]

(2) Bilanzierung beim Gesellschafter

Hält der Gesellschafter die Anteile und das Darlehen im *Betriebsvermögen,* so ist das hingegebene eigenkapitalersetzende Darlehen genauso zu behandeln wie eine normale Forderung. Denn die Tatsache, daß die Gesellschaft das Darlehen in der Krise nicht zurückzahlen kann bzw. darf, führt

---

239 Vgl. *Palandt/Putzo,* Bürgerliches Gesetzbuch, 54. Aufl. München 1995, Einführung zu § 607 Rdn. 2. Die Verbindlichkeit (d.h. das Darlehensverhältnis) lebt weder nach der Realvertragstheorie noch nach der Konsensualtheorie alleine durch den Rückzahlungsanspruch der Gesellschaft wieder auf.
240 Vgl. *Bachem,* Probleme der Bilanzierung und Besteuerung von eigenkapitalersetzenden Maßnahmen, Hrsg. Institut „Finanzen und Steuern" e.V., Bonn 1993, 12.
241 A.A. *Thiel,* Im Grenzbereich zwischen Eigen- und Fremdkapital - ein Streifzug durch die ertragsteuerlichen Probleme der Gesellschafter-Fremdfinanzierung, GmbHR 1992, 20 [24]: Er stellt dem Rückforderungsanspruch gleich die Verbindlichkeit gegenüber.
242 Vgl. *Klaus,* Eigenkapitalersetzende Gesellschafterdarlehen in der Handelsbilanz der verpflichteten GmbH, BB 1994, 680 [687].

lediglich dazu, daß die Fälligkeit hinausgeschoben wird, macht jedoch keinen gesonderten Ausweis erforderlich.[243]

Auf die Bewertung des Darlehens hat die Krise jedoch sehr wohl Auswirkungen. Handelt es sich um kapitalersetzende Darlehen, so ergeben sich hieraus besondere wertmindernde Faktoren.[244] Der beizulegende Wert der Forderung hängt von der spezifischen Situation der Gesellschaft ab, und da i.d.R. eine Überwindung der Krise nicht von vornherein abzusehen ist, muß ein Bewertungsabschlag vorgenommen werden. Dabei wird die Höhe der außerplanmäßigen Abschreibung z.b. durch bereits eingeleitete oder geplante Sanierungsmaßnahmen, die künftige gesamtwirtschaftliche und branchenspezifische Entwicklung, Art und Umfang vorrangiger Ansprüche Dritter oder Ausgleichsansprüche gegenüber Mitgesellschaftern beeinflußt.[245] Die Tatsache, daß einer abgewerteten Forderung des Gesellschafters eine Verbindlichkeit in Höhe des Rückzahlungsbetrags auf seiten der Gesellschaft gegenübersteht, ist eine Folge des Imparitätsprinzips, und spricht nicht gegen die außerplanmäßige Abschreibung, da keine korrespondierende Bilanzierung notwendig ist.[246]

c) Steuerrechtliche Behandlung

(1) Auf der Ebene der Gesellschaft

Die Bilanzierung des eigenkapitalersetzenden Gesellschafterdarlehens erfolgt in der Steuerbilanz aufgrund des in § 5 Abs. 1 EStG festgeschriebenen Maßgeblichkeitsprinzips nach den gleichen Grundsätzen wie in der Handelsbilanz.[247] Auch die Bewertung der Verbindlichkeit entspricht der der Handelsbilanz, da Geldverbindlichkeiten stets mit dem Nennwert (= Rückzahlungsbetrag des § 253 Abs. 1 Satz 2 HGB) auszuweisen sind.[248]

---

243 Vgl. *Bachem*, Probleme der Bilanzierung und Besteuerung von eigenkapitalersetzenden Maßnahmen, Hrsg. Institut „Finanzen und Steuern" e.V., Bonn 1993, 22; *Weber*, Bilanzierung und Prüfung von kapitalersetzenden Darlehen an Aktiengesellschaften beim Darlehensgeber, WPg 1986, 1 [5].
244 Vgl. *Schnicke/Gutike* in: Beck'scher Bilanz-Kommentar, 3. Aufl. München 1995, § 253 Rdn. 409.
245 Vgl. *Weber*, Bilanzierung und Prüfung von kapitalersetzenden Darlehen an Aktiengesellschaften beim Darlehensgeber, WPg 1986, 1 [38].
246 Vgl. *Ellrott/Schulz/Bail* in: Beck'scher Bilanz-Kommentar, 3. Aufl. München 1995, § 253 Rdn. 597.
247 Vgl. *Weber-Grellet* in: Schmidt, L., Einkommensteuergesetz, 15. Aufl. München 1996, § 5 Rz. 550 „Gesellschafterfinanzierung".
248 Vgl. BFH v. 4.5.1977 I R 27/74, BStBl. II 1977, 802; *Wohlgemuth* in: Hofbauer/Kupsch, Bonner Handbuch Rechnungslegung, § 253 HGB Rz. 24.

(2) Auf der Ebene des Gesellschafters

Im Gegensatz zum Zivilrecht, wo die größten Probleme im Zusammenhang mit eigenkapitalersetzenden Darlehen zu Beginn oder während der Krise auftreten,[249] ergeben sich die größten steuerlichen Effekte erst bei fortgeschrittener Krisensituation bzw. beim Untergang der Beteiligung. Die steuerlichen Folgen für den Gesellschafter sind dabei in erster Linie davon abhängig, ob es sich bei dem Darlehen und der Beteiligung um Betriebsvermögen oder um Privatvermögen handelt.

Hält er das Gesellschafterdarlehen im *Betriebsvermögen,* so richtet sich die Steuerbilanz aufgrund des Maßgeblichkeitsprinzips (§ 5 Abs. 1 EStG) in Ansatz, Ausweis und Bewertung nach der Handelsbilanz.[250] Das heißt, durch Wertberichtigungen werden die Forderungen in der Krise sukzessive erfolgswirksam vermindert.[251] Der fortschreitende Vermögensverlust führt also zu Aufwand und somit zu einer Steuersenkung. Der zum ersten Mal von *Döllerer*[252] vertretenen Auffassung, daß die Teilwertabschreibung des Darlehens zu einer Erhöhung des Wertes der Beteiligung führen würde (nachträgliche Anschaffungskosten), kann nicht gefolgt werden.[253] Denn erstens können nachträgliche Anschaffungskosten i.S.d. §§ 4 ff. EStG im Zusammenhang mit Beteiligungen im Betriebsvermögen nur durch eine (verdeckte) Einlage entstehen,[254] und zweitens fingiert[255] die Rechtspre-

---

249 Zu den Fragen wann bzw. ob ein eigenkapitalersetzendes Darlehen vorhanden ist und ob Rückzahlungssperren greifen vgl. S. 75 ff.
250 Siehe auch S. 85 f.
251 Vgl. *Werndl* in: Kirchhof/Söhn, Einkommensteuergesetz, § 6 Rdn. B 574. *Neu,* Darlehensforderungen gegenüber interessenverflochtenen Personen aus bilanzsteuerlicher Sicht, BB 1995, 1579 [1585]; Zur Frage welche Kriterien bei der Teilwertermittlung zu berücksichtigen sind, vgl. die Ausführungen zur Ermittlung des beizulegenden Werts auf S. 48 ff.
252 Vgl. *Döllerer,* Verlust eines eigenkapitalersetzenden Gesellschafterdarlehens als nachträgliche Anschaffungskosten einer wesentlichen Beteiligung, FR 1992, 233 [235]; *Bullinger,* Steuerliche Fragen von Gesellschafterdarlehen an die GmbH, DStR 1993, 225 [227]; *Centrale-Gutachterdienst,* Verzicht auf Darlehensforderung des Gesellschafters gegen GmbH, GmbHR 1993, 417; *Weber,* Eigenkapitalersetzende Darlehen des GmbH-Gesellschafters, BB 1992, 525 [530].
253 Gl. A. *Herlinghaus,* Forderungsverzichte und Besserungsvereinbarungen zur Sanierung von Kapitalgesellschaften, Köln 1994, 40 f.
254 Vgl. BFH v. 30.5.1990 I R 97/88, BStBl. II 1990, 875 [876].
255 Bei dieser Fiktion wird dem Tatbestand der verdeckten Einlage aufgrund eines Verzichts das Stehenlassen des Darlehens bedingt durch die gesellschaftsrechtliche Veranlassung gleichgesetzt. Vgl. hierzu S. 94.

chung des BFH,[256] auf die in diesem Zusammenhang verwiesen wird, nachträgliche Anschaffungskosten lediglich für den Fall, daß ein Veräußerungsverlust im Privatvermögen, also i.S.d. § 17 Abs. 2 EStG entsteht.[257] Wird das Darlehen jedoch aus *privaten Mitteln* gegeben, so hat der Gesellschafter keine Möglichkeit, mittels Teilwertabschreibungen der Tatsache Rechnung zu tragen, daß das Gesellschafterdarlehen aufgrund der Unternehmenskrise kontinuierlich an Wert verliert. Wenn die Beteiligung an der Gesellschaft weniger als 25% beträgt, kann er noch nicht einmal im Falle des Konkurses den Vermögensverlust des hingegebenen Darlehens steuerlich geltend machen.[258] Nur dann, wenn er mit mehr als 25% an der Gesellschaft beteiligt ist, führt der Verlust des Darlehens in einigen Fallkonstellationen zu einem steuerlich berücksichtigungsfähigen Verlust i.S.d. § 17 Abs. 4 i.V.m. Abs. 2 EStG. Denn im Falle des Konkurses erhöhen die nachträglichen Anschaffungskosten auf die Beteiligung den Auflösungsverlust.[259]

Die Frage, in welchen Fällen, unter welchen Voraussetzungen und in welcher Höhe der Gesellschafter in der Krise bzgl. seines Darlehens nachträgliche Anschaffungskosten auf seine Beteiligung geltend machen kann, hat nicht nur im Schrifttum zu heftigen Meinungsverschiedenheiten geführt.[260] Auch innerhalb des BFH konnten sich der I. und der VIII. Senat nicht auf

---

256 Vgl. BFH v. 7.7.1992 VIII R 24/90, BStBl. II 1993, 333; v. 16.4.1991 VIII R 100/87, BStBl. II 1992, 234; v. 2.10.1984 VIII R 36/83, BStBl. II 1985, 320: In der Begründung unter Punkt 1b) heißt es explizit: „Damit weicht der erkennende Senat nicht von der Rechtsprechung des I. Senats ab. Im Urteil v. 30.5.1990 führt der I. Senat zwar aus, zu nachträglichen Anschaffungskosten auf die Beteiligung könne eine Darlehenshingabe nur führen, wenn sie steuerrechtlich als Einlage zu beurteilen sei. Dabei ging es jedoch um die Behandlung eines Darlehens bei der Kapitalgesellschaft (also um eine Beteiligung im Betriebsvermögen; Anm d. Verf.)."
257 Vgl. *Wolff-Diepenbrock*, Verlust eines Darlehens als Anschaffungskosten bei § 17 EStG – Änderung des Anschaffungskostenbegriffs?, DB 1994, 1539.
258 Vgl. BFH v. 9.10.1979 VIII R 67/77, BStBl. II 1980, 116.
259 Vgl. hierzu die ausführliche steuerliche Behandlung des Untergangs einer Beteiligung im Privatvermögen auf den S. 50 ff.
260 Vgl. *Schmidt, L.* in: Schmidt, L., Einkommensteuergesetz, 15. Aufl. München 1996, § 17 Rz. 170 ff. m.w.N.; *Hoffmann*, Verzicht und Einlage, BB 1995, 614; *Marx*, Verdeckte Einlage als Problemfälle der Rechnungslegung und Besteuerung, FR 1995, 453; *Wolff-Diepenbrock*, Verlust eines Darlehens als Anschaffungskosten bei § 17 EStG – Änderung des Anschaffungskostenbegriffs?, DB 1994, 1539; *Hollatz*, Verdeckte Einlage einer Gesellschafter-Forderung, DStR 1994, 1137; *Bachem*, Bilanzierung und Besteuerung eigenkapitalersetzender Maßnahmen, DB 1994, 1055; *Jülicher*, Steuerliche Behandlung von im Konkurs verlorenen Gesellschafterdarlehen beim Privatvermögen nach § 17 EStG, DStR 1994, 305; *van Lishaut*, Bewertungsprobleme bei Verlust stehengelassener Gesellschafterdarlehen, FR 1993, 602.

eine einheitliche Linie einigen und haben mit Beschluß vom 27.7.1994 den Großen Senat angerufen.²⁶¹

Die unterschiedlichen Auffassungen des I. und VIII. Senats zeigt folgende chronologische Aufstellung der wichtigsten Urteile:

10.12.1975 (I. Senat):²⁶² „Bei Gesellschafterdarlehen an eine überschuldete GmbH handelt es sich grundsätzlich nicht um verdecktes Stammkapital." Somit können keine nachträglichen Anschaffungskosten entstehen. Das Urteil erging zu einer Darlehensgewährung in der Krise.

2.10.1984 (VIII. Senat):²⁶³ Die Tatsache, „daß die in der Bilanz der Gesellschaft ausgewiesene Verbindlichkeit, die aus einem kapitalersetzenden Darlehen ... herrührt, dem Eigenkapital nahesteht, ... rechtfertigt es, sie in der Frage der Anschaffungskosten der Beteiligung den gesellschaftsrechtlichen Einlagen gleichzustellen". Das Urteil betraf eine Bürgschaftsübernahme in der Krise.

30.5.1990 (I. Senat):²⁶⁴ „Dazu geht der erkennende Senat davon aus, daß die Darlehenshingaben der Klägerin nur dann zu nachträglichen Anschaffungskosten auf die Beteiligung führen, wenn sie steuerrechtlich als Einlagen zu beurteilen sind." Dem Urteil lag eine Darlehensgewährung in der Krise zugrunde.

16.4.1991 (VIII. Senat):²⁶⁵ „Gegenstand einer verdeckten Einlage kann auch der Erlaß einer Forderung gegen die Gesellschaft sein. Dem Erlaß steht unter dem Gesichtspunkt der Einlage der Verzicht auf die

---

261 Vgl. BFH v. 27.7.1994 I R 23/93, I R 58/93, I R 103/93, BStBl. II 1995, 27.
262 BFH v. 10.12.1975 I R 135/74, BStBl. II 1976, 226.
263 BFH v. 2.10.1984 VIII R 36/83, BStBl. II 1985, 320.
264 BFH v. 30.5.1990 I R 97/88, BStBl. II 1990, 875.
265 BFH v. 16.4.1991 VIII R 100/87, BStBl. II 1992, 234.

Rückzahlung gleich. Unabhängig davon, wie der Verzicht auf die Darlehensrückzahlung auf seiten der GmbH zu behandeln ist, richtet sich der Wert der verdeckten Einlage bei der Gesellschafterin ... nach dem gemeinen Wert im Zeitpunkt der Einlage." Dieser Satz des Urteils betraf eine Darlehensgewährung vor der Krise, auf die dann in der Krise verzichtet wurde.

„Entsprechend muß auch der Verlust eines Gesellschafterdarlehens, das seine Ursache im Gesellschaftsverhältnis hat, zu nachträglichen Anschaffungskosten der Beteiligung führen." Dieser Satz des Urteils erging zu einer Darlehensgewährung in der Krise.

5.2.1992 (I. Senat):[266] „Der Senat hält an seiner schon im Urteil vom 10. Dezember 1975 ... vertretenen Rechtsauffassung fest, wonach Darlehen, die ein Gesellschafter seiner überschuldeten Kapitalgesellschaft gewährt, im Regelfall kein steuerliches Eigenkapital der Kapitalgesellschaft auslösen." Dem Urteil lag eine Darlehensgewährung vor der Krise zugrunde.

7.7.1992 (VIII. Senat):[267] „Sofern die Voraussetzungen einer Einlage nicht gegeben sind, mag ein Darlehen zwar unter zivilrechtlichen Gesichtspunkten Eigenkapitalcharakter haben ... , daraus folgt aber noch nicht, daß es sich auch steuerrechtlich um Eigenkapital handelt. Die gesellschaftsrechtliche Veranlassung des Darlehens rechtfertigt es lediglich, die Hingabe des Darlehens (das Stehenlassen des Darlehens) in der Frage der Anschaffungskosten der Beteiligung des dar-

---

266 BFH v. 5.2.1992 I R 127/90, BStBl. II 1992, 532.
267 BFH v. 7.7.1992 VIII R 24/90, BStBl. II 1993, 333.

lehengewährenden Gesellschafters den gesellschaftsrechtlichen Einlagen gleichzustellen. ... Dabei wird im allgemeinen vom Nennwert auszugehen sein, wenn der Gesellschafter über die Entwicklung des Unternehmens unterrichtet ist ... und von vornherein keine Anzeichen dafür sprechen, daß er beabsichtigte, das Darlehen abzuziehen." Das Urteil erging zu einer Darlehensgewährung vor der Krise, auf das dann in der Krise verzichtet wurde.

Die Aufstellung zeigt deutlich die unterschiedlichen Standpunkte. Der I. Senat will nachträgliche Anschaffungskosten auf die Beteiligung nur zulassen, wenn es sich um eine (verdeckte) Einlage handelt. Die Höhe bestimmt sich durch den gemeinen Wert im Einlagezeitpunkt. Im Ergebnis kann der Gesellschafter also seinen Darlehensverlust in keiner Weise steuerlich geltend machen, denn erstens werden nachträgliche Anschaffungskosten auf die Beteiligung nur im Falle eines Verzichts gewährt, und der gemeine Wert der Einlage dürfte in fast allen Krisenfällen bei Null DM liegen. Deutlich anders ist die Auffassung des VIII. Senats, der für die Fälle des Darlehensverlustes in der Krise und das Stehenlassen von Gesellschafterdarlehen bei Krisenbeginn, nachträgliche Anschaffungskosten in Höhe des Nennwerts anerkennt.

Diese divergierende, sich aber aufgrund der Rechtsprechung des VIII. Senats weiter entwickelte Auffassung der Rechtsauslegung kann grob in drei Zeiträume eingeteilt werden.

(1) Früher gab es für Gesellschafterdarlehen, die in der Krise untergingen, sei es durch Verzicht oder durch Stehenlassen, keine steuerrechtliche Verlustberücksichtigung.

(2) Seit dem Urteil vom 2.10.1984[268] sind folgende Ausprägungen der Gesellschafterdarlehen zu unterscheiden:

---

268 Vgl. BFH v. 2.10.1984 VIII R 36/83, BStBl. II 1985, 320.

92 Teil 2: Gesellschafter einer Kapitalgesellschaft

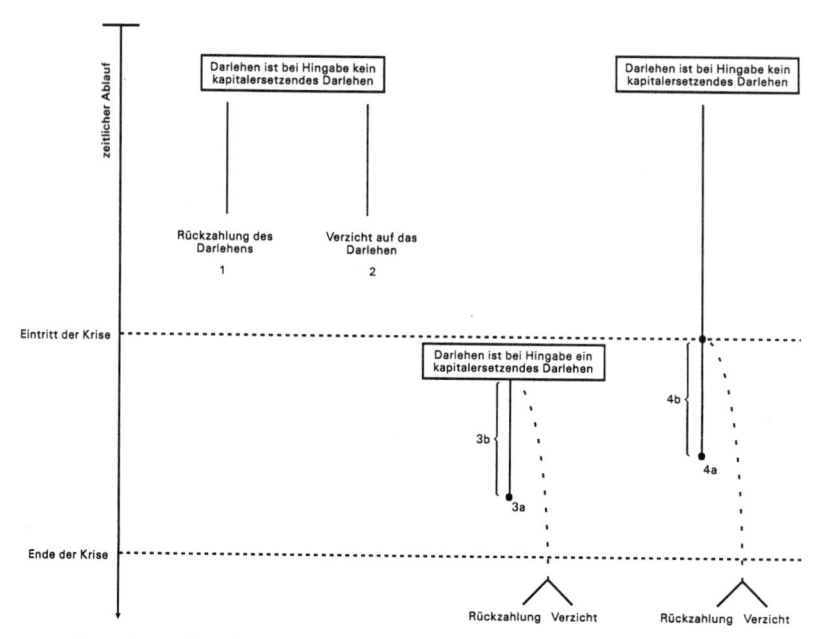

Abb. 8: Steuerliche Folgen der Darlehensgewährung von wesentlich beteiligten Gesellschafter nach Ansicht des I. Senats

Die steuerliche Behandlung der Fälle 1 und 2 ist problemlos und war schon immer unstrittig. Wird das Darlehen vor der Krise gewährt und auch vor Beginn der Krise zurückgezahlt (Fall 1), so stellen die empfangenen Zinsen Einkünfte aus Kapitalvermögen (§ 20 EStG) dar, und die Darlehensrückzahlung ist eine nicht steuerrelevante Umschichtung in der Privatsphäre. Verzichtet der Gesellschafter vor Eintritt der Krise auf das Darlehen (Fall 2), so liegt eine Vorteilszuführung zugunsten der Gesellschaft vor, was zu einer Einlage (§ 4 Abs. 1 Satz 5 EStG) führt und dadurch nachträgliche Anschaffungskosten (§ 17 Abs. 4 i.V.m. § 17 Abs. 2 EStG) auslöst.[269] Der Wert der Beteiligung ist somit um den gemeinen Wert (= Nennwert) des Darlehens zu erhöhen.

Diese Grundsätze gelten auch, wenn das Darlehen nach überstandener Krise zurückgezahlt wird bzw. der Gesellschafter darauf verzichtet.[270]

---

[269] Vgl. BFH v. 30.5.1990 I R 97/88, BStBl. II 1990, 875 [876].
[270] Diese Fälle werden in den beiden Grafiken durch gestrichelte Linien dargestellt.

Wird das Gesellschafterdarlehen jedoch nicht vor Beginn der Krise abgezogen, so entstehen zwei mögliche Szenarien. Läßt der Gesellschafter das Darlehen stehen bis die Gesellschaft in Konkurs fällt (Fall 4a), so entstehen keine nachträglichen Anschaffungskosten auf die Beteiligung, sondern es liegt ein steuerlich irrelevanter Verlust im privaten Vermögensbereich vor. Die Argumentation lautet, wenn der Gesellschafter sich zivilrechtlich für die Hingabe von Fremdkapital entscheidet, so ist dies auch für das Steuerrecht maßgebend.[271] Würde er in der Krise, aber vor Eintritt des Konkurses, auf das nunmehr eigenkapitalersetzende Darlehen verzichten (Fall 4b), so liegt darin zwar eine Vorteilszuführung, die zu einer Einlage führt und somit nachträgliche Anschaffungskosten auf die Beteiligung entstehen läßt. Da der gemeine Wert des Darlehens im Zeitpunkt des Verzichts aber i.d.R. Null DM entspricht, wird den ursprünglichen Anschaffungskosten der Beteiligung nichts hinzugerechnet.

Gewährt der Gesellschafter das Darlehen erst in der Krise, so konnten nach der Rechtsprechung des I. Senats auch in diesem Fall keine nachträglichen Anschaffungskosten auf die Beteiligung entstehen, da es sich bei Gesellschafterdarlehen an eine überschuldete GmbH grundsätzlich nicht um „verdecktes Stammkapital"[272] handeln könne.[273] Der VIII. Senat hat jedoch mit Urteil v. 2.10.1984 entschieden, daß es bei kapitalersetzenden Gesellschafterdarlehen nicht auf das Kriterium der Einlage ankomme. Vielmehr müsse die zivilrechtliche Behandlung, nach der das kapitalersetzende Darlehen dem Eigenkapital gleichzustellen ist, steuerrechtlich dazu führen, daß eigenkapitalersetzende Gesellschafterdarlehen in der Frage der Anschaffungskosten der Beteiligung den gesellschaftsrechtlichen Einlagen gleichzustellen sind.[274] Das Urteil erging zu einem Fall, in dem das in der Krise gewährte Darlehen im Konkurs der Gesellschaft untergeht (Fall 3a). Nach Auffassung des VIII. Senats erlangt der Gesellschafter nachträgliche Anschaffungskosten, die mit dem Nennwert der Forderung zu bewerten sind. Der zweite Fall, bei dem der Gesellschafter vor einem eventuellen Konkurs einen Verzicht ausspricht (Fall 3b), war vom VIII. Senat nicht

---

271 Vgl. OFD Düsseldorf v. 8.10.1990, DStR 1990, 749 [750]; ebenso *Knobbe-Keuk*, Bilanz- und Unternehmenssteuerrecht, 8. Aufl. Köln 1991, 198.
272 Der Begriff „verdecktes Stammkapital" steht für eine verdeckte Einlage von eigenkapitalersetzenden Gesellschafterdarlehen.
273 Vgl. BFH v. 10.12.1975 I R 135/74, BStBl. II 1976, 226.
274 Vgl. BFH v. 2.10.1984 VIII R 36/83, BStBl. II 1985, 320 [321]: Das Urteil erging zu Bürgschaften, ist jedoch genauso auf kapitalersetzende Darlehen anzuwenden. Bestätigt durch BFH v. 16.4.1991 VIII R 100/87, BStBl. II 1992, 234 [236].

behandelt worden. Da der Gesellschafter, der das Darlehen nicht bis zum Verlust stehenläßt, sondern vorher darauf verzichtet, vom Ergebnis her nicht schlechter gestellt werden darf, ist es h.M. im Schrifttum, daß auch in diesem Fall nachträgliche Anschaffungskosten in Höhe des Nennwerts entstehen.[275]

(3) Im Jahre 1992 hatte der VIII. Senat dann Gelegenheit, seine zur Darlehensgewährung in der Krise gefundene Rechtsauffassung auch auf Gesellschafterdarlehen anzuwenden, die vor der Krise gewährt wurden.[276] Somit ergeben sich nach Auffassung des VIII. Senats folgende Möglichkeiten der Darlehensgewährung:

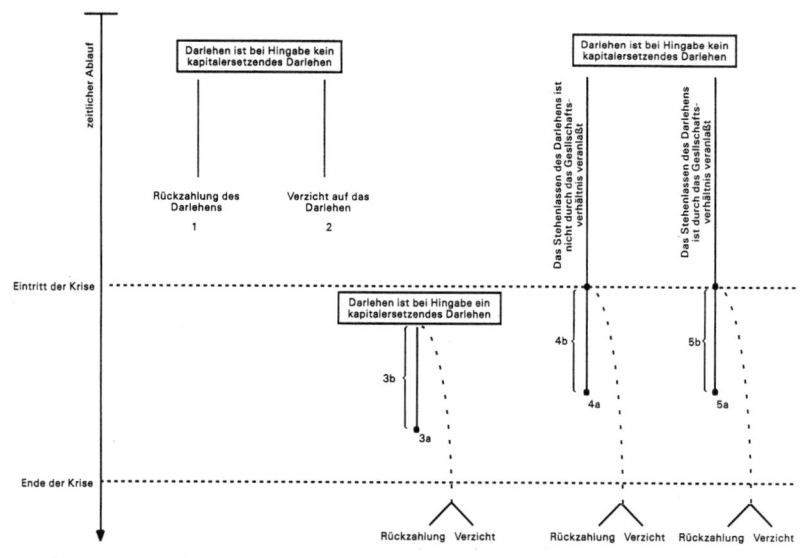

Abb. 9: Steuerliche Folgen der Darlehensgewährung von wesentlich beteiligten Gesellschafter nach Ansicht des VIII. Senats

Bei Gesellschafterdarlehen, die vor der Krise gewährt wurden und bei Eintritt der Krise nicht abgezogen werden, wird jetzt unterschieden, ob das „Stehenlassen" *durch das Gesellschaftsverhältnis veranlaßt* ist (Fälle 5a und

---

275 Vgl. *Döllerer*, Verlust eines eigenkapitalersetzenden Gesellschafterdarlehens als nachträgliche Anschaffungskosten einer wesentlichen Beteiligung, FR 1992, 233 [236]; OFD Düsseldorf v. 8.10.1990, DStR 1990, 749 [750].
276 Vgl. BFH v. 7.7.1992 VIII R 24/90, BStBl. II 1993, 333.

5b) oder nicht (Fälle 4a und 4b). Damit es sich bei dem Darlehen um ein durch das Gesellschaftsverhältnis gegebenes Darlehen handelt, müssen folgende zwei Voraussetzungen erfüllt sein:

- Die finanzielle Situation der Gesellschaft gefährdet die Rückzahlung des Darlehens in einem Maße, daß ein ordentlicher Kaufmann dieses Risiko nicht eingehen, d.h. sein Darlehen abziehen würde.
- Der Gesellschafter muß die Möglichkeit haben, sein Darlehen abzuziehen. Somit muß er bei Beginn der Krise Kenntnis von der Gefährdung seiner Forderung haben. Das ist nach Ansicht des BFH bei wesentlich beteiligten Gesellschaftern i.d.R. erfüllt. Auf die Kenntnis der Krise kommt es nicht an, wenn der Gesellschafter zu einem früheren Zeitpunkt zu erkennen gibt, daß er das Darlehen in einer eventuellen Krise nicht abziehen würde und sich diesbezüglich gegenüber der Gesellschaft gebunden hat (z.B. durch einen Rangrücktritt).[277]

Ist das Darlehen aus einer solchen gesellschaftsrechtlichen Situation heraus stehengelassen worden, so hat der BFH in Anlehnung an seine frühere Rechtsprechung zur Darlehensgewährung in der Krise[278] entschieden, daß dieser Fall in der Frage der Anschaffungskosten der Beteiligung der gesellschaftsrechtlichen Einlage gleichzustellen sei. Für die Höhe der nachträglichen Anschaffungskosten auf die Beteiligung ist der Wert des Darlehens entscheidend, als es kapitalersetzend wurde. Dabei ist vom Nennwert auszugehen, wenn der Gesellschafter es aus gesellschaftsrechtlichen Gründen stehengelassen hat.[279] Wenn die Darlehensgewährung einmal durch das Gesellschaftsverhältnis veranlaßt ist, so kann durch einen späteren Verzicht (Fall 5b) bzw. den Untergang (Fall 5a) nicht noch einmal die Berücksichtigung als Anschaffungskosten i.S.d. § 17 Abs. 2 EStG erwirkt werden.[280] Trotzdem kann es zur Steuerung des Zeitpunktes der Geltendmachung des Vermögensverlustes sinnvoll sein, im Verlauf der Krise auf das Darlehen zu verzichten und dann durch eine Veräußerung der Beteiligung den Verlust zu realisieren.[281]

---

277 Vgl. BFH v. 7.7.1992 VIII R 24/90, BStBl. II 1993, 333 [334 f.].
278 Vgl. Niedersächsisches FG v. 6.2.1996, DStRE 1997, 195, Rev. BFH: VIII R 53/96.
279 Vgl. BFH v. 16.4.1991 VIII R 100/87, BStBl. II 1992, 234; v. 2.10.1984 VIII R 36/83, BStBl. II 1985, 320.
280 Vgl. BFH v. 7.7.1992 VIII R 24/90, BStBl. II 1993, 333 [334 ff.].
281 Vgl. zu dieser Gestaltung die Ausführungen auf S. 107 f.

Nur dann, wenn der Gesellschafter keine Kenntnis von der Krise hatte bzw. für den Fall einer eventuellen Krise nicht erklärt hat, das Darlehen dann stehenlassen zu wollen, handelt es sich um kein durch das Gesellschaftsverhältnis veranlaßtes Stehenlassen. In diesen Fällen gelten weiterhin die Rechtsfolgen, die der I. Senat aufgestellt hat (Fälle 4a und 4b). Die Beweislast, ob das Stehenlassen des Darlehens durch das Gesellschaftsverhältnis veranlaßt ist, liegt beim Gesellschafter.[282] Wenn man den Verlust des Darlehens steuerlich geltend machen will, empfiehlt es sich daher, den Beginn der Krise zu dokumentieren (z.B. durch Protokolle von Gesellschafterversammlungen) oder einen Rangrücktritt zu erklären.

Die Finanzverwaltung hat gegen das Urteil v. 7.7.1994 einen Nichtanwendungserlaß veröffentlicht.[283] Danach soll der Ansatz der nachträglichen Anschaffungskosten auf die Beteiligung nicht zum Nennwert, sondern zum gemeinen Wert beim Eintritt der Krise erfolgen. „Dabei kann dieser Wert im Einzelfall auch Null DM betragen." Das BMF verkennt jedoch, daß es sich, wie oben dargestellt, bei der Entscheidung des BFH gerade nicht um einen Einzelfall, sondern um die konsequente Weiterentwicklung der Rechtsprechung zur Behandlung von Gesellschafterdarlehen in der Krise handelt.

Eine Entscheidung dieser Streitfrage wird sich erst aus dem Beschluß des Großen Senats, der zur Klärung der unterschiedlichen Rechtsauffassungen angerufen wurde, ergeben.[284]

d) Die Darlehenszinsen

Die Behandlung der Zinsen in der Krise folgt grundsätzlich der des Darlehens. Das heißt, wird das Darlehen in ein eigenkapitalersetzendes umqualifiziert, so ist auch bezüglich der Zinsen zu überprüfen, inwieweit sie durch die Ausschüttungssperren der §§ 30, 31, 32a, 32b GmbHG betroffen sind. Der Auffassung einiger Autoren, daß der Gesellschafter auf gesperrte Darlehen keine laufenden Zinsen erhalten dürfe, sondern diese erst nach

---

282 Vgl. BFH v. 7.7.1992 VIII R 24/90, BStBl. II 1993, 333 [335]; unter Hinweis auf entgegengesetzte Beweissituation im Zivilrecht.
283 Vgl. BMF-Schr. v. 14.4.1994, BStBl. I 1994, 257.
284 Vgl. BFH v. 27.7.1994 I R 23/93, I R 58/93, I R 103/93, BStBl. II 1995, 27.

überstandener Krise wieder aufleben,[285] ist nicht zuzustimmen.[286] Denn durch das Auszahlungsverbot wird lediglich der Mittelabfluß verhindert, ohne daß dies Auswirkungen auf die Entstehung der Verbindlichkeit hat.[287] Das heißt, falls die Gesellschaft kreditunwürdig wird und somit das Darlehen Eigenkapitalcharakter bekommt, ist nach den allgemeinen Grundsätzen der Auszahlungssperrung[288] zu untersuchen, ob die Zinsen komplett oder nur teilweise ausgezahlt werden können. Der Teil der Zinsen, der nicht zur Auszahlung kommt, ist entsprechend dem eigenkapitalersetzenden Darlehen zivilrechtlich weiterhin als Fremdkapital zu behandeln und als Zinsverbindlichkeit zu passivieren.[289]

Beispiel:

A	Bilanz 31.12.		P
UV	65.000 DM	Stammkap.	50.000 DM
		Verlustvortrag	− 15.000 DM
		Jahresfehlbetrag	− 3.000 DM
		Ges.Darl.	30.000 DM
		Zinsverb.	3.000 DM
	65.000 DM		65.000 DM

Die Zinsen für das Gesellschafterdarlehen betragen pro Jahr 3.000 DM. Am 31.12. stellt sich nun die Frage, ob die 3.000 DM ausgezahlt werden dürfen oder nicht. In diesem Fall dürfen gem. § 30 GmbHG nur 15.000 DM (das Vermögen ist um 15.000 DM höher als das Stammkapital) an den Gesellschafter ausgezahlt werden.[290] M.E. sind alle Zahlungen an den Gesellschafter in eine Gesamtbetrachtung einzubeziehen und aus all diesen Ansprüchen darf nur soviel an ihn ausgezahlt werden, daß das zur Erhaltung des Stammkapitals erforderliche Vermögen erhalten bleibt. Zieht er beispielsweise 15.000 DM seines Gesellschafterdarlehens ab, so dürfen darüber hinaus keinerlei Zahlungen mehr an ihn geleistet werden. In diesem Fall müßte der Zinsanspruch also auf der Ebene der

---

285 Vgl. *Lutter/Hommelhoff*, GmbH-Gesetz, 14. Aufl. Köln 1995, §§ 32a/b, Rdn. 80 m.w.N.
286 Vgl. BFH v. 5.2.1992 I R 127/90, BStBl. II 1992, 532 [535]; *Geißler*, Rechtsfragen um die Eigenkapitalersatzfunktion des in der Krise belassenen Gesellschafterdarlehens, GmbHR 1994, 152 [153]; *Priester*, Sind eigenkapitalersetzende Gesellschafterdarlehen Eigenkapital?, DB 1991, 1917 [1922].
287 Vgl. *Priester*, Sind eigenkapitalersetzende Gesellschafterdarlehen Eigenkapital?, DB 1991, 1917 [1922]; *Buyer*, Nochmals: Mantelkauf − Ein Argument für das verdeckte Nennkapital, DB 1988, 468 [472].
288 Vgl. S. 79 ff.
289 Vgl. BGH v. 11.5.1987 II ZR 226/86, DB 1987, 1781; BFH v. 5.2.1992 I R 127/90, BStBl. II 1992, 532.
290 Vgl. zur Ermittlung der maximalen Auszahlungen die Ausführungen auf S. 79 ff.

Gesellschaft passiviert werden. Läßt er sich jedoch zuerst die 3.000 DM Zinsen auszahlen, so besteht insoweit keine Sperrung, und er kann zusätzlich noch 12.000 DM seines Darlehens zurückfordern.

Auch steuerlich folgt die Behandlung der Darlehenszinsen der des Darlehens. Der Untergang der Zinsen erhöht somit in den Fällen[291] 3a, 3b, 5a und 5b die nachträglichen Anschaffungskosten in voller Höhe. Im Fall 4b (Stehenlassen des Darlehens ist nicht durch das Gesellschaftsverhältnis veranlaßt) führt der Verzicht auf die Zinsen zwar auch zu nachträglichen Anschaffungskosten, der gemeine Wert beträgt jedoch Null DM.[292]

2. Gestaltungsmöglichkeiten

Ist das Gesellschafterdarlehen aufgrund der Krisensituation in ein eigenkapitalersetzendes Darlehen mit entsprechender Rückzahlungssperre umzuqualifizieren, so steht der Gesellschafter vor zwei Problemen:

1) Wie kann man bei der Gesellschaft eine Passivierung des Darlehens im Überschuldungsstatus vermeiden?

2) Wie kann sichergestellt werden, daß der Untergang des Darlehens beim Gesellschafter möglichst in Höhe des Nennwerts zu nachträglichen Anschaffungskosten auf die Beteiligung führt?

Es werden im Folgenden verschiedene zivilrechtliche Gestaltungen dahin gehend untersucht, inwieweit sie diesen beiden Vorgaben gerecht werden.

a) Der Rangrücktritt

Die Rangrücktrittserklärung ist eine freiwillige Gleichstellung des Gesellschafterdarlehens mit haftendem Kapital.[293] Denn dadurch wird das Darlehen einer Kapitalsperre unterworfen, die unabhängig von den Auszahlungssperren der §§ 30, 31, 32a, 32b GmbHG ist bzw. neben diese tritt.[294] Im Unterschied zum Verzicht gibt der Gesellschafter beim Rangrücktritt seine Gläubigerposition gegenüber der Gesellschaft jedoch nicht auf, sondern tritt lediglich in der Rangordnung der Verbindlichkeiten hinter die anderen

---

291 Vgl. die Grafik auf S. 94.
292 Vgl. BFH v. 7.7.1992 VIII R 24/90, BStBl. II 1993, 333 [336]; v. 16.4.1991 VIII R 100/87, BStBl. II 1992, 234.
293 Vgl. BGH v. 8.3.1982 II ZR 86/81, ZIP 1982, 563 [565 f.].
294 Vgl. *Schmidt, K.* in: Scholz, GmbH-Gesetz, 8. Aufl. Köln 1995, §§ 32a, 32b, Rdn. 85. Zu den Auszahlungssperren vgl. auch S. 79 ff.

Gläubiger zurück.²⁹⁵ Im Ergebnis stellt der Rangrücktritt gesellschaftsrechtlich nichts anderes dar, als ein in die Ausschüttungssperren der BGH-Rechtsprechung bzw. der Novellen-Regelung eingebundenes eigenkapitalersetzendes Darlehen.²⁹⁶ Der große Vorteil des Rangrücktritts gegenüber eigenkapitalersetzenden Darlehen liegt darin, daß kein Streit über die Frage, ob ein eigenkapitalersetzendes Darlehen vorliegt, entsteht. Außerdem bewirkt ein mit einer Rangrücktrittsklausel versehenes Darlehen einen vorläufigen Forderungsverzicht und ist damit im Überschuldungsstatus nicht einzubeziehen.²⁹⁷ Somit liegt im freiwilligen Rücktritt ein probates Mittel, die Eröffnung des Vergleichs- bzw. Konkursverfahrens zu vermeiden. Um dieses Ziel zu erreichen, muß die Formulierung des Rangrücktritts jedoch sehr präzise gefaßt werden.²⁹⁸ Es empfiehlt sich daher auf die Formulierung des Sachverhalts im Urteil des BFH v. 30.3.1993 zurückzugreifen. Sie lautete folgendermaßen:²⁹⁹

„Die Gläubigerin tritt mit ihren Forderungen in Höhe von .... DM hinter die Forderungen aller anderen Gläubiger in der Weise zurück, daß ihre Forderungen nur zu Lasten von Bilanzgewinnen aus einem Liquidationsüberschuß oder aus dem die sonstigen Verbindlichkeiten der Schuldnerin übersteigenden Vermögen bedient zu werden brauchen".

In diesem Urteil hat der BFH entschieden, daß dem Rangrücktritt im Überschuldungsstatus eine besondere Funktion zukommt, die jedoch keinen Einfluß auf die handelsrechtliche Bilanzierung hat. Das heißt, obwohl Gesellschafterdarlehen mit Rangrücktritt im Überschuldungsstatus wie Eigenkapital zu behandeln sind, erfolgt der Ansatz in der Handelsbilanz nach wie vor als Fremdkapital.³⁰⁰ Um den besonderen Charakter dieser Verbindlichkeit zu dokumentieren, muß ein mit einem Rangrücktritt ver-

---

295 Vgl. *Häuselmann*, Rangrücktritt versus Forderungsverzicht mit Besserungsabrede, BB 1993, 1552 [1553].
296 Vgl. *Bachem*, Probleme der Bilanzierung und Besteuerung von eigenkapitalersetzenden Maßnahmen, Hrsg. Institut „Finanzen und Steuern" e.V., Bonn 1993, 35.
297 Vgl. hierzu S. 46.
298 Vgl. *Schmidt, K.* in: Scholz, GmbH-Gesetz, 8. Aufl. Köln 1995, §§ 32a,/32b, Rdn. 88; *Häuselmann*, Rangrücktritt versus Forderungsverzicht mit Besserungsabrede, BB 1993, 1552 [1557]. So führt z.B. eine bloße Stundungsabrede nicht zur Beseitigung der Verbindlichkeit im Überschuldungsstatus.
299 BFH v. 30.3.1993 IV R 57/91, BStBl. II 1993, 502.
300 Vgl. *Adler/Düring/Schmalz*, Rechnungslegung und Prüfung der Unternehmen, § 246 HGB, Rdn. 85 ff.; *Clemm/Nonnenmacher* in: Beck'scher Bilanz-Kommentar, 3. Aufl. München 1995, § 266 Anm. 255; *Plewka*, Führt eine Rangrücktrittserklärung zur gewinnerhöhenden Auflösung der (zurücktretenden) Verbindlichkeit?, KFR F. 3 EStG § 5, 4/93, S. 215.

sehenes Gesellschafterdarlehen durch einen besonderen Hinweis kenntlich gemacht werden, z.B. durch den Ausweis:

Verbindlichkeiten....
    davon gegenüber Gesellschaftern...
    davon mit Rangrücktritt[301]

oder durch entsprechende Angaben im Anhang.[302]

Von einer Passivierung des Gesellschafterdarlehens mit Rangrücktritt kann dann abgesehen werden, wenn der Gesellschafter mit an Sicherheit grenzender Wahrscheinlichkeit die Rückzahlung nicht mehr verlangt, also auf seine Forderung verzichtet.[303]

Die Behandlung der Darlehenszinsen bei Rangrücktrittserklärungen ist noch nicht höchstrichterlich entschieden. Bei Darlehen, für die ein auflösend bedingter Forderungsverzicht erklärt wird, hat der BFH jedoch entschieden, daß im Besserungsfall die Zinsansprüche des Gesellschafters auch für die Dauer des Verzichts rückwirkend wieder aufleben.[304] Wenn also der auflösend bedingte Forderungsverzicht für die Dauer der Krise nicht dazu führt, daß die Gesellschaft für das Darlehen keine Zinsen zahlen muß, so kann das für Zinsansprüche bei Rangrücktritt nur bedeuten, daß der Zinsanspruch des Gesellschafters, in gleicher Weise wie bei eigenkapitalersetzenden Darlehen, auch während der Krise bestehen bleibt.[305] Werden die Zinsen aufgrund der angespannten Finanz- und Vermögenssituation der Gesellschaft nicht ausbezahlt, so sind sie als „Verbindlichkeiten gegenüber Gesellschaftern" zu passivieren.[306]

Auf seiten des bilanzierenden Gesellschafters führt der Rangrücktritt nicht per se zu einer außerplanmäßigen Abschreibung der Forderung.[307] Die notwendigen Einzelwertberichtigungen sind weiterhin nach den allgemeinen Grundsätzen vorzunehmen.[308] Da die Werthaltigkeit von Gesellschafter-

---

301 Vgl. *Küffner*, Rechnungslegung beim Eigenkapitalersatz, DStR 1993, 180 [182].
302 Vgl. *Hoffmann*, Gesellschafterdarlehen mit Rangrücktritt, DStR 1993, 1057 [1058].
303 Vgl. *Küting/Kessler*, Eigenkapitalähnliche Mittel in der Handelsbilanz und im Überschuldungsstatus, BB 1994, 2103 [2109].
304 Vgl. BFH v. 30.5.1990 I R 41/87, BStBl. II 1991, 588 [592]; vgl. auch S. 108 ff.
305 Vgl. *Hoffmann*, Gesellschafterdarlehen mit Rangrücktritt, DStR 1993, 1057 [1058]. Vgl. hierzu auch S. 96 f.
306 Auch diese Zinsverbindlichkeit ist m.E. im Überschuldungsstatus analog den Gesellschafterdarlehen nicht anzusetzen.
307 Vgl. OFD Kiel v. 8.6.1993, BBK F. 1, 3207.
308 Vgl. *Beine*, Eigenkapitalersetzende Gesellschafterleistungen, Düsseldorf 1994, 222.

darlehen in der Krise jedoch sehr durch Art und Umfang eventuell vorhandener Ansprüche dritter Gläubiger bestimmt wird, ist ein Rangrücktritt zumindest ein gewichtiges Indiz für ein eventuell, unter Beachtung aller anderen wertbildenden Faktoren, vorhandenes Abwertungspotential.[309]

Steuerlich hat der Rangrücktritt keine unmittelbaren Auswirkungen auf das Darlehen. Denn insbesondere nachträgliche Anschaffungskosten können, wie oben erläutert,[310] nur durch Verzicht bzw. Stehenlassen den Wert der Beteiligung erhöhen.[311] Aber ein bei Beginn der Krise ausgesprochener Rangrücktritt dokumentiert, daß es sich bei einem Darlehen um ein durch das Gesellschaftsverhältnis veranlaßtes Darlehen handelt. Denn falls ein Gesellschafter für sein Darlehen einen Rangrücktritt erklärt, hat er zweifelsfrei bewiesen, daß er Kenntnis von der Krise hat. Es kann somit nicht zu den Rechtsfolgen des Falles 4b kommen.[312]

b) Der Verzicht

Der Darlehensverzicht stellt zivilrechtlich einen Erlaßvertrag nach § 397 Abs. 1 BGB dar.[313] Da er rechtsvernichtende Wirkung hat, fällt für den bilanzierenden Gesellschafter die Forderung und für die Gesellschaft die Verbindlichkeit, sowohl in der Bilanz als auch im Überschuldungsstatus, weg.[314] Gleichzeitig entfallen auch die Zinsansprüche des Gesellschafters.

(1) Rechtsfolgen bei der Gesellschaft

In der *Handelsbilanz* der Gesellschaft führt der Wegfall der Verbindlichkeit zwangsläufig zu einer Vermögensmehrung, deren Behandlung strittig ist. Zum einen wird die Meinung vertreten, der Verzicht führe zu einem

---

309 Vgl. *Weber*, Bilanzierung und Prüfung von kapitalersetzenden Darlehen an Aktiengesellschaften beim Darlehensgeber, WPg 1986, 1 [38].
310 Vgl. S. 87 ff.
311 Vgl. *Brenner*, Neuere Rechtsprechung zu Einlagen in Kapitalgesellschaften, zu Tantiemen als verdeckte Gewinnausschüttungen und zur Anrechnung ausländischer Steuern, DStZ 1995, 97 [99].
312 Vgl. Grafik und Erläuterungen von S. 94 ff.
313 Grundsätzlich erfordert der Verzicht einen gegenseitigen Vertrag zwischen Gläubiger und Schuldner. Unterbreitet der Gläubiger dem Schuldner jedoch ein Angebot auf unentgeltlichen Erlaß der Forderung, so gilt der Vertrag gem. § 151 BGB auch dann als angenommen, wenn der Schuldner dazu schweigt (vgl. *Palandt/Heinrichs*, Bürgerliches Gesetzbuch, 54. Aufl. München 1995, § 397 Rdn. 1 f.; *Larenz*, Lehrbuch des Schuldrechts, 14. Aufl. München 1987, Bd. I, 220).
314 Vgl. *Bachem*, Probleme der Bilanzierung und Besteuerung von eigenkapitalersetzenden Maßnahmen, Hrsg. Institut „Finanzen und Steuern" e.V., Bonn 1993, 37.

außerordentlichen Ertrag (§§ 275 Abs. 2 Nr. 15 i.V.m. 277 Abs. 4 Satz 1 HGB).[315] Die h.M. geht jedoch davon aus, die Vermögensmehrung unter der Position „andere Zuzahlungen, die Gesellschafter in das Eigenkapital leisten" (§ 272 Abs. 2 Nr. 4 HGB) als Kapitalrücklage erfolgsneutral zu bilanzieren.[316] Die 2. Alternative setzt voraus, daß der Verzicht causa societatis ausgesprochen wird und der Gesellschafter die Umlenkung des Darlehens in das Kapital der Gesellschaft vornehmen will.[317] Das ist jedoch in der Krise fast immer der Fall,[318] da der Gesellschafter nur deshalb auf sein Darlehen verzichtet, um nicht auf andere Weise Eigenkapital zuführen zu müssen. Dabei macht es keinen Unterschied, ob das Darlehen im Zeitpunkt des Verzichtes eigenkapitalersetzend war oder nicht.[319] Der Wert, mit dem die Verbindlichkeit in die Kapitalrücklage umgebucht wird, richtet sich nach dem Betrag, der der Gesellschaft von außen zugeflossen ist.[320] Aus Sicht der Gesellschaft ist das der Nennwert der Verbindlichkeit.[321]

Da die Gesellschaft ab dem Zeitpunkt des Verzichtes von der Verbindlichkeit gegenüber dem Gesellschafter befreit ist, erfolgt keine Passivierung des Darlehens im Überschuldungsstatus.[322]

In der *Steuerbilanz* erfolgt der Ansatz von Einlagen gem. steuerrechtlicher Sondervorschriften (§ 6 Abs. 1 Nr. 5 EStG i.V.m. § 8 Abs. 1 KStG) i.d.R. zum Teilwert. Insoweit gilt also keine Maßgeblichkeit der Handels- für die

---

315 Vgl. *Forster* in: WP-Handbuch 1992, 10. Aufl. Düsseldorf 1992, Bd. 1, Abschn. F Rdn. 159.
316 Vgl. *Förschle/Kofahl* in: Beck'scher Bilanz-Kommentar, 3. Aufl. München 1995, § 272 Anm. 67; *Hoffmann*, Die Sanierung der Kapitalgesellschaft durch Forderungsverzicht des Gesellschafters, BB 1991, 773; *Wassermeyer*, Verdeckte Kapitalzuführung bei der Kapitalgesellschaft unter besonderer Berücksichtigung der unterschiedlichen Betrachtungsweise bei der Kapitalgesellschaft und der Gesellschafter und der Veränderung in der Krisensituation, JbFfSt 1988/1989, 325 [327]; *Döllerer*, Verdeckte Kapitalzuführung bei der Kapitalgesellschaft unter besonderer Berücksichtigung der unterschiedlichen Betrachtungsweisen bei der Kapitalgesellschaft und der Gesellschafter und der Veränderung in der Krisensituation, JbFfSt 1988/1989, 325 [330].
317 Vgl. *Adler/Düring/Schmalz*, Rechnungslegung und Prüfung der Unternehmen, § 272 HGB, Rdn. 108; *Thiel*, Einlagen in Kapitalgesellschaften - Aktuelle Steuerfragen bei der Gesellschaft und beim Gesellschafter, DStR 1992, 1 [2].
318 Ausnahme: Er möchte durch den Verzicht einen Jahresfehlbetrag oder einen Bilanzverlust ausgleichen.
319 Vgl. *Priester*, Sind eigenkapitalersetzende Gesellschafterdarlehen Eigenkapital?, DB 1991, 1917 [1923].
320 Vgl. *Küting* in: Küting/Weber, Handbuch der Rechnungslegung, 3. Aufl. Stuttgart 1990, § 272 Rdn. 60.
321 Gl. A. *Herlinghaus*, Forderungsverzichte und Besserungsvereinbarungen zur Sanierung von Kapitalgesellschaften, Köln 1994, 30.
322 Vgl. *Schmidt, K.* in: Scholz, GmbH-Gesetz, 8. Aufl. Köln 1993, § 63 Anm. 26.

Zivil- und steuerrechtliche Behandlung v. Finanzierungsmaßnahmen 103

Steuerbilanz.[323] Verzichtet der Gesellschafter aus gesellschaftlicher Veranlassung auf das (nicht mehr voll werthaltige) Darlehen, so liegt bei der Gesellschaft eine verdeckte Einlage[324] vor.[325] Strittig ist in diesem Zusammenhang der Gegenstand der verdeckten Einlage. Handelt es sich um den Wegfall einer vollwertigen Schuld, so liegt in voller Höhe der Verbindlichkeit (Nennwert) eine steuerfreie Einlage (EK04) vor. Handelt es sich bei der Einlage um den Wegfall einer wertgeminderten Forderung, so ist nur der werthaltige Teil als Einlage (EK04) zu behandeln, und ansonsten wird ein steuerpflichtiger Ertrag (EK 45) bzw. ein steuerfreier Sanierungsgewinn[326] (EK02) realisiert.

Die Mehrheit des I. Senats im Vorlagebeschluß,[327] das FG Münster,[328] das Niedersächsische FG [329] und die herrschende Meinung im Schrifttum[330] vertreten die Ansicht, daß bei einem Darlehensverzicht in der Krise, in voller Höhe eine verdeckte Einlage vorliegt und die Verbindlichkeit zum Nennwert (100%) steuerneutral in das EK04 umzubuchen ist.

---

323 Vgl. *Budde/Müller* in: Beck'scher Bilanz-Kommentar, 3. Aufl. München 1995, § 272 Anm. 207.
324 Vgl. zu den Grundlagen der verdeckten Einlage: *List*, Verdeckte Einlagen bei Kapitalgesellschaften, NWB, F. 4, 4023; *Meyer-Scharenberg*, Zur Bewertung verdeckter Gewinnausschüttungen und verdeckter Enlagen, StuW 1987, 11.
325 Vgl. BFH v. 26.10.1987 GrS 2/86, BStBl. II 1988, 348: Voraussetzung für eine verdeckte Einlage ist demnach der Ansatz oder die Erhöhung eines Aktivpostens bzw. der Wegfall oder die Verminderung eines Passivpostens.
326 Vgl. § 3 Nr. 66 EStG i.V.m. § 7 Abs. 1 KStG.
327 Vgl. BFH v. 27.7.1994 I R 23/93, I R 58/93, I R 103/93, BStBl. II 1995, 27.
328 Vgl. FG Münster v. 16.12.1992, GmbHR 1993, 448, Rev. BFH: I R 23/93; v. 16.12.1988, EFG 1989, 476 [478] (rkr.).
329 Vgl. Niedersächsisches FG v. 6.2.1996, DStRE 1997, 195, Rev. BFH: VIII R 23/96.
330 Vgl. *Roser*, Gedanken zum Gesellschafterverzicht, DB 1996, 1303 [1304f.]; *Hoffmann*, Der Verzicht des Gesellschafters auf Forderungen gegen die Kapitalgesellschaft, DStR 1995, 77 [79]; *Meilicke/Pohl*, Die Forderungseinlage bei sanierungsbedürftigen Kapitalgesellschaften, FR 1995, 877 [881]; *Herlinghaus*, Forderungsverzichte und Besserungsvereinbarungen zur Sanierung von Kapitalgesellschaften, Köln 1994, 65; *Meyer-Scharenberg*, Steuerprobleme im Konkursfall, DStR 1994, 889 [891]; *Hollatz*, Verdeckte Einlage einer Gesellschafter-Forderung, DStR 1994, 1137; *Orth*, Bewertung verdeckter Einlagen durch Verzicht auf nicht vollwertige Forderungen, FR 1994, 251 [252]; *Möhrle*, Erfolgsmäßige Behandlung des Verzichts auf eine nicht mehr werthaltige Forderung bei der Kapitalgesellschaft, BBK F.17, 1589; *Bullinger*, Steuerliche Fragen von Gesellschafterdarlehen an die GmbH, DStR 1993, 225 [228]; *Bruse/v. Braunschweig*, Zur steuerlichen Behandlung des Verzichts auf nicht werthaltige Gesellschafterdarlehen, DB 1993, 2302 [2303]; *Haarmann*, Finanzierung von Kapitalgesellschaften, JbFfSt 1985/86, 407 [451]; *Hoffmann*, Sind wertlose Forderungen gegen Kapitalgesellschaften zum Nennwert einlagefähig?, BB 1992, 575 [577]; *Thiel*, Einlagen in Kapitalgesellschaften – Aktuelle Steuerfragen bei der Gesellschaft und dem Gesellschafter, DStR 1992, 1 [4]; *Hoffmann*, Die Sanierung einer Kapitalgesellschaft durch Forderungsverzicht des Gesellschafters, BB 1991, 773.

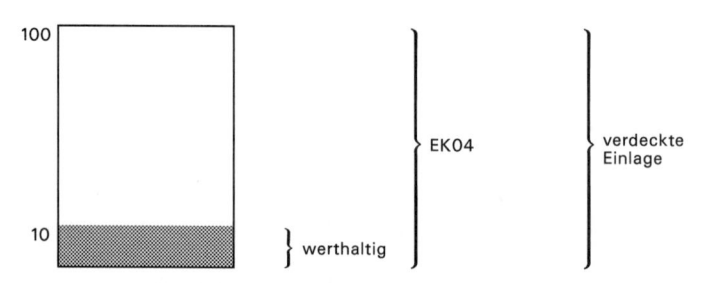

Abb. 10: Der Verzicht führt in voller Höhe zur verdeckten Einlage und zur Einstellung ins EK04

Die Minderheit des I. Senats im Vorlagebeschluß[331], das FG Rheinland-Pfalz[332] sowie *Weber-Grellet* u.a.[333] sind der Ansicht, daß der Darlehensverzicht in der Krise nur in Höhe des werthaltigen Teils (z.B. 10%) eine verdeckte Einlage darstellt und auch nur dieser Anteil in das EK04 einzustellen ist. Der Wegfall des nicht werthaltigen Teils (z.B. 90%) sei, wenn es sich um einen Sanierungsgewinn gem. § 3 Nr. 66 EStG handle ins EK02, ansonsten als laufender Gewinn ins EK45 umzubuchen.

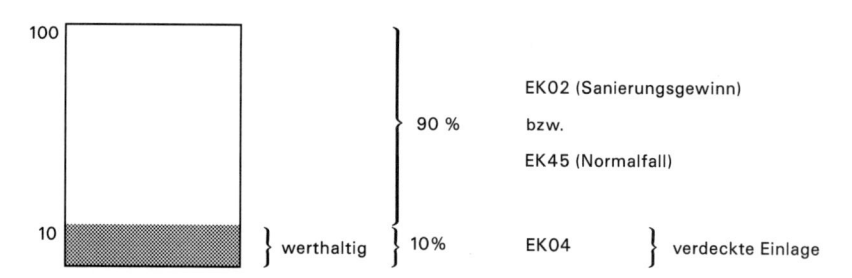

Abb. 11: Der Verzicht führt nur in Höhe des werthaltigen Teils zur verdeckten Einlage und zur Einstellung ins EK04

---

331 Vgl. BFH v. 27.7.1994 I R 23/93, I R 58/93, I R 103/93, BStBl. II 1995, 27; OFD Kiel v. 3.7.1996, DStR 1996, 1168.
332 Vgl. FG Rheinland-Pfalz v. 16.11.1992, KÖSDI 1993, 9501.
333 Vgl. *Weber-Grellet*, Verzicht und Einlage, BB 1995, 243; *Glanegger* in: Schmidt, L., Einkommensteuergesetz, 15. Aufl. München 1996, § 6 Rz. 440 „Forderungsverzicht"; *Mingers*, Forderungsverzicht gegenüber einer Kapitalgesellschaft, StBp 1993, 112 [114 f.]; *Elberg*, Verzicht auf eine nicht mehr werthaltige Gesellschafterforderung, DStZ 1992, 113; *Wassermeyer*, Zur Einlage nicht mehr werthaltiger Gesellschafter-Forderungen in das Vermögen einer Kapitalgesellschaft, DB 1990, 2288.

Zivil- und steuerrechtliche Behandlung v. Finanzierungsmaßnahmen

Es bleibt abzuwarten, ob sich der Große Senat der h.M. im Schrifttum und der Mehrheit des I. Senats im Vorlagebeschluß (Grafik 1) bzw. der Argumentation von *Weber-Grellet* und der Minderheit des I. Senats im Vorlagebeschluß (Grafik 2) anschließt. M.E. kann sich aus dem Rechtsinstitut der verdeckten Einlage nur eine steuerfreie Einlage (EK04) in Höhe des Nennwerts der wegfallenden Verbindlichkeit ergeben. Bis zur Entscheidung dieser Frage wird jedoch von seiten der Finanzverwaltung in der Höhe, in der der Nennwert der Verbindlichkeit den Teilwert der Forderung übersteigt, ein außerordentlicher Ertrag der Gesellschaft angenommen.[334] Auf einen Einspruch des Steuerpflichtigen wird gem. § 361 Abs. 2 Satz 1 AO Aussetzung der Vollziehung gewährt.

Die unterschiedlichen Standpunkte lösen ertragsteuerlich erheblich differierende Belastungen aus. Nach dem Modell von *Wassermeyer*[335] entsteht nämlich in Höhe des nicht mehr werthaltigen Verzichts ein laufender Gewinn, der voll der Körperschaftsteuer zu unterwerfen ist bzw. die vorhandenen Verlustvorträge mindert. Der Fall, daß es sich dabei um einen steuerfreien Sanierungsgewinn handelt, ist äußerst selten. Damit eine Vermögensmehrung als steuerfreier Sanierungsgewinn behandelt wird, müssen nämlich folgende drei Voraussetzungen erfüllt sein:[336]

– Sanierungsbedürftigkeit der Gesellschaft (ohne die Maßnahme wäre es nicht möglich das Unternehmen rentabel und ertragsfähig fortzuführen)

– Sanierungseignung der Maßnahme (im Zeitpunkt der Vereinbarung muß die Maßnahme geeignet erscheinen, den Zusammenbruch des Unternehmens zu verhindern und die Ertragsfähigkeit wieder herzustellen)[337]

---

334 Vgl. OFD Kiel v. 3.7.1996, DStR 1996, 1168; FinMin Nordrhein-Westfalen v. 10.4.1995, BB 1995, 1184.
335 Vgl. *Wassermeyer*, Zur Einlage nicht mehr werthaltiger Gesellschafter-Forderungen in das Vermögen einer Kapitalgesellschaft, DB 1990, 2288.
336 Vgl. BFH v. 22.1.1991 VIII R 12/88, BFH/NV 1991, 806; v. 7.2.1985 IV 177/83, BStBl. II 1985, 504; v. 22.1.1985 VIII 37/84, BStBl. II 1995, 501; v. 22.11.1983 VIII R 14/81, BStBl. II 1984, 472; OFD Hannover v. 18.2.1993, DStR 1993, 1023; R 6 EStR; *Altehoefer* in: Lademann/Söffing, Kommentar zum Einkommensteuergesetz, § 3 Anm. 286; *v. Beckenrath* in: Kirchhof/Söhn, Einkommensteuergesetz, § 3 Rdnr. B 66/1 ff.; *Dziadkowski/Treisch*, Zur Steuerfreiheit des Sanierungsgewinns nach § 3 Nr. 66 EStG, FR 1995, 330; *Dörner*, Sanierungsprobleme der GmbH aus steuerlicher Sicht, INF 1993, 201 [202]; *Meyer-Scharenberg*, Steuerfreie Sanierungsgewinne, NWB, F. 3, 7655.
337 Sanierungseignung auch bei Teilerlaß. Vgl. BFH v. 12.9.1996 IV R 19/95, DB 1997, 355.

– Sanierungsabsicht (wird erst dann unterstellt, wenn es sich um eine gemeinschaftliche Maßnahme mehrerer Gläubiger handelt).

Da es sich beim Forderungsverzicht des Gesellschafters meistens nicht um eine konzertierte Aktion aller Gläubiger handelt, wird i.d.R. kein steuerfreier Sanierungsgewinn i.S.d. § 3 Nr. 66 EStG i.V.m. § 8 Abs. 1 KStG, sondern laufender Gewinn vorliegen. Mit der Folge, daß über 48%[338] der Vorteilsgewährung, die auf den nicht werthaltigen Teil entfallen, nicht der Gesellschaft zur Verfügung stehen, sondern ans Finanzamt abzuführen sind. Die Gesellschaft muß also, vorausgesetzt, bei der Krise handelt es sich um ein Liquiditätsproblem, und das steuerliche Ergebnis ist noch positiv, eine Auszahlung leisten, ohne Liquidität erhalten zu haben.[339] Die Krise würde sich somit noch verschärfen.

(2) Rechtsfolgen beim Gesellschafter

Hält der Gesellschafter die Forderung im Betriebsvermögen, so führt der Forderungsverzicht in der *Handelsbilanz* zur gewinnmindernden Ausbuchung (§ 253 Abs. 2 Satz 3, Abs. 3 Satz 2 HGB). Dabei ist die Höhe davon abhängig, inwieweit früher Wertberichtigungen vorgenommen wurden. Ist die Forderung z.B. bereits ganz abgeschrieben, ergibt sich durch den Verzicht und die damit verbundene verdeckte Einlage keine weitere Ergebnisveränderung.[340] Beträgt der Wert der Forderung noch nicht Null DM, so besteht in der Literatur Uneinigkeit darüber, nach welchen Grundsätzen und in welcher Höhe eine Aktivierung auf dem Beteiligungskonto vorzunehmen ist.[341] Eine Meinung orientiert sich am Steuerrecht und plädiert dafür, daß in Höhe der verdeckten Einlagen nachträgliche Anschaffungskosten auf eine Beteiligung entstünden.[342] M.E. ist der anderen Auffassung zuzustimmen, die davon ausgeht, daß es sich bei diesem Vorgang nicht um

---

338 45% Körperschaftsteuer plus 7,5% Solidaritätszuschlag.
339 Ansonsten vermindern sich die vorhandenen Verlustvorträge entsprechend.
340 Vgl. *Knobbe-Keuk*, Rangrücktrittsvereinbarung und Forderungserlaß mit oder ohne Besserungsschein, StuW 1991, 306 [307].
341 Vgl. *Knobbe-Keuk*, Rangrücktrittsvereinbarung und Forderungserlaß mit oder ohne Besserungsschein, StuW 1991, 306 [307].
342 Vgl. *Weber*, Grundsätze ordnungsmäßiger Bilanzierung für Beteiligungen, 1980, 83 ff.; *Döllerer*, Verlust eines eigenkapitalersetzenden Gesellschafterdarlehens als nachträgliche Anschaffungskosten einer wesentlichen Beteiligung, FR 1992, 233 [234]; *Langel*, Steuerliche Aspekte der Unternehmenssanierung, StbJb 1977/78, 321 [329]; *Gassner*, Gesellschafter-Zuschüsse und Gesellschafter-Darlehen bei Kapital- und Personengesellschaften, JbFfSt 1976/77, 227 [235].

Zivil- und steuerrechtliche Behandlung v. Finanzierungsmaßnahmen 107

eine Anschaffung handelt.[343] Vielmehr ist eine Aktivierung auf dem Beteiligungskonto nach den Grundsätzen der nachträglichen Herstellungskosten zu bewerten. Das heißt, eine Veränderung der Beteiligungsbewertung ist nur dann zulässig, wenn durch die verdeckte Einlage die Beteiligung über ihren bisherigen Zustand hinaus wesentlich verbessert wurde. Große Auswirkungen auf den Wert der Beteiligung ergeben sich jedoch i.d.R. nicht, da der durch den Verzicht des Gesellschafters ausgelöste Verbindlichkeitsrückgang sich auf die Beteiligung nur anteilig auswirkt.[344] Außerdem muß der Beteiligungswert die zukünftigen Ertragserwartungen widerspiegeln, und diese ändern sich durch eine verdeckte Einlage nicht in jedem Fall.

Auch in der *Steuerbilanz* des Gesellschafters muß im Verlauf der Krise die Forderung sukzessive teilwertberichtigt werden (§ 5 Abs. 1 i.V.m. § 6 Abs. 1 Nr. 2 Satz 2 EStG). Da steuerrechtlich verdeckte Einlagen unabhängig von einer etwaigen Wertsteigerung der Beteiligung, immer zu nachträglichen Anschaffungskosten führen, ist in der Höhe des Forderungsverzichts die Beteiligung zuzuschreiben.[345] Dadurch geht jedoch nicht das gesamte Aufwandspotential verloren. Denn die Krisensituation, die zur Abwertung der Forderung geführt hat, wird meistens auch eine Teilwertabschreibung auf die nun im Wert erhöhte Beteiligung nach sich ziehen.[346]

Hält der Gesellschafter die wesentliche Beteiligung und das Darlehen im Privatvermögen, so ist der Darlehensverzicht aufgrund der Rechtsprechung des VIII. Senats des BFH keine Voraussetzung mehr, um in der

---

343 Vgl. *Ellrott/Gutike* in: Beck'scher Bilanz-Kommentar, 3. Aufl. München 1995, § 255 Rdn. 162 und 164 m.w.N.; *Hoffmann*, Der Verzicht des Gesellschafters auf Forderungen gegen die Kapitalgesellschaft, DStR 1995, 77 [79f.]; *Watermeyer*, § 17 Abs. 4 EStG - Veräußerungsverlust durch eigenkapitalersetzende Gesellschafterdarlehen?, BB 1993, 403 [406]; *Hoffmann* Die Sanierung einer Kapitalgesellschaft durch Forderungsverzicht des Gesellschafters, BB 1991, 773 [774]; *ders.,* Die Bilanzierung von Beteiligungen an Personenhandelsgesellschaften, BB 1988, Beil. 2, 10; *Goerdeler/Müller*, Die Behandlung von nichtigen oder schwebend unwirksamen Anschaffungsgeschäften, von Forderungsverzichten und Sanierungszuschüssen im Jahresabschluß, WPg 1980, 313 [319 f.].
344 Vgl. *Ellrott/Gutike* in: Beck'scher Bilanz-Kommentar, 3. Aufl. München 1995, § 255 Rdn. 162 und 164.
345 Vgl. BFH v. 4.6.1991 X R 136/87, BStBl. II 1992, 70; *Groh*, Eigenkapitalersatz in der Bilanz, BB 1993, 1882 [1885 ff.]; *Bullinger*, Steuerliche Fragen von Gesellschafterdarlehen an die GmbH, DStR 1993, 225 [228]; *Knobbe-Keuk*, Rangrücktrittsvereinbarung und Forderungserlaß mit oder ohne Besserungsschein, StuW 1991, 306 [307].
346 Vgl. *Döllerer*, Verlust eines eigenkapitalersetzenden Gesellschafterdarlehens als nachträgliche Anschaffungskosten einer wesentlichen Beteiligung, FR 1992, 233 [235]; vgl. auch S. 47 ff.

Krise nachträgliche Anschaffungskosten i.S.d.§ 17 EStG auf die Beteiligung geltend machen zu können.[347] Trotzdem erkennt die Finanzverwaltung beim Vezicht auf ein Gesellschafterdarlehen in der Krise, bis zur endgültigen Entscheidung des GrS[348], Anschaffungskosten nur in Höhe des Teilwerts an.[349] Auf einen Einspruch des Steuerpflichtigen wird gem. § 361 Abs. 2 Satz 1 AO Aussetzung der Vollziehung gewährt. Wenn man den Verlust zu einem bestimmten Zeitpunkt der Krise realisieren will, da man z.B. in einem bestimmten Wirtschaftsjahr Verluste benötigt, um damit andere positive Einkünfte zu saldieren, sollte man auf die Forderung gegenüber der Gesellschaft verzichten. Wird die Beteiligung anschließend verkauft (z.B. für den symbolischen Preis von einer DM[350]), so erhöht sich der Veräußerungsverlust um die nachträglichen Anschaffungskosten des Verzichts. Die Höhe der nachträglichen Anschaffungskosten, bemißt sich nicht nach der Werthaltigkeit im Zeitpunkt des Verzichts, sondern nach dem Nennwert des Darlehens.[351] Auf der Seite des Käufers kann durch dieses Geschäft, soweit sichergestellt ist, daß die Beteiligung keine sonstigen Haftungsrisiken birgt, die den Gesellschafter perönlich treffen, kein Vermögensverlust auftreten.

c) Der Verzicht mit Besserungsvereinbarung

Der Forderungsverzicht mit Besserungsvereinbarung ist gesetzlich nicht kodifiziert. Es handelt sich hierbei um einen Begriff aus der Insolvenzpraxis, der besagt, daß sich der Schuldner verpflichtet, eine z.B. im Zusammenhang mit einem Vergleich „erlassene" Schuld im Falle der erfolgreichen Sanierung über die Vergleichsquote hinaus aus zukünftigen Gewinnen oder Liquidationserlösen zu befriedigen.[352] Zivilrechtlich stellt die Besserungsvereinbarung einen auflösend bedingten Forderungsverzicht von seiten des Gesellschafters oder ein aufschiebend bedingtes Schuld-

---

347 Vgl. die Grafik und die Erläuterungen auf S. 94 ff.
348 Vgl. BFH v. 27.7.1994 I R 23/93, I R 58/93, I R 103/93, BStBl. II 1995, 27.
349 Vgl. OFD Kiel v. 3.7.1996, DStR 1996, 1168; FinMin Nordrhein-Westfalen v. 10.4.1995, BB 1995, 1184.
350 Vgl. BFH v. 21.04.1994 IV R 70/92, BStBl II 1994, 745 [746].
351 Vgl. Fall 5a in der Grafik und die Erläuterungen auf S. 94 ff.
352 Vgl. BGH v. 13.6.1984 IVa ZR 196/82, WM 1984, 1125 [1126]; *Groh*, Eigenkapitalersatz in der Bilanz, BB 1993, 1882 [1884]; *Knobbe-Keuk*, Rangrücktrittsvereinbarung und Forderungserlaß mit oder ohne Besserungsschein, StuW 1991, 306 [309 f.].

anerkenntnis von seiten der Gesellschaft dar.[353] Die gem. § 397 Abs. 1 BGB erlassenen Verbindlichkeiten der Gesellschaft leben aber in dem Moment wieder auf und werden somit wieder zu einklagbaren Forderungen, wenn sich die Finanz- und Vermögensumstände der Gesellschaft wieder gebessert haben.[354]

Um für alle Beteiligten Rechtssicherheit herzustellen, empfiehlt es sich, die Besserungsvereinbarung sehr exakt dem Einzelsachverhalt anzupassen und zu formulieren. Die Aussage, daß ein „gewisser" Teil der Forderung wieder aufleben wird, wenn die „Gesellschaft in bessere Vermögensverhältnisse komme", reicht dafür sicher nicht aus.[355]

Ein Formulierungsvorschlag findet sich bei *Schwedhelm*:[356]

„Zur Vermeidung einer Überschuldung verzichtet A auf seinen Darlehensanspruch in Höhe von .... DM gegenüber der A-GmbH. Sobald sich die wirtschaftliche Situation der A-GmbH so weit gebessert hat, daß die Befriedigung des Darlehensanspruchs ohne Gefährdung der Ansprüche anderer Gläubiger möglich ist, entfällt die Wirkung des Verzichts. Der Darlehensanspruch einschließlich Zinsen lebt in diesem Moment wieder auf. Die Vetragsparteien haben sich so zu stellen, als sei der Verzicht nicht ausgesprochen worden."

Der Verzicht mit Besserungsvereinbarung steht von der wirtschaftlichen Intention des Gesellschafters, nämlich das Darlehen nicht endgültig aufzugeben, dem Rangrücktritt sehr nahe. Der Unterschied zum Rangrücktritt ist jedoch zivilrechtlich von gravierendem Ausmaß, denn es kommt durch

---

353 Vgl. BFH v. 30.5.1990 I R 41/87, BStBl. II 1991, 588 [591]; *Bullinger*, Steuerliche Fragen von Gesellschafterdarlehen an die GmbH, DStR 1993, 225 [229]; *Thiel*, Im Grenzbereich zwischen Eigen- und Fremdkapital - Ein Streifzug durch die ertragsteuerlichen Probleme der Gesellschafter-Fremdfinanzierung, GmbHR 1992, 20 [26]; a.A. *Herlinghaus*, Forderungsverzichte und Besserungsvereinbarungen zur Sanierung von Kapitalgesellschaften, Köln 1994, 113 ff.: der die Rangrücktrittsvereinbarung für eine Stundungsvereinbarung hält.
354 Vgl. *Döllerer*, Bilanzrechtliche Fragen des kapitalersetzenden Darlehens und der kapitalersetzenden Miete, in Entwicklungen bei der Bilanzierung und Prüfung von Kapitalgesellschaften, Hrsg. Moxter/Windmöller/Müller/Wysocki, Düsseldorf 1992, 199 [203].
355 Vgl. *Herlinghaus*, Forderungsverzichte und Besserungsvereinbarungen zur Sanierung von Kapitalgesellschaften, Köln 1994, 107 ff.
356 *Schwedhelm*, Forderungsverzicht mit Besserungsklausel, DStR 1991, 73; oder auch sehr detailliert bei: vgl. *Kohler-Gerig*, Außergerichtlicher Vergleich zur Schuldenbereinigung und Sanierung, Stuttgart 1987, 19; *Mohrbutter/Mohrbutter*, Handbuch der Konkurs- und Vergleichsverwaltung, 6. Aufl. München 1990, 683: zur Besserungsvereinbarung im Vergleichsverfahren.

die Besserungsvereinbarung, wenn auch nur vorübergehend, zum Erlöschen der Forderung.[357]

In der *Handelsbilanz und in der Steuerbilanz* sowohl der *Gesellschaft* als auch des bilanzierenden *Gesellschafters*, wird der Darlehensverzicht mit Besserungsvereinbarung ab dem Zeitpunkt des Wirksamwerdens des Erlaßvertrages wie ein vollständiger Verzicht behandelt.[358] Bei der Gesellschaft wird also die Verbindlichkeit in die Kapitalrücklage umgebucht,[359] und beim Gesellschafter muß die Forderung gem. den allgemeinen Grundsätzen des Vezichts ausgebucht und die Beteiligung aufgestockt werden.[360] Tritt der Besserungsfall ein, sind diese Buchungen wieder rückgängig zu machen.

Da die Gesellschaft ab dem Zeitpunk des Verzichts mit Besserungsvereinbarung für die gesamte Krise von der Verbindlichkeit gegenüber dem

---

357 Vgl. *Thiel*, Im Grenzbereich zwischen Eigen- und Fremdkapital - Ein Streifzug durch die ertragsteuerlichen Probleme der Gesellschafter-Fremdfinanzierung, GmbHR 1992, 20 [26].
358 Vgl. daher ergänzend die Ausführungen auf S. 101 ff.
359 Vgl. BFH v. 30.5.1990 I R 41/87, BStBl. II 1991, 588 [592]: Obwohl sich das Urteil im Kern mit der Frage beschäftigt, ob durch die Erfüllung der Forderung eine vGA entsteht, gibt es in einem obiter dictum in bezug auf die bilanzielle Behandlung den Buchungssatz „Gesellschafterverbindlichkeit an Eigenkapital" an und erläutert im übernächsten Satz explizit, daß diese Vorgehensweise nur im causa societatis zulässig ist; *Hoffmann*, Steuerliche Gestaltungsmöglichkeiten beim Verzicht des Gesellschafters auf wertlose Forderungen gegen die Gesellschaft, DStR 1995, 1459 [1460]; *Hoffmann*, Steuerliche Gestaltungsmöglichkeiten beim Verzicht des Gesellschafters auf wertlose Forderungen gegen die Gesellschaft, DStR 1995, 1459 [1460]; *Meyer-Scharenberg*, Steuerprobleme im Konkursfall, DStR 1994, 889 [891 f.]; *Häuselmann*, Rangrücktritt versus Forderungsverzicht mit Besserungsabrede, BB 1993, 1552 [1553]; *Bachem*, Probleme der Bilanzierung und Besteuerung von eigenkapital-ersetzenden Maßnahmen, Hrsg. Institut „Finanzen und Steuern" e.V., Bonn 1993, 40; *Sender*, Bilanzielle und körperschaftsteuerliche Behandlung der Verbindlichkeit mit Rangrücktrittsvereinbarung und des Forderungsverzichts gegen Besserungsklausel, GmbHR 1992, 157 [158]; *Schwedhelm*, Forderungsverzicht mit Besserungsklausel, DStR 1991, 73; a. A. *Clemm/Nonnenmacher* in: Beck´scher Bilanz-Kommentar, 3. Aufl. München 1995, § 247 Rdn. 237; *Herlinghaus*, Forderungsverzichte und Besserungsvereinbarungen zur Sanierung von Kapitalgesellschaften, Köln 1994, 140 f.: beide plädieren für außerordentlichen Ertrag ohne das einschlägige BFH-Urteil v. 30.5.1990 zu erwähnen.
360 Vgl. *Thiel*, Im Grenzbereich zwischen Eigen- und Fremdkapital - Ein Streifzug durch die ertragsteuerlichen Probleme der Gesellschafter-Fremdfinanzierung, GmbHR 1992, 20 [26]; *Sender*, Bilanzielle und körperschaftsteuerliche Behandlung der Verbindlichkeit mit Rangrücktrittsvereinbarung und des Forderungsverzichts gegen Besserungsklausel, GmbHR 1992, 157; *Döllerer*, Bilanzrechtliche Fragen des kapitalersetzenden Darlehens und der kapitalersetzenden Miete, in Entwicklungen bei der Bilanzierung und Prüfung von Kapitalgesellschaften, Hrsg. Moxter/Windmöller/Müller/Wysocki, Düsseldorf 1992, 199 [203]; *Gross/Fink*, Besserungsscheine im Jahresabschluß der GmbH, BB 1991, 1379: plädieren für einen Hinweis im Anhang. Zur Behandlung im normalen Verzicht vgl. S. 106 f.

Gesellschafter befreit ist, erfolgt keine Passivierung des Darlehens im Überschuldungsstatus.[361]

Für die bilanzielle Behandlung der Zinsen des Gesellschafterdarlehens gelten diese Grundsätze gleichermaßen. Ist in der Besserungsvereinbarung festgeschrieben, daß z.b. aus künftigen Gewinnen auch die Zinszahlungen für den Zeitraum der Krise nachzuzahlen sind, so ist diese Verbindlichkeit in der ersten auf den Bedingungseintritt folgenden Bilanz zu passivieren.[362]

Auch die Verpflichtung aus der Besserungsvereinbarung ist bei der Gesellschaft während der Krise weder in der Handelsbilanz noch in der Steuerbilanz zu passivieren, da sie rechtlich erst bei Eintritt der Bedingung entsteht und auch wirtschaftlich vorher noch nicht verursacht wurde.[363] Trotzdem ergibt sich aus § 285 Nr. 3 HGB eine Verpflichtung diese aufschiebend bedingte Verbindlichkeit im Anhang zu erläutern.[364]

Die *ertragsteuerliche Behandlung* des Forderungsverzichts mit Besserungsvereinbarung führt für die Dauer der Krise bei der *Gesellschaft* zur Bildung von EK04, das nach Bedingungseintritt wieder aufgelöst werden muß.[365] Wird das Gesellschafterdarlehen nach Bedingungseintritt, also nach Beendigung der Krise, an den Gesellschafter zurückgezahlt, so liegt in dieser Auszahlung weder eine verdeckte Gewinnausschüttung i.S.d. § 8 Abs. 3 Satz 2 KStG noch eine andere Auszahlung i.S.d. § 27 Abs. 3 Satz 2 KStG, sondern, entgegen der Systematik des § 28 Abs. 3 KStG,[366] eine steuerlich anzuerkennende Form der Kapitalrückzahlung vor.[367] Ist der Forderungsverzicht bei der Gesellschaft als steuerfreier Sanierungsgewinn (§ 3 Nr. 66

---

361 Vgl. *Schmidt, K.* in: Scholz, GmbH-Gesetz, 8. Aufl. Köln 1993, § 63 Anm. 26.
362 Vgl. BFH v. 30.5.1990 I R 41/87, BStBl. II 1991, 588; *Häuselmann*, Rangrücktritt versus Forderungsverzicht mit Besserungsabrede, BB 1993, 1552 [1553].
363 Vgl. *Clemm/Nonnenmacher* in: Beck´scher Bilanz-Kommentar, 3. Aufl. München 1995, § 247 Rdn. 237; *Weber-Grellet* in: Schmidt, L., Einkommensteuergesetz, 15. Aufl. München 1996, § 5 Rdn. 550 „Besserungsscheine"; *Döllerer*, Bilanzrechtliche Fragen des kapitalsetzenden Darlehens und der kapitalsetzenden Miete, in Entwicklungen bei der Bilanzierung und Prüfung von Kapitalgesellschaften, Hrsg. Moxter/Windmöller/Müller/Wysocki, Düsseldorf 1992, 199 [203].
364 Vgl. *Ellrott* in: Beck´scher Bilanz-Kommentar, 3. Aufl. München 1995, § 285 Rdn. 65; *Gross/Fink*, Besserungsscheine im Jahresabschluß der GmbH, BB 1991, 1379 [1380].
365 Vgl. *Dötsch* in: Dötsch/Eversberg/Jost/Witt, Die Körperschaftsteuer, § 27 Tz. 30 und § 29 Tz. 89 KStG: Er spricht von „EK auf Zeit"; *Häuselmann*, Rangrücktritt versus Forderungsverzicht mit Besserungsabrede BB 1993, 1552 [1553].
366 Vgl. *Dötsch* in: Dötsch/Eversberg/Jost/Witt, Die Körperschaftsteuer, § 27 Tz. 30 und Tz. 39 ff.; *Knobbe-Keuk*, Rangrücktrittsvereinbarung und Forderungserlaß mit oder ohne Besserungsschein, StuW 1991, 306.
367 Vgl. BFH v. 30.5.1990 I R 41/87, BStBl. II 1991, 588.

EStG) zu behandeln, so führt dies körperschaftsteuerlich zu einem Ausweis im EK02.[368] Ist diese Position bei Bedingungseintritt wieder in eine Verbindlichkeit umzubuchen, so darf aufgrund des unmittelbaren wirtschaftlichen Zusammenhangs (i.S.d. § 3c EStG) mit der steuerbefreiten Vereinnahmung diese Aufwandsbuchung steuerrechtlich keine Betriebsausgabe darstellen.[369]

Bei der ertragsteuerlichen Behandlung der Zinsen beim Forderungsverzicht mit Besserungsvereinbarung stellen sowohl die während der Krise aufgelaufenen, als auch die Darlehenszinsen, die erst nach der Krise entstehen, bei der Gesellschaft Betriebsausgaben dar.[370] Dies gilt auch für den Fall, daß es sich bei dem Forderungsverzicht um einen steuerfreien Sanierungsgewinn (§ 3 Nr. 66 EStG) handelt. Denn die Zinsen waren nie Bestandteil des Sanierungsgewinns.[371]

Beim *wesentlich beteiligten Gesellschafter* führt der Forderungsverzicht ertragsteuerlich zu nachträglichen Anschaffungskosten auf seine Beteiligung. Lebt die Darlehensforderung wieder auf, so muß der Wertansatz der Beteiligung um den gleichen Betrag gemindert werden.[372] Die nach Bedingungseintritt an den Gesellschafter ausgezahlten Zinsen stellen Einkünfte aus Kapitalvermögen (§ 20 Abs. 1 Nr. 7 EStG) dar.[373] Dies muß m.E. sowohl für die Zinsansprüche der Krise als auch für Zinsansprüche, die nach Eintritt der Krise entstanden sind, gelten, denn in beiden Fällen führen die Auszahlungen bei der Gesellschaft zu Betriebsausgaben (s.o.).

III. Bürgschaften

Übernimmt der Gesellschafter für Verbindlichkeiten der Gesellschaft gegenüber Dritten eine Bürgschaft, so verpflichtet er sich gegenüber dem

---

368 Vgl. *Knobbe-Keuk*, Rangrücktrittsvereinbarung und Forderungserlaß mit oder ohne Besserungsschein, StuW 1991, 306 [310].
369 Vgl. BFH v. 30.5.1990 I R 41/87, BStBl. II 1991, 588 [592].
370 Vgl. BFH v. 30.5.1990 I R 41/87, BStBl. II 1991, 588 [593]; *Dötsch* in: Dötsch/Evers-berg/Jost/Witt, Die Körperschaftsteuer, § 27 Tz. 31.
371 Vgl. BFH v. 30.5.1990 I R 41/87, BStBl. II 1991, 588 [592]; *Groh*, Eigenkapitalersatz in der Bilanz, BB 1993, 1882 [1885]; a.A. *Dötsch* in: Dötsch/Eversberg/Jost/Witt, Die Körperschaftsteuer, § 27 Tz. 31.
372 Vgl. *Weber-Grellet* in: Schmidt, L., Einkommensteuergesetz, 15. Aufl. München 1996, § 5 Rz. 270 „Beteiligungen an KapGes".
373 Vgl. *Fichtelmann*, Die steuerlichen Probleme der Unternehmenssanierung, 2. Aufl. Heidelberg 1990, 119.

Zivil- und steuerrechtliche Behandlung v. Finanzierungsmaßnahmen 113

Dritten für die Verbindlichkeit der Gesellschaft einzustehen.[374] Die Bürgschaftserklärung bedarf – außer zwischen Kaufleuten - der Schriftform und muß den Willen beider Parteien in hinlänglich klaren Umrissen enthalten, denn Unklarheiten über den Umfang der Bürgschaftsverpflichtung gehen voll zu Lasten des Gläubigers.[375] Hat der Gesellschafter den Gläubiger befriedigt, so geht die Forderung des Gläubigers gegen die Gesellschaft auf ihn über (Rückgriffsanspruch).[376] Sind für dieselbe Verbindlichkeit der Gesellschaft mehrere Personen Bürgen,[377] so entstehen dem Gesellschafter auch gegenüber den Mitbürgen Ausgleichsansprüche. Dabei sind, soweit nichts anderes festgelegt wird, die Bürgen einander zu gleichen Anteilen verpflichtet.[378]

Die Bürgschaftsübernahme durch den Gesellschafter löst weder in der *Handels- noch in der Steuerbilanz der Gesellschaft* eine Änderung aus. Lediglich wenn der Gesellschafter aus der Bürgschaft in Anspruch genommen wird, erfolgt eine erfolgsneutrale Umbuchung: „Verbindlichkeit gegenüber Dritten an Verbindlichkeit gegenüber Gesellschafter". Da es sich bei Bürgschaften um eigenkapitalersetzende Sicherheiten gem. § 32a Abs. 2 GmbHG handelt, sind die Verbindlichkeiten im Überschuldungsstatus wie eigenkapitalersetzende Darlehen zu behandeln.[379] Das heißt, sie sind grundsätzlich zu passivieren.[380] Falls der Gesellschafter jedoch bezüglich seines Rückgriffsanspruchs einen Rangrücktritt erklärt, muß die besicherte Verbindlichkeit nicht im Überschuldungsstatus aufgeführt werden.[381]

In der *Handelsbilanz* und, aufgrund des Maßgeblichkeitsprinzips (§ 5 Abs. 1 EStG), auch in der *Steuerbilanz des Gesellschafters* ist die Bürgschaftsübernahme sowie eine Rückgriffsforderung gegen die Gesellschaft gem. § 251 Satz 1 2. Alt. HGB unter der Bilanz (Passiv- bzw. Aktivseite) zu

---

374 Vgl. § 765 BGB; *Palandt/Thomas*, Bürgerliches Gesetzbuch, 54. Aufl. München 1995, Einführung v. § 765 Rdn. 1 ff.
375 Vgl. *Palandt/Thomas*, Bürgerliches Gesetzbuch, 54. Aufl. München 1995, § 766 Rdn. 4.
376 Vgl. § 774 Abs. 1 BGB.
377 Vgl. § 769 BGB.
378 Vgl. §§ 774 Abs. 2 i.V.m. 426 BGB.
379 Vgl. OLG Hamburg v. 18.7.1986, DB 1986, 2015; *Schmidt, K.* in: Scholz, GmbH-Gesetz, 8. Aufl. Köln 1993, § 63 Anm. 27; *Ahrenkiel/Lork*, Überschuldung trotz kapitalsetzender Bürgschaft?, DB 1987, 823 [824].
380 Vgl. hierzu S. 47.
381 Vgl. OLG Hamburg v. 18.7.1986, DB 1986, 2015; *Schmidt, K.* in: Scholz, GmbH-Gesetz, 8. Aufl. Köln 1993, § 63 Anm. 27; *Ahrenkiel/Lork*, Überschuldung trotz kapitalsetzender Bürgschaft?, DB 1987, 823 [824].

vermerken.[382] Ab dem Zeitpunkt, ab dem eine Inanspruchnahme ernsthaft droht (z.b. bei Zahlungsunfähigkeit der Gesellschaft; spätestens jedoch nach Eröffnung des Konkursverfahrens[383]), ist für die Bürgschaftsverpflichtung eine Rückstellung für ungewisse Verbindlichkeiten zu passivieren.[384] Sie ist in der Höhe anzusetzen, wie am Bilanzstichtag nach vernünftiger kaufmännischer Beurteilung die Inanspruchnahme abzuschätzen ist (§ 253 Abs. 1 Satz 2 HGB). Ist dies nicht der volle Betrag, für den gebürgt wird, so bleibt der Vermerk unter der Bilanz in Höhe der Differenz bestehen.[385] Gleichzeitig mit der Passivierung der Rückstellung muß eine eventuelle Rückgriffsforderung gegen die Gesellschaft unter der Position „sonstige Vermögensgegenstände" im Umlaufvermögen aktiviert werden.[386] Sie ist in der Krise nach allgemeinen Kriterien abzuwerten.[387]

Die *ertragsteuerliche Behandlung* der Geltendmachung von Verlusten aus Bürgschaften des *Gesellschafters* für seine GmbH folgt in der Systematik der des Gesellschafterdarlehens.[388] Das heißt, man muß drei Fälle differenziert betrachten:

(1) Der Gesellschafter hält die Beteiligung in einem Betriebsvermögen.

(2) Ein nicht wesentlich beteiligter Gesellschafter hält die Beteiligung im Privatvermögen.

(3) Ein wesentlich beteiligter Gesellschafter hält die Beteiligung im Privatvermögen.

---

382 Vgl. *Adler/Düring/Schmalz*, Rechnungslegung und Prüfung der Unternehmen, § 251 HGB Rdnr. 14 und 31; *Koops*, Bürgschaft des Gesellschafters für seine GmbH, DStR 1991, 533 [535].
383 Vgl. BFH v. 26.1.1989 IV R 86/87, BStBl. II 1989, 456.
384 Vgl. BFH v. 24.7.1990 VIII R 226/84, BFH/NV 1991, 588 [589]; v. 26.1.1989 IV R 86/87, BStBl. II 1989, 456; v. 10.4.1987 III R 274/83b BFH/NV 1988, 22; *Clemm/Nonnenmacher* in: Beck'scher Bilanz-Kommentar, 3. Aufl. München 1995, § 249 Rdn. 100 „Bürgschaft"; *Mayer-Wegelin* in: Küting/Weber, Handbuch der Rechnungslegung, 3. Aufl. Stuttgart 1990, § 249 Rdn. 40 „Bürgschaften".
385 Vgl. *Adler/Düring/Schmalz*, Rechnungslegung und Prüfung der Unternehmen, § 251 HGB Rdnr.9.
386 Vgl. BFH v. 19.3.1975 I R 173/73, BStBl. II 1975, 614; *Clemm/Schulz/Bail* in: Beck'scher Bilanz-Kommentar, 3. Aufl. München 1995, § 247 Rdn. 124; *Weber-Grellet* in: Schmidt, L., Einkommensteuergesetz, 15. Aufl. München 1996, § 5 Rz. 550 „Bürgschaft".
387 Vgl. BFH v. 19.3.1975 I R 173/73, BStBl. II 1975, 614; v. 24.7.1990 VIII R 226/84, BFH/NV 1991, 588 [589]; *Meermann*, Kapitalersetzende Darlehen und Bürgschaften des GmbH-Gesellschafters, StBp, 1988, 110 [114].
388 Vgl. zu Detailfragen S. 86 ff.

Zivil- und steuerrechtliche Behandlung v. Finanzierungsmaßnahmen 115

zu (1):

Über die Abschreibung des Rückgriffsanspruchs kann der bilanzierende Gesellschafter den Untergang der Bürgschaft in der Krise der GmbH sukzessive steuerlich geltend machen.

zu (2):

Übernimmt der Gesellschafter die Bürgschaft aus seinem Privatvermögen und ist er an der Gesellschaft nicht mehr als zu 25% beteiligt, so kann er i.d.R. weder den Wertverlust der Bürgschaft noch den des Darlehens steuermindernd geltend machen.

Eine Gestaltungsmöglichkeit besteht darin, daß der Gesellschafter vor der Inanspruchnahme aus der Bürgschaft ein Arbeitsverhältnis mit der Gesellschaft begründet.[389] Grundsätzlich wird in diesen Fällen zwar unterstellt, daß die Übernahme der Bürgschaft nicht auf beruflichen Gründen, sondern auf der Gesellschafterstellung beruht und somit ein Werbungskostenabzug bei den Einkünften aus nichtselbständiger Arbeit nicht möglich ist. Wenn der Gesellschafter jedoch nur in einem „unbedeutenden Umfang" an der Gesellschaft beteiligt ist, liegen Werbungskosten gem. § 19 EStG vor.[390] Da der BFH bei Gesellschafterdarlehen eine durch das Gesellschaftsverhältnis veranlaßte Darlehenshingabe annimmt, wenn der Gesellschafter zu mehr als 25% an der Gesellschaft beteiligt ist,[391] so kann man im Umkehrschluß ableiten, daß die Übernahme einer Bürgschaft in der Krise, bzw. das Stehenlassen, durch einen nicht wesentlich beteiligten Arbeitnehmer durch das Arbeitsverhältnis veranlaßt ist.

zu (3):

In diesem Fall führt die Inanspruchnahme aus der Bürgschaft zu nachträglichen Anschaffungskosten auf die Beteiligung. Denn in der Krise ist i.d.R. zum einen die Rückgriffsforderung gegen die Gesellschaft wertlos, und zum anderen handelt es sich bei den Gesellschafterbürgschaften regelmäßig um kapitalersetzende Bürgschaften, die in der Frage der Anschaffungskosten der Beteiligung wie gesellschaftsrechtliche Einlagen zu behan-

---

389 Vgl. hierzu die Ausführungen auf S. 227 ff.
390 Vgl. BFH v. 11.2.1993 VI R 4/91, BFH/NV 1993, 645: mit über 90% beteiligt; v. 8.12.1992 VIII R 99/90, BFH/NV 1993, 654: beherrschender Gesellschafter; v. 14.5.1991 VI R 48/88, BStBl. II 1991, 758: Ehefrau zu 50% beteiligt; v. 20.12.1988 VI R 55/84, BFH/NV 1990, 23: mit 40% beteiligt.
391 Vgl. BFH v. 7.7.1992 VIII R 24/90, BStBl. II 1993, 333 [335].

deln sind.[392] Somit entsteht ein steuerlich zu berücksichtigender Auflösungsverlust gem. § 17 Abs. 4 i.V.m. Abs. 2 EStG.[393] Die Übernahme der Bürgschaft muß jedoch durch das Gesellschaftsverhältnis veranlaßt sein. Davon ist auszugehen, wenn im Zeitpunkt der Übernahme der Bürgschaft die Inanspruchnahme und die Uneinbringlichkeit der Rückgriffsforderung so wahrscheinlich waren, daß ein Nichtgesellschafter bei Anwendung der Sorgfalt eines ordentlichen Kaufmanns die Bürgschaft nicht übernommen hätte (Übernahme in der Krise).[394] Übernimmt der Gesellschafter die Bürgschaft schon vor der Krise und macht er bei Beginn der Krise nicht von der Möglichkeit der Befreiung nach § 775 BGB Gebrauch, so entstehen auch durch dieses Aufrechterhalten bzw. Stehenlassen nachträgliche Anschaffungskosten in voller Höhe der Bürgschaftsübernahme.[395]

Bisher hat der BFH nur bei einer 40%-igen Beteiligung unterstellt, daß die Übernahme der Bürgschaft durch das Gesellschaftsverhältnis begründet sei.[396] M.E. muß jedoch eine wesentliche Beteiligung des Gesellschafters ausreichen.[397] Denn bei Gesellschafterdarlehen führt schon eine Beteiligung von über 25% in der Krise zu der Annahme, daß der Gesellschafter das Darlehen nur aufgrund seiner Gesellschaftereigenschaft stehengelassen hat.[398]

Damit die Inanspruchnahme aus der Bürgschaft zu ertragsteuerlich anerkannten nachträglichen Anschaffungskosten führt, muß die Bürgschaft vor einer Veräußerung der Beteiligung, dem Auflösungsbeschluß bzw. vor dem Konkurs der Gesellschaft eingegangen worden sein.[399] Der Zeitpunkt, zu

---

392 Vgl. BFH v. 2.10.1984 VIII R 36/83, BStBl. II 1985, 320 [322].
393 Vgl. *Hörger* in: Littmann/Bitz/Hellwig, Das Einkommensteuerrecht, § 17 Rn. 60.
394 Vgl. BFH v. 16.4.1991 VIII R 224/85, BFH/NV 1992, 94; v. 9.9.1986 VIII R 195/85, BStBl. II 1987, 257 [258]; v. 9.9.1986 VIII R 95/85, BFH/NV 1986, 731; v. 2.10.1984 VIII R 36/83, BStBl. II 1985, 320 [322]; OFD Düsseldorf v. 1.2.1989, DStR 1989, 291; R 140 Abs. 4 Sätze 2 und 3 EStR; *Schmid* in: Schmidt, L., Einkommensteuergesetz, 15. Aufl. München 1996, § 17 Rz. 175; *Koops*, Bürgschaft des Gesellschafters für seine GmbH, DStR 1991, 533.
395 Vgl. OFD München v. 30.4.1996, ESt-Kartei § 17 Karte 5.2; OFD Düsseldorf v. 1.2.1989, DStR 1989, 291; *Schmidt, L.* in: Schmidt, L., Einkommensteuergesetz, 15. Aufl. München 1996, § 17 Rz. 175; *Hörger* in: Littmann/Bitz/Hellwig, Das Einkommensteuerrecht, § 17 Rn. 60; *Apitz*, Darlehensforderungen eines Gesellschafters als Verluste bei wesentlicher Beteiligung, FR 1992, 124 [128].
396 Vgl. BFH v. 3.6.1993 VIII R 81/91, BStBl. II 1994, 162 [164].
397 Gl.A. *Meyer-Scharenberg*, Steuerprobleme im Konkursfall, DStR 1994, 889 [892].
398 Vgl. BFH v. 7.7.1992 VIII R 24/90, BStBl. II 1993, 333 [335].
399 Vgl. BFH v. 9.9.1986 VIII R 95/85, BFH/NV 1986, 731; v. 23.1.1986 IV R 335/84, BStBl. II 1986, 623; v. 9.8.1983 VIII R 276/82, BStBl. II 1984, 29; OFD Düsseldorf v. 1.2.1989, DStR 1989, 291; *Apitz*, Darlehensforderungen eines Gesellschafters als Verluste bei wesentlicher Beteiligung, FR 1992, 124 [128].

dem der Gesellschafter aus der Bürgschaft in Anspruch genommen wird, ist für die Beurteilung, ob nachträgliche Herstellungskosten entstehen, dagegen unbedeutend. Somit bewirkt z.B. auch eine Inanspruchnahme aus der Bürgschaft nach Verkauf der wesentlichen Beteiligung, bzw. nach Auflösung der GmbH, als nachträgliches Ereignis i.S.d. § 275 Abs. 1 Nr. 2 AO rückwirkend nachträgliche Anschaffungskosten der Beteiligung und somit eine Korrektur des Veräußerungsgewinns(-verlustes).[400]

Nachträgliche Anschaffungskosten bei der Übernahme von Bürgschaften können sogar dann entstehen, wenn der Gesellschafter als Bürge zwar in Anspruch genommen wird, er jedoch gar nicht leistet, da er selbst zahlungsunfähig ist. Der Bürgschaftsgläubiger muß jedoch die Durchsetzung seiner Forderung ernsthaft betreiben und nicht etwa durch Verjährung daran gehindert sein.[401]

Leistet der Gesellschafter Zahlungen, um von der Bürgschaftsverpflichtung freigestellt zu werden, so entstehen auch dadurch in Höhe der Aufwendungen nachträgliche Anschaffungskosten, wenn die Zahlung bei Bilanzierung durch einen ordentlichen und vorsichtigen Kaufmann zu passivieren gewesen wäre.[402]

Die Höhe der nachträglichen Anschaffungskosten hängt davon ab, inwieweit der Gesellschafter aus der Bürgschaft in Anspruch genommen wird und in welchem Umfang er gegenüber Dritten Rückgriffsforderungen geltend machen kann. Dabei sind Ausgleichsansprüche gegenüber nahestehenden Personen (z.B. Ehegatten, Kinder) dem Gesellschafter selbst als nachträgliche Anschaffungskosten zuzurechnen.[403]

Im Gegensatz zum Gesellschafterdarlehen ist somit bei Bürgschaften Rechtssicherheit insoweit hergestellt, daß wesentlich beteiligten Gesell-

---

400 Vgl. BFH v. 2.10.1984 VIII R 20/84, BStBl. II 1985, 428 [430].
401 Vgl. FG Köln v. 23.11.1993, EFG 1994, 351 (rkr.); a.A. *Braun*, Die wertlose Bürgschaftsverpflichtung - Anschaffungskosten im Rahmen des § 17 EStG?, GmbHR 1995, 211: möchte nachträgliche Anschaffungskosten erst im Falle der wirtschaftlichen Belastung und dann rückwirkend gem. § 175 Abs. 1 Nr. 2 AO anerkennen.
402 Vgl. BFH v. 2.10.1984 VIII R 36/83, BStBl. II 1985, 320; R 140 Abs. 4 Satz 4 EStR; *Ebling* in: Blümich, Einkommensteuer, § 17 Rdnr. 224; *Schmidt, L.* in: Schmidt, L., Einkommensteuergesetz, 15. Aufl. München 1996, § 17 Rz. 178; *Apitz*, Darlehensforderungen eines Gesellschafters als Verluste bei wesentlicher Beteiligung, FR 1992, 124 [128]; a. A. FG Baden-Württemberg v. 14.9.1989, EFG 1990, 237 (rkr.); *Hörger* in: Littmann/Bitz/Hellwig, Das Einkommensteuerrecht, § 17 Rn. 60: ohne Begründung.
403 Vgl. *Hörger* in: Littmann/Bitz/Hellwig, Das Einkommensteuerrecht, § 17 Rn. 60; *Apitz*, Darlehensforderungen eines Gesellschafters als Verluste bei wesentlicher Beteiligung, FR 1992, 124 [129].

schaftern durch die Inspruchnahme immer nachträgliche Anschaffungskosten entstehen, unabhängig davon, ob die Bürgschaft schon vor der Krise übernommen wurde oder erst in der Krise. Der Nichtanwendungserlaß des BMF v. 14.4.1994[404] zur steuerlichen Behandlung von Gesellschafterdarlehen tangiert die Bürgschaften des Gesellschafters nicht.[405] Denn das BMF will bei Darlehen, die vor der Krise gewährt und dann bei Eintritt der Krise stehengelassen werden, nachträgliche Anschaffungskosten nicht zum Nennwert, sondern nur zum gemeinen Wert (i.d.R. Null) anerkennen. Die Motivation der Bürgschaftsübernahme unterscheidet sich jedoch von der der Darlehensüberlassung. Darlehen werden der Gesellschaft zu banküblichen Konditionen als Fremdkapital gewährt, um Zinserträge zu erwirtschaften. Gehen diese Investitionen unter, so ist die steuerliche Behandlung umstritten.[406] Bürgschaften werden im Gegensatz dazu nicht gegen Entgelt übernommen, sondern um der Gesellschaft Finanzierungsmöglichkeiten bei Dritten zu eröffnen. Der Unterschied liegt also darin, daß eine Bürgschaftsübernahme ausschließlich durch das Gesellschaftsverhältnis veranlaßt ist. Daher ist es konsequent, daß die OFD München[407] verfügt, daß der Gesellschafter, der in voller Höhe der Bürgschaft in Anspruch genommen wird und keinen durchsetzbaren Rückforderungsanspruch erhält, in Höhe des Bürgschaftsengagements nachträgliche Anschaffungskosten steuerlich geltend machen kann.

Da die Finanzverwaltung bei Bürgschaften im Gegensatz zum Gesellschafterdarlehen immer nachträgliche Anschaffungskosten in Höhe des Nennwerts der eingegangenen Verpflichtung annimmt, sollte der Gesellschafter die benötigten Mittel der GmbH nicht unmittelbar in Form eines Darlehens zur Verfügung stellen, sondern die GmbH muß diese Mittel selbst bei einer Bank aufnehmen und der Gesellschafter muß sich für dieses Darlehen verbürgen. Dieser Weg des *verbürgten Bankdarlehens* eröffnet der Gesellschaft dieselben Finanzierungsmöglichkeiten wie ein Gesellschafterdarlehen, und gewährleistet gleichzeitig für den Gesellschafter auf jeden Fall die volle steuerliche Anerkennung falls die Gesellschaft nicht in der Lage ist, die Mittel zurückzuzahlen.

---

404 Vgl. BMF-Schr. v. 14.4.1994, BStBl. I 1994, 257.
405 Vgl. OFD München v. 30.4.1996, ESt-Kartei § 17 Karte 5.2: stellt nur auf die gesellschaftsrechtliche Veranlassung ab, ohne die Problematik der Werthaltigkeit zu diskutieren.
406 Vgl. S. 86 ff.
407 Vgl. OFD München v. 30.4.1996, ESt-Kartei § 17 Karte 5.2, S. 2.

IV. Stille Beteiligungen

Eine weitere Möglichkeit der Kapitalgesellschaft Finanzierungsmittel zuzuführen besteht darin, sich mittels einer Bareinlage als stiller Gesellschafter zu beteiligen.

Die stille Beteiligung (§§ 230-237 HGB) begründet zivil-[408] und steuerrechtlich[409] ein zweites Gesellschaftsverhältnis zwischen dem Gesellschafter und der GmbH. Dabei ist es unerheblich, ob es sich bei dem Gesellschafter um einen Mehrheits- oder Alleingesellschafter handelt.[410] Der stille Gesellschafter ist am Gewinn und am Verlust[411] beteiligt, wobei der Verteilungsschlüssel im Gesellschaftsvertrag frei bestimmt werden kann.[412] Obwohl der Gesellschafter wie ein Kommanditist[413] maximal mit der zu leistenden Einlage haftet (§ 232 Abs. 2 HGB), können ihm dennoch darüber hinaus Verlustanteile zugewiesen werden, so daß sein Kapitalanteil negativ wird.[414]

Von entscheidender Bedeutung ist, ob es sich um eine typisch stille oder eine atypisch stille Beteiligung handelt. Denn je nach Ausprägung der stillen Gesellschaft resultieren äußerst unterschiedliche sowohl zivil- als auch steuerrechtliche Rechtsfolgen.

1. Typisch stille Beteiligung

Bei der typisch stillen Gesellschaft stehen dem Gesellschafter keinerlei Mitwirkungs-, sondern nur Informations- und Kontrollrechte zu.[415]

In der *Handels- und in der Steuerbilanz* der *GmbH* stellt die Einlage des typisch stillen Gesellschafters Fremdkapital dar.[416] Dies wird damit begrün-

---

408 Vgl. *Paulik/Blaurock*, Handbuch der stillen Gesellschaft, 4. Aufl. Köln 1988, 451 f.
409 Vgl. BFH v. 25.7.1995 VIII R 54/93, BStBl. II 1995, 794.
410 Vgl. BFH v. 25.7.1995 VIII R 54/93, BStBl. II 1995, 794 [796]; v. 15.12.1992 VIII R 42/90, BStBl. II 1994, 702; *Post/Hoffmann*, Die stille Beteiligung am Unternehmen der Kapitalgesellschaft, 2. Aufl. Bielefeld 1984, 79.
411 Die Beteiligung am Verlust kann zwar gem. § 231 Abs. 2 HGB ausgeschlossen werden. In dem behandelten Zusammenhang stellt jedoch gerade die Verlustbeteiligung die steuerliche Gestaltung dar.
412 Vgl. *Baumbach/Hopt*, Handelsgesetzbuch, 29. Aufl. München 1995, § 231 Rn. 1.
413 Vgl. S. 159 f.
414 Dadurch erwächst keine Nachschußpflicht. Der Gesellschafter darf lediglich später zugewiesene Gewinnanteile solange nicht ausbezahlt bekommen, wie ein passiver Saldo des Gesellschafterkontos vorliegt (*Baumbach/Hopt*, Handelsgesetzbuch, 29. Aufl. München 1995, § 231 Rn. 6 f.).
415 Vgl. *Hense/Jung/Schwaiger* in: Beck´sches Handbuch der GmbH, München 1995, § 7 Rz. 169.
416 Vgl. *Groh*, Eigenkapitalersatz in der Bilanz, BB 1993, 1882 [1891].

det, daß der Stille bei Eröffnung des Konkursverfahrens gem. § 236 Abs. 1 HGB in Höhe seines positiven Kapitalkontos Konkursgläubiger der GmbH wird.[417] Der Ausweis in der Bilanz erfolgt daher unter den sonstigen Verbindlichkeiten oder in einem besonderen Posten innerhalb der Verbindlichkeiten.[418] Der Wert dieser Rückzahlungsverpflichtung verändert sich in Abhängigkeit von den jährlich zugewiesenen Gewinn- oder Verlustanteilen. Er kann jedoch nach zutreffender Ansicht von *Groh* nicht negativ werden.[419] Ein negatives Kapitalkonto des typisch stillen Gesellschafters kann es allenfalls in der Bilanz der Stillen Gesellschaft geben. Der Fremdkapitalcharakter der typisch stillen Beteiligung schlägt auch auf den Überschuldungsstatus durch. Das heißt, wenn aufgrund eines positiven Kapitalkontos eine Rückzahlungsverpflichtung besteht, ist diese zu passivieren.[420]

In der *Handels- und Steuerbilanz* des *typisch stillen Gesellschafters* ist die Beteiligung m.E. analog der Behandlung bei der GmbH, als Forderung zu aktivieren[421] und korrespondierend mit der Verbindlichkeit der GmbH in Höhe der zugewiesenen Gewinn- bzw. Verlustanteile zu korrigieren.[422]

Steuerrechtlich stellt ein Untergang der Einlage bei Konkurs der GmbH immer einen nicht zu berücksichtigenden Verlust in der privaten Vermögensphäre dar.[423]

2. Atypisch stille Beteiligung

Die atypisch stille Gesellschaft gewährt dem stillen Gesellschafter Mitwirkungsrechte an unternehmerischen Entscheidungen, und zwar mindestens in dem Umfang, wie sie einem Kommanditisten einer Kommanditgesell-

---

417 Vgl. *Baumbach/Hopt*, Handelsgesetzbuch, 29. Aufl. München 1995, § 236 Rn. 1.
418 Vgl. *Clemm/Nonnenmacher* in: Beck´scher Bilanz-Kommentar, 3. Aufl. München 1995, § 247 Rdn. 234; *Förschle/Kofahl* in: Beck´scher Bilanz-Kommentar, 3. Aufl. München 1995, § 266 Rdn. 187.
419 Vgl. *Groh*, Eigenkapitalersatz in der Bilanz, BB 1993, 1882 [1891 f.].
420 Vgl. *Küting/Kessler*, Eigenkapitalähnliche Mittel in der Handelsbilanz und im Überschuldungsstatus, BB 1994, 2103 [2114].
421 Gl. A. vgl. *Matschke* in: Hofbauer/Kupsch, Bonner Handbuch Rechnungslegung, § 271 HGB Rz. 12; *Adler/Düring/Schmalz*, Rechnungslegung und Prüfung der Unternehmen, § 271 HGB Rdnr. 5; a.A. *Schnicke/Gutike* in: Beck´scher Bilanz-Kommentar, 3. Aufl. München 1995, § 271 Rdn. 15: allein die Verlustbeteiligung reiche aus in der typisch stillen Einlage einen Unternehmensanteil zu sehen.
422 Vgl. *Groh*, Eigenkapitalersatz in der Bilanz, BB 1993, 1882 [1892].
423 Vgl. FG Baden-Württemberg v. 18.1.1996, DStRE 1997, 6, Rev. BFH: VIII R 25/96; v. 2.9.1992, EFG 1993, 228 (rkr.); FG München v. 15.1.1992, EFG 1992, 463 (rkr.); v. 5.11.1980, EFG 1981, 341 (rkr.).

schaft zustehen.[424] Das heißt, dem stillen Gesellschafter müssen Stimm-, Kontroll- und Widerspruchsrecht nach den Vorschriften der §§ 164 und 166 HGB eingeräumt werden, und er muß nicht nur am laufenden Unternehmenserfolg, sondern im Falle seines Ausscheidens oder der Beendigung der Gesellschaft auch an den stillen Reserven und am Geschäftswert des Unternehmens beteiligt sein.[425]

Die atypisch stille Beteiligung ist in der *Handels- und Steuerbilanz* der *GmbH* nur dann als Eigenkapital anzusetzen, wenn sie längerfristig[426] nicht kündbar ist, im Konkursfall kein Rückzahlungsanspruch geltend gemacht werden kann und in voller Höhe am Verlust teilnimmt.[427] Als Ausweisort wird die Einfügung eines Sonderpostens nach dem gezeichneten Kapital, nach den Gewinnrücklagen oder als letzte Position der Eigenkapitalgruppe vorgeschlagen.[428] Wird eine der Voraussetzungen jedoch nicht erfüllt, so erfolgt der Ausweis unter den Verbindlichkeiten. Eine Passivierung im Überschuldungsstatus ist nur dann erforderlich, wenn die atypisch stille Beteiligung in der Bilanz unter den Verbindlichkeiten ausgewiesen wird und somit Fremdkapitalcharakter besitzt.[429]

In der *Handels- und Steuerbilanz* des *atypisch stillen Gesellschafters* erfolgt der Ausweis der Einlage unter der Position Beteiligungen.[430]

Steuerrechtlich handelt es sich bei der atypisch stillen Gesellschaft um eine Mitunternehmerschaft, obwohl lediglich die GmbH gewerblich tätig ist.[431]

---

424 Vgl. *Biergans*, Einkommensteuer, 6. Aufl. München 1992, 89.
425 Vgl. BFH v. 27.5.1993 IV R 1/92, BStBl. II 1994, 700 [701]; v. 15.12.1992 VIII R 42/90, BStBl. II 1994, 702 [704]; v. 7.12.1989 IV R 79/88, BFH/NV 1991, 364; v. 12.11.1985 VIII 364/83, BStBl. II 1986, 311; v. 22.1.1981 IV B 41/80, BStBl. II 1981, 424.
426 Als Anhaltspunkt für eine längerfristige Unkündbarkeit kann § 10 Abs. 4 KWG herangezogen werden. Danach ist eine Behandlung von stillen Beteiligungen als Eigenkapital zulässig, wenn die stille Einlage für mindestens fünf Jahre zur Verfügung steht.
427 Vgl. *Clemm/Nonnenmacher* in: Beck'scher Bilanz-Kommentar, 3. Aufl. München 1995, § 247 Rdn. 233.
428 Vgl. *Bordt*, Das Grund- und Stammkapital der Kapitalgesellschaften, in: Wysocki/Schulze-Osterloh, Handbuch des Jahresabschlusses in Einzeldarstellungen, Kommentar, Loseblatt, Köln 1990, Abt. III/1, Rn. 221.
429 Vgl. *Küting/Kessler*, Eigenkapitalähnliche Mittel in der Handelsbilanz und im Überschuldungsstatus, BB 1994, 2103 [2114].
430 Vgl. *Adler/Düring/Schmalz*, Rechnungslegung und Prüfung der Unternehmen, § 271 HGB Rdnr. 5; *Matschke* in: Hofbauer/Kupsch, Bonner Handbuch Rechnungslegung, § 271 HGB Rz. 12; *Schnicke/Gutike* in: Beck'scher Bilanz-Kommentar, 3. Aufl. München 1995, § 271 Rdn. 15.
431 Vgl. BFH v. 25.7.1995 VIII R 54/93, BStBl. II 1995, 794 [796]; v. 10.11.1993 I R 20/93, BStBl. II 1994, 327 [331]; v. 27.5.1993 IV R 1/92, BStBl. II 1994, 700 [701]; v. 15.12.1992 VIII R 42/90, BStBl. II 1994, 702; v. 11.12.1990 VIII R 122/86, DB 1991, 1054; v. 20.11.1990 VIII R 10/87, DB 1991, 1052; v. 12.11.1985 VIII R 364/83, BStBl. II 1986, 311 [313].

Somit erhält der atypisch stille Gesellschafter in der Krise Verluste zugewiesen, die, wenn sie die Einlage übersteigen, zu einem negativen Kapitalkonto führen. Sobald das Kapitalkonto negativ wird, untersagt jedoch die Verlustbeschränkung des § 15a Abs. 5 Nr. 1 EStG einen Abzug- bzw. Ausgleich dieser Verluste.[432] Gerät die GmbH & atypisch Still in Konkurs, so hat dies, im Gegensatz zur typisch stillen Gesellschaft, durchaus ertragsteuerliche Auswirkungen. Da es sich um den Untergang eines Mitunternehmeranteils handelt, ist gem. § 16 Abs. 2 Satz 1 EStG der Gewinn/Verlust des Untergangs der Beteiligung wie folgt zu berechnen:[433]

	Veräußerungspreis
./.	Veräußerungskosten
./.	Buchwert des Betriebsvermögens (=Kapitalkonto)
=	Veräußerungsgewinn/-verlust

Im Ergebnis wirkt sich somit der Untergang der atypisch stillen Beteiligung immer steuermindernd aus. Denn verfügt der atypisch stille Gesellschafter bei der Eröffnung des Konkursverfahrens über ein positives Kapitalkonto, so entsteht ein steuerlich verwertbarer Verlust. Haben schon vorher laufende Verlustzuweisungen in Höhe der Einlage zu Steuereinsparungen geführt, und besteht daher beim Untergang der atypisch stillen Beteiligung ein negatives Kapitalkonto, so ergibt sich zwar ein zu versteuernder Gewinn, diesem stehen aber in gleicher Höhe verrechenbare Verluste gegenüber.[434]

Geht die Einlage des stillen Gesellschafters unter, so löst dieser Vermögensverlust nur beim atypisch stillen Gesellschafter unmittelbare steuerliche Rechtsfolgen aus. Ein steuerlicher Vorteil ergibt sich dadurch gegenüber der typisch stillen Beteiligung jedoch nur, falls das Kapitalkonto beim Untergang positiv ist. Hat sich die Einlage schon durch frühere zugewiesene Verlustanteile steuermindernd ausgewirkt, so erfährt der atypisch stille Gesellschafter beim Untergang der Beteiligung keine steuerliche Besserstellung gegenüber dem typisch Stillen. Da in Krisensituationen i.d.R. davon auszugehen ist, daß die Kapitalkonten der stillen Gesellschaf-

---

432 Zur Ermittlung des maximalen Verlustausgleichs- bzw. -abzugsvolumens vgl. S. 172 ff.
433 Vgl. *Schmidt, L.* in: Schmidt, L., Einkommensteuergesetz, 15. Aufl. München 1996, § 16 Rz. 210 ff.
434 Falls die ausgleichs- und abzugsfähigen Verluste schon früher – aufgrund der auf S. 179 aufgeführten Ausnahmeregelungen – die Einlage überstiegen haben, so müssen die Verlustzuweisungen beim Untergang der Anteile nachversteuert werden. Zu Details der Problematik des Wegfalls negativer Kapitalkonten vgl. S. 179 ff.

ter negativ sind, macht es bezüglich der steuerlichen Auswirkungen des Untergangs der Einlage keinen Unterschied, ob sich der Gesellschafter typisch oder atypisch still an der GmbH beteiligt. Die Wahl der Beteiligungsform ist daher darauf abzustellen, welche steuerlichen Auswirkungen die laufenden Verlustzuweisungen haben. Wie die Ausführungen auf S. 140 zeigen, ist die typisch stille Beteiligung an der eigenen GmbH mit erheblichen gewerbesteuerlichen Vorteilen verbunden. Somit scheidet in den meisten Fällen die Rechtsform der atypisch stillen Beteiligung, obwohl sie vordergründig den Untergang der Beteiligung unmittelbar steuerlich berücksichtigt, als Finanzierungsform aus.

V. Nachschüsse

Eine weitere Form, der GmbH Kapital zuzuführen, sind Nachschüsse.[435] Dabei handelt es sich um Geldeinlagen, die über die Stammeinlage hinaus als offene Einlagen zur Vermehrung des Vermögens der Gesellschaft geleistet werden und somit eine Art variables Zusatzkapital bilden.[436] Die Ausstattung der GmbH mit Nachschüssen setzt voraus, daß:

1. Nachschußpflichten in der Satzung geregelt sind und
2. die Gesellschafterversammlung einen entsprechenden Beschluß faßt.

Ob die Gesellschaft die Nachschüsse einfordert, steht somit einzig und alleine im Ermessen der Gesellschafter, weder Gläubiger noch Konkursverwalter können die Einzahlung erzwingen.[437]

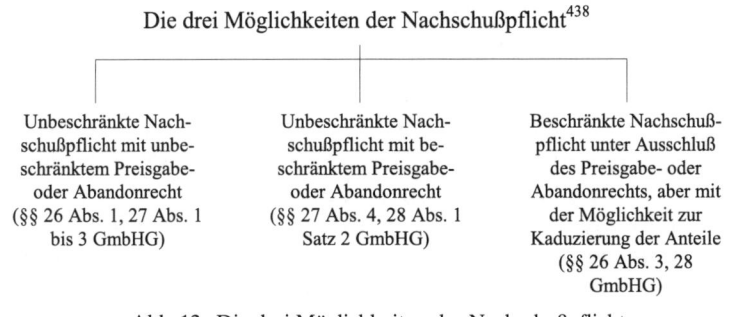

Die drei Möglichkeiten der Nachschußpflicht[438]

| Unbeschränkte Nachschußpflicht mit unbeschränktem Preisgabe- oder Abandonrecht (§§ 26 Abs. 1, 27 Abs. 1 bis 3 GmbHG) | Unbeschränkte Nachschußpflicht mit beschränktem Preisgabe- oder Abandonrecht (§§ 27 Abs. 4, 28 Abs. 1 Satz 2 GmbHG) | Beschränkte Nachschußpflicht unter Ausschluß des Preisgabe- oder Abandonrechts, aber mit der Möglichkeit zur Kaduzierung der Anteile (§§ 26 Abs. 3, 28 GmbHG) |

Abb. 12: Die drei Möglichkeiten der Nachschußpflicht

---

435 Vgl. §§ 26-28 GmbHG.
436 Vgl. *Lutter/Hommelhoff*, GmbH-Gesetz, 14. Aufl. Köln 1995, § 26 Rdn. 2.
437 Vgl. BGH-Beschl. v. 6.6.1994 II ZR 221/93, DStR 1994, VI.
438 Vgl. *Emmerich* in: Scholz, GmbH-Gesetz, 8. Aufl. Köln 1993, § 26 Anm. 2.

Ist die Nachschußpflicht im Gesellschaftsvertrag nicht auf einen bestimmten Betrag beschränkt, so hat der in Anspruch genommene Gesellschafter das Recht, sich von der Einzahlung dadurch zu befreien, daß er der Gesellschaft seinen Geschäftsanteil zur Verfügung stellt, ihn also preisgibt. Die Ausübung dieses sog. Abandonrechts ist jedoch an vier Voraussetzungen geknüpft:

- Die Stammeinlage muß voll eingezahlt sein.
- Der Nachschuß muß durch einen Gesellschafterbeschluß eingefordert worden sein.
- Die Gesellschaft muß den Gesellschafter zur Einzahlung aufgefordert haben.
- Der Gesellschafter muß mit der Einzahlung der Nachschüsse in Zahlungsrückstand sein.

Sind diese Voraussetzungen erfüllt, kann entweder der Gesellschafter innerhalb eines Monats nach Aufforderung zur Einzahlung seinen Anteil an der Gesellschaft preisgeben (§ 27 Abs. 1 Satz 1 GmbHG), bzw. wenn der Gesellschafter die Einzahlung innerhalb der Frist nicht leistet, kann die Gesellschaft den Anteil als preisgegeben behandeln (§ 27 Abs. 1 Satz 2 GmbHG). Mit der Preisgabe des Geschäftsanteils erlischt für den Gesellschafter jegliche Haftung für die eingeforderten Nachschüsse (§ 27 Abs. 1 Satz 1 GmbHG). Die Gesellschaft kann die Anteile binnen eines Monats nach Wirksamwerden der Preisgabe in einer öffentlichen Versteigerung verwerten (§ 27 Abs. 2 GmbHG).

Der Gesellschaftsvertrag kann neben der unbeschränkten Nachschußpflicht eine Obergrenze beinhalten, die bewirkt, daß der Gesellschafter erst dann, wenn er bis zu dieser Grenze die Nachschüsse eingezahlt hat, von seinem Preisgabe- bzw. Abandonrecht Gebrauch machen darf (§ 27 Abs. 4 GmbHG). Erfüllt er die Nachschußpflicht bis zu dieser Grenze nicht, so steht der Gesellschaft die Kaduzierung gem. §§ 21 bis 23 GmbHG zu (§ 28 Abs. 1 Satz 2 GmbHG). Bezüglich der Nachforderungen, die die Obergrenze übersteigen, kann der Gesellschafter von seinem Abandonrecht Gebrauch machen.

Ist im Gesellschaftervertrag die Nachschußpflicht auf einen bestimmten Betrag beschränkt, so muß der Gesellschafter leisten. Kommt er der Auf-

Zivil- und steuerrechtliche Behandlung v. Finanzierungsmaßnahmen 125

forderung der Gesellschaft nicht nach, so kann diese entweder Klage oder Zwangsvollstreckung beantragen bzw. gem. §§ 21 bis 23 GmbHG das Kaduzierungsverfahren einleiten (§ 28 Abs. 1 Satz 1 GmbHG).

Da es sich bei Nachschüssen nicht um Stammkapital handelt, ist die Rückzahlung auch nicht in dem Maße restriktiv geregelt wie bei Kapitalherabsetzungen. Dennoch ist für die Auszahlung ein Gesellschafterbeschluß erforderlich, und sie darf erst drei Monate nach dem Rückzahlungsbeschluß und der Bekanntgabe in öffentlichen Blättern erfolgen.[439] Außerdem muß bei der Rückzahlung beachtet werden, daß für Nachschüsse die Kapitalerhaltungsregeln des § 30 GmbHG greifen. So darf eine Auszahlung der Nachschüsse nur erfolgen, wenn dadurch keine Unterbilanz entsteht.[440] Eine unzulässige Rückzahlung löst somit den Erstattungsanspruch gem. § 31 GmbHG aus.[441]

Ein weiterer Nachteil der Gewährung von Nachschüssen gegenüber Gesellschafterdarlehen liegt darin, daß Nachschüsse nach der Auflösung der GmbH, also im Liquidationszeitraum, nur gewährt werden können, wenn dies vorher beschlossen wurde bzw. ein entsprechender Passus im Gesellschaftsvertrag vorhanden ist.[442] In der Praxis sind diese Voraussetzungen jedoch i.d.R. nicht erfüllt.

In der *Handelsbilanz* und aufgrund des Maßgeblichkeitsprinzips auch in der *Steuerbilanz* muß die Gesellschaft, wenn der Einziehungsbeschluß verabschiedet wird, den Gesellschaftern kein Abandonrecht gem. § 27 GmbHG zusteht und mit der Einzahlung somit gerechnet werden kann, unter den Forderungen eine Position „Eingeforderte Nachschüsse" aktivieren.[443] Gleichzeitig ist auf der Passivseite in einem Unterpunkt der Kapitalrücklagen in gleicher Höhe eine Position „Nachschußkapital" zu

---

439 Vgl. § 30 Abs. 2 Satz 2 f. GmbHG; *Westermann* in: Scholz, GmbH-Gesetz, 8. Aufl. Köln 1993, § 30 Anm. 44 ff.
440 Vgl. § 30 Abs. 2 Satz 1 GmbHG.
441 Vgl. S. 79 ff.
442 Vgl. *Apitz*, Darlehensforderungen eines Gesellschafters als Verluste bei wesentlichen Beteiligungen, FR 1992, 124 [129].
443 Vgl. § 42 Abs. 2 GmbHG; *Langenmayr* in: Hofbauer/Kupsch, Bonner Handbuch Rechnungslegung, § 42 GmbHG Rz. 6.

bilden.[444] Wenn die Nachschüsse eingezahlt sind, wird dieser Sonderposten der Kapitalrücklage fortgeführt.[445]

Da es sich bei Nachschußkapital nicht um Verbindlichkeiten handelt, die im Falle des Konkurses aus der Masse bedient werden müssen, sind sie im Überschuldungsstatus nicht zu berücksichtigen.[446]

Ertragsteuerlich lösen eingezahlte Nachschüsse beim Gesellschafter, wenn sie durch das Gesellschaftsverhältnis veranlaßt sind,[447] immer nachträgliche Anschaffungskosten auf die Beteiligung aus.[448] Bei der GmbH führt die erfolgsneutrale Einstellung in die Kapitalrücklage zur Bildung von EK04. Die Rückzahlung ist entgegen der Gesetzessystematik ebenfalls aus EK04 zu leisten.[449] Es muß also keine Ausschüttungsbelastung gem. §§ 27 Abs. 1 i.V.m. 28 Abs. 3 KStG hergestellt werden. Reicht das EK04[450] zur Rückzahlung nicht mehr aus, so ist ein Negativbetrag auszuweisen.[451] Beim Gesellschafter mindert die Rückzahlung entsprechend die Anschaffungskosten der Beteiligung und führt somit nicht zu Einkünften aus Kapitalvermögen i.S.d. § 20 Abs. 1 Nr. 1 oder 2 EStG.[452]

---

444 Vgl. § 42 Abs. 2 Satz 3 GmbHG; *Förschle/Kofahl* in: Beck'scher Bilanz-Kommentar, 3. Aufl. München 1995, § 272 Rdn. 75; *Crezelius* in: Scholz, GmbH-Gesetz, 8. Aufl. Köln 1993, § 42 Anm. 10: Wahlrecht mit eingeforderten Einlagen gem. § 272 Abs. 1 Satz 2 HGB; *Adler/Düring/Schmalz*, Rechnungslegung und Prüfung der Unternehmen, § 272 HGB Rdnr. 67: lassen auch einen Davon-Vermerk zu; *Schildbach*, Der handelsrechtliche Jahresabschluß, 4. Aufl. Berlin 1995, 209; WP-Handbuch 1996, 1. Band, 11. Aufl. Düsseldorf 1996, Abschn. F Tz. 120 und 174.
445 Vgl. *Förschle/Kofahl* in: Beck'scher Bilanz-Kommentar, 3. Aufl. München 1995, § 272 Rdn. 77 f.
446 Vgl. *Schmidt, K.* in: Scholz, GmbH-Gesetz, 8. Aufl. Köln 1993, § 63 Anm. 26.
447 Vgl. zum Begriff „durch das Gesellschaftsverhältnis veranlaßt" S. 94 ff.: beim Gesellschafterdarlehen bzw. S. 112 ff.: bei Bürgschaften.
448 Vgl. *Schmidt, L.* in: Schmidt, L., Einkommensteuergesetz, 15. Aufl. München 1996, § 17 Rz. 164; *Berger*, Gleichbehandlung von Sanierungen auf Gesellschafterebene mit Nachschüssen bei der Gliederung des verwendbaren Eigenkapitals, DB 1982, 2487. Lediglich wenn die Nachschüsse nach der Auflösung der Gesellschaft beschlossen und eingezahlt werden, entstehen keine nachträglichen Anschaffungskosten (vgl. *Apitz*, Darlehensforderungen eines Gesellschafters als Verlust bei wesentlicher Beteiligung, FR 1992, 124 [129]).
449 Vgl. BFH v. 30.5.1990 I R 41/87, BStBl. II 1991, 588 [592]; Niedersächsischer FinMin v. 16.8.1982, DB 1982, 1849; Abschn. 95 Abs. 3 KStR; *Wrede* in: Herrmann/Heuer/Raupach, Einkommensteuer- und Körperschaftsteuergesetz, § 27 Rdn. 39 und § 28 KStG Rdn. 43; *Berger*, Gleichbehandlung von Sanierungen auf Gesellschafterebene mit Nachschüssen bei der Gliederung des verwendbaren Eigenkapitals, DB 1982, 2487; a.A. *Dötsch* in Dötsch/Eversberg/Jost/Witt, Die Körperschaftsteuer, § 27 Tz. 34 und 39 ff.: plädiert für Einhaltung der Systematik.
450 Falls Nachschußkapital zurückgezahlt wird, das vor dem 1.1.1977 einbezahlt wurde, so ist anstatt dem EK04 das EK03 zu vermindern.
451 Vgl. *Dötsch* in: Dötsch/Eversberg/Jost/Witt, Die Körperschaftsteuer, § 27 KStG Tz. 34.
452 Vgl. *Kerssenbrock*, Die Verwendungsfiktion des § 28 Abs. 3 KStG, DB 1987, 1658 [1661].

Zu den oben angeführten gesellschaftsrechtlichen Nachteilen der Nachschüsse gegenüber den Gesellschafterdarlehen und den Bürgschaften kommt noch ein gravierender wirtschaftlicher und steuerlicher Nachteil hinzu. Nachschüsse können nämlich nur unverzinslich begeben werden.[453] Es besteht für den Gesellschafter somit keine Möglichkeit, einen Teil des Gewinns über Zinszahlungen „abzusaugen".[454]

VI. Zuschüsse

Zuschüsse sind freiwillige und ohne satzungsmäßige Verpflichtung der Gesellschaft zugeführte Sach- oder Geldmittel. Werden sie endgültig hingegeben, so spricht man von verlorenen Zuschüssen, ist im Gesellschaftsvertrag jedoch vorgesehen, daß die Zuschüsse nach einem Mehrheitsbeschluß wieder zurückbezahlt werden können, so liegen echte Zuschüsse vor.[455]

Bei der *Bilanzierung* von Zuschüssen ist handelsrechtlich danach zu unterscheiden, ob der Gesellschafter den jeweiligen Zuschuß in das Eigenkapital der Gesellschaft leisten, also die Finanzausstattung der Gesellschaft stärken will, oder ob er den Zuschuß leistet, um einen Jahresfehlbetrag auszugleichen. Im ersten Fall ist der Zuschuß in die Kapitalrücklage (§ 272 Abs. 2 Nr. 4 HGB) einzustellen, ansonsten handelt es sich um außerordentlichen Ertrag (§ 275 Abs. 2 Nr. 15 bzw. Abs. 3 Nr. 14 HGB).[456] In der Steuerbilanz liegt eine verdeckte Einlage in das Eigenkapital der Gesellschaft dann vor, wenn der der Gesellschaft zugewendete Vermögensvorteil die Ursache in der Gesellschafterstellung hat. Die Willenserklärung, den Zuschuß der GmbH nur in die Kapitalrücklage einstellen zu wollen, ist nicht entscheidend.[457]

Da es sich sowohl bei echten wie auch bei verlorenen Zuschüssen nicht um Verbindlichkeiten handelt, die im Falle des Konkurses aus der Masse

---

453 Vgl. *Goerdeler* in: Hachenburg, Gesetz betreffend die Gesellschaften mit beschränkter Haftung, Berlin 1979, § 26, Rdn. 12.
454 Vgl. zu den Vorteilen insbesondere für nicht anrechnungsberechtigte Anteilseigner S. 72 f.
455 Vgl. *Goerdeler* in: Hachenburg, Gesetz betreffend die Gesellschaften mit beschränkter Haftung, Berlin 1979, § 26, Rdn. 14.
456 Vgl. HFA 2/1996: Zur Bilanzierung privater Zuschüsse, WPg 1996, 709 [712]; *Förschle/Kofahl* in: Beck'scher Bilanz-Kommentar, 3. Aufl. München 1995, § 272 Rdn. 67; *Sender*, Ist die Rückzahlung eines Gesellschafterzuschusses durch die GmbH eine Kapitalrückzahlung oder ist sie eine Ausschüttung i.S.d. §§ 27, 28 KStG?, StWa 1993, 228 f.
457 Vgl. *Küting* in: Küting/Weber, Handbuch der Rechnungslegung, 3. Aufl. Stuttgart 1990, § 272 Rdn. 92.

bedient werden müssen, sind sie im Überschuldungsstatus nicht zu berücksichtigen.[458]

Für die *ertragsteuerliche Behandlung* beim Gesellschafter ist m.E. zu unterscheiden, ob es sich um echte oder verlorene Zuschüsse handelt. Verlorene Zuschüsse stellen immer nachträgliche Anschaffungskosten dar.[459] Bei echten Zuschüssen ist analog zum Gesellschafterdarlehen darauf abzustellen, ob sie durch das Gesellschaftsverhältnis veranlaßt sind oder nicht.[460] In der körperschaftsteuerlichen Eigenkapitalgliederung der Gesellschaft sind Zuschüsse jedoch immer ins EK04 einzustellen.[461] Handelt es sich um echte Zuschüsse, so erfolgt die Rückzahlung analog den Regelungen bei der Rückzahlung von Nachschüssen.[462]

VII. Zusammenfassung

1) Aufgrund der gesellschaftsrechtlichen Restriktionen, die Vermögensverluste beim Untergang der Beteiligung steuerlich geltend zu machen, stellt eine *Kapitalerhöhung* i.d.R. kein probates Mittel dar, der Gesellschaft Kapital zuzuführen.

2) Grundsätzlich können mittels eines *Gesellschafterdarlehens* der Gesellschaft schnell und günstig Finanzierungsmittel zur Verfügung gestellt werden, und die Zinszahlungen bringen eine definitive Steuerentlastung in Höhe der ersparten Gewerbesteuer.

3) In Unternehmenskrisen ist jedoch aufgrund der Kapitalerhaltungsvorschriften der §§ 30 ff. GmbHG eine Zurückerstattung der Gesellschafterdarlehen meist nicht möglich.

4) Bis zur Entscheidung des GrS des BFH herrscht zudem Unsicherheit über die steuerliche Behandlung von Gesellschafterdarlehen. Denn obwohl der VIII. Senat zu dem Ergebnis gekommen ist, daß in allen Fällen der durch das Gesellschaftsverhältnis bedingten Kapitalüberlassung beim Untergang des Darlehens nachträgliche Anschaffungskosten in Höhe des Nennwerts anfallen, ist der I. Senat der Ansicht, daß nur durch verdeckte Einlagen nachträgliche Anschaffungskosten entstehen, und diese eventuell nur in Höhe des werthaltigen Teils beim

---

458 Vgl. *Schmidt, K.* in: Scholz, GmbH-Gesetz, 8. Aufl. Köln 1993, § 63 Anm. 26.
459 Vgl. *Schmidt, L.* in: Schmidt, L., Einkommensteuergesetz, 15. Aufl. München 1996, § 17 Rz. 164.
460 Vgl. zur Behandlung eines Gesellschafterdarlehens S. 94 ff.
461 Vgl. *Dötsch* in: Dötsch/Eversberg/Jost/Witt, Die Körperschaftsteuer, § 30 Tz. 77.
462 Vgl. S. 123 ff.

Gesellschafter berücksichtigt werden könnten. Da sich die Finanzverwaltung der restriktiven Auffassung des I. Senats angeschlossen hat, und zusätzlich zu den steuerrechtlichen Problemen die Behandlung von Gesellschafterdarlehen im Überschuldungsstatus strittig ist, sollte in Krisenzeiten vom Einsatz von Gesellschafterdarlehen Abstand genommen werden.

5) Da ein Gesellschafterdarlehen, für das ein *Rangrücktritt* erklärt wurde, steuerlich nach den allgemeinen Grundsätzen der Gesellschafterdarlehen behandelt wird, ergibt sich lediglich ein gesellschaftsrechtlicher Vorteil durch diese Gestaltung. Ein Gesellschafterdarlehen mit Rangrücktritt bleibt nämlich im Überschuldungsstatus unberücksichtigt, so daß auf diese Weise eventuell die drohende Konkursantragspflicht umgangen werden kann, ohne den Anspruch gegenüber der Gesellschaft gänzlich aufzugeben.

6) Früher mußte man, aufgrund der Rechtsprechung des I. Senats, bei vor der Krise begebenen Gesellschafterdarlehen in der Krise zwingend einen *Verzicht* erklären, um wenigstens in Höhe des gemeinen Werts nachträgliche Anschaffungskosten auf die Beteiligung geltend machen zu können. Sollte sich der GrS der Rechtsprechung des VIII. Senats anschließen, ist der Verzicht auf das Gesellschafterdarlehen aus steuerlicher Sicht nicht mehr nötig. Aber auch gesellschaftsrechtlich ist der Verzicht keine optimale Lösung. Die Nichtberücksichtigung im Überschuldungsstatus läßt sich nämlich auch mittels eines Rangrücktritts erreichen, und dabei muß der Gesellschafter nicht endgültig den Anspruch gegenüber der Gesellschaft aufgeben.

7) Der *Verzicht mit Besserungsvereinbarung* bewirkt im Ergebnis dieselben Rechtsfolgen wie der Rangrücktritt. Sollte sich der GrS der Rechtsprechung des VIII. Senats anschließen, ist der Verzicht nicht mehr erforderlich, um nachträgliche Anschaffungskosten auf die Beteiligung zu erzielen. Gegenüber dem bloßen Verzicht hat der Verzicht mit Besserungsvereinbarung ebenso wie der Rangrücktritt den Vorteil, daß er eine Nichtberücksichtigung im Überschuldungsstatus bewirkt, ohne den Anspruch gegenüber der Gesellschaft jedoch endgültig aufgeben zu müssen. Dieser gesellschaftsrechtliche Vorteil wiegt die Unsicherheiten bzgl. der steuerlichen Behandlung jedoch nicht auf. Daher sollte diese Form der Kapitalzuführung vermieden werden.

8) Die Übernahme von *Bürgschaften* für Verbindlichkeiten der Gesellschaft stellt im Moment die steueroptimale Form der Finanzierung dar. Denn nach Ansicht der Finanzverwaltung führt die Inanspruchnahme aus einer Bürgschaft im Gegensatz zur Gewährung von Gesellschafterdarlehen im Falle des Untergangs immer zu nachträglichen Anschaffungskosten in Höhe der übernommenen Bürgschaft. Zudem ist eine Bürgschaftsübernahme gesellschaftsrechtlich ohne Restriktionen einzugehen, und im Überschuldungsstatus läßt sich mittels eines Rangrücktritts die Passivierung der Rückgriffsforderung vermeiden.

9) Eine weitere steuerlich und gesellschaftsrechtlich sinnvolle Finanzierungsform stellt die *atypisch stille Beteiligung* dar. Der Untergang der Einlage kann steuerlich nämlich immer geltend gemacht werden und i.d.R. unterbleibt eine Passivierung im Überschuldungsstatus. Bei der *typisch stillen Beteiligung* ist zu unterscheiden, ob die Verlustzuweisung zu einem negativen Kapitalkonto führt oder nicht. Liegt nämlich ein negatives Kapitalkonto vor, so entsprechen die Rechtsfolgen denen der atypisch stillen Beteiligung. Ist jedoch in der Krise ein postives Kapitalkonto vorhanden, so kann zum einen der Vermögensverlust des Untergangs der Einlage steuerlich nicht geltend gemacht werden und zum anderen erfolgt in dieser Höhe im Überschuldungsstatus eine Passivierung.

10) Die Gewährung von *Nachschüssen* entspricht in den Rechtsfolgen der Kapitalerhöhung. Sie führen zwar beim Untergang der Beteiligung immer zu nachträglichen Anschaffungskosten, die Überlassung ist jedoch mit einer Vielzahl von gesellschaftsrechtlichen Restriktionen verbunden. Obwohl diese Art der Kapitalzuführung im Überschuldungsstatus keine Berücksichtigung als Fremdkapital findet, ist insgesamt betrachtet die Übernahme einer Bürgschaft der Gewährung von Nachschüssen vorzuziehen.

11) Auch *Zuschüsse* eignen sich, obwohl sie im Überschuldungsstatus keine Passivierung auslösen, nur bedingt zur Finanzausstattung der Gesellschaft. Verlorene Zuschüsse führen zwar immer zu nachträglichen Anschaffungskosten, aber der Gesellschafter gibt jegliche Gläubigerposition gegenüber der Gesellschaft auf. Bei echten Zuschüssen liegt in bezug auf die steuerlichen Rechtsfolgen die gleiche Unsicherheit vor, wie bei Gesellschafterdarlehen.

Kapitel 3:
Vermeidung der Verlustfalle

Im Gegensatz zu Personengesellschaften, bei denen der Verlust der Gesellschaft direkt den Gesellschaftern zugerechnet wird,[463] kann aufgrund der Zwei-Sphären-Theorie der Verlust einer Kapitalgesellschaft nur mit Gewinnen dieser Gesellschaft verrechnet werden.[464] Somit ist es für den Gesellschafter einer Kapitalgesellschaft bis zur Beendigung der Krisensituation[465] nicht möglich, Verluste, die diese Gesellschaft erwirtschaftet, mit positiven Ergebnissen anderer wirtschaftlicher Aktivitäten, sei es aus Einzelunternehmen, Personengesellschaften oder auch anderen Kapitalgesellschaften, zu verrechnen.

Um das Verlustpotential der Kapitalgesellschaft dennoch mit anderen Gewinnen saldieren zu können, muß die Gesellschaft entweder umgewandelt werden,[466] oder um die „Verlustfalle" gar nicht entstehen zu lassen, muß sich der Gesellschafter frühzeitig als stiller Gesellschafter an der Kapitalgesellschaft beteiligen.[467] Da unterstellt wird, daß der Gesellschafter neben der verlustbringenden Beteiligung an einer Kapitalgesellschaft über andere positive Einkünfte verfügt, wird die Gestaltung des Mantel(ver-)kaufs hier nicht behandelt.[468]

A. Vermeidung der Verlustfalle durch Umwandlung

Das neue Umwandlungssteuergesetz (UmwStG 1995) bietet die Möglichkeit, aufgelaufene Verluste von Kapitalgesellschaften auf andere Steuersubjekte zu übertragen. Dabei kommen bei der Umwandlung auf eine andere Kapitalgesellschaft (Verschmelzung und Spaltung) die §§ 11 bis 13

---

463 Vgl. *Schmidt, L.* in: Schmidt, L., Einkommensteuergesetz, 15. Aufl. München 1996, § 15 Rz. 408.
464 Vgl. *Streck*, Körperschaftsteuergesetz, 4. Aufl. München 1995, § 8 Anm. 152.
465 Wird die Krise überwunden, so können die aufgelaufenen Verlustvorträge mit den künftigen Gewinnen verrechnet werden. Falls das Konkursverfahren eröffnet bzw. mangels Masse abgelehnt wird, so geht der Verlust über den steuerpflichtigen Abwicklungsverlust gem. § 11 KStG i.V.m. § 17 EStG auf die Ebene des Gesellschafters über (*Graffe* in: Dötsch/Evers-berg/Jost/Witt, Die Körperschaftsteuer, § 11 Tz. 22 f., 37, 46).
466 Vgl. S. 131 ff.
467 Vgl. S. 140 ff.
468 Die Problematik des Mantelkaufs ist ausführlich dargestellt bei: *Meyer-Scharenberg* in: Maßbaum/Meyer-Scharenberg/Perlet, Die deutsche Unternehmensbesteuerung im europäischen Binnenmarkt, Berlin 1994, 821 ff.; *Kräußlein*, Ertragsteuerliche Verlustkompensationsstrategien in Krisenunternehmen, Köln 1992, 113 ff.

UmwStG bzw. bei der Umwandlung auf eine Personengesellschaft (Verschmelzung, Spaltung und Formwechsel) die §§ 3 bis 10 UmwStG zur Anwendung.

I. Umwandlung einer Kapitalgesellschaft auf eine andere Kapitalgesellschaft

Bei der Umwandlung einer Kapitalgesellschaft auf eine andere Kapitalgesellschaft im Wege der Verschmelzung bzw. der Spaltung[469] tritt gem. § 12 Abs. 3 Satz 2 UmwStG die übernehmende Kapitalgesellschaft bezüglich eines vorhandenen Verlustabzugs i.S.d. § 10d Abs. 3 Satz 2 EStG in die Rechtsposition der übertragenden Gesellschaft ein. Diese Möglichkeit der Übertragung eines Verlustvortrags stellt eine wesentliche Verbesserung gegenüber den Regelungen des alten Umwandlungssteuerrechts dar. Vor dem Inkrafttreten des UmwStR 1995[470] war es nämlich nur mittels umständlicher Gestaltungen möglich, den Verlustvortrag einer Kapitalgesellschaft, die sich in der Krise befindet, auf eine ertragreiche Kapitalgesellschaft zu transferieren.[471] Wenn sichergestellt ist, daß die übertragende Verlustgesellschaft im Zeitpunkt der Eintragung des Vermögensübergangs ins Handelsregister ihren Geschäftsbetrieb noch nicht eingestellt hat, ist jetzt eine Übertragung der vorhandenen Verlustvorträge gewährleistet.[472]

Beispiel:

Die Verlustgesellschaft V-GmbH verfügt am 31.12. über einen Verlustvortrag in Höhe von 250.000 DM. Um den Verlust steuerlich geltend machen zu können, wird die V-GmbH auf eine ertragreiche Gesellschaft, die E-GmbH, verschmolzen. Die Buchwerte sollen fortgeführt werden.

---

469 Zur Darstellung der zivilrechtlichen Grundlagen vgl. die Kommentierungen zum UmwG: *Schaumburg/Rödder*, Umwandlungsgesetz und Umwandlungssteuergesetz, Köln 1996; *Schwedhelm*, Die Unternehmensumwandlung, 2. Aufl. Köln 1996; *Goutier/Knopf/Tulloch*, Kommentar zum Umwandlungsrecht, Köln 1996; *Ballreich/Kirsch*, Umwandlungsrecht und Umwandlungssteuerrecht, Berlin 1996; *Dehmer*, Umwandlungsgesetz Umwandlungssteuergesetz, 2. Aufl. München 1996; *Sagasser/Bula*, Umwandlungen, München 1995; *Meyer-Scharenberg*, Umwandlungsrecht, Berlin 1995; *Lutter*, Kölner Umwandlungsrechtstage: Verschmelzung – Spaltung – Formwechsel, Köln 1995; *Widmann/Mayer*, Umwandlungsrecht, Bonn (Loseblatt).

470 Das neue Umwandlungssteuerrecht ist erstmals auf Vermögensübergänge anzuwenden, die auf Rechtsakten beruhen, welche nach dem 31.12.1994 wirksam werden (§ 27 Abs. 1 UmwStG).

471 Z.B. durch Realisation der stillen Reserven in der steuerlichen Schlußbilanz der übertragenden Kapitalgesellschaft oder durch Verschmelzung der ertragreichen Kapitalgesellschaft auf die Verlust-Kapitalgesellschaft. Somit mußte oftmals bei Umwandlungen innerhalb eines Konzerns, um vororganschaftliche Verlustvorträge geltend machen zu können, die Mutter- auf die Tochtergesellschaft verschmolzen werden („down-stream-merger"). Vgl. zur alten Rechtslage: *Meyer-Scharenberg*, Steuergestaltung durch Umwandlung, Berlin 1990, 325 f.

472 Vgl. § 12 Abs. 3 Satz 2 UmwStG.

Vermeidung der Verlustfalle

A	V-GmbH-Schlußbilanz		P
AV	350.000 DM	Stammkap.	300.000 DM
		Verlustvortrag	./. 250.000 DM
		Verbindlichkeiten	300.000 DM
	35.000 DM		350.000 DM

A	E-GmbH-Schlußbilanz		P
AV	200.000 DM	Stammkap.	100.000 DM
		Verbindlichkeiten	100.000 DM
	200.000 DM		200.000 DM

Durch den Verschmelzungsvorgang entsteht kein Übernahmegewinn gem. § 12 Abs. 2 UmwStG, da die E-GmbH nicht an der V-GmbH beteiligt war. Somit geht der gesamte körperschaftsteuerliche und gewerbesteuerliche[473] Verlustvortrag auf die E-GmbH über.[474] Wird als Übertragungsstichtag der 31.12. gewählt, so kann die E-GmbH den übergehenden Verlustvortrag noch in diesem Jahr mit ihrem positiven Einkommen verrechnen.[475]

A	Übernahmebilanz der E-GmbH		P
AV	550.000 DM	Stammkap.	400.000 DM
		Verlustvortrag	./. 250.000 DM
		Verbindlichkeiten	400.000 DM
	550.000 DM		550.000 DM

Die übernehmende Kapitalgesellschaft kann den übertragenen Verlustvortrag sowohl zum Verlustausgleich im Übertragungsjahr[476] als auch, wenn der laufende Gewinn zur Verrechnung nicht ausreicht, zum zeitlichen und

---

473 Vgl. § 19 Abs. 2 UmwStG.
474 Vgl. *Meyer-Scharenberg*, Umwandlungsrecht, Berlin 1995, 55.
475 Vgl. *Dötsch* in: Dötsch/Eversberg/Jost/Witt, Die Körperschaftsteuer, Anhang UmwStG Tz. 149.
476 Vgl. *Blumers*, Fortführung und Nutzung von Verlusten nach dem neuen Umwandlungssteuergesetz, DStR 1996, 691 [692]; *Schaumburg/Rödder*, Umwandlungsgesetz Umwandlungssteuergesetz, Köln 1995, § 12 UmwStG Rn. 17; *Streck/Posdziech*, Verschmelzung und Formwechsel nach dem neuen Umwandlungssteuergesetz (II), GmbHR 1995, 357; *Herzig/Förster*, Problembereiche bei der Auf- und Abspaltung von Kapitalgesellschaften nach neuem Umwandlungssteuerrecht, DB 1995, 338 [348]; *Roser/Jung*, Der Verlustabzug nach dem neuen Umwandlungssteuergesetz, FR 1995, 597 [600]; *Orth*, Überlegungen zur erstmaligen Anwendung des UmwStG 1995, DB 1995, 169 [170].

der Höhe nach unbegrenzten Verlustvortrag[477] verwenden. Umstritten ist, ob die übernehmende Gesellschaft den Verlust der übertragenden Gesellschaft auch zurücktragen kann.[478] M.E. ist der Rücktrag zulässig. Der Verweis des § 12 Abs. 3 Satz 2 UmwStG auf den § 10d Abs.3 Satz 2 EStG definiert lediglich die Höhe des übergehenden Verlustpotentials, ohne auf die verschiedenen Möglichkeiten der Geltendmachung einzugehen. Hätte der Gesetzgeber den Verlustrücktrag untersagen wollen, so hätte er ihn explizit ausschließen müssen.[479]

Ein wesentlich beteiligter Gesellschafter kann das Verlustpotential sogar verdoppeln.[480] In einem ersten Schritt verkauft er entweder seine Anteile an der verlustbringenden GmbH (V-GmbH) an die ertragstarke GmbH (E-GmbH) oder legt sie verdeckt in die E-GmbH ein und realisiert, unter Berücksichtigung der Voraussetzungen des § 17 Abs. 4 Satz 2 EStG, somit auf der Ebene des Gesellschafters einen Verlust. Anschließend verschmilzt er die V-GmbH mit der E-GmbH, und diese tritt somit bzgl. des Verlustvortrags der V-GmbH in deren Rechtsposition ein (§ 12 Abs. 3 Satz 2 UmwStG).

II. Umwandlung einer Kapitalgesellschaft in eine Personengesellschaft

Die bedeutendste Neuregelung des UmwStG 1995 liegt in der nun möglichen erfolgsneutralen Umwandlung einer Kapitalgesellschaft in eine Per-

---

477 Vgl. *Dehmer*, Umwandlungsgesetz Umwandlungssteuergesetz, 2. Aufl. München 1996, § 12 UmwStG Anm. 117; *Schaumburg*, Die Verschmelzung von Kapitalgesellschaften und Personenhandelsgesellschaften nach dem neuen Umwandlungssteuerrecht, FR 1995, 211 [220]; *Streck/Posdziech*, Verschmelzung und Formwechsel nach dem neuen Umwandlungssteuergesetz (II), GmbHR 1995, 357 [360]; *Wochinger/Dötsch*, Das neue Umwandlungssteuergesetz und seine Folgeänderungen bzw. Auswirkungen bei der Einkommen-, Körperschaft- und Gewerbesteuer, DB 1994 Beilage 14 zu Heft 51/52, 16.
478 Für einen Rücktrag sprechen sich aus: *Dehmer*, Umwandlungsgesetz Umwandlungssteuergesetz, 2. Aufl. München 1996, § 12 UmwStG Anm. 118 f; *Streck/Posdziech*, Verschmelzung und Formwechsel nach dem neuen Umwandlungssteuergesetz (II), GmbHR 1995, 357 [360]; *Roser/Jung*, Der Verlustabzug nach dem neuen Umwandlungssteuergesetz, FR 1995, 597 [600]. Für einen Ausschluß des Rücktrages plädieren: *Dötsch* in: Dötsch/Eversberg/Jost/Witt, Die Körperschaftsteuer, Anhang UmwStG Tz. 149; *Sagasser/Bula*, Umwandlungen, München 1995, 22; *Wochinger/Dötsch*, Das neue Umwandlungssteuergesetz und seine Folgeänderungen bzw. Auswirkungen bei der Einkommen-, Körperschaft- und Gewerbesteuer, DB 1994 Beilage 14 zu Heft 51/52, 16.
479 Gl. A. *Dehmer*, Umwandlungsgesetz Umwandlungssteuergesetz, 2. Aufl. München 1996, § 12 UmwStG Anm. 118.
480 Vgl. *Blumers*, Fortführung und Nutzung von Verlusten nach dem neuen Umwandlungssteuergesetz, DStR 1996, 691 [695].

sonengesellschaft. Neben vielen anderen steuerlichen Aspekten,[481] die eine Umwandlung einer Kapitalgesellschaft in eine Personengesellschaft vorteilhaft erscheinen lassen, besteht nunmehr in Krisensituationen die Möglichkeit, Verluste aus der Sphäre einer Kapitalgesellschaft auf die Ebene der Gesellschafter zu übertragen. Zwar untersagt § 4 Abs. 2 Satz 2 UmwStG, daß die übernehmende Personengesellschaft bzgl. des Verlustpotentials der übertragenden Körperschaft in deren Rechtsstellung eintritt, über den infolge des Vermögensübergangs zu bildenden Übernahmegewinn/-verlust (§ 4 Abs. 4 UmwStG) kommt man jedoch genau zu diesem Ergebnis.[482] Der Übernahmegewinn/Über-nahmeverlust berechnet sich nämlich vereinfacht nach der Formel:

  Saldo aus Aktiva abzgl. Passiva des übergehenden Betriebsvermögens
- Wert der Anteile an der übergehenden Körperschaft (§ 5 UmwStG)
= Übernahmegewinn/Übernahmeverlust

Somit ergibt sich bei einer Übernahme des Vermögens der Kapitalgesellschaft zu Buchwerten in zwei Fällen ein Übernahmeverlust:[483]

1) wenn stille Reserven vorhanden sind, die bei einem Anteilskauf kurze Zeit vor der Umwandlung im Kaufpreis der Anteile vergütet wurden oder

2) wenn aufgrund einer Verlustsituation das Vermögen der Kapitalgesellschaft sehr gering oder sogar negativ ist.

Unterstellt man, daß i.d.R. bei mittelständischen GmbHs die Anschaffungskosten der Anteile an der übergehenden Körperschaft dem Stammkapital entsprechen und bei Unternehmenskrisen kein anrechenbares Körperschaftsteuerguthaben vorhanden ist, so entsteht in Höhe des vorhandenen Verlustvortrags der GmbH auf der Ebene der Anteilseigner ein Übernahmeverlust. Dieser wirkt sich in Zukunft entweder über die Abschrei-

---

481 Z.B. die Tarifbegrenzung auf gewerbliche Einkünfte (§ 32c EStG); Staffeltarife (§ 11 Abs. 2 GewStG) und Freibeträge (§ 11 Abs. 1 GewStG) bei der GewSt; Gewerbesteuerfreiheit des Liquidationserlöses (§ 2 GewStG).
482 Vgl. *Dötsch* in: Dötsch/Eversberg/Jost/Witt, Die Körperschaftsteuer, Anhang UmwStG Tz. 82a.
483 Vgl. *Blumers*, Fortführung und Nutzung von Verlusten nach dem neuen Umwandlungssteuergesetz, DStR 1996, 691 [692]; *Neu*, Die Nutzbarmachung von Verlustvorträgen einer Kapitalgesellschaft durch Umwandlung in eine Personengesellschaft, DB 1995, 1731.

bung der aufzustockenden Wirtschaftsgüter bzw. des Firmenwerts einkommen- und gewerbesteuerlich[484] aus oder, falls keine stillen Reserven vorhanden sind, mindert er den laufenden Gewinn der Mitunternehmer.[485] Da es sich bei dem, nach Aufstockung der Wirtschaftsgüter und dem etwaigen Ansatz eines Firmenwerts, verbleibenden Verlust um einen Verlust der Personengesellschaft handelt,[486] sind insbesondere bei der Umwandlung in eine Kommanditgesellschaft die Rechtsfolgen des § 15a EStG zu beachten.[487]

Beispiel:

Eine bilanziell (nicht konkursrechtlich!)[488] überschuldete Einmann-GmbH verfügt am 31.12. über einen Verlustvortrag in Höhe von 250.000 DM. Die stillen Reserven der Wirtschaftsgüter des Anlagevermögens belaufen sich auf 100.000 DM. Um den Verlustvortrag steuerlich geltend machen zu können, wird die GmbH in ein Einzelunternehmen umgewandelt. Dabei setzt die GmbH die Wirtschaftsgüter in der steuerlichen Schlußbilanz gem. § 3 Satz 2 UmwStG mit den Buchwerten an.

A	GmbH-Schlußbilanz 31.12.		P
AV	450.000 DM	Stammkap.	200.000 DM
		Rücklagen	0 DM
		Verlustvortrag ∕. 250.000 DM	
nicht durch EK		davon nicht gedeckt 50.000 DM	∕. 200.000 DM
gedeckter Fehlbetrag	50.000 DM	Verbindlichkeiten	500.000 DM
	500.000 DM		500.000 DM

---

484 Vgl. *Rödder/Momen*, Gewerbesteuerliche Behandlung des Übernahmeverlustes bei Umwandlung einer Kapital- in eine Personengesellschaft, DStR 1996, 1799, m.w.N.: Die Ausführungen widerlegen die Ansicht der Körperschaftsteuer-Referatleiter des Bundes und der Länder, die anscheinend beabsichtigen, im künftigen Umwandlungssteuer-Erlaß den Übernahmeverlust gewerbesteuerlich nicht zu berücksichtigen.
485 Vgl. *Dehmer*, Umwandlungsgesetz Umwandlungssteuergesetz, 2. Aufl. München 1996, § 4 UmwStG Anm. 127.
486 Vgl. *Dehmer*, Umwandlungsgesetz Umwandlungssteuergesetz, 2. Aufl. München 1996, § 4 UmwStG Anm. 103.
487 Die von *Meyer-Scharenberg* (§ 15a EStG-Fälle bei der Umwandlung einer Kapitalgesellschaft in eine Kommanditgesellschaft, DStR 1996, 1318) erstmals diskutierte Problematik der Saldierung von Übernahmeverlust und Anrechnungsguthaben spielt bei Krisenunternehmen kaum eine Rolle und wird deshalb nicht weiter ausgeführt.
488 Zur Problematik der Konkursantragspflicht vgl. S. 139 f.

Vermeidung der Verlustfälle 137

Der Übernahmeverlust des Einzelunternehmens berechnet sich wie folgt:

Buchwert d. übergegangenen Vermögens (§ 4 Abs. 4 UmwStG):	╱ 50.000 DM
╱ Buchwert der Anteile (§ 4 UmwStG):	╱ 200.000 DM
= Übernahmeverlust (§ 4 Abs. 4 UmwStG):	╱ 250.000 DM
+ Minderungsbetrag anzurechnende KSt (§ 4 Abs. 5 UmwStG):	0 DM
= Übernahmeverlust nach Minderungsbetrag:	╱ 250.000 DM
+ Aufstockung der WG d. AV (§ 4 Abs. 6 UmwStG):	+ 100.000 DM
= Verlust gem. § 15 EStG:	╱ 150.000 DM

Da die Wirtschaftsgüter des Anlagevermögens nur um 100.000 DM aufgestockt werden müssen, und keine immateriellen WG, insbesondere ein Firmen- bzw. Geschäftswert vorhanden sind, entsteht in Höhe von 150.000 DM auf der Ebene des Gesellschafters ein sofort ausgleichs- bzw. abzugsfähiger Verlust.[489] Aufgrund der Tatsache, daß als Umwandlungsstichtag der 31.12. gewählt wurde, kann der Einzelunternehmer die 150.000 DM mit anderen positiven Einkünften dieses Jahres verrechnen.[490] Das variable Kapital der Eröffnungsbilanz zum 1.1. beläuft sich auf 50.000 DM (200.000 DM ╱ 150.000 DM).

A	EU-Eröffnungsbilanz 1.1.		P
AV	550.000 DM	variables Kapital	50.000 DM
		Verbindlichkeiten	500.000 DM
	550.000 DM		550.000 DM

Ein Problem besteht darin, daß durch die Umwandlung ein auf der Ebene der Kapitalgesellschaft vorhandener *gewerbesteuerlicher Verlustvortrag* verlorengeht.[491] Aus § 18 Abs. 2 UmwStG kann nämlich geschlossen werden, daß ein Übernahmeverlust sich gewerbesteuerlich nicht auswirkt. Um den gewerbesteuerlichen Verlustvortrag zu verwerten, ist es erforderlich in der Schlußbilanz der übertragenden Kapitalgesellschaft die Wirtschaftsgüter nicht mit dem Buchwert anzusetzen, sondern einen Zwischen- bzw. den Teilwert zu wählen. Dies führt zu einem Übertragungsgewinn bei der Kapitalgesellschaft, den diese mit den vorhandenen körperschaftsteuerlichen und gewerbesteuerlichen Verlustvorträgen verrechnen kann. Diese Gestaltung beinhaltet außer dem Vorteil, den gewerbesteuerlichen Verlustvortrag auszunützen jedoch einkommensteuerliche Nachteile. Auf der Ebene der Kapitalgesellschaft können alle Wirtschaftsgüter maximal mit dem Teilwert angesetzt werden. Es können somit gewerbesteuerliche Verlustvor-

---

489 Vgl. *Dehmer*, Umwandlungsgesetz Umwandlungssteuergesetz, 2. Aufl. München 1996, § 4 UmwStG Anm. 116 ff.
490 Vgl. *Dötsch* in: Dötsch/Eversberg/Jost/Witt, Die Körperschaftsteuer, Anhang UmwStG Tz. 70a.
491 Vgl. *Märkle*, Gestaltungen zur Vermeidung oder Minderung der Gewerbesteuer, DStR 1995, 1001 [1006 f.]; *Schaumburg*, Die Verschmelzung von Kapitalgesellschaften und Personenhandelsgesellschaften nach dem neuen Umwandlungssteuerrecht, FR 1995, 211 [214].

träge bis zur Höhe der vorhandenen stillen Reserven mit dem durch die Aufstockung entstehenden Übertragungsgewinn verrechnet werden. Eine Aufstockung auf der Ebene der Kapitalgesellschaft hat jedoch zur Folge, daß in Höhe der aufgestockten Wirtschaftsgüter der Übernahmeverlust auf der Ebene der Personengesellschaft bzw. deren Gesellschaftern niedriger ausfällt und somit einkommensteuerliches Verlustpotential verlorengeht.[492] Zu beachten ist daher, daß nicht der nachteilige einkommensteuerliche Effekt den Gewerbesteuervorteil überkompensiert.

Verfügt die übertragende Kapitalgesellschaft über Grundbesitz, so löst die Umwandlung in eine Personengesellschaft im Wege der Verschmelzung oder Spaltung *Grunderwerbsteuer* aus.[493] Strittig ist, ob auch der Formwechsel gem. §§ 190 ff. UmwG grunderwerbsteuerpflichtig ist. Der BFH[494] und die herrschende Meinung im Schrifttum[495] gehen davon aus, daß beim Formwechsel keine Grunderwerbsteuer anfällt, denn zivilrechtlich liegt kein Eigentumsübergang vor (§ 202 Abs. 1 Nr. 1 UmwG), sondern es handelt sich lediglich um einen Wechsel des Rechtsträgers. Da § 1 Abs. 1 Nr. 3 GrEStG an das Zivilrecht anknüpft, kann die bloße Veränderung der Gesellschaftsform, die den Grundstücksbestand der Gesellschaft als solchen unberührt läßt, keine Steuerpflicht nach sich ziehen. Das *FG Münster*[496] und die *Finanzverwaltung*[497] sind jedoch der Ansicht, daß nach dem

---

492 Vgl. *Märkle*, Gestaltungen zur Vermeidung oder Minderung der Gewerbesteuer, DStR 1995, 1001 [1007].
493 Vgl. *Fleischer*, Die Vermeidung von Grunderwerbsteuer durch steuergünstige Gestaltungen bei der Umstrukturierung von Unternehmen, DStR 1996, 1390 [1391 f.].
494 Vgl. BFH v. 4.12.1996 II B 116/96, DB 1997, 79.
495 *Dehmer*, Umwandlungsgesetz Umwandlungssteuergesetz, 2. Aufl. München 1996, § 190 UmwG Anm. 5; *Dötsch* in: Dötsch/Eversberg/Jost/Witt, Die Körperschaftsteuer, Anhang UmwStG Tz. 23; *Jakobs/Fahrenberg*, Jahressteuergesetz 1997: Ausdehnung der Grunderwerbsteuerpflicht beim Formwechsel?, DStR 1996, 1673; *Blumers/Marquardt*, Unternehmenskäufe durch Anteilserwerb nach neuem Umwandlungs (-steuer) recht, DStR 1994, 1869 [1872]; *Blumers/Beinert*, Grundregeln für die Optimierung des Unternehmenskaufs nach neuem Umwandlungs(-steuer) recht, DB 1995, 1043 [1047]; *Rödder/Hötzel*, Perspektiven für die steueroptimale Form des Unternehmenskaufs, FR 1994, 285 [288 FN 18]; *Meyer*, Gestaltungsüberlegungen zur Umwandlung mittelständischer GmbH in Personengesellschaften – insbesondere Vorweggestaltungen in 1994, DStR 1994, 1767 [1768]; *Glade*, Änderung der Unternehmensform nach dem Umwandlungssteuergesetz 1994, NWB F. 18, 3383 [3384].
496 Vgl. FG Münster v. 13.6.1996, DB 1996, 2212. In einem Beschluß über die Aussetzung der Vollziehung. Ohne weitere Begründung der Entscheidung.
497 Vgl. FinMin Bayern v. 14.7.1995, DB 1995, 1685; FinMin Baden-Württemberg v. 23.1.1997, DStR 1997, 202; v. 12.12.1994, DB 1994, 2592 f.; *Thiel*, Wege aus der Kapitalgesellschaft - Gestaltungsmöglichkeiten und Zweifelsfragen, DB 1995, 1196 [1202]; *Wochinger/Dötsch*, Das neue Umwandlungssteuergesetz und seine Folgeänderungen bzw. Auswirkungen bei der Einkommen-, Körperschaft- und Gewerbesteuer, DB 1994 Beilage 14 zu Heft 51/52, 31 f.

Vermeidung der Verlustfalle 139

Formwechsel das Gesellschaftsvermögen nicht der Gesellschaft, sondern den Gesellschaftern zustehe und daraus eine Grunderwerbsteuerpflicht abzuleiten sei.

Neben den steuerlichen Vorteilen, die die Umwandlung mit sich bringen kann, läßt sich dadurch bei drohender Überschuldung der Kapitalgesellschaft die Konkursantragspflicht vermeiden.[498] Wenn sich Unternehmenskrisen verschärfen, stellt sich nämlich für die organschaftlichen Vertreter die Frage, wann beim zuständigen Amtsgericht (§ 71 Abs. 1 KO) der Antrag auf Konkurseröffnung gestellt werden muß. Dieser Termin, der insbesondere von Geschäftsführern von GmbHs nicht überschritten werden darf, da ansonsten gravierende zivilrechtliche (§ 43 Abs. 2 GmbHG) und/oder strafrechtliche (§ 130b HGB; §§ 283 ff. StGB) Folgen drohen, wird von den in der folgenden Übersicht aufgeführten Gründen determiniert.[499]

Gesellschaftsform	Gründe für die Eröffnung des Konkursverfahrens
EU	Zahlungsunfähigkeit (§ 102 Abs. 1 KO)
OHG	Zahlungsunfähigkeit (§ 209 Abs. 1 Satz 2 KO)[500]
KG	Zahlungsunfähigkeit (§ 209 Abs. 1 Satz 1 KO)[501]
GmbH	Zahlungsunfähigkeit oder Überschuldung (§ 64 GmbHG)
AG	Zahlungsunfähigkeit oder Überschuldung (§ 207 KO)

Abb. 13: Gründe für die Eröffnung des Konkursverfahrens in Abhängigkeit von der Gesellschaftsform

Wie man der Übersicht entnehmen kann, existieren bei Kapitalgesellschaften[502] und Personengesellschaften unterschiedliche Voraussetzungen, wann ein Konkursantrag gestellt werden muß. So tritt bei Kapitalgesellschaften im Vergleich zu Personengesellschaften neben die Zahlungsun-

---

498 Um sicherzugehen, daß noch keine konkursrechtliche Überschuldung vorliegt, ist es oft sinnvoll, den Übertragungsstichtag zurückzuverlegen (max. acht Monate: § 17 Abs. 2 Satz 3 UmwG).
499 Die Rechtsfolgen treffen auch Personengesellschaften bei denen keine natürliche Person unbegrenzt haftet (§ 130b HGB).
500 Falls kein Gesellschafter der OHG eine natürliche Person ist, so ist das Konkursverfahren nicht nur bei Zahlungsunfähigkeit sondern auch bei Überschuldung zu eröffnen (§ 130a Abs. 1 HGB).
501 Falls kein Komplementär der KG eine natürliche Person ist (z.B. bei fast allen GmbH & Co KGs), so ist das Konkusverfahren nicht nur bei Zahlungsunfähigkeit, sondern auch bei Überschuldung zu eröffnen (§§ 177a i.V.m. 130a HGB).
502 Kapitalgesellschaften gleichgestellt sind Personengesellschaften, bei denen das Haftungsrisiko auf juristische Personen verlagert wird (vgl. die vorstehenden Fußnoten).

fähigkeit die konkursrechtliche (nicht bilanzielle!) Überschuldung. Da der Tatbestand der Überschuldung i.d.R. vor der Zahlungsunfähigkeit eintritt,[503] haben Kapitalgesellschaften somit in dieser schwierigen Situation weniger Zeit zur Verfügung, Sanierungsmaßnahmen durchzuführen als Personengesellschaften.

Auch wenn m.E. das Registergericht, bei dem die Umwandlung angezeigt werden muß, nicht befugt ist, zu überprüfen, ob die umzuwandelnde bilanziell überschuldete Kapitalgesellschaft im konkursrechtlichen Sinne überschuldet ist,[504] so sollte man dennoch zur Vermeidung von Schwierigkeiten im Umwandlungsbeschluß darauf hinweisen, daß ein Überschuldungsstatus ein positives Vermögen ausweist, oder (werthaltige) Bürgschaften bzw. eigenkapitalersetzende Darlehen vorhanden sind.[505]

B. Vermeidung der Verlustfalle durch stille Beteiligung

Neben den Gestaltungsvarianten, die das Umwandlungssteuerrecht ermöglicht,[506] um Verluste einer Kapitalgesellschaft mit anderen Einkünften eines Gesellschafters zu saldieren, bietet sich dem Gesellschafter die Möglichkeit, mit Hilfe einer stillen Beteiligung die Verluste von der Gesellschaftsebene auf die Ebene des Anteilseigners zu überführen.

Von entscheidender Bedeutung für die steuerlichen Rechtsfolgen ist es, ob es sich um eine typisch stille oder eine atypisch stille Beteiligung handelt.[507]

Bei der *typisch stillen Gesellschaft* stellen die Gewinnanteile des Stillen bei der GmbH Betriebsausgaben dar, für die 25 v.H. Kapitalertragsteuer abgeführt werden müssen.[508] Ist der stille Gesellschafter auch GmbH-Gesell-

---

503 Vgl. *Drukarczyk*, Gesellschafterdarlehen, Rechtsprechungsgrundsätze des BGH und § 32a GmbHG, in: Unternehmenstheorie und Besteuerung, Hrsg. Elschen/Siegel/Wagner, Wiesbaden 1995, 180.
504 Das Registergericht ist nur deshalb in das Umwandlungsverfahren eingebunden worden, um die notwendigen Änderungen im Handelsregister vorzunehmen. Es ist dem Registergericht aus den bei einer Umwandlung einzureichenden Unterlagen (§ 17 UmwG) gar nicht möglich, eine konkursrechtliche Überschuldung festzustellen. Gl. A. *Feldhausen,* Wege aus der GmbH heraus, Deubner Verlag Köln 1996, 14; a.A: *Neufang,* Verlustvortrag und Übernahmeverlust bei der Umwandlung einer GmbH in ein Einzelunternehmen oder eine Personengesellschaft, DB 1995, 1933 [1935]: ohne Begründung.
505 Vgl. *Neu*, Die Nutzbarmachung von Verlustvorträgen einer Kapitalgesellschaft durch Umwandlung in eine Personengesellschft, DB 1995, 1731.
506 Vgl. S. 131 ff.
507 Vgl. hierzu auch die Ausführungen auf S. 119 ff.
508 Vgl. § 43 Abs. 1 Nr. 3 EStG. Diese Kapitalertragsteuer ist auf der Ebene des Gesellschafters anrechenbar (§ 36 Abs. 1 Nr. 2 EStG).

schafter, so werden die im Zusammenhang mit der typisch stillen Beteiligung zugewiesenen Gewinnanteile als verdeckte Gewinnausschüttung behandelt, wenn sie nicht eindeutig und im voraus vereinbart und tatsächlich durchgeführt werden.[509]

Die laufenden Gewinn- bzw. Verlustanteile des typisch stillen Gesellschafters stellen, wenn die Beteiligung im Privatvermögen gehalten wird, bei ihm Einkünfte aus Kapitalvermögen (§ 20 Abs. 1 Nr. 4 Satz 1 EStG) dar.[510] Zugewiesene Verlustanteile mindern seine Einlage und führen zu Werbungskosten bei den Einkünften aus Kapitalvermögen.[511] Übersteigen die zugewiesenen Verluste die Einlage, so daß ein negatives Einlagenkonto entsteht, sind gem. § 20 Abs. 1 Nr. 4 Satz 2 EStG die Verlustbeschränkungen des § 15a EStG analog anzuwenden.[512] Ein Untergang der Einlage bei Konkurs der GmbH[513] stellt im Gegensatz zu den laufenden Verlustzuweisungen einen steuerlich nicht relevanten Verlust in der privaten Vermögenssphäre dar und kann somit steuerlich nicht berücksichtigt werden.[514]

Um möglichst viel Verlustpotential der GmbH auf die Ebene des Gesellschafters übertragen zu können, muß die stille Beteiligung im Verhältnis zur Stammeinlage der GmbH sehr hoch sein. Denn obwohl die Gewinn- und Verlustverteilung im Gesellschaftsvertrag zivilrechtlich beliebig gewählt werden kann, ist für die steuerrechtliche Anerkennung eine Angemessenheitsprüfung vorzunehmen, die u.a. auf die erbrachten Kapitalleistungen abstellt.[515] Außerdem ist eine hohe Einlage notwendig, um die Verlustbeschränkungen des § 15a EStG nicht greifen zu lassen. Die mit der Einlage in Zusammenhang stehenden Finanzierungskosten sind in jedem Fall als originär entstandene Werbungskosten abziehbar.[516]

---

509 Vgl. BFH v. 9.12.1976 IV R 47/72, BStBl. II 1977, 155 [157].
510 Vgl. *Hense/Jung/Schwaiger* in: Beck'sches Handbuch der GmbH, München 1995, § 7 Rz. 191.
511 Vgl. BFH v. 10.11.1987 VIII R 53/84, BStBl. II 1988, 186; FG Baden-Württemberg v. 18.1.1996, DStRE 1997, 6, Rev. BFH: VIII R 25/96; *Heinicke* in: Schmidt, L., Einkommensteuergesetz, 15. Aufl. München 1996, § 20 Rz. 143; a.A. *Tischer* in: Littmann/Bitz/Hellwig, Das Einkommensteuerrecht, § 20 Rn. 204: plädiert für „negative Einnahmen".
512 Zur Ermittlung des maximalen Verlustausgleichs- bzw. -abzugsvolumens vgl. S. 172 ff.
513 Ist bei Eröffnung des Konkursverfahrens das Einlagenkonto des typisch stillen Gesellschafters positiv, so wird er in dieser Höhe Konkursgläubiger der GmbH (*Baumbach/Hopt*, Handelsgesetzbuch, 29. Aufl. München 1995, § 236 Rn. 1).
514 Vgl. hierzu S. 119 f.
515 Vgl. BFH v. 6.2.1980 I R 50/76, BStBl. II 1980, 477.
516 Vgl. FG Baden-Württemberg v. 18.1.1996, DStRE 1997, 6, Rev. BFH: VIII R 25/96; *Raupach/Bopp* in: Herrmann/Heuer/Raupach, Einkommensteuer- und Körperschaftsteuergesetz, § 20 Rdn. 163.

Unterliegen die Gewinnanteile des typisch stillen Beteiligten bei ihm nicht der Gewerbesteuer, so sind sie dem Gewerbeertrag der GmbH gem. § 8 Nr. 3 GewStG wieder hinzuzurechnen.[517] Obwohl der Gesetzeswortlaut die Hinzurechnung nur für Gewinnanteile vorsieht und eine entsprechende Kürzungsregelung für Verlustanteile nicht vorhanden ist, wird § 8 Nr. 3 GewStG analog auch auf Verlustanteile angewendet.[518]

Steuerrechtlich handelt es sich bei der *atypisch stillen Gesellschaft* um eine Mitunternehmerschaft, obwohl lediglich die GmbH gewerblich tätig ist.[519] Die Gewinn- und Verlustverteilung erfolgt mittels einer gesonderten und einheitlichen Feststellung (gem. § 180 Abs. 1 Nr. 2a AO), und die GmbH und der stille Beteiligte erzielen Einkünfte aus Gewerbebetrieb i.S.v. § 15 Abs. 1 Satz 1 Nr. 2 EStG.[520] Übersteigen die zugewiesenen Verluste die Einlage, so daß ein negatives Kapitalkonto entsteht, greift die Verlustbeschränkung des § 15a Abs. 5 Nr. 1 EStG.[521] Deshalb muß, ebenso wie bei der typisch stillen Beteiligung, die Einlage im Verhältnis zum Stammkapital hoch sein, um eine möglichst große Verlustzuweisung zu erhalten und diese auch steuerlich verwerten zu können.

Sämtliche Wirtschaftsgüter, die der Gesellschafter der GmbH zur Nutzung überläßt (z.B. ein Grundstück), werden zu (Sonder-) Betriebsvermögen.[522] Die Pachtzahlungen sowie alle anderen Entgelte, die auf schuldrechtlichen Verträgen zwischen der GmbH und dem Gesellschafter beruhen, sind bei der Gewinn-/Verlustermittlung der Mitunternehmerschaft zu eliminie-

---

517 Vgl. *Meyer-Scharenberg* in: Meyer-Scharenberg/Popp/Woring, Gewerbesteuerkommentar, 2. Aufl. Herne/Berlin 1996, § 8 Nr. 3 Rdn. 11 f.
518 Vgl. *Lenski/Steinberg*, Kommentar zum Gewerbesteuergesetz, § 8 Nr. 3 Anm. 80; *Meyer-Scharenberg* in: Meyer-Scharenberg/Popp/Woring, Gewerbesteuerkommentar, 2. Aufl. Herne/Berlin 1996, § 8 Nr. 3 Rdn. 16; Abschn. 53 Abs. 2 GewStR.
519 Vgl. BFH v. 25.7.1995 VIII R 54/93, BStBl. II 1995, 794 [796]; v. 10.11.1993 I R 20/93, BStBl. II 1994, 327 [331]; v. 15.12.1992 VIII R 42/90, BStBl. II 1994, 702; v. 27.5.1993 IV R 1/92, BStBl. II 1994, 700 [701]; v. 11.12.1990 VIII R 122/86, DB 1991, 1054; v. 11.12.1990 VIII R 122/86, DB 1991, 1054; v. 12.11.1985 VIII R 364/83, BStBl. II 1986, 311 [313]; v. 20.11.1990 VIII R 10/87, DB 1991, 1052.
520 Vgl. OFD Frankfurt am Main v. 26.6.1996, BB 1996, 1701; *Zacharias/Hebig/Rinnewitz*, Die atypisch stille Gesellschaft, Bielefeld 1996, 152.
521 Zur Ermittlung des maximalen Verlustausgleichs- bzw. -abzugsvolumens vgl. S. 172 ff. Zur steuerlichen Behandlung des Untergangs der atypisch stillen Beteiligung vgl. S. 120 ff.
522 Vgl. *Hense/Jung/Schwaiger* in: Beck´sches Handbuch der GmbH, München 1995, § 7 Rz. 194. Im untersuchten Fall, daß sich ein Gesellschafter an der eigenen GmbH still beteiligt, ergibt sich durch die Umqualifizierung der überlassenen Wirtschaftsgüter zu Betriebsvermögen jedoch kein Nachteil im Vergleich zur typisch stillen Beteiligung. Der gleiche Sachverhalt würde nämlich dort zu einer Betriebsaufspaltung und somit auch zur Umqualifizierung führen. Zur Behandlung der GmbH-Beteiligung als SBV II vgl. S. 56.

ren.[523] Das geschieht in der Weise, daß diese Zahlungen, die bei der GmbH Betriebsausgaben darstellen, bei der Ermittlung des Gesamtgewinns der Mitunternehmerschaft wieder hinzugerechnet werden müssen. Dadurch wird erreicht, daß diese Beträge dem Gesellschafter steuerlich nicht als Einkünfte aus nichtselbständiger Arbeit bzw. Vermietung und Verpachtung (usw.) zugerechnet werden, sondern im Zuge der Gewinn- und Verlustverteilung der Mitunternehmerschaft als Sonderbetriebseinnahmen unter die Einkünfte aus Gewerbebetrieb (§ 15 Abs. 1 Satz 1 Nr. 2 Satz 1 2. Halbsatz EStG) fallen.[524] Auch in der Gewerbeertragsteuer ist die Bemessungsgrundlage bei der GmbH & atypisch Still der Gesamtgewinn der Mitunternehmerschaft.[525] Da die atypisch stille Gesellschaft jedoch über kein Gesellschaftsvermögen verfügt, liegt die subjektive Steuerpflicht bei der GmbH.[526] Das heißt, der aufgrund der objektiven Steuerpflicht bei der Mitunternehmerschaft ermittelte Gewerbeertrag muß beim Inhaber des Handelsgewerbes (GmbH) im festzusetzenden Gewerbesteuermeßbetrag erfaßt werden.[527] Obwohl somit der Gesamtgewinn der Mitunternehmerschaft in den Gewerbeertrag der GmbH eingeht, kommt es nicht zur gewerbesteuerlichen Doppelbelastung. Denn der Gewinn- bzw. Verlustanteil der GmbH wird gem. § 9 Nr. 2 GewStG bzw. § 8 Nr. 8 GewStG eliminiert.[528]

---

523 Vgl. *Horn/Maertins*, Mitunternehmerische Betätigung und Beteiligung bei der GmbH & atypisch Still, GmbHR 1995, 816 [817].
524 Vgl. *Schmidt, L.* in: Schmidt, L., Einkommensteuergesetz, 15. Aufl. München 1996, § 15 Rz. 357; *Breuninger/Prinz*, DStR-Fachliteratur-Auswertung: Besteuerung von Personengesellschaften, DStR 1995, 927 [928]; *Blaurock*, Die GmbH & Still im Steuerrecht, BB 1992, 1969 [1977]; *Döllerer*, Die atypische stille Gesellschaft – gelöste und ungelöste Probleme, DStR 1985, 295 [298]; a.A. *Winkeljohann/Halfar*, Gewerbesteuerliche Vorzüge der GmbH & atypisch Still?, DB 1994, 2471 [2472]: Will bzgl. der Rechtsfolgen der Mitunternehmerschaft zwischen der mitunternehmerischen Betätigung und mitunternehmerischen Beteiligung differenzieren.
525 Vgl. BFH v. 12.11.1985 VIII R 364/83, BStBl. II 1986, 311 [317].
526 Vgl. BFH v. 12.11.1985 VIII R 364/83, BStBl. II 1986, 311 [317].
527 Vgl. BFH v. 14.9.1989 IV R 85/88, BFH/NV 1990, 591; v. 12.11.1985 VIII R 364/83, BStBl. II 1986, 311 [317]; Abschn. 37 Abs. 1 Satz 4 GewStR; a.A. *Ruban*, Die atypisch stille Gesellschaft im Ertragsteuerrecht – Tendenzen in der neueren Rechtsprechung des Bundesfinanzhofs, DStZ 1995, 637 [643]: Dem Gewinn der GmbH ist nicht der gesamte Gewinn der atypisch stillen Gesellschaft hinzurechnen, sondern nur der Anteil des Stillen. Dadurch entfallen die Änderungen gem. § 9 Nr. 2 GewStG bzw. § 8 Nr. 8 GewStG, die die andere Ansicht benötigt, um eine Doppelbesteuerung zu vermeiden.
528 Vgl. *Meyer-Scharenberg* in: Meyer-Scharenberg/Popp/Woring, Gewerbesteuerkommentar, 2. Aufl. Herne/Berlin 1996, § 9 Nr. 3 Rdn. 3 und § 8 Rdn. 5; *Hofmeister* in: Blümich, Gewerbesteuer, § 8 Rdnr. 121; *Gosch* in: Blümich, Gewerbesteuer, § 9 Rdnr. 115; *Hense/Jung/Schwaiger* in: Beck'sches Handbuch der GmbH, München 1995, § 7 Rz. 197; *Straub*, Besteuerung der Einmann GmbH & Still bei gleichzeitiger Beteiligung der GmbH an einer zweiten GmbH, DB 1990, 1302 [1304]; *Binger*, Einkommen- und Gewerbesteuer bei der atypisch stillen Gesellschaft, DB 1988, 414 [416].

Da die für die Mitunternehmerschaft ermittelten Steuermerkmale bei der GmbH zur Veranlagung gelangen, kann ein gewerbesteuerlicher Verlustvortrag der GmbH & atypisch stillen Gesellschaft m.E. nur bei der GmbH entstehen. Denn gem. § 10a Satz 2 GewStG müssen vortragsfähige Fehlbeträge gesondert festgestellt werden. Diese Feststellung muß, da die Mitunternehmerschaft nicht Adressat von gewerbesteuerlichen Verwaltungsakten sein kann,[529] an die GmbH erfolgen. Somit hat ein Gesellschafterwechsel der Mitunternehmerschaft oder sogar deren Beendigung keinen anteiligen Verlust[530] des gewerbesteuerlichen Verlustvortrags zur Folge.[531] Dadurch, daß die Sondervergütungen der Gewerbeertragsteuer zu unterwerfen sind, ist in Verlustsituationen die Alternative der atypisch stillen Beteiligung gegenüber der typisch Stillen immer nachteilig.[532]

Beispiel:

Eine Einmann-GmbH (Stammkapital 50.000 DM) erzielt im betrachteten Wirtschaftsjahr einen handelsbilanziellen Verlust von ∕ 300.000 DM. Darin sind 150.000 DM Geschäftsführergehalt sowie 50.000 DM Pacht für ein der Gesellschaft überlassenes Grundstück enthalten.

Variante a): Der Gesellschafter beteiligt sich mit einer Einlage von 450.000 DM *typisch* still an der GmbH

Verlust vor Aufteilung:	∕ 300.000 DM
Anteil des typisch Stillen:	∕ 270.000 DM (90% von ∕ 300.000 DM)
Anteil der GmbH:	∕ 30.000 DM (10% von ∕ 300.000 DM)

Gewinnauswirkung auf der Ebene der GmbH:
Gewerbesteuerlicher Verlustvortrag:	
∕ 30.000 DM ∕ 270.000 DM	
(§ 8 Nr. 3 GewStG) =	∕ 300.000 DM
Körperschaftsteuerlicher Verlustvortrag:	∕ 30.000 DM

---

529 Vgl. BFH v. 12.11.1985 VIII R 364/83, BStBl. II 1986, 311.
530 Vgl. BFH v. 3.5.1993 GrS 3/92, BStBl. II 1993, 616.
531 A.A. *Unvericht*, Gewerbeertrag und Gewerbekapital der atypisch stillen Gesellschaft, DStR 1987, 413 [415]. Da es sich beim Gewerbeertrag um den Gewinn der Mitunternehmerschaft handle, könnte nur bei den Personen der Verlust berücksichtigt werden, die ihn erlitten haben.
532 Auch im Gewinnfall ist die atypisch stille Beteiligung bei ertragsstarken Gesellschaften nachteilig. Denn die Steuerbelastung der atypisch stillen Gesellschaft auf einen Gewerbeertrag inklusive aller Sondervergütungen ist trotz des Freibetrags (§ 11 Abs. 1 Satz 3 Nr. 1 GewStG), der Staffelmethode (§ 11 Abs. 2 Nr. 1 GewStG) und der Tarifbegrenzung des § 32c EStG i.d.R. höher als die Steuerbelastung, die bei der typisch stillen Gesellschaft auf einen Gewerbeertrag entsteht, der jedoch um Sondervergütungen gemindert ist.

Vermeidung der Verlustfalle 145

Gewinnauswirkung auf der Ebene des Gesellschafters:
Einkünfte aus nichtselbständiger Arbeit: 150.000 DM
Einkünfte aus VuV: 50.000 DM
Einkünfte aus Kapitalvermögen: ⁄ 270.000 DM
Gewerbesteuerlicher Verlustvortrag: – da keine Gewerbesteuerpflicht besteht
Einkommensteuerlicher Verlustvortrag: ⁄ 70.000 DM

Kumuliert verbleiben an Verlustvorträgen:
Gewerbesteuerliche Verlustvorträge: ⁄ 300.000 DM
Einkommen-/Körperschaftsteuerliche Verlustvorträge: ⁄ 100.000 DM

Variante b): Der Gesellschafter beteiligt sich mit einer Einlage von 450.000 DM *atypisch still* an der GmbH

Verlustaufteilung der Mitunternehmerschaft:
Verlust der GmbH: ⁄ 300.000 DM
Sondervergütungen: + 200.000 DM
Verlust der Mitunternehmerschaft: ⁄ *100.000 DM*
Sondervergütungen des atypisch Stillen: ⁄ 200.000 DM
Grundlage der Verlustaufteilung: ⁄ 300.000 DM
Anteil des atypisch Stillen (90%): ⁄ 270.000 DM
Anteil der GmbH (10%): ⁄ 30.000 DM

Gewinnauswirkung auf der Ebene der Mitunternehmerschaft:
Gewerbesteuerlicher Verlustvortrag: ⁄ 100.000 DM (verfahrenstechnisch bei der GmbH zu erfassen)

ESt-/KSt-licher Verlustvortrag: – da auf der Ebene der Mitunternehmer besteuert wird

Gewinnauswirkung auf der Ebene der GmbH:
Gewerbesteuerlicher Verlustvortrag:
⁄ 30.000 DM + 30.000 DM (§ 8 Nr. 8 GewStG) ⁄ 100.000 DM (d. MU-schaft) =
⁄ 100.000 DM
Körperschaftsteuerlicher Verlustvortrag: ⁄ 30.000 DM

Gewinnauswirkung auf der Ebene des Gesellschafters:
Sonderbetriebseinnahmen aus
Gewerbebetrieb: 200.000 DM
Gewinnanteil aus Gewerbebetrieb: ⁄ 270.000 DM
Gewerbesteuerlicher Verlustvortrag: – da keine Gewerbesteuerpflicht besteht
Einkommensteuerlicher Verlustvortrag: ⁄ 70.000 DM

Kumuliert verbleiben an Verlustvorträgen:
Gewerbesteuerliche Verlustvorträge: ⁄ 100.000 DM
Einkommen-/Körperschaftsteuerliche
Verlustvorträge: ⁄ 100.000 DM

Beteiligt sich der Gesellschafter typisch still an der GmbH, so behält er für künftige Gewinne der GmbH einen um insgesamt ✗ 200.000 DM[533] höheren gewerbesteuerlichen Verlustvortrag als im Fall der atypisch stillen Beteiligung.

Wie das Beispiel zeigt, stellt die stille Beteiligung eine Gestaltung dar, die es ermöglicht, laufende Verluste auf die Ebene des bzw. der Gesellschafter zu übertragen. Um die dargestellten gewerbesteuerlichen Nachteile zu vermeiden, sollte sich der GmbH-Gesellschafter nur typisch still an der GmbH beteiligen.

Kapitel 4:
Anrechenbarkeit nicht abgeführter Steuern

A. Körperschaftsteuer

Grundsätzlich gehört zu den Einkünften aus Kapitalvermögen neben der Bruttodividende auch die anzurechnende (§ 36 Abs. 2 Nr. 3 EStG) bzw. die zu vergütende (§§ 36b bis 36e EStG; § 52 KStG) Körperschaftsteuer.[534] Auf die auf dieser Bemessungsgrundlage ermittelte persönliche Einkommensteuer, ist dann die von der Kapitalgesellschaft getragene Körperschaftsteuer anzurechnen. Dabei macht § 36 Abs. 2 Nr. 3 EStG die Anrechnung davon abhängig, daß sie vorher die Einkünfte aus Kapitalvermögen (§ 20 Abs. 1 Nr. 3 EStG) erhöht hat.[535] Ist dies der Fall, so ist die Körperschaftsteuer auf der Ebene des Gesellschafters grundsätzlich unabhängig davon anzurechnen, ob die Gesellschaft in der Krise auch tatsächlich die Ausschüttungsbelastung hergestellt und die Körperschaftsteuer an das Finanzamt entrichtet hat.[536] Die Anrechnung kann somit auch dann erfolgen, wenn der Gesellschaft die Körperschaftsteuer gestundet worden ist bzw. die Steuerzahlung niedergeschlagen wurde.[537] Im Gegensatz zur Anrechnung der Kapitalertragsteuer, des Solidaritätszuschlags und der

---

533 Entspricht genau den Sondervergütungen von 150.000 DM für das Geschäftsführergehalt plus den 50.000 DM für die Pacht.
534 Vgl. § 20 Abs. 1 Nr. 3 EStG.
535 Ergibt sich im Umkehrschluß aus § 36 Abs. 2 Nr. 3 Satz 4 Buchstabe f EStG; vgl. auch R 213g Abs. 1 EStR.
536 Vgl. *Jost* in: Dötsch/Eversberg/Jost/Witt, Die Körperschaftsteuer, § 36a EStG, RdNr. 3.
537 Vgl. *Scholz* in: Hartmann/Böttcher/Nissen/Bordewin, EStG, § 36 RdNr. 47.

Anrechenbarkeit nicht abgeführter Steuern 147

Lohnsteuer werden auf die Einkommensteuer des Anteilseigners somit nicht eigene Steuern, sondern Steuern eines Dritten angerechnet.[538]

Beispiel 1 (Standardfall): [539]

Ebene der Kapitalgesellschaft:

	Gewinn vor Abzug der KSt:		100.000 DM
./.	KSt-Tarifbelastung:		45.000 DM
./.	SolZ		2.297 DM
=	Zugang zu EK45:		52.703 DM

Berechnung des SolZ:

	Tarifliche KSt:	45.000 DM	
	./. KSt-Minderung:	14.374 DM	
	=festzusetzende KSt:	30.626 DM	
	SolZ (7,5%)	2.297 DM	
+	KSt-Minderung (15/55 v. 52.703 DM):		14.375 DM
=	Bruttodividende:		67.077 DM
./.	KapESt (25% v. 67.077 DM):		16.769 DM
./.	SolZ (7,5% v. 16.769 DM)		1.258 DM
=	Nettodividende:		49.050 DM

Ebene des Anteilseigners:

	Bruttodividende:		67.077 DM
+	Anrechenbare KSt (30/70 v. 67.077 DM)		28.747 DM
=	Einkünfte i.S.d. § 20 Abs. 1 bis 3 EStG		95.824 DM
	persönliche ESt (50% v. 95.824 DM)		47.912 DM
	KSt:	28.747 DM	
	KapESt:	16.769 DM	
./.	Anrechnungsbeträge:	45.516 DM	45.516 DM
=	ESt-Zahllast:		2.396 DM

Berechnung des SolZ:

	festzusetzende ESt:	47.912 DM	
	./. anrechenbare KSt:	28.747 DM	
	= BMG für SolZ	19.165 DM	
	SolZ (7,5%)	1.437 DM	
	./. anrechenb. SolZ a. KapESt.	1.258 DM	
	= verbleibender SolZ	179 DM	
+	SolZ		179 DM
=	Steuerlast des Gesellschafters		2.575 DM

---

538 Vgl. *Döllerer*, Zur Rechtsnatur der neuen Körperschaftsteuer, BB 1983, 1.
539 Vgl. *Kempka*, Die Wirkung des Solidaritätszuschlags im körperschaftsteuerlichen Anrechnungsverfahren, DB 1995, 4 [5].

Handelt es sich allerdings bei dem Gesellschafter um einen Anteilseigner, der innerhalb der letzten drei Jahre wesentlich an der Gesellschaft beteiligt war,[540] bzw. einen beherrschenden Einfluß[541] auf die Kapitalgesellschaft ausüben konnte, so kann die Anrechnung der Körperschaftsteuer eingeschränkt werden. Ist nämlich in Krisenzeiten die anzurechnende Körperschaftsteuer nicht durch die ihr entsprechende gezahlte Körperschaftsteuer[542] gedeckt, und ist nach Beginn der Vollstreckung wegen dieser rückständigen Körperschaftsteuer anzunehmen, daß die vollständige Einziehung keinen Erfolg haben wird (§§ 36 Abs. 2 Nr. 3 Satz 4 Buchstabe a. i.V.m. 36a EStG), so wird dieser Anteilseigner in Höhe dieser Differenz von der Anrechnung ausgeschlossen. Dadurch soll verhindert werden, daß Anteilseigner, die Einfluß auf die Entrichtung der Körperschaftsteuer nehmen können, zur Anrechnung berechtigt werden, wenn der begründete Verdacht besteht, daß die Kapitalgesellschaft der Zahlung der Körperschaftsteuer nicht nachkommt.

Die Anrechnung erfolgt grundsätzlich in dem Veranlagungszeitraum, in dem die zur Anrechnung berechtigenden Kapitalerträge als Einkünfte aus Kapitalvermögen erfaßt werden.[543] Dabei wird auf den Zeitpunkt des Zuflusses abgestellt.[544] Bei beherrschenden Gesellschaftern fingiert die Rechtsprechung den Zufluß schon im Moment der Beschlußfassung der Gewinnverteilung.[545] Bei bilanzierenden Gesellschaftern ist ab diesem Zeitpunkt der Dividendenanspruch zu aktivieren, und die Körperschaftsteuer kann angerechnet werden.

---

540 Ein Anteilseigner gilt als wesentlich beteiligt, wenn er zu mehr als 25 % unmittelbar oder mittelbar an der Kapitalgesellschaft beteiligt ist (§ 36a Abs. 2 Satz 2 EStG). Dabei muß die Beteiligung innerhalb der letzten drei Kalenderjahre vor dem Kalenderjahr, in dem die Ausschüttung erfolgt, bestanden haben.
541 Auf „Anteilseigner mit beherrschendem Einfluß" sind grundsätzlich die von der Rechtsprechung zum Begriff des „beherrschenden Gesellschafters" entwickelten Grundsätze anzuwenden (BFH v. 21.6.1983 VIII R 237/80, BStBl. II 1983, 563; BFH v. 22.2.1989 I R 9/85, BStBl. II 1989, 631). Ein Anteilseigner mit beherrschendem Einfluß liegt daher insbesondere dann vor, wenn er über mehr als 50 % der Stimmrechte verfügt, bzw. hinsichtlich der Körperschaftsteuerzahlung und der Ausschüttung zusammen mit anderen Gesellschaftern gleichgerichtete Interessen wahrnimmt. Der beherrschende Einfluß kann auch über mittelbare Beteiligungen begründet sein.
542 Die entsprechende gezahlte Körperschaftsteuer ist die von der Kapitalgesellschaft in dem Jahr, für das die Ausschüttung erfolgt, gezahlte Körperschaftsteuer (vgl. *Brenner* in: Kirchhof/Söhn, Einkommensteuergesetz, § 36a Rdnr. B 40).
543 Vgl. *Heinicke* in: Schmidt, L., Einkommensteuergesetz, 15. Aufl. München 1996, § 36 Rz. 53; *Wassermeyer*, Rund um die Anrechnung der Körperschaftsteuer, GmbHR 1989, 423.
544 Vgl. *Brenner* in: Kirchhof/Söhn, Einkommensteuergesetz, § 36 Rdnr. E 107.
545 Vgl. BFH v. 30.4.1974 VIII R 123/73, BStBl. II 1974, 541.

Für nicht beherrschende Gesellschafter führt somit eine Krise der Kapitalgesellschaft i.d.R.[546] selbst dann nicht zur Versagung der Anrechnung von Körperschaftsteuer, wenn die Gesellschaft die dem Finanzamt geschuldete Steuer nicht entrichtet hat. Lediglich wenn der die Dividende empfangende Gesellschafter auf die Kapitalgesellschaft einen beherrschenden Einfluß ausübt oder wesentlich beteiligt ist, wird eine Anrechnung maximal in der Höhe gewährt, in der die Gesellschaft die geschuldete Steuer gezahlt hat (§ 36 Abs. 2 Nr. 3 i.V.m. § 36a Abs. 1 EStG).

Beispiel 2:

Wenn die Kapitalgesellschaft aus dem Beispiel auf S. 147 statt der Körperschaftsteuerschuld von 30.626 DM nur 20.000 DM an das Finanzamt abführt und die vollständige Zahlung nicht erfolgt, so kann der Gesellschafter auch nicht Körperschaftsteuer in Höhe von 28.747 DM sondern nur 20.000 DM anrechnen.[547] Aufgrund der Verknüpfung der §§ 20 Abs. 1 Nr. 3 und 36 Abs. 2 Nr. 3 EStG erfolgt eine Hinzurechnung der Körperschaftsteuer zu den Einkünften aus Kapitalvermögen nur, falls diese Körperschaftsteuer auf die Einkommensteuer angerechnet werden kann.[548] Somit erhöhen in diesem Fall auch nur 20.000 DM statt der 28.747 DM die Einkünfte des Gesellschafters.

Sind an einer Kapitalgesellschaft sowohl beherrschende als auch nicht beherrschende Gesellschafter beteiligt, so stellt sich die Frage, ob die von der Gesellschaft nur teilweise abgeführte Körperschaftsteuer zur Bestimmung der maximalen Anrechnung beim beherrschenden Gesellschafter auf alle Gesellschafter aufzuteilen ist oder nicht. M.E. ist die von der Kapitalgesellschaft abgeführte Körperschaftsteuer voll dem beherrschenden Anteilseigner A anzurechnen.[549] Da nur die beherrschenden Gesellschafter vom Gesetz von der Anrechnung ausgenommen werden (§ 36a EStG), ist auch bei der Berechnung des Anrechnungsvolumens die von der Gesellschaft abgeführte Körperschaftsteuer nur auf diese Personengruppe zu beziehen.

Beispiel 3:

An der Kapitalgesellschaft aus dem Beispiel auf S. 147 sind statt einem nun zwei Gesellschafter beteiligt. Der Anteilseigner A hält 90% und übt daher zweifelsfrei einen beherrschenden Einfluß auf die Gesellschaft aus. Der Anteilseigner B ist mit 10% ein nicht

---

546 Falls nicht gegen andere Voraussetzungen des § 36 Abs. 2 Nr. 3 EStG verstoßen wird.
547 Die Bruttoausschüttung beträgt auch in diesem Beispiel 67.077 DM.
548 Vgl. BFH v. 23.4. 1996 VIII R 30/93, DStR 1996, 1526 [1527]; v. 16.12.1986 VIII B 115/86, BStBl. II 1987, 217 [218 f.].
549 Gl.A. *Krebs* in: Herrmann/Heuer/Raupach, Einkommensteuer- und Körperschaftsteuergesetz, § 36a, 15.

beherrschender Gesellschafter. Auf der Ebene der Kapitalgesellschaft ändert sich gegenüber dem Beispiel auf S. 147 nichts. Auf der Ebene der Anteilseigner ergeben sich bei korrekter Abführung der Körperschaftsteuer folgende Berechnungen:

Ebene des beherrschenden Anteilseigners A:

	Bruttodividende:		60.370 DM
+	Anrechenbare KSt (30/70 v. 67.077 DM)	25.873 DM	
=	Einkünfte i.S.d. § 20 Abs. 1 bis 3 EStG	86.243 DM	
	persönliche ESt (50% v. 95.824 DM)	43.121 DM	
	KSt:	25.873 DM	
	KapESt:	15.092 DM	
./.	Anrechnungsbeträge:	40.965 DM	40.965 DM
=	ESt-Zahllast:		2.156 DM

	Berechnung des SolZ:		
	festzusetzende ESt:	43.121 DM	
	./. anrechenbare KSt:	25.873 DM	
	= BMG für SolZ	17.248 DM	
	SolZ (7,5%)	1.294 DM	
	./. anrechenb. SolZ a. KapESt.	1.132 DM	
	= verbleibender SolZ	162 DM	
+	SolZ		162 DM
=	Steuerlast des Gesellschafters		2.318 DM

Ebene des nicht beherrschenden Anteilseigners B:

	Bruttodividende:		6.707 DM
+	Anrechenbare KSt (30/70 v. 67.077 DM)		2.874 DM
=	Einkünfte i.S.d. § 20 Abs. 1 bis 3 EStG		9.581 DM
	persönliche ESt (50% v. 95.824 DM)		4.791 DM
	KSt:	2.874 DM	
	KapESt:	1.677 DM	
./.	Anrechnungsbeträge:	4.551 DM	4.551 DM
=	ESt-Zahllast:		240 DM

	Berechnung des SolZ:		
	festzusetzende ESt:	4.791 DM	
	./. anrechenbare KSt:	2.874 DM	
	= BMG für SolZ	1.917 DM	
	SolZ (7,5%)	143 DM	
	./. anrechenb. SolZ a. KapESt.	126 DM	
	= verbleibender SolZ	17 DM	
+	SolZ		17 DM
=	Steuerlast des Gesellschafters		257 DM

Falls die Kapitalgesellschaft jedoch nur 20.000 DM anstatt 30.626 DM an das Finanzamt abführt, so sind m.E. dem beherrschenden Gesellschafter genau diese 20.000 DM anzurechnen und auch seine Einkünfte erhöhen sich nur um diesen Betrag.

B. Kapitalertragsteuer

Bei einigen Kapitalerträgen[550] wird die Einkommensteuer direkt bei der Einnahmequelle durch Abzug erhoben. Dadurch soll sichergestellt werden, daß diese Einkünfte, deren Erfassung beim Empfänger nur sehr schwierig zu kontrollieren sind, der Besteuerung unterliegen. Der Steuerabzug von den Kapitalerträgen wird dabei i.d.R. wie eine Objektsteuer ohne Prüfung der persönlichen Verhältnisse und der Verfügungsbefugnisse des Kapitalgläubigers erhoben.[551]

Grundsätzlich ist der Gläubiger der Kapitalerträge Schuldner der Kapitalertragsteuer.[552] Das heißt, die Steuer wird auf seine Rechnung erhoben. Abzugspflichtig ist jedoch i.d.r. der Schuldner der Kapitalerträge, der somit die anfallende Steuer einzubehalten hat.[553] Der Gläubiger der Kapitalerträge erhält deshalb eine, um die jeweils anfallende Kapitalertragsteuer geminderte, Vergütung ausbezahlt.[554]

Die auf Rechnung des Kapitalgläubigers einbehaltene Steuer führt der Kapitalschuldner an sein Betriebsstättenfinanzamt ab. § 44 Abs. 5 Satz 1 EStG weitet die Einbehaltungs- und Abführungspflicht des Kapitalschuldners dahin gehend aus, daß er unter Umständen – bei grob fahrlässiger und vorsätzlicher Pflichtverletzung – zum Haftungsschuldner gemacht werden kann und somit wie der Steuerschuldner als Steuerpflichtiger i.S.v. § 33 Abs. 1 AO in Anspruch genommen wird.[555]

Als grobe Fahrlässigkeit wird eine besonders schwere Verletzung des Sorgfaltsgebots angesehen.[556] In gefestigter Rechtsprechung des BFH ist das dann der Fall, wenn der Beteiligte die ihm persönlich zuzumutende Sorgfalt in ungewöhnlichem Maße und in nicht entschuldbarer Weise verletzt.[557] Häufige Fehler wie Flüchtigkeit, Überlesen, Verschreiben usw., begründen

---

550 Von den unterschiedlichen Arten der Kapitalertragsteuer (§§ 43 ff. EStG) beschränkt sich diese Abhandlung auf die 25%ige Belastung der Kapitalerträge i.S.v. § 20 Abs. 1 Nr. 1 EStG, d.h. auf die im Zusammenhang mit Gewinnanteilen (Dividenden) und verdeckten Gewinnausschüttungen von der GmbH einbehaltenen Kapitalertragsteuern.
551 Vgl. BMF-Schr. v. 26.10.1992, BStBl. I 1992, 693 Tz. 4.3.
552 Vgl. § 44 Abs. 1 EStG. Die Begriffe „Schuldner" und „Gläubiger" in den §§ 43 ff. EStG beziehen sich i.d.R. nicht auf die Kapitalertragsteuer, sondern auf die Kapitalerträge.
553 Vgl. § 44 Abs. 5 EStG.
554 Vgl. das Beispiel auf S. 147.
555 Vgl. *Heinicke* in: Schmidt, L., Einkommensteuergesetz, 15. Aufl. München 1996, § 43 Rz. 12.
556 Vgl. *Heinrichs* in: Paland, Bürgerliches Gesetzbuch, 46. Aufl. München 1987, § 277 Anm. 2a.
557 Vgl. BFH v. 10.8.1988 IX R 219/84, BStBl. II 1989, 131 m.w.N.

jedoch keine grobe Fahrlässigkeit.[558] Auch die Unkenntnis bzw. Fehlinterpretation einer steuerlichen Vorschrift kann dem Steuerpflichtigen unter Umständen nicht als grobe Fahrlässigkeit ausgelegt werden.[559] Bedient er sich jedoch des Rats eines Steuerberaters, so hat er sich dessen grob fahrlässiges Verhalten zurechnen zu lassen.[560] Vorsätzliches Verhalten ist schon bei bedingtem Vorsatz gegeben,[561] d.h. wenn der Steuerpflichtige den als möglich erkannten rechtswidrigen Erfolg billigend in Kauf nimmt.[562] Dabei ist es zunächst Aufgabe des Finanzamtes die objektiven Voraussetzungen eines Pflichtverstoßes nachzuweisen. Der Schuldner der Kapitalerträge muß nur darlegen, daß er nicht grob fahrlässig bzw. vorsätzlich die Kapitalertragsteuer einbehalten und nicht abgeführt hat.[563]

Da der Gläubiger der Kapitalerträge Schuldner der Kapitalertragsteuer ist, kommt eine Haftung für ihn nicht in Frage. Falls zu wenig Kapitalertragsteuer an das Finanzamt abgeführt wurde, kann der Kapitalgläubiger nur in Form einer Nachforderung zur Zahlung der Kapitalertragsteuer herangezogen werden.[564] Um überhaupt anstelle bzw. neben dem Kapitalschuldner zur Zahlung der Kapitalertragsteuer herangezogen werden zu können, müssen folgende Voraussetzungen erfüllt sein:

(1) Der Schuldner muß die Kapitalerträge nicht vorschriftsgemäß gekürzt haben (§ 44 Abs. 5 Satz 2 Nr. 1 EStG).

(2) Der Gläubiger muß wissen, daß der Schuldner die einbehaltene Kapitalertragsteuer nicht vorschriftsmäßig abgeführt[565] hat, und er muß dies dem Finanzamt nicht unverzüglich mitgeteilt haben (§ 44 Abs. 5 Satz 2 Nr. 2 EStG).

---

558 Vgl. FG Baden-Württemberg v. 4.7.1986, EFG 1987, 158 (rkr.).
559 Vgl. BFH v. 21.7.1989 III R 303/84, BStBl. II 1989, 960.
560 Vgl. *Lindberg* in: Blümich, Einkommensteuer, § 44 Rdnr. 28. Dies belastet den Steuerpflichtigen i.d.R. jedoch nicht, da er für diesen Beratungsfehler seinen Steuerberater in die Haftung nehmen kann.
561 Vgl. *Heinrichs* in: Palandt, Bürgerliches Gesetzbuch, 46. Aufl. München 1987, § 276 Anm. 3a.
562 Vgl. BGH v. 18.10.1952 II ZR 72/52, BGHZ 7, 311 [313].
563 Vgl. *Lindberg* in: Blümich, Einkommensteuer, § 44 Rdnr. 26.
564 Vgl. *Heinicke* in: Schmidt, L., Einkommensteuergesetz, 15. Aufl. München 1996, § 44 Rz. 10.
565 Ein interessanter Unterschied ergibt sich zwischen der Kapitalertrag- und der Lohnsteuer (vgl. S. 221 ff.). Obwohl beide Steuern vom Kapitalschuldner bzw. dem Arbeitgeber „einzubehalten und abzuführen" sind (§§ 44 Abs. 5 Satz 1; 42d Abs. 1 Nr. 1 EStG), haftet der Kapitalgläubiger wenn er weiß, daß die Kapitalertragsteuer nicht „abgeführt" wurde (§ 44 Abs. 5 Satz 2 Nr. 2 EStG). Der Arbeitnehmer kann jedoch nur in Anspruch genommen werden, wenn er weiß, daß die Lohnsteuer nicht vorschriftsgemäß „angemeldet" wurde (§ 42d Abs. 3 Satz 4 Nr. 2 EStG).

Liegen sowohl die Voraussetzungen der Haftung des Kapitalschuldners, als auch die Möglichkeit der Steuernachforderung auf seiten des Gläubigers der Kapitalerträge vor, so haften beide gesamtschuldnerisch (§ 44 AO). Das Finanzamt ist dann berechtigt, von jedem die gesamte Summe der ausstehenden Kapitalertragsteuer zu verlangen (§ 44 Abs. 1 Satz 2 AO), insgesamt jedoch nur einmal. Welchen der beiden Gesamtschuldner das Finanzamt in Anspruch nimmt, ist eine Ermessensentscheidung i.S.d. § 5 AO.[566] Die Inanspruchnahme des Haftungsschuldners erfolgt gem. § 191 AO durch Haftungsbescheid, die des Gläubigers der Kapitalerträge, soweit eine Veranlagung nicht mehr möglich ist, durch Nachforderungsbescheid.[567]

Die Kapitalertagsteuer erhöht auch ohne Steuerbescheinigung (§ 44 KStG) die Einnahmen aus Kapitalvermögen.[568] Sie kann jedoch immer nur dann vom Kapitalgläubiger auf seine Einkommensteuerschuld angerechnet werden, wenn sie i.s.d. § 36 Abs. 2 Nr. 2 EStG „erhoben" wurde. Das heißt, sie muß vom Schuldner der Kapitalerträge tatsächlich einbehalten werden.[569]

Behält der Kapitalschuldner zuviel Steuer ein, so ist dennoch der gesamte Betrag der einbehaltenen Kapitalertragsteuer anrechenbar.[570] Somit ist grundsätzlich die Anrechnung einer zu hohen einbehaltenen Steuer möglich, soweit der Kapitalschuldner nicht von seinem Erstattungsanspruch, gem. § 37 Abs. 2 AO, Gebrauch macht.

Kommt der Kapitalschuldner seiner Abzugspflicht jedoch nicht nach, so entfällt beim Gläubiger der Kapitalerträge die Anrechnung der Kapitalertragsteuer. Nimmt das Finanzamt den Kapitalschuldner für die nicht einbehaltene und abgeführte Steuer jedoch in die Haftung,[571] so ist durch den Erlaß des Haftungsbescheids die Kapitalertragsteuer erhoben und der Kapitalgläubiger kann sie anrechnen.[572]

---

566 Vgl. FG Hamburg v. 1.8.1985 II 71/82, EFG 1986, 141.
567 Vgl. *Lindberg* in: Blümich, Einkommensteuer, § 44 Rdnr. 35.
568 Diese Behandlung unterscheidet sich gravierend von der Körperschaftsteuer. Dort erfolgt ohne Steuerbescheinigung zwar ebenfalls keine Anrechnung, die Körperschaftsteuer erhöht jedoch dann auch nicht die Einnahmen aus Kapitalvermögen. Vgl. S. 146.
569 Vgl. *Conradi* in: Littmann/Bitz/Meincke, Das Einkommensteuertrecht, § 36 Rdnrn. 10 f.
570 Vgl. BFH v. 29.3.1957 VI 25/56 U, BStBl. III 1957, 161; *Scholtz* in: Hartmann/Böttcher/Nissen/Bordewin, Einkommensteuergesetz, § 36 Rdnr. 20. Dies ergibt sich im Umkehrschluß auch daraus, daß erstattete Abzugssteuern nicht angerechnet werden dürfen (§ 36 Abs. 2 Nr. 2 EStG).
571 Vgl. § 44 Abs 5 Nr. 1 EStG.
572 Vgl. *Conradi* in: Littmann/Bitz/Meincke, Das Einkommensteuerrecht, § 36 Rdnr. 15.

Befindet sich das Unternehmen, von dem der Gesellschafter seine Ausschüttungen erhält, in der Krise, so tritt häufig der Fall ein, daß zwar die Kapitalertragsteuer einbehalten, aber nicht ans Finanzamt abgeführt wird. Für die Anrechnung ist es jedoch ohne Bedeutung, ob und wann der Kapitalschuldner die einbehaltene Kapitalertragsteuer an das Finanzamt abführt.[573] Nur falls der Gläubiger der Kapitalerträge selbst für die Nichtabführung der einbehaltenen Abzugsbeträge in Anspruch genommen werden kann (§§ 44 Abs. 5, 50a Abs. 5 EStG), entfällt die Anrechnung.

Beim Kapitalgläubiger unterliegt neben den Kapitalerträgen auch die einbehaltene und nicht abgeführte Kapitalertragsteuer der Einkommensteuerveranlagung.[574] Läßt die Finanzverwaltung die einbehaltene, aber nicht abgeführte Kapitalertragsteuer bei der Einkommensteuerveranlagung jedoch außer acht, so darf der Rechtsbehelf nicht gegen den Einkommensteuerbescheid eingelegt werden. Die nicht erfolgte Anrechnung ist nämlich nicht Gegenstand des Steuerfestsetzungsverfahrens, so daß in der Frage der Anrechnung der Kapitalertragsteuer eine Klärung nur erreicht werden kann, wenn der Steuerpflichtige einen Abrechnungsbescheid beantragt und diesen mittels eines separaten Steuererhebungsverfahrens (Abrechnungsverfahrens) angreift.[575]

Wenn sich die ausschüttende Gesellschaft in der Krise befindet, läuft der Gesellschafter, insbesondere der wesentlich beteiligte Gesellschafter, m.E. Gefahr, daß ihm unterstellt wird, von den Liquidationsproblemen und somit auch von der Nichtabführung der Kapitalertragsteuer gewußt zu haben. In diesem Fall könnte er vom Finanzamt zur Zahlung der Kapitalertragsteuer in Anspruch genommen werden (§ 44 Abs. 5 EStG). Um das zu vermeiden, sollte der Gläubiger der Kapitalerträge in Krisensituationen immer eine Bescheinigung gem. § 45a Abs. 2 EStG vom Kapitalschuldner beantragen. Falls dieser zu Unrecht die Abführung der einbehaltenen Kapitalertragsteuer erklären sollte, kann dem Gesellschafter kein schuldhaftes Handeln vorgehalten werden. Wenn der Kapitalschuldner die Erklärung nicht abgibt bzw. zugibt, die Kapitalertragsteuer nicht abgeführt zu haben, kann der Gesellschafter das zuständige Finanzamt davon in

---

573 Vgl. *Stuhrmann* in: Blümich, Einkommensteuer, § 36 Rdnr. 16.
574 Sie wurde gem. §§ 44 Abs. 1 Satz 3 i.V.m. 36 Abs. 2 EStG für seine Rechnung einbehalten und darf nach § 12 Nr. 3 EStG nicht abgezogen werden (*Heinicke* in: Schmidt, L., Einkommensteuergesetz, 15. Aufl. München 1996, § 43 Rz. 2).
575 Vgl. BFH v. 23.4.1996 VIII R 30/93, DStR 1996, 1526 [1527].

Kenntnis setzen und sich somit exkulpieren.[576] Da ihm nur der Nettobetrag zugeflossen ist, darf er auch in diesem Fall anrechnen. Ob die Finanzbehörde vom Krisenunternehmen die nicht abgeführte Kapitalertragsteuer noch erhält oder z.b. im Konkurs mangels Masse leer ausgeht, ist für die Anrechnung beim Kapitalgläubiger unerheblich.

Zusammengefaßt ergeben die unterschiedlichen Fallkonstellationen folgende Auswirkungen auf die steuerpflichtigen Einkünfte sowie die Anrechnungsguthaben:

	Haftung	BMG der ESt	Anrechnung
KapSch behält *zuviel/in richtiger Höhe/ zuwenig* KapESt ein und **führt die einbehaltene KapESt an das FA ab.**	–	Bruttoerlös	einbehaltene KapESt
KapSch behält *zuviel/in richtiger Höhe/ zuwenig* KapESt ein und **führt sie nicht ans FA ab.** KapGl weiß nicht, daß KapESt nicht abgeführt wurde.	KapSch	Bruttoerlös	einbehaltene KapESt
KapSch behält *zuviel/in richtiger Höhe/ zuwenig* KapESt ein und **führt sie nicht ans FA ab.** KapGl weiß, daß KapESt nicht abgeführt wurde und teilt dies dem FA unverzüglich mit.	KapSch	Bruttoerlös	einbehaltene KapESt
KapSch behält *zuviel/in richtiger Höhe/ zuwenig* KapESt ein und **führt sie nicht ans FA ab.** KapGl **weiß**, daß KapESt nicht abgeführt wurde und teilt dies dem FA nicht unverzüglich mit.	KapSch und KapGl	Bruttoerlös	einbehaltene KapESt
KapSch behält *keine* KapESt ein.	–	Nettoerlös[577]	–

C. Solidaritätszuschlag

Seit dem Veranlagungszeitraum 1995 wird der Solidaritätszuschlag als Ergänzungsabgabe zur Einkommen- und Körperschaftsteuer erhoben.[578] Nach § 2 SolZG besteht die Abgabepflicht sowohl für unbeschränkt wie

---

576 Dies ergibt sich aus dem Umkehrschluß des § 44 Abs. 5 Nr. 2 EStG.
577 Falls dennoch sei es beim Kapitalschuldner oder beim Kapitalgläubiger eine Erhebung der Kapitalertragsteuer durchgeführt wird, so ist der Bruttoerlös die BMG für die Einkünfte aus Kapitalvermögen und die einbehaltene Kapitalertragsteuer ist in voller Höhe anrechenbar (vgl. S. 153).
578 Vgl. § 1 SolZG.

auch für beschränkt steuerpflichtige natürliche und juristische Personen. Grundsätzlich beträgt der Solidaritätszuschlag 7,5% der um die anzurechnende (bzw. vergütete) Körperschaftsteuer verringerten festgesetzten Einkommen- bzw. Körperschaftsteuerschuld.[579] Bei Gewinnausschüttungen, die der Gesellschafter von seiner GmbH erhält, erfolgt die Erhebung des Solidaritätszuschlages in der Form, daß 7,5% der auf die Gewinnausschüttung zu erhebenden Kapitalertragsteuer zusammen mit dieser vom Schuldner der Kapitalerträge einzubehalten und an das Finanzamt abzuführen ist.[580] Der Kapitalschuldner muß auf Antrag des Gesellschafters diesem eine Bescheinigung ausstellen,[581] die neben den Angaben zur Kapitalertragsteuer den Betrag des einbehaltenen Solidaritätszuschlages gesondert ausweist.[582] Die Kapitalerträge werden in der Einkommensteuererklärung des Gesellschafters erfaßt und die einbehaltene Kapitalertragsteuer und der einbehaltene Solidaritätszuschlag werden dann auf die individuelle Steuerlast des Kapitalgläubigers angerechnet[583] bzw. erstattet.[584] Da der Solidaritätszuschlag auf Gewinnausschüttungen ebenso wie die Kapitalertragsteuer als Abzugsteuer erhoben wird, gelten die gleichen Grundsätze, die unter dem Gliederungspunkt „Kapitalertragsteuer"[585] vorgestellt wurden. Wird also der Solidaritätszuschlag von der sich in der Krise befindenden Gesellschaft einbehalten, jedoch nicht an die Finanzbehörden abgeführt, so ist eine Anrechnung auf die persönliche SolZ-Abgabe-Schuld des Gesellschafters möglich.

---

579 Vgl. §§ 4 Satz 1 i.V.m. 3 Abs. 1 Nr. 1 SolZG; Eine Darstellung der Vermeidung bzw. Milderung der Mehrfachbelastung mit Solidaritätszuschlag durch das vereinfachte Anrechnungsverfahren geht über die Themenstellung der Arbeit hinaus. Vgl. dazu: *Dötsch*, Föderales Konsolidierungsprogramm: Der neue Solidaritätszuschlag zur Körperschaftsteuer, DB 1993, 1140; *Heidemann*, Ausschüttungspolitik und Solidaritätszuschlag, DB 1993, 2501.
580 Vgl. Beispiel auf S. 147; § 3 Abs. 1 Nr. 5 SolZG.
581 Vgl. § 45a Abs. 2 EStG.
582 Vgl. *Keßler*, Zum Solidaritätszuschlag bei der Kapitalertragsteuer und bei der Abzugsteuer nach § 50a Abs. 4 EStG, DStR 1991, 1209 [1210].
583 Vgl. § 36 Abs. 2 Nr. 2 EStG.
584 Vgl. §§ 44b, 44c EStG.
585 Vgl. S. 151 ff.

Teil 3:
Gesellschafter einer Personengesellschaft

Kapitel 1:
Allgemeine Probleme

A. Besteuerung nicht entnahmefähiger Liquidationsgewinne

Wenn ein Konkursverfahren nicht mangels Masse eingestellt wird, sondern es zu einer Liquidation durch den Konkursverwalter kommt, so entsteht das Phänomen der „nicht entnahmefähigen Liquidationsgewinne". Es handelt sich dabei um die bei der Versilberung der Wirtschaftsgüter erzielten Veräußerungserlöse, die den Gesellschaftern der KG zugerechnet werden, jedoch i.d.R. nicht in deren Verfügungsbereich gelangen, da sie vom Konkursverwalter sofort verwendet werden, um die Gesellschaftsschulden zu begleichen.[586] Da die Personengesellschaft auch nach der Eröffnung des Konkursverfahrens Kaufmann bleibt und somit Bücher führen und Steuerbilanzen erstellen muß,[587] sind die während der Abwicklung entstehenden Gewinne i.S.v. § 180 Abs. 1 Nr. 2a AO gesondert festzustellen.[588] Die zugewiesenen Gewinne unterliegen bei den Gesellschaftern der vollen Besteuerung des § 15 EStG.[589] Eine Besteuerung kann nach *Frotscher* jedoch nur dann gerechtfertigt sein, wenn mit den entstandenen Gewinnen eine Erhöhung der Leistungsfähigkeit[590] des Gesellschafters einhergeht.[591] Dieser Ansatz führt zu folgenden m.E. zutreffenden Ergebnissen:

Für den *Komplementär* ist die Veräußerung der Wirtschaftsgüter immer mit einer Erhöhung seiner Leistungsfähigkeit verbunden, da durch diese Gewinne die Schulden der Gesellschaft, für die er unbeschränkt haftet, vermindert werden. Eine Besteuerung der nicht entnahmefähigen Liquidationsgewinne erscheint daher vertretbar.

---

586 Vgl. *Frotscher*, Steuern im Konkurs, 3. Aufl. Heidelberg 1990, 161 f.
587 Vgl. BFH v. 8.6.1972 IV R 129/66, BStBl. II 1972, 784.
588 Vgl. BFH v. 19.1.1993 VIII R 128/84, BStBl. II 1993, 594 [596].
589 Vgl. *Meyer-Scharenberg*, Steuerprobleme im Konkursfall, DStR 1994, 889 [895].
590 Zum steuerspezifischen Gerechtigkeitsprinzip der Leistungsfähigkeit vgl. *Tipke*, Steuerrecht, 11. Aufl. Köln 1987, 59 ff.
591 Vgl. zu den folgenden Ausführungen: *Frotscher*, Steuern im Konkurs, 3. Aufl. Heidelberg 1990, 160 ff.

Ebenso verhält es sich beim *Kommanditisten,* falls er seine Haftsumme noch nicht voll eingezahlt hat oder über ein negatives Kapitalkonto verfügt. In der Höhe, in der er seine Haftsumme auffüllen muß, ist er wie ein Komplementär zu behandeln. Gleiches gilt für den Betrag des zugewiesenen Veräußerungserlöses, der sein negatives Kapitalkonto verringert, denn in dieser Höhe wird die Besteuerung verhindert, die einen Wegfall dieses negativen Kapitalkontos auslösen würde.[592] In den Fällen jedoch, in denen ein Kommanditist über ein positives Kapitalkonto verfügt,[593] reduzieren die Veräußerungsgewinne lediglich Gesellschaftsschulden, für die er ohnehin nicht haften würde (§ 171 Abs. 1 HGB). Da keine Erhöhung der persönlichen Leistungsfähigkeit des Kommanditisten vorliegt, ist eine Besteuerung nicht gerechtfertigt. Die zugerechneten Gewinnanteile sind daher aus Gründen der sachlichen Unbilligkeit entweder abweichend festzusetzen (§ 163 AO) oder zu erlassen (§ 227 AO).[594] Eine Besteuerung des positiven Kapitalkontos könnte höchstens dadurch gerechtfertigt sein, daß sich die Leistungsfähigkeit des Kommanditisten insoweit erhöht, als er durch die Erlangung eines positiven Kapitalkontos bzw. der Aufstockung desselben nach dem Abwicklungsverfahren einen schuldrechtlichen Ausgleichsanspruch gegen diejenigen Mitgesellschafter erhält, deren Kapitalkonto negativ ist.[595]

B. Verzicht auf Gesellschafterdarlehen

Der Darlehensverzicht eines Gesellschafters stellt immer eine steuerfreie Einlage auf gesellschaftsrechtlicher Basis dar. Selbst wenn zusammen mit dem Gesellschafter alle Gläubiger im Rahmen der Sanierung auf 70% ihrer Forderungen verzichteten, handelt es sich nicht um einen steuerfreien Sanierungsgewinn i.S.d. § 3 Nr. 66 EStG.[596]

C. Verlustzurechnung nach Veruntreuung durch Gesellschafter

Sehr häufig entstehen Unternehmenskrisen durch Veruntreuungen von Gesellschaftsvermögen durch Mitgesellschafter. Diese gesellschaftsver-

---

592 Vgl. hierzu die Ausführungen auf S. 179 ff.
593 Das gilt auch für den Teil des Veräußerungserlöses, der nicht mehr zur Auffüllung des negativen Kapitalkontos benötigt wird.
594 Vgl. *Frotscher* in: Schwarz, Kommentar zur Abgabenordnung, § 163 Anm. 16 ff.
595 Vgl. BFH v. 19.1.1993 VIII R 128/84, BStBl. II 1993, 594 [596 f.]; vgl. hierzu auch S. 202 f.
596 Vgl. *Bitz* in: Littmann/Bitz/Hellwig, Das Einkommensteuerrecht, § 15 Rn. 74.

tragswidrige Verwendung führt zu einem Schadensersatzanspruch der Gesellschaft gegenüber dem Schädiger, der als Forderung in der Bilanz der Gesellschaft aktiviert werden muß. Kann die Gesellschaft, wegen Vermögenslosigkeit des Schädigers, den Anspruch nicht realisieren, kommt es als Folge der notwendigen Teilwertabschreibung zu einem Verlust i.S.d. Gewinnermittlungsvorschriften, der in die gesonderte und einheitliche Gewinnfeststellung einfließt. Muß die Gesellschaft aufgelöst und beendet werden und kann auch im Auseinandersetzungsverfahren der Ersatzanspruch (Schadensersatz) wegen Vermögenslosigkeit des Schädigers nicht realisiert werden, müssen die übrigen Gesellschafter den Vermögensschaden wirtschaftlich tragen. Dieser Schaden, der aus der Uneinbringlichkeit der Ausgleichsforderung gegen den Mitgesellschafter herrührt, stellt nach Ansicht des BFH keine „gewinneutrale" Entnahme des Mitunternehmers dar, sondern einen durch die Beteiligung veranlaßten Verlust, der in der gesonderten und einheitlichen Gewinnfeststellung erfolgsmindernd zu berücksichtigen ist.[597]

Kapitel 2:
Sonderprobleme der Kommanditisten im Zusammenhang mit § 15a EStG

Die größten steuerlichen Probleme der nicht vollhaftenden Gesellschafter einer Personengesellschaft in der Krise, werden durch die Verlustbeschränkungsnorm des § 15a EStG verursacht. Im Folgenden werden daher zuerst die handels- und steuerrechtlichen Grundlagen dieser Rechtsnorm dargestellt und anschließend die verschiedenen Problembereiche genau untersucht.

A. Grundlagen

I. Handelsrechtliche Grundlagen

Ausgangspunkt der Frage, ob ein negatives Kapitalkonto des Kommanditisten handelsrechtlich überhaupt anzuerkennen sei, ist die etwas unglück-

---

[597] Vgl. BFH v. 22.9.1994 IV R 41/93, DStR 1995, 678 [679].

liche Formulierung des § 167 Abs. 3 HGB:[598] „An dem Verluste nimmt der Kommanditist nur bis zum Betrage seines Kapitalanteils und seiner noch rückständigen Einlage teil." Mittlerweile ist jedoch geklärt, daß einem Kommanditisten auch dann Verluste zugerechnet werden dürfen, wenn sie über den Betrag seiner Einlage (§ 172 Abs. 1 HGB) hinausgehen.[599] Denn § 167 Abs. 3 HGB bezieht sich nicht auf den Verlust eines einzelnen Wirtschaftsjahres, sondern auf den gesamten Zeitraum zwischen Gründung/-Eintritt und Vollbeendigung/Austritt. Somit kann der Kapitalanteil eines Kommanditisten unter das Haftkapital sinken, und dadurch ein negatives Kapitalkonto entstehen.[600] Indirekt ergibt sich dies auch aus § 169 Abs. 1 Satz 2 2. Halbsatz HGB, in dem geregelt wird, daß ein Kommanditist sein negatives Kapitalkonto erst bis zur Höhe seiner Haftsumme mit zukünftigen Gewinnanteilen ausgleichen muß, bevor er wieder Anspruch auf Auszahlungen künftiger Gewinne hat. Man spricht daher von einer „Verlusthaftung mit künftigen Gewinnanteilen".[601]

Die Höhe des Kapitalkontos wird durch Einlagen, Gewinnanteile, Entnahmen und Verlustanteile beeinflußt. Die größten Schwierigkeiten ergeben sich bei der Charakterisierung von Leistungen, die der Kommanditist der Gesellschaft zuwendet. Es ist nämlich zu unterscheiden, ob es sich um Einlagen handelt, die auf der Ebene der Gesellschaft Eigenkapital darstellen, oder ob der Kommanditist z.B. ein Darlehen hingegeben hat, welches die Höhe des Kapitalkontos nicht verändert.

Um dieses Problem behandeln zu können, muß vorab eine terminologische Klarstellung erfolgen. Der Gesetzgeber nimmt nämlich sowohl im Steuer- als auch im Zivilrecht keine klare Trennung von „Haftsumme" und „Pflichteinlage" vor.[602] Dadurch entsteht der Eindruck, es handle sich in beiden Fällen um eine Einlage. Tatsächlich haben die durch das Schrifttum und die Rechtsprechung entwickelten Begriffe „Haftsumme" und „Pflichteinlage" jedoch vollkommen unterschiedliche Funktionen.

---

598 Vgl. *Schweigert/Eggesiecker*, Zum Problem der Verlustzuweisungen an Kommanditisten bei negativen Kapitalkonten im Konkurs der Gesellschaft, FR 1977, 348 [349].
599 Vgl. BGH v. 23.10.1985 IV b ZR 62/84, HFR 1987, 36 f.; *Baumbach/Hopt*, Handelsgesetzbuch, 29. Aufl. München 1995, § 167 Tz. 3; *Martens* in: Schlegelberger, Handelsgesetzbuch, 5. Aufl. München 1986, § 167 Rdn. 13 ff. m.w.N.
600 Vgl. *Lange/Grützner/Kussmann/Moench/Reiß*, Personengesellschaften im Steuerrecht, 4. Aufl. Herne/Berlin 1993, Rdn. 486.
601 BGH v. 23.10.1985 IV b ZR 62/84, HFR 1987, 36 f.; *Söffing*, Besteuerung der Mitunternehmer, 3. Aufl. Herne/Berlin 1990, 197.
602 Vgl. *Hopt* in: Baumbach/Hopt, HGB, 29. Aufl. Nördlingen 1994, § 171 Rn. 1; *Schilling* in Straub, Großkommentar HGB, Berlin 1970, § 161 Anm. 12.

Sonderprobleme der Kommanditisten i.V.m. § 15a EStG

Die im Handelsregister einzutragende *Haftsumme* dient dazu, den Gläubigern der Kommanditgesellschaft anzuzeigen, daß der Kommanditist zwar mit seinem gesamten Vermögen (ohne gegenständliche Beschränkung), aber nur in Höhe der Haftsumme (summenmäßige Beschränkung) für Gesellschaftsverbindlichkeiten einzustehen hat.[603] Der Kommanditist haftet zwar nicht mit seiner Einlage, gleichwohl kann er in Höhe der in das Gesellschaftsvermögen – also auf die Pflichteinlage – geleisteten Beiträge nicht mehr von Gläubigern der Gesellschaft in Haftung genommen werden (§ 171 Abs. 1 HGB).

Die *Pflichteinlage* bestimmt die Beiträge, die die Gesellschafter in das Gesellschaftsvermögen einbringen müssen. Somit können Einlageleistungen der Gesellschafter nur dann vorliegen, wenn sie auf die Pflichteinlage geleistet werden.[604] Außerdem kann die Einlage nur in der Höhe der Pflichteinlage geleistet werden, denn der Gesellschafter „kann der Gesellschaft eine andere als die ihr als Einlage geschuldete Leistung nicht aufdrängen".[605] Das hat zur Folge, daß die Einlagen der Gesellschafter einer Kommanditgesellschaft die Pflichteinlage nie übersteigen können. Alle Leistungen, die der Kommanditist der Gesellschaft zuwendet, können somit nur bis zur Höhe der Pflichteinlage das Kapitalkonto erhöhen. Dieser zivilrechtliche Grundsatz wird in der Praxis jedoch meistens übersehen. Das hat zur Folge, daß Mittel, die der Kommanditgesellschaft in Krisenzeiten zur Verfügung gestellt werden, ohne die Pflichteinlage vorher zu erhöhen,[606] nicht als Einlage zu behandeln sind und somit nicht das Kapitalkonto des Kommanditisten erhöhen.

Beispiel:

Die Pflichteinlage eines Kommanditisten beträgt ebenso wie die Haftsumme 100.000 DM. Aufgrund einer Unternehmenskrise werden dem Gesellschafter im Jahr 06 und 07 jeweils 50.000 DM als Verlustanteil zugewiesen, so daß sein Kapitalkonto Null DM beträgt. Im Jahr 08 muß der Kommanditist der Gesellschaft aufgrund akuter Liqui-

---

603 Vgl. *Schmidt, K.* in: Schlegelberger, Handelsgesetzbuch, 5. Aufl. München 1986, §§ 171, 172 Anm. 4.
604 Vgl. *Horn* in: Heymann, Handelsgesetzbuch, 2. Aufl. Berlin 1995, § 171 Rdn. 14; *Huber*, Gesellschafterkonten in der Personengesellschaft, ZGR 1988, 2 [19]; *Schmidt, K.* in: Schlegelberger, Handelsgesetzbuch, 5. Aufl. München 1986, §§ 171, 172 Anm. 46.
605 *Schmidt, K.*, Einlage und Haftung des Kommanditisten, Köln 1977, 40.
606 Die Pflichteinlage kann durch einstimmigen Gesellschafterbeschluß – bzw. wenn der Gesellschaftsvertrag das vorsieht auch durch Mehrheitsbeschluß (§ 119 Abs. 2 HGB) – geändert, erlassen oder gestundet werden (§ 172 Abs. 3 i.V.m. § 119 Abs. 1 HGB). Vgl. *Schmidt, K.* in: Schlegelberger, Handelsgesetzbuch, 5. Aufl. München 1986, §§ 171, 172 Anm. 11, 39.

ditätsmangel 75.000 DM zur Verfügung stellen, ohne daß mittels eines Gesellschafterbeschlusses die Pflichteinlage erhöht wird. Die 75.000 DM stellen daher bei der Kommanditgesellschaft Fremdkapital dar, und ein im Jahr 08 zugewiesener Verlustanteil von 25.000 DM führt dazu, daß in dieser Höhe ein negatives Kapitalkonto entsteht.

In der Regel sind die Haftsumme und die Pflichteinlage gleich hoch. Darum wird auch, wenn sich aus dem Gesellschaftsvertrag keine besonderen Vereinbarungen ergeben, angenommen, daß die im Handelsregister eingetragene Haftsumme der Pflichteinlage entspricht.[607] Da jedoch sowohl die Haftsumme als auch die Pflichteinlage von den Gesellschaftern beliebig festgelegt werden können, kann die Pflichteinlage auch höher oder niedriger sein als die Haftsumme.[608] Die Auswirkungen von Veränderungen der Haftsumme und/oder Pflichteinlage auf das Verlustausgleichs- bzw. -abzugsvolumen des § 15a EStG werden ausführlich ab S. 172 dargestellt.

II. Steuerrechtliche Grundlagen

1. Historische Entwicklung der Verlustbeschränkung

Steuerrechtlich ist die historische Entwicklung des negativen Kapitalkontos in zwei Abschnitte zu unterteilen. Vor dem Jahr 1980, in dem die Behandlung des negativen Kapitalkontos im § 15a EStG gesetzlich kodifiziert wurde,[609] beruhte die Anerkennung von Verlustzurechnungen über die Höhe der Einlage hinaus auf der *Rechtsprechung des BFH*. So wurde erstmals im Jahr 1964 die steuerliche Anerkennung des negativen Kapitalkontos bei dem Kommanditisten einer gewerblichen Kommanditgesellschaft grundsätzlich bejaht.[610] Die Anerkennung war jedoch strittig, und es wurde im Schrifttum heftig diskutiert, ob das negative Kapitalkonto lediglich als ein Merk- bzw. Rechnungsposten zu verstehen sei, der anzeige, ab welchem Zeitpunkt der Kommanditist am Gewinn der Gesellschaft wieder teilhaben werde,[611] oder ob es sich um eine tatsächlich bewertungsfähige

---

607 Vgl. BGH v. 28.3.1977 II ZR 230/75, DB 1977, 1249 [1250].
608 Vgl. FN .
609 Vgl. Gesetz zur Änderung des Einkommensteuergesetzes, des Körperschaftsteuergesetzes und anderer Gesetze, BStBl. I 1980, 589.
610 Vgl. BFH v. 13.3.1964 VI 343/61 S, BStBl. III 1964, 359.
611 Vgl. *Mellwig*, Rechnungslegungszwecke und Kapitalkonten bei Personengesellschaften, BB 1979, 1409 [1417]; *Knobbe-Keuk*, Die Besteuerung des Gewinns der Personengesellschaft und der Sondervergütungen der Gesellschafter, StuW 1974, 1 [22]; *Thiel*, Der Verlust des Kommanditisten, DB 1964, 1166 [1167].

Last handele, die einkommensteuerlich berücksichtigt werden müsse.[612] Die erste Meinung wurde damit begründet, daß es sich bei jenen Vorgängen nur um eine Schmälerung zukünftiger Gewinne handele[613] und diese keine einkommensteuerliche Wirkung haben dürften, da sie keine Vermögensminderung i.S.d. § 4 Abs. 1 EStG darstellten.[614] Die Befürworter der einkommensteuerlichen Anerkennung beriefen sich u.a. auf die Maßgeblichkeit der Handelsbilanz für die Steuerbilanz[615] und sahen in der Verlustverhaftung mit künftigen Gewinnanteilen (§ 169 Abs. 1 Satz 2 2. Halbsatz HGB) eine tatsächlich wirtschaftliche Last.[616] Endgültig entschieden hat diese Frage der Große Senat des BFH mit seinem Beschluß vom 10.11.1980.[617] Er führte im Leitsatz aus:

„Einem Kommanditisten, dessen gesellschaftsrechtliche Stellung sich im Innen- und Außenverhältnis nach den Vorschriften des HGB, insbesondere des § 167 Abs. 3 HGB, bestimmt, ist ein Verlustanteil, der nach dem allgemeinen Gewinn- und Verlustverteilungsschlüssel der KG auf ihn entfällt, einkommensteuerrechtlich auch insoweit zuzurechnen, als er in einer den einkommensteuerrechtlichen Bilanzierungs- und Bewertungsvorschriften entsprechenden Bilanz der KG zu einem negativen Kapitalkonto des Kommanditisten führen würde. Dies gilt nicht, soweit nach Aufstellung der Bilanz nach den Verhältnissen am Bilanzstichtag feststeht, daß ein Ausgleich des negativen Kapitalkontos nicht mehr in Betracht kommt."

Entscheidendes Kriterium für die volle steuerliche Anerkennung des negativen Kapitalkontos war für den BFH die Verpflichtung des Kommanditisten, mit zukünftigen Gewinnanteilen (als Ausdruck des Mitunternehmerrisikos) bzw. durch die Realisierung stiller Reserven das Kapitalkonto wieder ausgleichen zu müssen.[618] Die Anerkennung des negativen Kapitalkontos mit der Begründung, es liege eine Verlustverhaftung mit künftigen Gewinnanteilen vor, führte der BFH stringent weiter und folgerte daraus, daß zu dem Zeitpunkt, ab dem feststeht, daß der Ausgleich eines negativen Kapitalkontos mit künftigen Gewinnanteilen des Kommanditisten nicht mehr in Betracht kommt, erstens keine weiteren Verluste zugerechnet werden dürfen und zweitens das negative Kapitalkonto wegfalle und zu einem

---

612 Vgl. *Vogel*, Aktuelle Fragen des Einkommensteuerrechts, StbJb 1964/65, 163 [215].
613 Vgl. *Feddersen/v. Beckenrath* in: Kirchhof/Söhn, Einkommensteuergesetz, § 15a Rdnr. A 173 m.w.N.
614 Vgl. *Bordewin*, Steuerliche Anerkennung des negativen Kapitalkontos?, BB 1978, 441 [443].
615 Vgl. *Bopp* in: Raupach (Hrsg.), Das negative Kapitalkonto des Kommanditisten, Köln 1978, 11 [28 f.].
616 Vgl. *Vogel*, Aktuelle Fragen des Einkommensteuerrechts, StbJb 1964/65, 163 [215].
617 Vgl. BFH v. 10.11.1980 GrS 1/79, BStBl. II 1981, 164.
618 Vgl. *Dornfeld*, Anerkennung des negativen Kapitalkontos durch den Großen Senat des BFH, FR 1981, 129 [131 f.].

laufenden, d.h. nicht gem. §§ 16, 34 EStG begünstigten, Gewinn führe.[619] Somit hat der Große Senat mit dieser Entscheidung die steuerliche Anerkennung des negativen Kapitalkontos grundsätzlich bestätigt. Lediglich die Einschränkung, daß eventuell schon vor einer Betriebsaufgabe die Verlustzurechnung bzw. das gesamte negative Kapitalkonto nicht mehr anzuerkennen sei, stellt eine Neuerung dar.[620]

Mit der Einführung des *§ 15a EStG* reagierte der Gesetzgeber ab dem Veranlagungszeitraum 1980 auf die mit der einkommensteuerlichen Anerkennung des negativen Kapitalkontos bei Kommanditisten verbundenen immer größer werdenden Zahl an Verlustzurechnungsgesellschaften, bei denen den Kommanditisten häufig per Saldo höhere Steuerersparnisse ermöglicht wurden, als sie an Einlagen gezahlt hatten.[621]

Die Grundsatzregelung in § 15a Abs. 1 Satz 1 EStG begrenzt bei Kommanditisten die steuerliche Berücksichtigung der ihnen zuzurechnenden Verlustanteile aus der Kommanditbeteiligung im Rahmen des Verlustausgleichs mit anderen positiven Einkünften (horizontaler bzw. vertikaler Verlustausgleich) bzw. des Verlustabzugs nach § 10d EStG auf die Höhe ihrer Eigenkapitalkonten.[622] Somit sind die Verluste, die ein negatives Kapitalkonto begründen, nicht mehr unbeschränkt *ausgleichs- bzw. abzugsfähig.* Das bedeutet jedoch nicht, daß Verlustanteile, die über das Kapitalkonto der Kommanditisten hinausgehen, verloren sind. Nach § 15a Abs. 2 EStG werden diese Verluste lediglich in sog. *verrechenbare Verluste* umqualifiziert, d.h. sie mindern den Gewinn, der dem betroffenen Kommanditisten in späteren Jahren aus der Beteiligung an der Kommanditgesellschaft zugerechnet wird. Der steuerentlastende Effekt kommt somit nicht im Jahr seiner Entstehung zum Tragen, sondern wird – in einer Art „internen Verlustvortrags" – auf spätere Jahre verschoben.[623] Hat der Kommanditist jedoch seine im Handelsregister eingetragene[624] Haftsumme noch gar nicht oder noch nicht in voller Höhe geleistet und entsteht dann durch anteilige

---

619 Vgl. BFH v. 10.11.1980 GrS 1/79, BStBl. II 1981, 164. Vgl. hierzu die Ausführungen auf S. 179 ff.
620 Vgl. *Dornfeld*, Anerkennung des negativen Kapitalkontos durch den Großen Senat des BFH, FR 1981, 129 [132].
621 Vgl. BT-Drucks. 8/3648, S. 16; BT-Prot. 8/203, S. 16250 ff.; BT-Drucks. 8/4157, S. 1. Trotz der Gesetzesbegründung gilt § 15a EStG für alle Kommanditgesellschaften und nicht nur für Verlustzuweisungsgesellschaften (BFH v. 9.5.1996 IV R 75/93, BStBl. II 1996, 474).
622 Vgl. *Biergans*, Verluste bei beschränkter Haftung, DStR 1981, 3.
623 Vgl. *Binz*, Die GmbH & Co., 8. Aufl. München 1992, § 18 Tz. 255.
624 Vgl. BFH v. 26.8.1993 IV R 112/91, BStBl. II 1994, 627; Die Anmeldung zur Eintragung reicht nicht aus.

Sonderprobleme der Kommanditisten i.V.m. § 15a EStG 165

Verlustzurechnung ein negatives Kapitalkonto, so sind die zugewiesenen Verluste in Höhe der Differenz zwischen eingetragener Haftsumme und eingezahlter Einlage steuerlich, trotz des negativen Kapitalkontos, berücksichtigungsfähig (sog. erhöhter *Verlustausgleich wegen überschießender Außenhaftung*).[625] Diese Verlustausgleichserweiterung gilt ausschließlich für die Haftung des Kommanditisten nach § 171 Abs. 1 HGB.[626] Erweiterte Haftung, die der Kommanditist z.B. im Außenverhältnis durch Bürgschaften,[627] die für Verbindlichkeiten der Gesellschaft geleistet werden, oder im Innenverhältnis, z.B. durch etwaige Nachschußpflichten oder Patronatverpflichtungen übernommen hat, führen nicht zu einer Ausweitung der Verlustberücksichtigung.[628] Lediglich dann, wenn aufgrund besonderer gesellschaftsrechtlicher Vereinbarungen die Haftungsbegrenzung des Kommanditisten (§ 167 Abs. 3 HGB) aufgehoben wird, steht er wirtschaftlich einem Komplementär gleich und ist deshalb auch einkommensteuerlich bei der Verlustverrechnung wie ein Komplementär zu behandeln.[629]

Obwohl der Beschluß des Großen Senats[630] zu negativen Kapitalkonten ergangen ist, die vor der gesetzlichen Kodifizierung des § 15a EStG entstanden waren, sind die Grundsätze der Entscheidung auch weiterhin neben § 15a EStG anzuwenden.[631]

2. Das Kapitalkonto i.S.d. § 15a EStG

Obwohl die Zusammensetzung des Kapitalkontos i.S.d. § 15a Abs. 1 EStG von grundlegender Bedeutung für die steuerliche Behandlung der Verlust-

---

625 Vgl. § 15a Abs.1 Satz 2 EStG; *Binz*, Die GmbH & Co., 8. Aufl. München 1992, § 18 Tz. 256. Die Einschränkung des § 15a Abs. 1 Satz 3 EStG, daß die erweiterte Außenhaftung wegfällt, wenn mit einer Inanspruchnahme nicht gerechnet werden kann, wird in dieser Darstellung nicht vertieft. In Krisensituationen ist nämlich immer davon auszugehen, daß ein Kommanditist die noch nicht voll einbezahlte Haftsumme leisten und folglich beim Untergang auch tragen muß. Vgl. hierzu auch S. 213.
626 Haftung bis zur Höhe der im Handelsregister eingetragenen Einlage (Haftsumme). Vgl. *Hopt* in: Baumbach/Hopt, Handelsgesetzbuch, 29. Aufl. München 1995, § 171 Rn 1.
627 Vgl. hierzu die Ausführungen auf S. 192 ff.
628 Vgl. BFH v. 14.12.1995 IV R 106/94, BStBl. II 1996, 226 [228]; v. 28.5.1993 VIII B 11/92, BStBl. II 1993, 665; v. *Beckenrath* in: Kirchhof/Söhn, Einkommensteuergesetz, § 15a Rdnr. C 80; *Reiß* in: Kirchhof/Söhn, Einkommensteuergesetz, § 16 Rdnr. C 84; *Schmidt, L.* in: Schmidt, L., Einkommensteuergesetz, 15. Aufl. München 1996, § 15a Rz. 26, 62 f.
629 Vgl. *Reiß* in: Kirchhof/Söhn, Einkommensteuergesetz, § 16 Rdnr. C 84: Verpflichtung im Innenverhältnis reicht aus; *Schmidt, L.* in: Schmidt, L., Einkommensteuergesetz, 15. Aufl. München 1996, § 15a Rz. 26: fordert klare Regelung im Gesellschaftsvertrag.
630 Vgl. BFH v. 10.11.1980 GrS 1/79, BStBl. II 1981, 164.
631 Vgl. *v. Beckenrath/Feddersen* in: Kirchhof/Söhn, Einkommensteuergesetz, § 15a Rdnr. B 30.

zuweisungen eines Kommanditisten ist, bestand lange Zeit Unsicherheit darüber, ob das Sonderbetriebsvermögen einzubeziehen sei oder nicht.[632] Erst mit dem Urteil v. 14.5.1991[633] hat der BFH abschließend geklärt, daß nur die Steuerbilanz der Gesellschaft und gegebenenfalls eine Ergänzungsbilanz des Kommanditisten maßgeblich ist, nicht aber die Gesamtbilanz der Mitunternehmerschaft. Das hat zur Folge, daß eine eventuell vorhandene Sonderbilanz des Kommanditisten nicht in das Kapitalkonto i.S.d. § 15a Abs. 1 EStG einzubeziehen ist.

Vor dem Einbeziehungsverbot von Sonderbetriebsvermögen war die Frage, ob die variablen Konten als Eigen- oder Fremdkapital zu behandeln sind, für die Bemessung des Kapitalkontos i.S.d. § 15a EStG unbedeutend. Die neue Rechtsprechung macht es jedoch nun erforderlich, eine exakte Abgrenzung zwischen Eigen- und Fremdkapital vorzunehmen. Denn es kann nur noch zivilrechtliches Eigenkapital der Gesellschaft den Eigenkapitalanteil des Kommanditisten gem. § 15a EStG erhöhen.[634] Dadurch werden die gesellschaftsrechtlichen Voraussetzungen von Einlageleistungen in den Mittelpunkt der steuerlichen Behandlung gerückt. Früher hatte es keinerlei Auswirkungen auf das steuerliche Kapitalkonto, wenn gegen die zivilrechtlichen Anforderungen verstoßen wurde. In diesen Fällen erhöhte die Leistung des Gesellschafters, obwohl zivilrechtlich Fremdkapital vorlag, als Sonderbetriebsvermögen das steuerliche Eigenkapital(konto) i.S.d. § 15a EStG. Seit der Entscheidung des BFH vom 14.5.1991, geht jedoch beim Verstoß gegen die zivilrechtlichen Einlagevorschriften steuerliches Verlustabzugs- bzw. -ausgleichsvolumen verloren.

---

632 Für eine Einbeziehung des Sonderbetriebsvermögens: *Biergans*, Verlust bei beschränkter Haftung, DStR 1981, 3 [6]; *Döllerer*, Steuerbilanz der Gesellschaft und Gesamtbilanz der Mitunternehmerschaft bei Anwendung des § 15a EStG, DStR 1981, 19 [21]; *Dankmeyer*, Künftige Verlustverrechnungsmöglichkeiten bei beschränkt haftenden Unternehmern, DStR 1980, 131; *Bordewin*, Gesetz zur Änderung des Einkommensteuergesetzes, des Körperschaftsteuergesetzes und anderer Gesetze, BB 1980, 1033. Gegen eine Einbeziehung haben sich ausgesprochen: *Wassermeyer*, § 15a EStG: Eine Herausforderung für den steuerlichen Berater – Gestaltungshinweise für das Nutzbarmachen steuerlicher Verluste, DB 1985, 2634 [2635]; *Schulze-Osterloh*, Die zivilrechtlich formulierten Tatbestandsmerkmale des § 15a EStG und ihre steuerlichen Auswirkungen, JbFfSt 1981/82, 246; *Lempenau*, Verlustzurechnung und Verlustverrechnung beim Kommanditisten – handelsrechtlich und steuerrechtlich –, StuW 1981, 235 [240].
633 Vgl. BFH v. 14.5.1991 VIII R 31/88, BStBl. II 1992, 167.
634 Vgl. BFH v. 14.5.1991 VIII R 31/88, BStBl. II 1992, 167; BMF-Schr. v. 24.11.1993, BStBl. I 1993, 934 [935]; *Schmidt, L.*, Bemerkungen zur jüngsten Rechtsprechung des BFH zu § 15a EStG und deren mögliche Konsequenzen, DStR 1992, 702 [703 f.].

Sonderprobleme der Kommanditisten i.V.m. § 15a EStG 167

Ob Leistungen eines Kommanditisten sein Kapitalkonto i.S.d. § 15a EStG erhöhen, muß nunmehr immer mittels folgendem zweistufigen Prüfschema analysiert werden:

```
                    Ist die Pflichteinlage voll erbracht?
                   ┌─────────────────┴─────────────────┐
              ja  ▼                                    ▼  nein
          keine Einlage              Erwachsen dem Kommanditisten aus den
                                     Leistungen schuldrechtliche Forderungen?
                                       ┌──────────────┴──────────────┐
                                   ja ▼                              ▼ nein
                              keine Einlage              Einlage (max. bis zur Höhe der
                                                         vereinbarten Pflichteinlage)
```

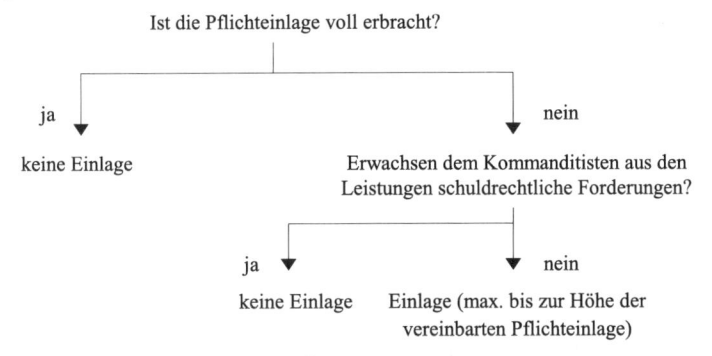

Abb. 14: Schema zur Überprüfung der Einlageleistung

Im ersten Schritt ist gem. den auf S. 160 f. dargestellten zivilrechtlichen Voraussetzungen zu überprüfen, ob der Kommanditist die vereinbarte Pflichteinlage schon voll erbracht hat oder nicht. Da die Einlagen des Kommanditisten die Pflichteinlage nie übersteigen können, muß gegebenenfalls eine Erhöhung der Pflichteinlage beschlossen werden, um überhaupt eine Einlage erbringen zu können. Sind diese Voraussetzungen erfüllt, so muß in einem zweiten Schritt analysiert werden, ob dem Kommanditisten aus der gewährten Leistung eine schuldrechtliche Forderung erwächst. Nur wenn das nicht der Fall ist, handelt es sich um eine Einlage in das zivilrechtliche Eigenkapital und somit um eine Erhöhung des Eigenkapitalkontos i.S.d. § 15a EStG.

Die zweite Frage, ob es sich bei Mitteln, die der Kommanditist der Gesellschaft zuführt, um Forderungen gegenüber der Gesellschaft oder um Einlagen handelt, bereitet große Abgrenzungsprobleme.

So werden in der Praxis stehengelassene Gewinne i.d.R. im Folgejahr auf das Eigenkapitalkonto des Kommanditisten umgebucht. Da Gewinnanteile zwar einen Anspruch auf Auszahlung begründen (§ 168 Abs. 1 Satz 2 HGB), jedoch kein Entnahmerecht beinhalten (§ 168 Abs. 1 Satz 1 HGB), liegt kein gesamthänderisch gebundenes Vermögen, sondern eine Forderung des Kommanditisten vor.[635] Eine Erhöhung des Verlustabzugs- bzw.

---
635 Vgl. *Baumbach/Hopt*, Handelsgesetzbuch, 29. Aufl. München 1995, § 167 Rn. 3; *Martens* in: Schlegelberger, Handelsgesetzbuch, 5. Aufl. München 1986, § 169 Anm. 4.

-ausgleichspotentials liegt somit nicht vor. Nur in den Fällen, in denen das Kapitalkonto aufgrund der zugewiesenen Verlustanteile negativ geworden ist, sind die Gewinnanteile gem. § 169 Abs. 1 2. Halbsatz HGB bis zum Ausgleich des Kapitalkontos automatisch als Einlage zu behandeln.[636] Ansonsten kann der stehengelassene Gewinnanteil nur dann eine Einlage auf dem Eigenkapitalkonto bewirken, wenn die Pflichteinlage höher ist als die geleistete Einlage. Dann kann nämlich entweder die Kommanditgesellschaft die Forderung gegenüber dem Kommanditisten bzgl. der ausstehenden Einlagen,[637] mit der Verbindlichkeit bzgl. der stehengelassenen Gewinne, präkludieren[638] oder der Kommanditist auf die Auzahlung zugunsten einer Einlage, die auf die Pflichteinlage zu leisten ist, verzichten.

Die größten Probleme bereiten in Krisensituationen die Behandlung von Darlehensbeziehungen, die daher rühren, daß der Kommanditist der Personengesellschaft Kapital zuführt. Ob es sich bei diesen Mitteln, die in der Praxis entweder auf dem Kapitalkonto II, dem Kapitalkonto III oder z.B. einem Kapitalkonto mit der Bezeichnung „Darlehenskonto" verbucht werden, um Eigen- oder Fremdkapital handelt, ist danach zu beurteilen, welche Rechtsnatur das Guthaben auf dem gesellschaftsvertraglich vereinbarten Kapitalkonto hat.[639] Dabei gibt es zwei Möglichkeiten, entweder handelt es sich um eine schuldrechtliche Forderung des Gesellschafters gegenüber der Gesellschaft, oder das verbuchte Guthaben stellt gesamthänderisch gebundenes Gesellschaftsvermögen dar. Zur Beurteilung, ob im entsprechenden Fall Fremd- oder Eigenkapital vorliegt, hat der BFH[640] zwei Entscheidungskriterien entwickelt:

1) Falls auf dem separat geführten Gesellschafterkonto auch zugerechnete *Verluste* verbucht werden, spricht dies für die Annahme eines im Gesellschaftsvermögen gesamthänderisch gebundenen Guthabens.[641] Denn eine Saldierung von Verlusten kann nur mit Einlagen, nicht jedoch mit Forderungen des Gesellschafters vorgenommen werden (§§ 362 bis 397 BGB). Nur in dem Ausnahmefall, daß der Gesellschafter durch den

---

636 Vgl. *Martens* in: Schlegelberger, Handelsgesetzbuch, 5. Aufl. München 1986, § 169 Anm. 5 ff.
637 Eine Aufrechnung seitens der Kommanditgesellschaft setzt gem. § 387 BGB die Fälligkeit der ausstehenden Einlagen voraus.
638 Vgl. *Baumbach/Hopt*, Handelsgesetzbuch, 29. Aufl. München 1995, § 169 Rn. 4 f.; *Martens* in: Schlegelberger, Handelsgesetzbuch, 5. Aufl. München 1986, § 169 Anm. 9 f.
639 Vgl. BFH v. 3.2.1988 I R 394/83, BStBl. II 1988, 551.
640 Vgl. BFH v. 3.2.1988 I R 394/83, BStBl. II 1988, 551 [553].
641 Vgl. BFH v. 27.6.1996 IV R 80/95, DStR 1996, 1925 [1926].

Gesellschaftsvertrag gezwungen ist, Verlustzurechnungen durch Nachschüsse auszugleichen, kann es sich um eine individualisierte Gesellschafterforderung handeln.

2) Das zweite Kriterium ist die *Verzinsung* des Gesellschafterkontos. Dabei kann alleine aus der Tatsache, daß ein Kapitalkonto verzinst wird, nicht gefolgert werden, daß es sich um Eigen- oder Fremdkapital handelt.[642] Sieht der Gesellschaftsvertrag jedoch eine Verzinsung i.S.d. § 121 Abs.1 Satz 2 HGB[643] vor, wird unterstellt, daß es sich um ein im Gesellschaftsvermögen gesamthänderisch gebundenes Guthaben handelt. Dadurch wird dokumentiert, daß eine reine Gewinnverteilung und nicht eine Verzinsung von Fremdkapital beabsichtigt ist.

Allein aus einer etwaigen Kontenbeschriftung „Darlehenskonto" darf nicht geschlossen werden, daß es sich um eine schuldrechtliche Forderung des Gesellschafters handelt.[644] Wenn aus gesellschaftsvertraglichen Bestimmungen nämlich hervorgeht, daß den Konten eine andere rechtliche Funktion zukommt als jene in der Buchführung gewählte Bezeichnung ausdrückt, so ist das maßgeblich, was sich aus dem Gesellschaftsvertrag ergibt. Es ist daher insbesondere darauf zu achten, daß bei einer Verzinsung der Gesellschafterkonten die Verzinsung entsprechend der Regelung des § 121 Abs. 1 Satz 2 HGB eingeschränkt wird, da ansonsten das der Verzinsung zugrundeliegende Kapital unter Umständen kein Kapital i.S.d. § 15a Abs. 1 Satz 1 EStG darstellt und somit das Verlustausgleichs- und -abzugspotential schmälert. Eine mögliche Formulierung lautet:

„Alle Gesellschafter erhalten auf ihre Einlage eine Verzinsung von jährlich x%. Reicht der Gewinn zu dieser Verzinsung nicht aus, so ermäßigt sich die Verzinsung entsprechend und verhältnismäßig."[645]

Handelt es sich bei den überlassenen Mitteln um eine schuldrechtliche Forderung des Gesellschafters gegenüber der Gesellschaft, so liegt immer Fremdkapital vor. Es ist dabei unerheblich, ob es sich bei dem Darlehen aufgrund der fortgeschrittenen Krisensituation schon um ein eigenkapitalersetzendes Darlehen handelt oder nicht. Denn aus der Sicht der Perso-

---

642 Vgl. BMF-Schr. v. 24.11.1993, BStBl. I 1993, 934 [935].
643 § 121 Abs.1 Satz 2 HGB lautet: „Reicht der Jahresgewinn hierzu nicht aus, bestimmen sich die Anteile nach einem entsprechend niedrigeren Satz."
644 Vgl. BFH v. 3.2.1988 I R 394/83, BStBl. II 1988, 551 [553 f.].
645 BFH v. 3.2.1988 I R 394/83, BStBl. II 1988, 551.

nengesellschaft stellt die Verbindlichkeit immer nicht berücksichtigungsfähiges Fremdkapital dar.[646]

Der Kommanditist sollte daher bei Kapitalüberlassungen, die eine Forderung gegenüber der Kommanditgesellschaft darstellen, bei beginnender Krise zuerst, falls erforderlich, die Pflichteinlage erhöhen[647] und dann eine Verzichtserklärung (§ 396 BGB) abgeben.[648] Nur dann ist sichergestellt, daß die überlassenen Mittel das Kapitalkonto des § 15a EStG erhöhen.[649] Ein Rangrücktritt reicht jedoch nicht aus. Denn dadurch wird keine Einlage bewirkt, sondern die Verbindlichkeit gegenüber dem Kommanditisten stellt weiterhin Fremdkapital der Gesellschaft dar.[650]

Die Finanzverwaltung hat sich in ihrem Erlaß v. 24.11.1993[651] ausführlich mit der Zusammensetzung des Kapitalkontos i.S.d. § 15a EStG auseinandergesetzt, ohne jedoch die zivilrechtlichen Restriktionen der Pflichteinlage ausreichend zu berücksichtigen. Sie weist zwar im Zusammenhang mit stehengelassenen Gewinnanteilen auf die Problematik hin, ohne sie aber in den anderen Bereichen anzuwenden. Nach Ansicht des BMF sind bei der Ermittlung der Kapitalkonten i.S.d. § 15a Abs. 1 Satz 1 EStG folgende Positionen zu berücksichtigen:

– Geleistete Einlagen[652] (Hafteinlagen,[653] Pflichteinlagen,[654] auch wenn sie unabhängig von der Gewinn- oder Verlustsituation verzinst werden; verlorene Zuschüsse zum Ausgleich von Verlusten)

---

646 Vgl. zur bilanziellen Behandlung von eigenkapitalersetzenden Darlehen S. 83 ff.
647 Vgl. zur zivilrechtlichen Problematik der Pflichteinlage S. 161 f.
648 Falls eine Sanierung der Gesellschaft gelingt, kann die Einlage jederzeit wieder entnommen werden.
649 Vgl. *Schmidt, L.* in: Schmidt, L., Einkommensteuergesetz, 15. Aufl. München 1996, § 15a Rz. 92; *Mundry*, Kommanditistendarlehen mit Eigenkapitalcharakter als Teil des Kapitalkontos i.S.d. § 15a EStG?, DB 1993 1741 [1745]; a.A. *van Lishaut*, § 15a EStG nach der Ausgliederung von Sonderbetriebsvermögen, FR 1994, 273 [281]: Erhöhung nur um werthaltigen Teil.
650 Vgl. zur bilanziellen Behandlung von Darlehen bei Rangrücktritt S. 98 ff.
651 Vgl. BMF-Schr. v. 24.11.1993, BStBl. I 1993, 934.
652 Diese Bezeichnung ist nicht korrekt, da unter geleisteter Einlage nach h.M. sämtliche vom Kommanditisten erbrachten Einlagen zu verstehen sind (*v. Beckenrath* in: Kirchhof/Söhn, Einkommensteuergesetz, § 15a Rdnr. B 159; *Stuhrmann* in: Blümich, Einkommensteuer, § 15a Rdnr. 27; *Schmidt, L.* in: Schmidt, L., Einkommensteuergesetz, 15. Aufl. München 1996, § 15a Rz. 96).
653 Die Aufzählung des Begriffs „Hafteinlage" ist überflüssig. Denn darunter sind Zahlungen auf die Haftsumme zu verstehen und somit hat dieser Begriff für die Ermittlung des Kapitalkontos i.S.d. § 15a Abs. 1 Satz 1 EStG keinerlei Auswirkung.
654 Nach der in dieser Darstellung vertretenen Ansicht können überhaupt nur solche Einlageleistungen das Kapitalkonto i.S.d. § 15a Abs. 1 Satz 1 EStG erhöhen, die auf die Pflichteinlage geleistet werden. Daher ist die Auflistung des Begriffs „Pflichteinlagen" nur unter der Position „Geleistete Einlagen" irreführend.

Sonderprobleme der Kommanditisten i.V.m. § 15a EStG

- Kapitalrücklagen (z.B. durch Kapitalzuführung von außen, um etwaige Bilanzverluste abzudecken, soweit sie in der Bilanz als Rücklagen kenntlich gemacht werden)
- Gewinnrücklagen (z.b. durch Stehenlassen von Gewinnen lt. Gesellschaftervertrag, soweit sie in der Bilanz als Rücklagen kenntlich gemacht werden)
- Sonstige Einlagen von Gesellschaftern (wenn sie die o. a. Voraussetzungen erfüllen)
- Separat geführte Verlustvortragskonten (wenn aber § 167 Abs. 3 HGB abbedungen ist, d.h. die Gesellschafter in Höhe des Verlustvortrags eine Nachschußpflicht trifft, werden sie nicht dem steuerlichen Eigenkapital zugerechnet.)

Obwohl die Kapitalkontendefinition der Finanzverwaltung m.E. gegen die gesellschafts- und steuerrechtlichen Vorschriften verstößt, sollte der Kommanditist diese Verwaltungsanweisung dennoch zur Ermittlung seines steuerlichen Kapitalkontos heranziehen. Die unzureichende terminologische Abgrenzug ermöglicht ihm nämlich ein größeres Kapitalkonto als bei exakter Auslegung der zivil- und steuerrechtlichen Vorschriften möglich wäre. Bis zur Aufhebung dieses Erlasses muß das Finanzamt die Anwendung des BMF-Schreibens akzeptieren (Grundsatz der Selbstbindung der Verwaltung).[655]

In der Praxis wird das Kapitalkonto der Gesellschafter meist in zwei oder mehrere Konten aufgeteilt.[656] Dabei wird i.d.R. ein festes Kapitalkonto (Kapitalkonto I) geführt, in dem die Pflichteinlage des Gesellschafters ausgewiesen wird und nach dem sich die Stimmrechte und Erfolgsbeteiligungen richten.[657] Daneben existieren weitere Konten (Kapitalkonto II, Kapitalkonto III, Darlehens-, Verrechnungs-, Rücklagen-, Privatkonten usw.), die dazu dienen, Einlagen, Entnahmen, Gewinn- bzw. Verlustanteile oder auch Darlehen auszuweisen, die über das Kapitalkonto I hinausgehen.[658]

---

655 Vgl. *Lammerding*, Abgabenordung und FGO, 12. Aufl. Achim 1993, 39.
656 Vgl. *Jestädt*, Kapitalkonto i.S.d. § 15a EStG ohne Einbeziehung positiven und negativen Sonderbetriebsvermögens, DStR 1992, 413 [415].
657 Dieses Konto dient hauptsächlich der anteiligen Zurechnung des Jahresergebnisses und eines etwaigen Liqidationserlöses.
658 Zur Umfang des Kapitalkontos i.S.d. § 15a Abs. 1 Satz 1 EStG vgl. auch: *Bitz* in: Littmann/Bitz/Hellwig, Das Einkommensteuerrecht, § 15a Rn. 2; BMF-Schr. v. 24.11.1993, BStBl. I 1993, 934; Zimmermann/Reyher/Hottmann, Die Personengesellschaft im Steuerrecht, 5. Aufl. Achim 1995, 192 ff.

Zwei- bzw. Drei-Konten-Modelle führen jedoch unweigerlich zu einer Vermengung von Einlagen, Fremdkapital und Verlustanteilen. M.E. gewährleistet nur folgende Aufteilung des Eigenkapitals den optimalen Überblick bzgl. aller relevanten Fragen des Zivil- wie des Steuerrechts:

Kapitalkonto I: Feste Einlage

Kapitalkonto II: Variable Einlagen und Entnahmen

Kapitalkonto III: Verlustanteile

Kapitalkonto IV: Gewinnanteile bis zur Höhe des Kapitalkontos III

Das Kapitalkonto I legt bzgl. der Stimmrechte und der Erfolgsbeteiligungen klare Bezugsgrößen fest. Auf dem Kapitalkonto II werden alle übrigen Einlagen, die der Gesellschafter auf die Pflichteinlage leistet, sowie die Entnahmen vermerkt.[659] Die Summe aus Kapitalkonto I und II dokumentiert die geleistete Einlage. Sie kann so jederzeit zu den Größen „Pflichteinlage" und „Haftsumme" in Beziehung gesetzt werden um z.b. die Höhe der ausstehenden Einlagen festzustellen. Wichtig ist m.E., daß die zugewiesenen Verluste auf einem separaten Konto (Kapitalkonto III) geführt werden. Ansonsten ist insbesondere in Konkursverfahren nur äußerst schwer nachzuvollziehen, auf welche Weise sich das Kapitalkonto verringert hat.[660] Abschließend ist noch ein Kapitalkonto IV einzurichten, auf dem die Gewinnanteile notiert werden, die gem. § 169 Abs. 1 Satz 2 HGB einer Auszahlungssperre unterliegen.[661] Gewinnanteile die nicht dazu benötigt werden zugewiesene Verluste zu kompensieren, stellen grundsätzlich Fremdkapital der Gesellschaft dar. Der Gesellschafter kann jedoch jederzeit diesen Forderungsanspruch ganz oder teilweise in eine Leistung auf die Pflichteinlage umwidmen[662] und somit dem Kapitalkonto I oder II gutschreiben.

3. Ermittlung des maximalen Verlustausgleichs- bzw. -abzugsvolumens i.S.v. § 15a EStG

Verluste einer Kommanditgesellschaft müssen gemäß den Grundsätzen des Beschlusses des Großen Senats[663] immer zuerst daraufhin untersucht

---

659 Um eine bessere Transparenz zu bieten, kann dieses Konto auch weiter unterteilt werden.
660 Vgl. hierzu auch das Problem im Zusammenhang mit einer Erhöhung der Außenhaftung auf S. 212.
661 Vgl. *Martens* in: Schlegelberger, Handelsgesetzbuch, 5. Aufl. München 1986, § 169 Anm. 5 ff.
662 Vgl. zur zivilrechtlichen Problematik der Pflichteinlage S. 160 f.
663 Vgl. BFH v. 10.11.1980 GrS 1/79, BStBl. II 1981, 164; siehe hierzu die Ausführungen auf S.162 ff.

Sonderprobleme der Kommanditisten i.V.m. § 15a EStG 173

werden, ob einem Kommanditisten überhaupt noch Verlustanteile zugerechnet werden können (1. Schritt). Erst wenn diese Frage bejaht wird, kommt § 15a EStG mit den dort genannten Verlustverrechnungsbeschränkungen zur Anwendung (2. Schritt).[664]

Bei der Überprüfung, ob und in welcher Höhe die am Bilanzstichtag auf den Kommanditisten entfallenden Verluste diesem noch zuzurechnen sind, ist von entscheidender Bedeutung, ob künftig noch Gewinne erwirtschaftet werden. Besteht die Aussicht, daß der Kommanditist in Zukunft Gewinne erwirtschaftet, die höher sind als sein negatives Kapitalkonto vor der Verlustzuweisung, aber nicht ausreichen, um das negative Kapitalkonto nach Verlustzuweisung abzudecken, so ist dem Kommanditisten der auf ihn entfallende Verlust m.E.[665] nur anteilig zuzurechnen. Nur wenn die künftig zu erwartenden Gewinne geringer sind als das negative Kapitalkonto vor Verlustzuweisung, darf dem Kommanditisten erstens kein Verlust zugewiesen werden und zweitens muß das negative Kapitalkonto bis auf den Betrag der künftig zu erwartenden Gewinne gewinnerhöhend aufgelöst werden.

Künftiger Gewinn ≥ neg. Kapitalkonto (vor Verlustzuweisung) + Verlustzuweisung ?

ja / nein

- Volle Verlustrechnung
- Kein vorzeitiger Wegfall des neg. Kapitalkontos

Künftiger Gewinn < neg. Kapitalkonto (vor Verlustzuweisung) ?

nein / ja

- Anteilige Verlustzurechnung
- Kein vorzeitiger Wegfall des neg. Kapitalkontos

- Keine Verlustzurechnung
- Anteiliger bzw. vollständiger vorzeitiger Wegfall des neg. Kapitalkontos

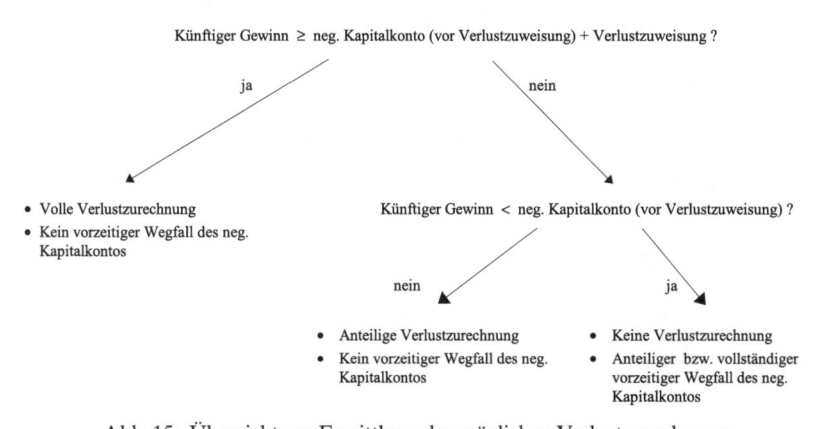

Abb. 15: Übersicht zur Ermittlung der möglichen Verlustzurechnung

---

664 Vgl. H 138d „Allgemeines" EStH; OFD Münster v. 21.7.1995, DStR 1995, 1577 [1578].
665 Dieser Ansatz folgt der hier vertretenen Auffassung, daß bei nicht ausreichenden künftigen Gewinnen die Verlustzurechnung bzw. der Wegfall des negativen Kapitalkontos nur anteilig vorgenommen werden darf. Vgl. hierzu die Ausführungen auf S. 185 ff.

Sind die Verlustzurechnungsvoraussetzungen erfüllt, so muß in einem zweiten Schritt das Verlustausgleichs- bzw. -abzugspotential gem. § 15a EStG ermittelt werden. Dabei ist auf zwei Komponenten abzustellen:

1) die geleistete[666] Einlage (§ 15a Abs. 1 Satz 1 EStG)
2) die überschießende Außenhaftung (§ 15a Abs. 1 Satz 2 EStG).

Der Gesetzgeber beschränkt die Abzugs- und Ausgleichsfähigkeit der zugerechneten Verluste eines Kommanditisten somit auf den Betrag, mit dem der Kommanditist im Falle der Vermögenslosigkeit der Gesellschaft im Außenverhältnis maximal haftet. Dabei besteht das Haftungsrisiko des Kommanditisten genaugenommen aus zwei zivilrechtlichen Tatbeständen.[667] Zum einen haftet der Kommanditist nämlich gegenüber den Gläubigern der Gesellschaft im Außenverhältnis, in Höhe der im Handelsregister eingetragenen *Haftsumme*.[668] Daneben schuldet er im Innenverhältnis den übrigen Gesellschaftern eine noch nicht voll eingebrachte *Pflichteinlage*.[669] Da sowohl die Haftsumme als auch die Pflichteinlage frei bestimmbar sind, kann die Pflichteinlage unter oder über der Haftsumme liegen.[670]

Somit ergeben sich in Abhängigkeit der geleisteten Einlage von der Pflichteinlage und der Haftsumme folgende Verlustausgleichs- bzw. -abzugsvolumina:

---

666 Entscheidend ist die geleistete, nicht die bedungene Einlage (*v. Beckenrath* in: Kirchhof/Söhn, Einkommensteuergesetz, § 15a Rdnr. B 159; *Stuhrmann* in: Blümich, Einkommensteuer, § 15a Rdnr. 27; *Schmidt, L.* in: Schmidt, L., Einkommensteuergesetz, 15. Aufl. München 1996, § 15a Rz. 96.). Zur zivilrechtlichen Problematik der Pflichteinlage vgl. S. 160 f.
667 Vgl. *Martens* in: Schlegelberger, Handelsgesetzbuch, 5. Aufl. München 1986, §§ 161 Anm. 24 ff. Zur Terminologie vgl. *Baumbach/Hopt*, Handelsgesetzbuch, 29. Aufl. München 1995, § 171 Rn. 1.
668 Vgl. BFH v. 28.5.1993 VIII B 11/92, BStBl. II 1993, 665. Es ist nur auf die im Handelsregister gem. § 171 Abs.1 HGB eingetragene Haftsumme abzustellen, etwaige andere zwar verkehrsübliche aber nicht im Handelsregister eingetragene Haftungserweiterungen (z.B. gem. §§ 171 Abs. 2, 176 HGB) werden von § 15a Abs. 1 Satz 2 EStG nicht berücksichtigt. Vgl. auch S. 165.
669 Auch im Falle eines Konkurses wird der noch nicht abgedeckte Teil der Pflichteinlage nachverlangt (vgl. *Schmidt, K.* in: Schlegelberger, Handelsgesetzbuch, 5. Aufl. München 1986, §§ 171, 172 Anm. 22).
670 Vgl. *Schmidt, K.* in: Schlegelberger, Handelsgesetzbuch, 5. Aufl. München 1986, §§ 171, 172 Anm. 22. In Zeiten eines kurz- bis mittelfristig erhöhten Kapitalbedarfs ist es durchaus sinnvoll die Pflichteinlage höher als die Haftsumme zu wählen. Denn die Pflichteinlage kann durch Gesellschafterbeschluß gestundet und sogar erlassen werden (§ 172 Abs. 3 HGB). Die Haftsumme ist dagegen im Handelsregister einzutragen (§ 162 Abs. 1 HGB) und kann durch interne Gesellschafterbeschlüsse nicht verändert werden. Werden später Teile der Pflichteinlage zurückbezahlt, so gelten sie als nicht geleistet (§ 172 Abs. 4 HGB). Die nun vorhandenen ausstehenden Einlagen können dem Kommanditisten erlassen werden, ohne das den Gläubigern der Kapitalabfluß angezeigt werden muß.

Sonderprobleme der Kommanditisten i.V.m. § 15a EStG 175

```
                    Verlustausgleichs- bzw. -abzugsvolumen
                    Fall 1        Fall 2         Fall 3
        ─ 125.000 DM

Haftsumme ─ 100.000 DM  ┐                ┐ § 15a Abs. 1
                        │                ┘ Satz 2 EStG
        ─ 75.000 DM     │ § 15a Abs. 1
Pflichteinlage ─ 50.000 DM │ Satz 2 EStG   ┐
                        │                │ § 15a Abs. 1  ┐ § 15a Abs. 1
        ─ 25.000 DM     ┘                ┘ Satz 1 EStG   ┘ Satz 1 EStG
                        ┐ § 15a Abs. 1
        ─ 0 DM          ┘ Satz 1 EStG
                         ─────────        ─────────      ─────────
                         100.000           75.000         50.000
```

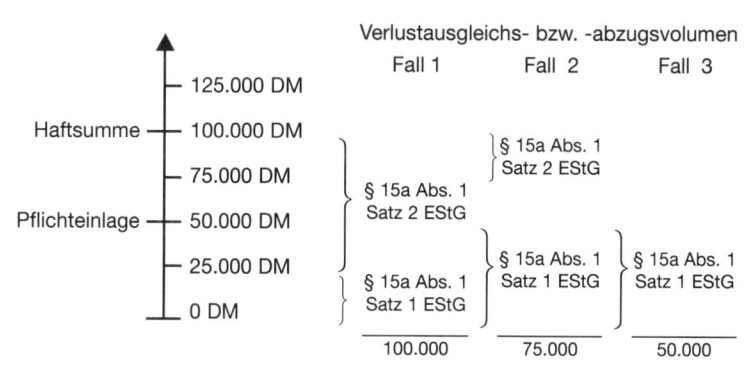

Abb. 16: Verlustausgleichs- bzw. -abzugsvolumen, falls die Haftsumme *größer* ist als die Pflichteinlage

Der Fall 1 stellt den Standardanwendungsfall des § 15a Abs. 1 EStG dar. Ein Kommanditist leistet eine Einlage (z.B. 25.000 DM), die kleiner oder gleich der Pflichteinlage ist. In Höhe der geleisteten Einlage erhält er, gem. § 15a Abs. 1 Satz 1 EStG, und in Höhe der über die geleistete Einlage hinausgehenden überschießenden Außenhaftung,[671] gem. § 15a Abs. 1 Satz 2 EStG, ausgleichs- bzw. abzugsfähiges Verlustpotential.[672]

Leistet der Kommanditist eine „Zahlung" (z.B. 75.000 DM), die über die Pflichteinlage hinausgeht aber die Haftsumme noch nicht ganz abdeckt (Fall 2), so entsteht dem Kommanditisten ein Regreßanspruch gegenüber der Gesellschaft in Höhe des die Pflichteinlage überschießenden Betrages.[673] Die Gesellschaft muß diese Leistungen folglich als Verbindlichkeit passivieren, und der Kommanditist bildet in seiner Sonderbilanz eine entsprechende Forderung. Da Sonderbilanzen im Rahmen des Kapitalkontos des § 15a Abs. 1 EStG nicht berücksichtigt werden dürfen,[674] führt dieser

---

671 Vgl. zur überschießenden Außenhaftung S. 165.
672 Vgl. *Schmidt, L.* in: Schmidt, L., Einkommensteuergesetz, 15. Aufl. München 1996, § 15a Rzn. 96 und 136.
673 Eigentlich hätte der Kommanditist in den Fällen in denen die Haftsumme die Pflichteinlage übersteigt, keine Möglichkeit, eine haftungsbefreiende Einlageleistung an die Gesellschaft zu erbringen (s. S. 161). Die h.M. geht jedoch davon aus, daß der Kommanditist auch in diesen Fällen befugt ist, haftungsbefreiende Geldleistungen an die Kommanditgesellschaft zu erbringen. Diese sind jedoch, da es sich nicht um Einlagen handelt, auf einem Sonderkonto gutzuschreiben und erhöhen somit nicht das Kapitalkonto des § 15a Abs. 1 Satz 1 EStG (vgl. *Huber*, Gesellschafterkonten in der Personengesellschaft, ZGR 1988, 2 [20 f.]).
674 Vgl. hierzu S. 166 ff.

Teil der Einlage[675] nicht zu abzugs- bzw. ausgleichsfähigen Verlusten.[676] Dennoch vermindert sich in Höhe dieses Betrags die überschießende Außenhaftung, so daß das Verlustausgleichs- bzw. -abzugsvolumen gem. § 15a Abs. 1 Satz 2 EStG verringert wird.

Übersteigt die geleistete „Zahlung" (z.B. 125.000 DM) sowohl die Pflichteinlage als auch die Haftsumme (Fall 3), so entsteht, aufgrund der oben dargelegten Problematik, lediglich in Höhe der Pflichteinlage ein Verlustausgleichs- bzw. -abzugsvolumen (gem. § 15a Abs. 1 Satz 1 EStG).

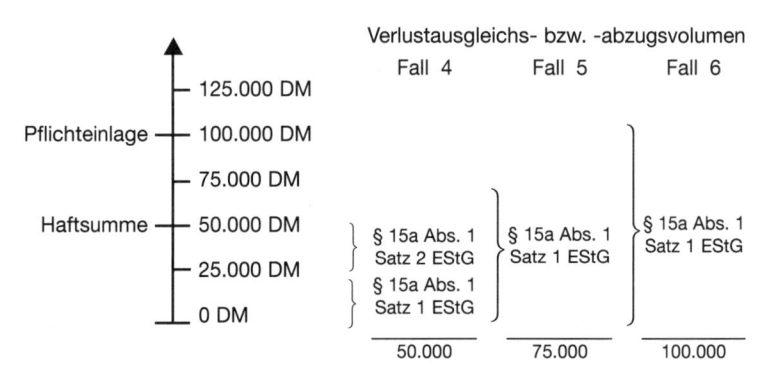

```
                        Verlustausgleichs- bzw. -abzugsvolumen
                        Fall 4         Fall 5         Fall 6
            ─ 125.000 DM
Pflichteinlage ─┼─ 100.000 DM
            ─ 75.000 DM
Haftsumme  ─┼─ 50.000 DM     § 15a Abs. 1   § 15a Abs. 1   § 15a Abs. 1
            ─ 25.000 DM      Satz 2 EStG    Satz 1 EStG    Satz 1 EStG
                             § 15a Abs. 1
            ─ 0 DM           Satz 1 EStG
                             ──────────    ──────────    ──────────
                              50.000         75.000        100.000
```

Abb. 17: Verlustausgleichs- bzw. -abzugsvolumen, falls die Haftsumme *kleiner* ist als die Pflichteinlage

Liegt die im Handelsregister eingetragene Haftsumme unterhalb der Pflichteinlage, und leistet der Kommanditist eine Einlage (z.B. 25.000 DM), die geringer ist als die Haftsumme (Fall 4), so entsteht nach den allgemeinen Grundsätzen in Höhe der Haftsumme Verlustabzugs- bzw. -ausgleichspotential (in Höhe der geleisteten Einlage gem. § 15a Abs. 1 Satz 1 EStG und in Höhe der überschießenden Außenhaftung gem. § 15a Abs. 1 Satz 2 EStG).

Liegt die geleistete Zahlung (z.B. 75.000 DM) zwischen der Haftsumme und der Pflichteinlage (Fall 5), so steht dem Kommanditisten in dieser

---

675 Bei der Bildung der Gesamtbilanz der Mitunternehmerschaft fällt durch Konfusion die Verbindlichkeit der Gesellschaft und die Forderung des Gesellschafters weg, so daß es sich nur in der Gesamtbetrachtung um eine „Einlage" handelt.
676 Vgl. *v. Beckenrath* in: Kirchhof/Söhn, Einkommensteuergesetz, § 15a Rdnr. C 280; *Schulze-Osterloh* in: Herrmann/Heuer/Raupach, Einkommensteuer- und Körperschaftsteuergesetz, § 15a Rdn. 263.

Höhe Verlustabzugs- bzw. -ausgleichsvolumen gem. § 15a Abs. 1 Satz 1 EStG zu. Eine „überschießende Innenhaftung" (in der Übersicht von 75.000 DM bis 100.000 DM) erkennt § 15a EStG jedoch nicht an.[677] Übersteigt die geleistete „Zahlung" (z.B. 125.000 DM) die Pflichteinlage (Fall 6), so entsteht dadurch wiederum (vgl. Fall 2 und 3) kein weiteres Verlustabzugs- bzw. -ausgleichspotential, sondern lediglich eine Forderung in der Sonderbilanz des Kommanditisten.

Es bleibt festzuhalten, daß immer dann, wenn die im Handelsregister eingetragene Haftsumme über der im Innenverhältnis fixierten Pflichteinlage liegt, sich das Verlustausgleichs- bzw. -abzugspotential mit jeder DM, die der Kommanditist über die Pflichteinlage hinaus leistet, vermindert. Im Extremfall, wenn die geleistete Einlage auch die Haftsumme übersteigt, reduziert sich die Verlustausgleichs- bzw. -abzugsmöglichkeit auf den Betrag der Pflichteinlage. Liegt die Haftsumme unterhalb der Pflichteinlage, so ist das maximale Verlustabzugs- bzw. -ausgleichspotential durch die Höhe der Pflichteinlage determiniert. Diese Problematik wird in der Praxis häufig nicht erkannt. Es ist daher unbedingt darauf zu achten, daß im Gesellschaftsvertrag einer Kommanditgesellschaft sowohl die Pflichteinlage, als auch die Haftsumme getrennt aufgeführt und mit den entsprechenden Beträgen benannt werden.[678] Enthält der Gesellschaftsvertrag keine explizite Regelung, so wird unterstellt, daß die Pflichteinlage der Haftsumme entspricht.[679] In diesen Fällen führen dann alle von den Kommanditisten zugeführten Einlagen, die über die Haftsumme hinausgehen, nicht zu dem beabsichtigten Verlustabzugs- bzw. -ausgleichspotential, sondern lediglich zu Forderungen im Sonderbetriebsvermögen. Deshalb dürfen keine die Pflichteinlage übersteigenden Einlageleistungen vorgenommen werden, ohne zuvor durch einen Gesellschafterbeschluß die Pflichteinlage zu erhöhen.

Die Möglichkeit, das Verlustausgleichs- bzw. -abzugspotential durch gezielte Einlagen bzw. die Aufstockung der Haftsumme zu erweitern, wird ausführlich auf den S. 206 ff. dargestellt.

Vorhandene stille Reserven, die trotz eines negativen Kapitalkontos einen wirtschaftlichen Wert verkörpern und durch weitere Verluste beinträch-

---

677 Vgl. *v. Beckenrath* in: Kirchhof/Söhn, Einkommensteuergesetz, § 15a Rdnr. C 278.
678 Vgl. *Schmidt, K.* in: Schlegelberger, Handelsgesetzbuch, 5. Aufl. München 1986, §§ 171, 172 Anm. 23.
679 Vgl. BGH v. 28.3.1977 II ZR 230/75, DB 1977, 1249 [1250].

tigt werden, sind bei der Anwendung von § 15a EStG nicht zu berücksichtigen.[680]

Neben diesen Grundsätzen existieren noch einige überwiegend zeitlich befristete Ausnahmeregelungen, die einen Verlustausgleich bzw. -abzug über die dargestellten Grenzen hinaus zulassen. Da es sich um branchenspezifische Sonderregelungen handelt, werden sie nicht weiter ausgeführt, sondern nur mit Hilfe der folgenden Übersicht zusammengestellt.

	Die beschränkte Ausgleichs- bzw. Abzugsfähigkeit zugewiesener Verluste gilt für alle WJ, die nach dem ...... beginnen.	Rechtsnorm
– vor dem 11.10.1979 eröffnete Betriebe (Altbetriebe) • Betrieb von inländischen Handelsschiffen • alle übrigen	31.12.1989 31.12.1984	§ 52 Abs. 19 Satz 2 Nr. 1 und Satz 3 Nr. 1 EStG § 52 Abs. 19 Satz 2 Nr. 1 und Satz 3 Nr. 1 EStG
– Betriebe eines Hotel- und Gaststättengewerbes in Berlin	31.12.1984	§ 52 Abs. 19 Satz 2 Nr. 2 und Satz 3 Nr. 1 EStG
– Bau und Errichtung von Wohnungen im sozialen Wohnungsbau	31.12.1994	§ 52 Abs. 19 Satz 2 Nr. 3 und Satz 3 Nr. 2 EStG
– Betrieb der Seeschiffahrt mit Handelsschiffen bzw. Seefischerei • Schiff nach dem 15.11.1984 bestellt • Schiff vor dem 16.11.1985 bestellt	31.12.1999[681] 31.12.1989	§ 52 Abs. 19 Satz 2 Nr. 4 und Satz 3 Nr. 3b EStG § 52 Abs. 19 Satz 2 Nr. 4 und Satz 3 Nr. 3a EStG

Abb. 18: Übersicht der Ausnahmeregelungen bei der Verlustzurechnung

Seit der Einführung des § 15a EStG kann man eigentlich davon ausgehen, daß negative Kapitalkonten von Kommanditisten lediglich verrechenbare Verluste darstellen, also noch keine steuermindernde Saldierung mit anderen Einkünften stattgefunden hat. Es gibt jedoch einige Ausnahmeregelungen, die dazu führen, daß das Verlustpotential schon verbraucht ist.

---

680 Vgl. BFH v. 9.5.1996 IV R 75/93, BStBl. II 1996, 474 [475].
681 Wenn die Gesellschaft das Schiff nach dem 15.11.1984 bestellt hat, gilt bis einschließlich 1994 eine Verlustzuweisungsmöglichkeit von 150%, von 1995 bis 1999 125%. Diese Ausnahmeregelung soll durch das Jahressteuergesetz 1997 dahin gehend geändert werden, daß ab dem 25.4.1996 die Verlustzuweisung auf 100% beschränkt wird (DStR-Aktuell, DStR 1996 Heft 47, VIII).

Dabei handelt es sich um:

1) befristete Übergangsregelungen, die in § 52 Abs. 19 EStG festgeschrieben sind,[682]
2) die Verlustverrechnung wegen überschießender Außenhaftung (§ 15a Abs. 1 Satz 2 EStG),
3) die Spezialvorschrift des § 15a BerlinFG,
4) die Fälle, bei denen noch Teile des negativen Kapitalkontos aus Zeiten vor der Anwendung des § 15a EStG herrühren und daher schon eine Verrechnung mit anderen Einkünften vorgenommen wurde.

Für die steuerliche Behandlung muß aufgrund vorstehender Ausnahmen unterschieden werden, ob sich die Verluste des jeweiligen negativen Kapitalkontos schon einmal steuerlich ausgewirkt haben oder nicht. Die Höhe des noch zur Verfügung stehenden verrechenbaren Verlustes wird daher jährlich vom zuständigen Finanzamt für jeden betroffenen Kommanditisten festgestellt.[683]

B. Der Wegfall des negativen Kapitalkontos

Die größten Steuerbelastungen, die die Krise einer Kommanditgesellschaft für den Kommanditisten mit sich bringen kann, resultieren aus dem Wegfall des negativen Kapitalkontos. Obwohl dies immer eine Nachversteuerung zur Folge hat, sind zwei sehr unterschiedliche Rechtsfolgen zu beachten. Muß das negative Kapitalkonto nämlich vorzeitig aufgelöst werden, so unterliegt dieser Gewinn dem vollen Steuersatz. Fällt das negative Kapitalkonto dagegen erst bei der Beendigung der Gesellschaft weg, so wird dem Steuerpflichtigen die Vergünstigung des § 34 Abs. 1 EStG (halber durchschnittlicher Steuersatz) gewährt.

I. Vorzeitiger Wegfall des negativen Kapitalkontos

1. Grundsatz der nicht ermäßigten Nachversteuerung

Aufgrund der parallel neben § 15a EStG anzuwendenden Grundsätze des GrS des BFH[684] kann es schon vor der Betriebsaufgabe bzw. -einstellung

---
682 Vgl. obige Übersicht.
683 Vgl. § 15a Abs. 4 EStG; v. Beckenrath in: Kirchhof/Söhn, Einkommensteuergesetz, § 15a Rdnr. E 3; *Bitz* in: Littmann/Bitz/Hellwig, Das Einkommensteuerrecht, § 15a Rn. 42.
684 Vgl. BFH v. 10.11.1980 GrS 1/79, BStBl. II 1981, 164.

zur erfolgswirksamen Auflösung des negativen Kapitalkontos eines Kommanditisten kommen, wenn der Ausgleich des negativen Kapitalkontos mit künftigen Gewinnanteilen des Kommanditisten nicht mehr in Betracht kommt. Diese Rechtsprechung ist mit einschneidenden Rechtsfolgen verbunden. Denn anders als bei der Betriebsbeendigung oder Veräußerung unterliegt die vorzeitige Auflösung eines negativen Kapitalkontos i.d.R.[685] nicht der ermäßigten Besteuerung nach §§ 16, 34 EStG.[686] Der vorzeitige Wegfall wird wie ein laufender Gewinn besteuert, d.h. mit dem vollen Steuersatz.[687] Deshalb wird in der Literatur zu Recht von einem „Damoklesschwert" gesprochen, das insbesondere in Krisensituationen über einem Kommanditisten schwebt.[688]

Wenn aufgrund der Grundsätze des Großen Senats das negative Kapitalkonto eines Kommanditisten vorzeitig aufgelöst wird, ist zu untersuchen, wie sich das negative Kapitalkonto zusammensetzt.[689] Denn nur der Teil, der sich aus ausgleichs- bzw. abzugsfähigen oder verrechenbaren Verlusten ergibt, ist vom Kommanditisten als laufender Gewinn mit dem vollen Steuersatz[690] nachzuversteuern. Jene Teile des negativen Kapitalkontos, die auf Entnahmen zurückzuführen sind, müssen beim vorzeitigen Wegfall nicht versteuert werden.[691] Im Ergebnis wirken sich somit nur diejenigen Verluste aus, die als ausgleichs- bzw. abzugsfähige Verluste schon früher einmal mit positiven Einkünften saldiert wurden, da die verrechenbaren Verluste den Wegfall-Gewinn mindern (§ 15a Abs. 2 EStG).[692]

---

685 Lediglich in dem Ausnahmefall, daß der vorzeitige Wegfall des negativen Kapitalkontos und die zivilrechtliche Auflösung der Kommanditgesellschaft in einem Veranlagungszeitraum liegen, kommt § 52 Abs. 19 Satz 4 EStG zur Anwendung, der i.V.m. §§ 16,34 EStG den halben durchschnittlichen Steuersatz gewährt (BFH v. 11.8.1994 IV R 124/92, BStBl. II 1995, 253 [255]).
686 Vgl. BFH v. 11.8.1994 IV R 124/92, BStBl. II 1995, 253; v. 19.11.1964 IV 455/61 U, BStBl. III 1965, 111; v. 13.3.1964 VI 343/62 S, BStBl. III 1964, 359; vgl. auch zum Wegfall bei Übertragung S. 215 bzw. bei Beendigung der Kommanditgesellschaft S. 198.
687 Vgl. BFH v. 11.8.1994 IV R 124/92, BStBl. II 1995, 253 [255]; v. 2.7.1992 VIII B 17/92, BFH/NV 1993, 421; v. 10.11.1980 GrS 1/79, BStBl. II 1981, 164; *Brandt* in: Hartmann/Böttcher/Nissen/-Bordewin, Kommentar zum Einkommensteuergesetz, § 15a Rz. 102; *Schmidt, L.* in: Schmidt, L., Einkommensteuergesetz, 15. Aufl. München 1996, § 15a Rz. 241.
688 Vgl. *Endres*, Hinzurechnung des negativen Kapitalkontos des Kommanditisten als laufender Gewinn, BB 1985, 2150.
689 Vgl. *Bitz* in: Littmann/Bitz/Hellwig, Das Einkommensteuerrecht, § 15a Rn. 2b.
690 Vgl. BFH v. 10.11.1980 GrS 1/79, BStBl. II 1981, 164.
691 In Höhe der Entnahmen entsteht erst bei Auflösung der KG bzw. dem Ausscheiden des Gesellschafters ein Gewinn (vgl. OFD Münster v. 21.7.1995, DStR 1995, 1577 [1578]).
692 Vgl. *v. Beckenrath/Feddersen* in: Kirchhof/Söhn, Einkommensteuergesetz, § 15a Rdnr. B 30. Trotzdem können sich, obwohl der Wegfall-Gewinn steuerfrei vereinnahmt werden kann, Steuerbelastungen ergeben (vgl. im Beispiel auf S. 186 f. Fall 1 in Lösung 1).

Sonderprobleme der Kommanditisten i.V.m. § 15a EStG

Seit der Einführung des § 15a EStG müßten aufgrund der Systematik eigentlich dem gesamten, vom Wegfall bedrohten, negativen Kapitalkonto des Kommanditisten verrechenbare Verluste gegenüberstehen. Es existieren jedoch vier Ausnahmetatbestände (überschießende Außenhaftung gem. § 15a Abs. 1 Satz 2 EStG; Verlustentstehung vor der Einführung des § 15a EStG; § 15a BerlinFG; § 52 Abs. 19 EStG),[693] die dazu führen, daß Teile des negativen Kapitalkontos Verluste darstellen, die schon früher mit anderen positiven Einkünften saldiert wurden. Insbesondere die Ausnahmeregelungen der §§ 15a BerlinFG und 52 Abs. 19 EStG haben, da sie die letzten Möglichkeiten bieten, ausgleichs- bzw. abzugsfähige Verluste über die geleistete Einlage hinaus geltend machen zu können, sehr viele Investoren angezogen, so daß diese Probleme in der Praxis nach wie vor sehr häufig auftreten.

Beispiel 1:

	Kapitalkonto	ausgleichs- bzw. abzugsfähige Verluste	verrechenbare Verluste
Haftsumme = geleistete Einlage: Verlust aus einer Schiffsbeteiligung in 1995:	10.000 DM ./. 20.000 DM ./. 10.000 DM	12.500 DM[694]	7.500 DM

Fällt das negative Kapitalkonto mit diesem Stand (./. 10.000 DM) vorzeitig weg, so ergibt sich ein Wegfall-Gewinn in Höhe von 10.000 DM. Die 7.500 DM verrechenbarer Verlust, die dem Kommanditisten jedoch noch zustehen, sind davon in Abzug zu bringen, so daß ein steuerpflichtiger Gewinn von 2.500 DM verbleibt. Dieser Betrag entspricht auch genau dem Anteil der schon über die geleistete Einlage hinaus als ausgleichs- bzw. abzugsfähig geltend gemachten Verluste.

In dem Fall, daß z.B. aufgrund von Einlagen die verrechenbaren Verluste höher sind als der Wegfall-Gewinn, stellt sich die Frage, ob in dieser Höhe ein ausgleichs- bzw. abzugsfähiger Verlust entsteht oder ob sich der Überhang der verrechenbaren Verluste erst beim Ausscheiden des Kommanditisten bzw. der Liquidation der Gesellschaft steuerlich auswirkt.[695] Diese

---

693 Vgl. hierzu die Ausführungen auf S. 178.
694 Verlustzurechnung mittels Sonder-AfA bis zu 125% der geleisteten Einlage möglich (vgl. § 52 Abs. 19 Satz 3 Nr. 3 Buchstabe b letzte Alternative EStG).
695 Vgl. zur Behandlung dieser Frage bei der Liquidation einer Personengesellschaft S. 213 f.

Frage, die von seiten der Rechtsprechung noch nicht entschieden wurde,[696] ist m.E. so zu beantworten, daß der Kommanditist den Überhang an verrechenbaren Verlusten erst beim Ausscheiden aus der Gesellschaft bzw. der Liquidation als ausgleichs- und abzugsfähigen Verlust geltend machen kann. Der Überhang ist nämlich bedingt durch die Einlagen des Kommanditisten, und ob bzw. in welcher Höhe er den Verlust aus dem Untergang der Einlagen wirtschaftlich zu tragen hat, stellt sich erst beim Ausscheiden bzw. der Liquidation heraus.

Beispiel 2:

	Kapitalkonto	ausgleichs- bzw. abzugsfähige Verluste	verrechenbare Verluste
Haftsumme = geleistete Einlage:	10.000 DM		
Verlust aus einer Schiffsbeteiligung in 1995:	./. 20.000 DM	12.500 DM[697]	7.500 DM
	./. 10.000 DM		
Einlage in 1996	5.000 DM		
	./. 5.000 DM		

Fällt das negative Kapitalkonto nicht in 1995 sondern erst in 1996 weg, nachdem der Kommanditist die Pflichteinlage auf 15.000 DM erhöht und weitere 5.000 DM eingelegt hat, so verbleibt nach der Saldierung des Wegfall-Gewinns in Höhe von 5.000 DM mit den verrechenbaren Verlusten ein Überhang an verrechenbaren Verlusten von 2.500 DM. Da die Kommanditgesellschaft künftig keine Gewinne mehr erwirtschaftet, kann dieser Verlust erst beim Ausscheiden aus der Gesellschaft bzw. der Liquidation als ausgleichs- und abzugsfähiger Verlust geltend gemacht werden.[698]

Die wegfallenden negativen Kapitalkonten werden anteilig den Komplementären und Kommanditisten zugerechnet, die über ein positives Kapitalkonto verfügen. Bei ihnen entsteht somit ein Verlust, den sie steuerlich geltend machen können.[699]

---

696 Die existierenden Urteile (BFH v. 8.5.1995 III B 113/94, BFH/NV 1995, 971; bestätigt durch BFH v. 14.12.1995 IV R 106/94, BStBl. II 1996, 226 [231]; FG Münster v. 19.12.1990, EFG 1991, 537 (rkr.)) ergingen immer zum Wegfall bei Vollbeendigung der Gesellschaft.
697 Verlustzurechnung mittels Sonder-AfA bis zu 125% der geleisteten Einlage möglich (vgl. § 52 Abs. 19 Satz 3 Nr. 3 Buchstabe b letzte Alternative EStG).
698 Vgl. hierzu auch die Ausführungen auf S. 213 ff.
699 Vgl. *Uelner/Dankmeyer*, Die Verrechnung von Verlusten mit anderen positiven Einkünften nach dem Änderungsgesetz vom 20. August 1980 (sog. § 15a-Gesetz), DStZ 1981, 12 [19]; *Bordewin*, Gesetz zur Änderung des Einkommensteuergesetzes, des Körperschaftsteuergesetzes und anderer Gesetze, BB 1980, 1033 [1040 f.]; vgl. hierzu auch S. 198 ff.

2. Umfang des Wegfalls

Auslegungsprobleme ergeben sich aus folgender Formulierung des Großen Senats im Beschluß v. 10.11.1980:[700]

Eine Verlustzurechnung ist nicht möglich, „soweit nach Aufstellung der Bilanz nach den Verhältnissen am Bilanzstichtag feststeht, daß ein *Ausgleich* des negativen Kapitalkontos nicht mehr in Betracht kommt".

Denn es ist nicht ersichtlich, ob mit „Ausgleich" ein vollständiger Ausgleich gemeint ist oder ob ein teilweiser Ausgleich genügt, um den vorzeitigen Wegfall des negativen Kapitalkontos auszuschließen.

Schmidt ist der Meinung, daß das negative Kapitalkonto in voller Höhe vorzeitig wegfällt, falls künftige Gewinnanteile nicht zum vollen Ausgleich führen (Lösung 1).[701]

Die Finanzverwaltung interpretiert die Rechtsprechung dahin gehend, daß in den Fällen, in denen das negative Kapitalkonto nur teilweise mit künftigen Gewinnanteilen ausgeglichen wird, nur der darüber hinausgehende Teil vorzeitig wegfalle (Lösung 2).[702]

Auch verschiedene Senate des BFH haben in diversen Entscheidungen zu diesem Problem Stellung genommen und ausgeführt, daß ein Wegfall des negativen Kapitalkontos nur in Betracht kommt, wenn feststeht, „daß ... Gewinne [gar] nicht mehr entstehen ..., die zur Auffüllung des negativen Kapitalkontos zu verwenden sind".[703] Dieses Urteil wurde durch die Entscheidung vom 16.12.1981 bestätigt, in der der BFH darlegt, es dürfe nicht angenommen werden, daß feststehende Verlustanteile eines Kommanditisten nicht mehr mit späteren Gewinnanteilen ausgeglichen werden, wenn das Konkursverfahren noch nicht abgeschlossen sei. Denn „im Rahmen der Liquidation [könnten] stille Reserven realisiert werden und deshalb noch Gewinne zu erwarten sein, durch die ein negatives Kapitalkonto ganz oder teilweise ausgeglichen wird".[704] Auch im Urteil v. 10.12.1985 hat der BFH es abgelehnt, ein negatives Kapitalkonto wegfallen zu lassen, da es aufgrund des substantiierten Vortrags des Kommanditisten nicht ausge-

---

700 BFH v. 10.11.1980 GrS 1/79, BStBl. II 1981, 164.
701 Vgl. *Schmidt, L.* in: Schmidt, L., Einkommensteuergesetz, 15. Aufl. München 1996, § 15a Rz. 17: ohne Begründung.
702 Vgl. OFD Freiburg, Karlsruhe und Stuttgart v. 16.2.1984, DStR 1984, 652; für die Fälle, daß die Gesellschaft ihre werbende Tätigkeit eingestellt oder erheblich eingeschränkt hat.
703 BFH v. 26.5.1981 IV R 47/78, BStBl. II 1981, 795 [797].
704 BFH v. 16.12.1981 I R 93/77, BStBl. II 1982, 474 [476].

schlossen erschien, daß am entsprechenden Bilanzstichtag noch damit gerechnet werden könne, daß „das negative Kapitalkonto – wenn auch nur zum Teil – mit Gewinnen aus der Realisierung stiller Reserven" abgedeckt würde.[705] Aufgrund dieser, von unterschiedlichen Senaten entwickelten Rechtsprechung konnte man bisher davon ausgehen, daß ein negatives Kapitalkonto nicht – und zwar auch nicht teilweise – wegfallen kann, sofern dem Kommanditist in künftigen Veranlagungszeiträumen voraussichtlich überhaupt Gewinne zugewiesen werden können (Lösung 3).

Eine jüngere Entscheidung des IV. Senats kommt jedoch zu dem Ergebnis, daß es sich, obwohl im maßgeblichen Zeitpunkt noch mit Veräußerungsgewinnen der KG zu rechnen war, die zu einer Teilauffüllung des negativen Kapitalkontos geführt hätten, um einen vorzeitigen Wegfall des negativen Kapitalkontos handele.[706] Eine Schlechterstellung der Kommanditisten kann sich im Vergleich zur früheren Rechtsprechung des BFH insbesondere daraus ergeben, daß der BFH in einem obiter dictum auf dem Standpunkt steht, eine teilweise Auffüllung des negativen Kapitalkontos sei dann unbeachtlich, wenn der Bescheid unter dem Vorbehalt der Nachprüfung (§ 164 Abs. 2 AO) ergäbe.[707] Denn dann könnten Umstände, die die Höhe des Wegfall-Gewinns berühren, nachträglich berücksichtigt werden. Diese Ansicht würde es der Finanzverwaltung ermöglichen, in der Krise von Kommanditgesellschaften die negativen Kapitalkonten der Kommanditisten erfolgswirksam aufzulösen – die darauf anfallenden Steuern zu vereinnahmen –, und die später zugewiesenen Gewinnanteile erst nachträglich zu korrigieren, d.h., die zuviel erhobene Steuer auch erst zu diesem Zeitpunkt zurückzuzahlen. Das Urteil v. 11.8.1994[708] stellt jedoch m.E. keine Rechtsprechungsänderung dar. Denn der BFH hat in diesem Urteil zur Anwendung des § 52 Abs. 19 Satz 4 EStG Recht gesprochen und die oben dargelegte Meinung lediglich in einem obiter dictum ausgeführt.

Der Lösung 2 ist m.E. zuzustimmen. Ein vorzeitiger Wegfall in voller Höhe des negativen Kapitalkontos (Lösung 1) widerspricht m.E. dem Beschluß des GrS v. 10.11.1980.[709] Dort wird ausgeführt, daß eine gewinnerhöhende Auflösung deshalb gerechtfertigt sei, da ein Kommanditist in Höhe des

---

705 BFH v. 10.12.1985 VIII R 41/85, BFH/NV 1986, 404.
706 Vgl. BFH v. 11.8.1994 IV R 124/92, BStBl. II 1995, 253 [255].
707 Dieser Ansatz entspricht somit im Ergebnis der Lösung 1.
708 Vgl. BFH v. 11.8.1994 IV R 124/92, BStBl. II 1995, 253 [255].
709 Vgl. BFH v. 10.11.1980 GrS 1/79, BStBl. II 1981, 164 [168 f.].

negativen Kapitalkontos weder den Gläubigern der Gesellschaft noch der Gesellschaft gegenüber hafte und somit eine Auswirkung des Verlustanteils auf die rechtliche und wirtschaftliche Stellung des Kommanditisten fehle. Darüber hinaus sei jedoch auch die Verlustverhaftung mit künftigen Gewinnanteilen zu berücksichtigen, insbesondere dürften stille Reserven nicht außer Betracht bleiben. Der vorzeitige Wegfall des negativen Kapitalkontos in voller Höhe negiert jedoch die Belastung des Kommanditisten aufgrund der Verlustverhaftung künftiger Gewinnanteile. Auch die Lösung 3, die für den Steuerpflichtigen die günstigste Variante darstellt, da eine DM künftigen Gewinns einen vorzeitigen Wegfall verhindern würde, widerspricht m.E. dem Beschluß des GrS.[710] Dort wird nämlich explizit ausgeführt, daß eine Verlustzurechnung nicht möglich sei, „soweit" ein Ausgleich des negativen Kapitalkontos nicht mehr in Betracht komme. Diese Formulierung läßt nur auf einen anteiligen Wegfall schließen. Es ist daher m.E. davon auszugehen, daß der Wegfall des negativen Kapitalkontos anteilig abzuwenden ist, wenn am Bilanzstichtag mittels substantiierter Darstellung der Verhältnisse nachgewiesen wird, daß mit Gewinnen des Kommanditisten gerechnet werden kann.[711] Ob die prognostizierten Veräußerungserlöse im Liquidationsverfahren tatsächlich erwirtschaftet werden, ist unerheblich.[712]

Die Problematik der verschiedenen Rechtsauffassungen und die damit verbundenen sehr unterschiedlichen Rechtsfolgen verdeutlicht folgendes Beispiel.

Beispiel:

Ein Kommanditist verfügt am Ende des Wirtschaftsjahres 08 über ein negatives Kapitalkonto (in 08 erfolgt keine Verlustzuweisung) in Höhe von –10.000 DM.[713] Dabei handelt es sich in Fall 1 um verrechenbare und in Fall 2 um schon ausgeglichene bzw. abgezogene Verluste. Die Kommanditgesellschaft verfügt über stille Reserven bezogen auf den Kommanditisten in Höhe von 9.900 DM. Da die künftigen Gewinne nicht ausreichen, um das negative Kapitalkonto vollständig „aufzufüllen", wird es in Lösung 1 im Jahr 08 vorzeitig in voller Höhe aufgelöst. Lösung 2 führt in 08 nur zu einer anteiligen Auflösung in Höhe von 100 DM und bei Lösung 3 bleibt das negative Kapitalkonto bestehen. Im Jahr 11 werden die stillen Reserven wie prognostiziert realisiert und danach die Gesellschaft

---

710 Vgl. BFH v. 10.11.1980 GrS 1/79, BStBl. II 1981, 164.
711 Zur systematischen Überprüfung in welcher Höhe Verluste anteilig zuzurechnen sind bzw. das negative Kapitalkonto vorzeitig wegfällt vgl. S. 172 f.
712 Vgl. BFH v. 10.12.1985 VIII R 41/85, BFH/NV 1986, 404.
713 Zur Ermittlung der Verlustzurechnung vgl. S. 172 f.

zivilrechtlich beendet. Somit unterliegen die Gewinne im Jahr 08 dem vollen,[714] im Jahr 11 jedoch nur dem halben durchschnittlichen Steuersatz.[715]

	Lösung 1 (Wegfall in voller Höhe)	Lösung 2 (anteiliger Wegfall)	Lösung 3 (kein Wegfall)
Fall 1: Verrechenbare Verluste = negatives Kapitalkonto			
in 08:			
Wegfall-Gewinn	+ 10.000 DM	+ 100 DM	+ 0 DM
Verrechenbare Verluste	− 10.000 DM	− 100 DM	− 0 DM
	0 DM	0 DM	0 DM
Steuerzahlung	0 DM	0 DM	0 DM
in 11:			
Liquidationsgewinn	+ 9.900 DM	+ 9.900 DM	+ 9.900 DM
Wegfall-Gewinn	+ 0 DM	+ 0 DM	+ 100 DM
Verrechenbare Verluste	− 0 DM	− 9.900 DM	− 10.000 DM
	+ 9.900 DM	0 DM	0 DM
Steuerzahlung	2.475 DM	0 DM	0 DM
Steuerzahlung insgesamt	2.475 DM	0 DM	0 DM
Fall 2: Verrechenbare Verluste = 0			
in 08:			
Wegfall-Gewinn	+ 10.000 DM	+ 100 DM	+ 0 DM
Verrechenbare Verluste	− 0 DM	− 0 DM	− 0 DM
	+ 10.000 DM	+ 100 DM	0 DM
Steuerzahlung	5.000 DM	50 DM	0 DM
in 11:			
Liquidationsgewinn	+ 9.900 DM	+ 9.900 DM	+ 9.900 DM
Wegfall-Gewinn	+ 0 DM	+ 0 DM	+ 100 DM
Verrechenbare Verluste	− 0 DM	− 0 DM	− 0 DM
	+ 9.900 DM	+ 9.900 DM	+ 10.000 DM
Steuerzahlung	2.475 DM	2.475 DM	2.500 DM
Steuerzahlung insgesamt	7.475 DM	2.525 DM	2.500 DM

---

714 Unterstellt werden 50%.
715 Entsprechend 25%.

Wie man aus den Tabellen erkennt, ergeben die verschiedenen Lösungsansätze äußerst unterschiedliche Steuerbelastungen. Die Lösung 1 führt, in der von *Schmidt* propagierten Form, sogar dann zu Steuerbelastungen, wenn der Wegfall-Gewinn aufgrund der verrechenbaren Verluste (Fall 1) keine Steuerzahlung auslöst. Im Fall 2 ergibt sich sogar eine Doppelbesteuerung. Diese Lösung kommt daher höchstens in Zusammenhang mit dem obiter dictum des BFH v. 11.8.1994 zu einem diskussionswürdigen Ergebnis. Nämlich dann, wenn die vorzeitige Auflösung unter dem Vorbehalt der Nachprüfung vorgenommen wird (gem. § 164 Abs. 2 AO) und somit nachträglich die realisierten anteiligen Gewinne berücksichtigt würden. Aber auch dann ergibt sich ein nicht zu rechtfertigender Zinsverlust des Kommanditisten, da die Steuererstattung erst drei Jahre nach der Steuerzahlung erfolgt. Zwar werden Steuererstattungen gem. § 233a AO verzinst,[716] jedoch nur mit einem Zinssatz von 0,5% pro Monat,[717] der i.d.R. deutlich unter dem Sollzinssatz des Kommanditisten liegen dürfte.

Die Lösung 3 führt immer dann, wenn sich das negative Kapitalkonto zum Teil bzw. gänzlich aus schon abgezogenen bzw. ausgeglichenen Verlusten zusammensetzt, zu einer m.E. nicht gerechtfertigten Steuervergünstigung. Denn die Saldierung der zugerechneten Verluste mit anderen Einkünften mindert die Steuerbelastung in Höhe des vollen Steuersatzes, die Nachversteuerung erfolgt im Jahr 11 jedoch zum halben durchschnittlichen Steuersatz. Somit hätte der Kommanditist, obwohl er nicht wirtschaftlich belastet ist, nicht nur den Zinsvorteil für die Jahre der Geltendmachung der Saldierung bis zum Wegfall des negativen Kapitalkontos, sondern auch noch einen Progressionsvorteil erhalten.

M.E. stellt daher sowohl aus zivilrechtlichen wie auch aus wirtschaftlichen Gründen nur der anteilige vorzeitige Wegfall des negativen Kapitalkontos (Lösung 2) eine vertretbare Vorgehensweise dar.

Bei der Prognose der künftigen Gewinnanteile, die dem Kommanditisten gem. §§ 167 Abs. 3, 169 Abs. 1 Satz 2 HGB zugerechnet werden und die somit einen vorzeitigen Wegfall des negativen Kapitalkontos verhindern, sind nur diejenigen einzubeziehen, die der Vorschrift des § 15 Abs. 1 Nr. 2 1. Halbsatz EStG entsprechen. Die Erträge und Aufwendungen des Sonderbetriebsvermögens und der Sondervergütungen gem. § 15 Abs. 1 Nr. 2

---

716 Vgl. *Lammerding*, Abgabenordnung und FGO, 12. Aufl. Achim 1993, 521.
717 Vgl. § 238 Abs. 1 AO.

2. Halbsatz EStG sind nicht zu berücksichtigen.[718] Ebenso sind Einlagen i.S.d. § 4 Abs. 1 Satz 5 EStG sowie Gewinne, die durch den Wegfall negativer Kapitalkonten entstehen, keine künftigen Gewinnanteile.[719]

3. Zeitpunkt des Wegfalls

Für die Bestimmung des Zeitpunktes, ab dem ein Ausgleich des negativen Kapitalkontos mit künftigen Gewinnanteilen nicht mehr in Betracht kommt, sind allein die Verhältnisse am jeweiligen Bilanzstichtag maßgeblich.[720] Den Zeitpunkt exakt zu fixieren, wirft jedoch in der Praxis große Probleme auf.[721] Die Finanzverwaltung hat daher unverzüglich nach der Entscheidung des Großen Senats einen Katalog erarbeitet, anhand dessen ersichtlich sein soll, bei welchen Konstellationen der Ausgleich des negativen Kapitalkontos mit künftigen Gewinnen nicht mehr erfolgen könne:[722]

- die KG ist erheblich überschuldet;

- stille Reserven oder ein Geschäftswert sind nicht oder nicht in ausreichender Höhe vorhanden;

- die KG tätigt keine nennenswerten Umsätze mehr;

- die KG hat ihre werbende Tätigkeit eingestellt;

- Antrag auf Konkurseröffnung;

- trotz erheblicher Überschuldung einer GmbH & Co. KG hat der Geschäftsführer pflichtwidrig keinen Konkursantrag gestellt;

- ein Konkursantrag wurde mangels einer die Verfahrenskosten deckenden Masse abgelehnt;

- Eröffnung des Konkursverfahrens.

Die meisten dieser Kriterien stellen jedoch, wie die folgenden Ausführungen zeigen, keine hinreichenden Gründe dar, um künftige Gewinne auszuschließen.

---

718 Vgl. BFH v. 10.11.1980 GrS 1/79, BStBl. II 1981, 164 [169].
719 Vgl. *Bordewin/Söffing/Brandenberg*, Verlustverrechnung bei negativem Kapitalkonto, 2. Aufl. Herne/Berlin 1986, Rdnr. 21 f.
720 Vgl. BFH v. 16.12.1981 I R 93/77, BStBl. II 1982, 474 [476].
721 Vgl. *Lempenau*, Verlustzurechnung und Verlustverrechnung beim Kommanditisten – handelsrechtlich und steuerrechtlich –, StuW 1981, 235 [238].
722 Vgl. OFD Hannover v. 29.3.1982, BB 1982, 661; OFD Freiburg, Karlsruhe und Stuttgart v. 16.2.1984, DStR 1984, 652 f.

Zum Kriterium „erhebliche Überschuldung":

Diesen Fall hat schon der BFH für abwegig erklärt und entschieden, daß allein aus dem Bestehen einer Überschuldung keineswegs gefolgert werden könne, daß die KG in Zukunft keine Gewinne mehr erwirtschafte.[723] Trotz Überschuldung bestehe nach wie vor die Möglichkeit, Gewinne aus der Realisation von stillen Reserven oder aus noch laufenden Geschäften zu erzielen.

Zum Kriterium „Nichtvorhandensein von stillen Reserven oder eines Geschäftswerts in ausreichender Höhe":

Dieses Kriterium kann für sich alleine betrachtet keine vorzeitige Auflösung des negativen Kapitalkontos begründen. Lediglich dann, wenn auch andere Anzeichen wie z.B. die Einstellung des Geschäftsbetriebs dafür sprechen, daß die vorhandenen stillen Reserven nicht mehr vermehrt werden, kann eine anteilige vorzeitige Auflösung des negativen Kapitalkontos in Betracht kommen.[724]

Zum Kriterium „Einstellung der werbenden Tätigkeit":

Gem. der Verfügung der OFD Hannover[725] ist die Einstellung der werbenden Tätigkeit dann anzunehmen, wenn die Gesellschaft das Anbieten ihrer Produkte am Markt eingestellt hat. Dieses Kriterium, das auch der Große Senat in seiner Beschlußbegründung v. 10.11.1980[726] aufführt, ist an die Formulierung des Abschn. 22 Abs. 1 Satz 7 GewStR[727] angelehnt. Es muß jedoch m.E. nicht automatisch dazu führen, daß danach keine Gewinne mehr erzielt werden. Denn gewerbesteuerlich wird diese Formulierung lediglich benötigt, um den Zeitpunkt des Erlöschens der Gewerbesteuerpflicht festzulegen.[728] Daß während der Phase der zivilrechtlichen Abwicklung (Liquidation) aus der Veräußerung vorhandener Betriebsgegenstände noch Gewinne erzielt werden können, die der Einkommensteuerpflicht unterliegen, ist offensichtlich.[729] Somit kann es ohne die gesellschaftsrecht-

---

723 Vgl. BFH v. 25.5.1981 IV R 47/78, BStBl. II 1981, 795.
724 Vgl. *Söffing*, Besteuerung der Mitunternehmer, 3. Aufl. Herne/Berlin 1990, 205.
725 Vgl. OFD Hannover v. 29.3.1982, BB 1982, 661.
726 Vgl. BFH v. 10.11.1980 GrS 1/79, BStBl. II 1981, 164 [170].
727 Dort ist die Rede von „der völligen Aufgabe jeder werbenden Tätigkeit".
728 Vgl. *Sarrazin* in: Lenski/Steinberg, Gewerbesteuergesetz, § 2 Rdnr. 1516 ff.; *Güroff* in: Glanegger/Güroff, Gewerbesteuergesetz, 3. Aufl. München 1994, § 2 Rdnr. 217 ff.
729 Vgl. BFH v. 16.12.1981 I R 93/77, BStBl. II 1982, 474 [476]; *Meyer-Scharenberg* in: Meyer-Scharenberg/Popp/Woring, Gewerbesteuerkommentar, 2. Aufl. Herne/Berlin 1996, § 7 Rdnr. 25.

liche Vollbeendigung der Gesellschaft nur dann zum vorzeitigen Wegfall des negativen Kapitalkontos kommen, wenn keine stillen Reserven mehr im Gesellschaftsvermögen vorhanden sind.[730]

Zu den Kriterien „Antrag auf Konkurseröffnung bzw. Eröffnung des Konkursverfahrens bzw. Ablehnung des Konkursantrags mangels einer die Verfahrenskosten deckenden Masse":

Auch im Zusammenhang mit dem Konkurs der Gesellschaft geht die OFD Hannover[731] m.E. zu weit, wenn sie aus allen oben genannten Kriterien den Schluß zieht, daß diese den vorzeitigen Wegfall des negativen Kapitalkontos zur Folge hätten. Der Antrag auf Eröffnung des Konkursverfahrens dokumentiert lediglich, daß der antragstellende Gläubiger davon ausgeht, daß die Gesellschaft zahlungsunfähig und/oder überschuldet ist (§ 103 KO). Es ist erstens nicht geklärt, ob diese Kriterien überhaupt erfüllt sind, und zweitens hängt es auch bei Erfüllung der Tatbestände davon ab, ob das Konkursgericht das Verfahren überhaupt eröffnet oder den Eröffnungsantrag deshalb abweist, weil nicht einmal die Kosten des Verfahrens aus der ^Masse bestritten werden können (§ 107 Abs. 1 KO). Wird das Konkursverfahren eröffnet, können durchaus im Zuge des Verfahrens aus der Verwertung des Gesellschaftsvermögens oder der Fortführung der Tätigkeit noch Gewinne anfallen, die das negative Kapitalkonto des Kommanditisten ausgleichen.[732] Lediglich dann, wenn die Eröffnung des Konkursverfahrens mangels Masse abgelehnt wird, kann man davon ausgehen, daß kein Betriebsvermögen mit stillen Reserven mehr vorhanden ist. Nur diese Fälle würden die vorzeitige Auflösung des negativen Kapitalkontos nach sich ziehen. Meistens ist dann die Aussicht auf ein Auffüllen des negativen Kapitalkontos mit künftigen Gewinnen sogar derart gesunken, daß eine Auflösung eigentlich schon früher hätte erfolgen müssen.[733] Eröffnet das Konkursgericht jedoch das Verfahren, so ist daraus im Umkehrschluß zu folgern, daß mit künftigen Gewinnen zu rechnen ist.[734] Somit erfolgt die Auflösung des negativen Kapitalkontos auch im Konkurs der Gesellschaft

---

730 Vgl. BFH v. 26.5.1981 IV R 17/81, BStBl. II 1981, 668 [669].
731 Vgl. OFD Hannover v. 29.3.1982, BB 1982, 661.
732 Vgl. BFH v. 10.12.1985 VIII R 41/85, BFH/NV 1986, 404.
733 Vgl. BFH v. 26.3.1981 IV R 134/78, BStBl. II 1981, 572 [573]; v. 26.2.1987 IV R 61/84, BFH/NV 1988, 24 [26].
734 Vgl. *Endres*, Hinzurechnung des negativen Kapitalkontos des Kommanditisten als laufender Gewinn, BB 1985, 2150 [2151].

Sonderprobleme der Kommanditisten i.V.m. § 15a EStG

i.d.R. erst mit der Vollbeendigung der Gesellschaft. Der vorzeitige Wegfall ist somit nur in Ausnahmefällen zu erwarten.[735]

Aus obigen Ausführungen wird deutlich, daß es für die Finanzbehörde äußerst schwierig ist, zweifelsfrei festzustellen, daß keine künftigen Gewinne mehr entstehen werden, um das negative Kapitalkonto aufzufüllen. So fordert das FG Münster in seinem Urteil v. 17.5.1988,[736] daß die Feststellungslast dem Finanzamt obliege und daran sehr hohe Anforderungen zu stellen seien. Insbesondere deshalb, da es an verläßlichen betriebswirtschaftlichen Methoden mangele, mit denen es sich zweifelsfrei feststellen ließe, ob der Ausgleich eines negativen Kapitalkontos mit künftigen Gewinnen auszuschließen sei.[737] Andererseits reichen rein spekulative Möglichkeiten für künftige Gewinne nicht aus, um den vorzeitigen Wegfall zu verhindern.[738] Die Oberfinanzdirektionen haben die Finanzämter daher ausdrücklich angewiesen, daß vor einem vorzeitigen Wegfall des negativen Kapitalkontos eines Kommanditisten dem Betroffenen die Möglichkeit zur Stellungnahme eingeräumt werden muß.[739]

Zusammenfassend ist m.E. die Ansicht *Bordewins* zutreffend, der die These vertritt, daß im Regelfall bei einer von natürlichem Gewinnstreben „beseelten" Gesellschaft, die also nicht in erster Linie das Unternehmensziel der Verlustzurechnung an die Gesellschafter verfolgt, die vorzeitige Nachversteuerung des negativen Kapitalkontos nicht durchzusetzen sei.[740] Lediglich in extremen Krisensituationen wie z.B. im Falle der Ablehnung des Konkursverfahrens mangels Masse, oder wenn der Gewerbebetrieb eingestellt ist und nicht in ausreichendem Maße stille Reserven vorhanden sind, kann ein vorzeitiger Wegfall des negativen Kapitalkontos in Betracht kommen.[741] Wobei nach der hier vertretenen Ansicht nur ein anteiliger Wegfall-Gewinn entstehen kann.[742] In Höhe vorhandener bzw. prognosti-

---

735 Vgl. *Kothe*, Verluste und Bürgschaftsverpflichtungen: Verrechnung beim Kommanditisten mit negativem Kapitalkonto, INF 1986, 25 [26 ff.].
736 Vgl. FG Münster v. 17.5.1988, EFG 1988, 635 [636] (rkr.).
737 Vgl. FG Münster v. 17.5.1988, EFG 1988, 635 [636] (rkr.); *Baetge*, Früherkennung negativer Entwicklungen der zu prüfenden Unternehmung mit Hilfe von Kennzahlen, WPg 1980, 651 [653].
738 Vgl. BFH v. 26.3.1981 IV R 134/78, BStBl. II 1981, 572 [574].
739 Vgl. OFD Freiburg, Karlsruhe und Stuttgart v. 16.2.1984, DStR 1984, 652.
740 Vgl. *Bordewin*, Mitunternehmerbesteuerung im Spannungsfeld zwischen Einheit der Gesellschaft und Vielheit der Gesellschafter, StbJb 1982/83, 181 [190].
741 Wie man in diesen Fällen eventuell eine Besteuerung mit dem ermäßigten Steuersatz herbeiführen kann, wird auf den S. 204 ff. dargestellt.
742 Vgl. S. 193 ff.

zierter stiller Reserven darf keine vorzeitige Auflösung des negativen Kapitalkontos erfolgen.

4. Behandlung von Bürgschaften beim vorzeitigen Wegfall des negativen Kapitalkontos

Wenn sich der Gesellschafter einer Personengesellschaft für Schulden der Gesellschaft verbürgt, so hat die Übernahme der Bürgschaft keinerlei steuerliche Auswirkung. Auch die drohende Inanspruchnahme ermöglicht dem Gesellschafter nicht, eine Rückstellung in der Sonderbilanz zu bilden.[743] Der BFH geht nämlich davon aus, daß eine Bürgschaft ebenso wie andere Leistungen eines Gesellschafters im Regelfall[744] aus einer gesellschaftsrechtlichen Stellung heraus gegeben wird und somit steuerrechtlich als Einlage in das Gesellschaftsvermögen zu werten ist, für die keine gewinnmindernde Rückstellung in der Sonderbilanz gebildet werden kann.[745] Wird der Gesellschafter von den Gläubigern der Gesellschaft in Anspruch genommen, so ist zu diesem Zeitpunkt in der Sonderbilanz des Gesellschafters erfolgsneutral[746] eine Forderung zu aktivieren.[747] Denn nach Auffassung des BFH muß der Gesellschafter so behandelt werden, als ob er der Gesellschaft die Mittel in Form eines Darlehens gewährt und die Gesellschaft ihre Verbindlichkeiten damit begleicht.[748] Stellt sich heraus, daß der Ausgleichsanspruch gegenüber der Gesellschaft bzw. den Mitgesellschaftern wertlos ist, darf der Gesellschafter dennoch keine Teilwertabschreibung der Forderung im Sonderbetriebsvermögen vornehmen.[749] Im Ergebnis kann sich die Bürgschaftsübernahme während des Bestehens der Gesellschaft nicht gewinnmindernd auswirken.[750] Erst bei der Ermittlung

---

743 Vgl. BFH v. 12.7.1990 IV R 37/89, BStBl. II 1991, 64 [65 f.]; v. 18.6.1991 VIII R 84/87, BFH/NV 1992, 229 [231].
744 Ausnahmen bestehen lediglich dann, wenn es sich in Ausübung eines selbständigen Gewerbebetriebs oder eines freien Berufes, um bankgeschäftliche Betätigungen gegen entsprechendes Entgelt handelt (BFH v. 4.7.1974 IV R 166/70, BStBl. II 1974, 677 [679]).
745 Vgl. BFH v. 4.7.1974 IV R 166/70, BStBl. II 1974, 677 [678 f.].
746 Buchung bei Gesellschaft: „Verbindlichkeiten gegenüber XY" an „Verbindlichkeiten gegenüber Gesellschafter"; Buchung in der Sonderbilanz des Gesellschafters: „Forderung gegenüber Gesellschaft" an „Kapital"
747 Vgl. *Zimmermann/Reyher/Hottmann*, Die Personengesellschaft im Steuerrecht, 5. Aufl. Achim 1995, 175 f.
748 Vgl. BFH v. 12.7.1990 IV R 37/89, BStBl. II 1991, 64; v. 4.7.1974 IV R 166/70, BStBl. II 1974, 677 [678 f.].
749 Vgl. BFH v. 12.7.1990 IV R 37/89, BStBl. II 1991, 64 [66]; v. 14.11.1985 IV R 63/83, BStBl. II 1986, 58; v. 8.12.1982 I R 9/79, BStBl. II 1983, 570; v. 11.12.1980 IV R 91/77, BStBl. II 1981, 422.
750 Vgl. BFH v. 14.12.1995 IV R 106/94, BStBl. II 1996, 226 [228]; v. 18.6.1991 VIII R 84/87, BFH/NV 1992, 229 [231]; v. 12.7.1990 IV R 37/89, BStBl. II 1991, 64.

des Aufgabegewinns kann der Gesellschafter den Vermögensverlust durch den Wegfall der Forderung in seinem Sonderbetriebsvermögen geltend machen.[751]

Diese grundsätzliche Rechtsauffassung des BFH, die – wie oben dargelegt – damit begründet wird, daß Bürgschaftsverhältnisse nicht anders behandelt werden dürften als Leistungen, die unmittelbar an die Gesellschaft erbracht werden, gilt auch für Kommanditisten in Unternehmenskrisen. Für den Fall des vorzeitigen Wegfalls des negativen Kapitalkontos ergibt sich daraus jedoch eine Ungleichbehandlung. Leistet der Kommanditist nämlich eine Einlage, damit die Gesellschaft die Verbindlichkeiten erfüllen kann, vermindert diese Einlage sein negatives Kapitalkonto, und bei einem anschließenden vorzeitigen Wegfall kann ein geringerer „Wegfall-Gewinn" entstehen.[752] Begleicht er die Verbindlichkeit der Gesellschaft jedoch dadurch, daß er aufgrund einer übernommenen Bürgschaft in Anspruch genommen wird, so liegt zwar auch in diesem Fall eine Einlage des Kommanditisten vor,[753] es handelt sich jedoch um eine Einlage in das Sonderbetriebsvermögen. Da Einlagen in das Sonderbetriebsvermögen keine Einlagen i.S.d. § 15a Abs. 1 Satz 1 EStG darstellen, wird dieser Vermögensverlust erst bei Vollbeendigung bzw. beim Ausscheiden steuerlich berücksichtigt.[754] Die Ungleichbehandlung resultiert m.E. daher, daß die steuerliche Behandlung der Bürgschaftsübernahme als Einlage vom BFH zu einer Zeit entwickelt wurde,[755] als die Problematik des vorzeitigen Wegfalls des negativen Kapitalkontos noch nicht existierte.[756] Der Umstand, daß auch in jüngeren Entscheidungen noch keine Änderung bezüglich vorzeitiger „Wegfall-Gewinne" vorgenommen wurde, liegt m.E. daran, daß dem BFH bisher nur Fälle vorlagen, bei denen es sich um den Wegfall im Zusammenhang mit der Betriebsaufgabe gehandelt hat. Damals und auch heute noch ergeben sich in all den Fällen, die nicht zum vorzeitigen Weg-

---

751 Vgl. BFH v. 9.2.1993 VIII R 29/91, BStBl. II 1993, 747; v. 18.6.1991 VIII R 84/87, BFH/NV 1992, 229 [231].
752 Vgl. zur Ermittlung des vorzeitigen Wegfall-Gewinns S. 179 ff.
753 Auf der Ebene der Steuerbilanz der Gesellschaft liegt lediglich eine Umbuchung der Verbindlichkeit vor. In der Sonderbilanz des Gesellschafters wird jedoch eine Forderung aktiviert und in gleicher Höhe entsteht Kapital. Bei der Bildung der Gesamtbilanz der Mitunternehmerschaft fällt durch Konfusion die Verbindlichkeit der Gesellschaft und die Forderung des Gesellschafters weg, so daß im Ergebnis die „Einlage" zu Eigenkapital des Gesellschafters führt.
754 Es wird unterstellt, daß der Ausgleichsanspruch gegen die Gesellschaft wertlos ist.
755 Vgl. BFH v. 4.7.1974 IV R 166/70, BStBl. II 1974, 677.
756 Vgl. BFH v. 10.11.1980 GrS 1/79, BStBl. II 1981, 164

fall des negativen Kapitalkontos führen, mit Hilfe der vom BFH entwickelten Rechtsprechung plausible Ergebnisse. Falls es jedoch zum vorzeitigen Wegfall des negativen Kapitalkontos kommt, entsteht m.E. eine ungerechtfertigte zeitliche Verzögerung der steuerlichen Verlustgeltendmachung.

Um diesen Nachteil zu vermeiden, muß der Kommanditist bei drohendem vorzeitigen Wegfall des negativen Kapitalkontos auf den in der Krise meist ohnehin wertlosen Ausgleichsanspruch gegenüber der Gesellschaft verzichten. Dann liegt in dieser Höhe (Nennwert)[757] eine Einlage vor, die das negative Kapitalkonto verringert. Ein Rangrücktritt bezüglich des Ausgleichsanspruchs reicht nicht aus. Denn dadurch wird keine Einlage bewirkt, sondern die Bürgschaft stellt weiterhin Fremdkapital der Gesellschaft dar.[758] Erst bei der Liquidation, im Rahmen der Auseinandersetzung der Gesellschafter (§§ 161, 155 HGB), kommt es in der Sonderbilanz zu berücksichtigungsfähigen Verlusten.[759]

Eine gegenteilige Ansicht vertritt das FG München.[760] Danach ist in Höhe der Bürgschaftsübernahme der steuerpflichtige vorzeitige „Wegfall-Gewinn" zu mindern. Begründet wird die steuerliche Berücksichtigung der Bürgschaftsübernahme damit, daß eine Versteuerung des negativen Kapitalkontos nicht sachgerecht wäre, wenn bereits feststünde, daß sie in einem späteren Jahr rückgängig gemacht werden müsse. Eine Berücksichtigung der drohenden Bürgschaftsverpflichtung könne jedoch maximal in der Höhe des durch den vorzeitigen Wegfall des negativen Kapitalkontos entstehenden Gewinns in Frage kommen. Auch im Schrifttum plädieren einige Autoren für eine Anrechnung von Bürgschaftsverpflichtungen bei drohender Inanspruchnahme.[761] Angesichts der differierenden Rechtsprechung

---

757 Vgl. *Schmidt, L.* in: Schmidt, L., Einkommensteuergesetz, 15. Aufl. München 1996, § 15a Rz. 92; *Mundry*, Kommanditistendarlehen mit Eigenkapitalcharakter als Teil des Kapitalkontos i.S.d. § 15a EStG?, DB 1993 1741 [1745]; a.A. *van Lishaut*, § 15a EStG nach der Ausgliederung von Sonderbetriebsvermögen, FR 1994, 273 [281]: Erhöhung nur um werthaltigen Teil. Alle Autoren äußern sich nur zum Verzicht auf eine Forderung gegen die Gesellschaft. Für den Verzicht bzgl. einer Ausgleichsforderung kann m.E. nichts anderes gelten.
758 Vgl. *Zimmermann/Reyher/Hottmann*, Die Personengesellschaft im Steuerrecht, 5. Aufl. Achim 1995, 597.
759 Vgl. BFH v. 18.6.1991 VIII R 84/87, BFH/NV 1992, 229 [231].
760 Vgl. FG München v. 11.3.1992, EFG 1992, 456 (rkr.).
761 Vgl. *Schmidt, L.* in: Schmidt, L., Einkommensteuergesetz, 15. Aufl. München 1996, § 15a Rz. 20, 25; *Bordewin/Söffing/Brandenberg*, Verlustverrechnung bei negativem Kapitalkonto, 2. Aufl. Herne/Berlin 1986, Rdnr. 34.

Sonderprobleme der Kommanditisten i.V.m. § 15a EStG 195

des BFH, die erst jüngst bekräftigt wurde,[762] sind diese für den Steuerpflichtigen günstigen Auffassungen m.E. nicht mehr durchsetzbar.[763]

5. Behandlung von Sanierungsgewinnen beim vorzeitigen Wegfall des negativen Kapitalkontos

Bei der Sanierung von Personengesellschaften können durch einen Schuldenerlaß der Gläubiger sog. Sanierungsgewinne bei der Gesellschaft entstehen, die unter den strengen Kriterien des § 3 Nr. 66 EStG nicht der Einkommensteuer unterliegen.[764] Bei der *unternehmensbezogenen Sanierung*, d.h. in jenen Fällen, in denen die Sanierung erfolgreich verläuft und das Unternehmen fortgeführt werden kann, ist ein steuerfreier Sanierungsgewinn auch Kommanditisten mit negativem Kapitalkonto – in Abhängigkeit vom handels- bzw. gesellschaftsrechtlichen Gewinnverteilungsschlüssel – anteilig zuzurechnen.[765] Dadurch wird das negative Kapitalkonto aufgefüllt, und bei einem späteren Wegfall entsteht ein geringerer Gewinn. Im Ergebnis ist der steuerfreie Sanierungsgewinn somit wie eine Einlage des Kommanditisten zu behandeln.

Die Rechtsprechung, die dem Schuldner bei der *unternehmensbezogenen Sanierung*[766] einen steuerfreien Sanierungsgewinn gem. § 3 Nr. 66 EStG gewährt, ist auf Kommanditisten nicht anwendbar.[767] Dies ist einleuchtend, da der Kommanditist max. die Haftsumme verliert und somit der Gläubi-

---

762 Vgl. BFH v. 14.12.1995 IV R 106/94, BStBl. II 1996, 226 [228].
763 Vgl. OFD Düsseldorf v. 31.7.1995, BB 1995, 2001 [2002]; OFD Münster v. 21.7.1995, DStR 1995, 1577 [1578]; *Grützner*, Berücksichtigung von Verlusten eines Kommanditisten, BBK F. 14, 1229 [1231]; *Bandenberg*, Ertragsteuerliche Kernfragen der Gestaltungspraxis bei Personengesellschaften, JbFfSt 1991/92, 187 [201 ff.].
764 Vgl. zu den Voraussetzungen des § 3 Nr. 66 EStG S. 105.
765 Vgl. BFH v. 18.4.1996 IV R 48/95, DB 1996, 1902; OFD Münster v. 27.7.1983, StEK EStG § 15 Nr. 115 unter Ziffer 1.1; OFD Frankfurt am Main v. 13.1.1994, BB 1994, 773; *Bitz* in: Littmann/Bitz/Hellwig, Das Einkommensteuerrecht, § 15a Rn. 2b; *Groh*, Abschaffung des Sanierungsprivilegs?, DB 1996, 1890; *Reis/Kretschmer*, Steuerfreie Sanierungsgewinne, Investitionszulagen und § 15a EStG, DB 1994, 1846; *Blanke*, Steuerfreiheit des Sanierungsgewinns gemäß § 3 Nr. 66 EStG beim Kommanditisten mit negativem Kapitalkonto, BB 1994, 757; *Weber*, Auswirkungen eines steuerfreien Sanierungsgewinns bei Kommanditisten mit negativem Kapitalkonto, DStZ 1994, 129 [130] *Bordewin/Söffing/Brandenberg*, Verlustverrechnung bei negativem Kapitalkonto, 2. Aufl. Herne/Berlin 1986, Rdnr. 39.
766 Der Forderungsverzicht der Gläubiger im Zuge der Betriebsaufgabe erfolgt nur deshalb, um dem Schuldner ein wirtschaftliches Bestehen als Angestellter oder in irgendeiner anderen Form zu ermöglichen.
767 Vgl. BFH v. 18.12.1990 VIII R 39/87, BStBl. II 1991, 784 [786].

gerverzicht nicht benötigt wird, um ein wirtschaftliches Bestehen als Angestellter oder in irgendeiner anderen Form zu ermöglichen.[768]

Somit führt ein Sanierungsgewinn i.S.d. § 3 Nr. 66 EStG in allen Fällen, in denen der Forderungsverzicht der Erhaltung und Fortführung des Unternehmens dient, zu einer Minderung des negativen Kapitalkontos, ohne eine Nachversteuerung auszulösen.

6. Nachholung versäumter Auflösung des negativen Kapitalkontos

Stellt sich heraus, daß die Voraussetzungen für den vorzeitigen Wegfall des negativen Kapitalkontos schon in einem früheren Veranlagungszeitraum erfüllt waren, die Auflösung jedoch unterblieben ist, so stellt sich die Frage, in welcher Form eine Nachholung möglich ist.

Das FG Düsseldorf entschied 1987 und jüngst 1996, daß die versäumte Auflösung des negativen Kapitalkontos nur noch in den Fällen korrigiert werden könnte, in denen die Schlußbilanz des betroffenen Veranlagungszeitraums noch zu berichtigen wäre. Eine Nachholung schied somit aus, wenn bezüglich dieses Veranlagungszeitraums bereits Festsetzungsverjährung eingetreten war.[769] Diese Rechtsauffassung wird vom BFH nicht geteilt.[770] Demnach kann die unterlassene Auflösung eines negativen Kapitalkontos, wenn das betroffene Jahr bereits bestandskräftig veranlagt ist, im Folgejahr nachgeholt werden.[771] Sollte auch diese Bilanz schon bestandskräftig veranlagt sein, sind nach dem Grundsatz des formellen Bilanzzusammenhanges fehlerhafte Bilanzansätze grundsätzlich in der ersten noch offenen Schlußbilanz zu korrigieren, in der dies unter Beachtung der für den Eintritt der Bestandskraft und der Verjährung maßgeblichen Vorschriften noch möglich ist.[772] In dem Fall jedoch, daß für ein Wirtschaftsjahr gar keine Veranlagung (Feststellung) durchgeführt wird und die Finanzverwaltung aufgrund abgelaufener Feststellungsfrist die Gewinnfeststellung später nicht nachholen kann, ist es nicht möglich, an eine Schluß-

---

768 Vgl. *Zimmermann/Reyher/Hottmann*, Die Personengesellschaft im Steuerrecht, 5. Aufl. Achim 1995, 968.
769 Vgl. FG Düsseldorf v. 8.5.1996, DStRE 1997, 129, Rev. BFH: VIII R 46/96; v. 26.10.1987, EFG 1988, 239 (rkr.).
770 Vgl. BFH v. 28.1.1992 VIII R 28/90, BStBl. II 1992, 881; v. 10.12.1991 VIII R 17/87, BStBl. II 1992, 650.
771 Vgl. BFH v. 10.12.1991 VIII R 17/87, BStBl. II 1992, 650 [651].
772 Vgl. BFH v. 28.1.1992 VIII R 28/90, BStBl. II 1992, 881 [882].

Sonderprobleme der Kommanditisten i.V.m. § 15a EStG

bilanz des vorangegangenen Jahres anzuknüpfen. Der formelle Bilanzzusammenhang ist somit unterbrochen, und eine Korrektur der Bilanz, aufgrund des Wegfalls des negativen Kapitalkontos, ist nicht mehr möglich.[773]

Beispiel:

Im Jahr 10 wird über eine Kommanditgesellschaft das Konkursverfahren eröffnet. Zu diesem Zeitpunkt verfügt der Kommanditist A über ein negatives Kapitalkonto. Der Konkursverwalter erstellt lediglich die Konkurseröffnungsbilanz zum 30.11.10, reicht jedoch keine Gewinnermittlungsunterlagen ein und bittet die Finanzverwaltung, die Besteuerungsgrundlagen zu schätzen. Das Finanzamt erläßt am 1.6.13 für die Jahre 10, 11 und 12 Feststellungsbescheide, in denen der Gewinn der Gesellschaft auf Null DM geschätzt wird. In den Folgejahren werden keine Bescheide mehr erlassen. Am 24.6.18 wird das Konkursverfahren über das Vermögen der Kommanditgesellschaft beendet, und am 4.11.18 erfolgt die Löschung aus dem Handelsregister. Am 28.12.21 erläßt das Finanzamt einen Feststellungsbescheid für das Jahr 14, in dem der Gewinn der Kommanditgesellschaft mit Null DM festgelegt wird, wobei dem Kommanditisten A ein Gewinnanteil von 100.000 DM aus dem Wegfall seines negativen Kapitalkontos und dem Komplementär ein Verlustanteil in gleicher Höhe zugerechnet wird. Nach den allgemeinen Grundsätzen der Entscheidung des GrS des BFH v. 10.11.1980[774] hätte das negative Kapitalkonto des A bereits in der steuerlichen Schlußbilanz des Jahres 10 aufgelöst werden müssen.

Die Frist für den Beginn der Festsetzungsverjährung läuft ab dem Jahr, in dem der Steuerpflichtige seine Besteuerungsgrundlagen abgegeben hat (§ 181 Abs. 1 Satz 1 und 2 i.V.m. § 170 Abs. 2 Nr. 1 AO). Erfolgt wie in diesem Beispiel keine Abgabe, so beginnt die Festsetzungsfrist spätestens mit Ablauf des dritten Kalenderjahres, das auf die Entstehung des Steueranspruchs folgt (sog. Anlaufhemmung). Die ESt-Schuld für das Jahr 10 entsteht mit Ablauf des 31.12.10. Die Feststellungsfrist beginnt somit mit Ablauf des Jahres 13. Die Festsetzungsverjährung tritt gem. § 181 Abs. 1 Satz 1 und 2 i.V.m. § 169 Abs. 2 Nr. 2 AO nach Ablauf von vier weiteren Jahren ein. Somit kann ab dem 1.1.18 keine Steuerfestsetzung mehr für das Jahr 10 erfolgen. Entsprechend dieser Grundsätze konnte die Finanzverwaltung am Ende des Jahres 21, als sie den versäumten Wegfall des negativen Kapitalkontos schließlich bemerkte, nur noch für das Jahr 14 die Gewinnfeststellung nachholen. Bezüglich des Jahres 13 war jedoch die Festsetzungsverjährung bereits eingetreten. Dies hat zur Folge, daß der Bilanzzusammenhang nicht mehr gewährleistet ist und somit eine Korrektur der Nichtberücksichtigung des Wegfalls des negativen Kapitalkontos nicht mehr möglich ist.

Es ist jedoch dringend davon abzuraten, auf die Festsetzungsverjährung und den dadurch nicht mehr gewährleisteten Bilanzzusammenhang zu spekulieren. Denn erstens sind die Verjährungsfristen sehr lang, so daß dieser

---

773 Vgl. BFH v. 28.1.1992 VIII R 28/90, BStBl. II 1992, 881 [882].
774 Vgl. BFH v. 10.11.1980 GrS 1/79, BStBl. II 1981, 164.

Fall nur äußerst selten eintreten wird und zweitens besteht dann keine Möglichkeit mehr, die Steuervergünstigungen der §§ 16, 34 EStG auf den Wegfall-Gewinn anwenden zu können.[775]

II. Wegfall des negativen Kapitalkontos bei Vollbeendigung der Gesellschaft

1. Gesellschaftsrechtliche Grundlagen

Bei einer Kommanditgesellschaft führt insbesondere die Eröffnung des Konkursverfahrens über das Vermögen der Gesellschaft bzw. eines Gesellschafters zur zivilrechtlichen Auflösung,[776] durch die die Kommanditgesellschaft unmittelbar in die sog. Abwicklungs- oder Liquidationsgesellschaft übergeht.[777] In der Liquidationsphase wird dann noch vorhandenes Vermögen versilbert, die Schulden beglichen und ein sich daraus ergebender Gewinn bzw. Verlust gemäß dem maßgebenden Gewinnverteilungsschlüssel auf die Gesellschafter verteilt.[778] Am Ende der Liquidationsphase ist die Liquidationsschlußbilanz aufzustellen, in der für die beteiligten Kommanditisten kein negatives Kapitalkonto mehr vorhanden sein darf.[779] Unmittelbar davor erfolgt eine Gesamtabrechnung der Gesellschafter. Da die Summe der Kapitalanteile der Liquidationsschlußbilanz deckungsgleich sein muß mit dem Gesellschaftsvermögen, ergeben sich die Ausgleichsansprüche der Gesellschafter dabei in der Weise, daß derjenige, der in der Schlußbilanz über ein positives Kapitalkonto verfügt, genau diesen Betrag beanspruchen kann und derjenige Vollhafter, der über ein negatives Kapitalkonto verfügt, genau diesen Betrag schuldet.[780] Die Methodik der Gesamtabrechnung zeigen folgende Beispiele:[781]

---

775 Vgl. hierzu auch die Gestaltungsempfehlungen auf S 204 ff.
776 Die Ablehnung des Konkursverfahrens mangels Masse führt jedoch nicht zur Auflösung der Kommanditgesellschaft, sondern zur Umwandlung in eine GbR. Zu anderen Möglichkeiten, die zivilrechtliche Auflösung herbeizuführen vgl. § 131 HGB.
777 Vgl. *Zimmermann/Reyher/Hottmann*, Die Personengesellschaft im Steuerrecht, 5. Aufl. Achim 1995, 956.
778 Vgl. *Söffing*, Das negative Kapitalkonto eines Kommanditisten bei Gesellschafterwechsel und Gesellschaftsauflösung, BB 1982, 629 [634].
779 Zur Liquidationsbilanz insbesondere zur „internen" und „externen" Rechnungslegung in der Liquidation vgl. *Scherrer/Heni*, Liquidationsrechnungslegung, 2. Aufl. Düsseldorf 1996, 36 ff., 177 ff., 239 ff.; *Schmidt, K.*, Liquidations- und Konkursbilanzen, Heidelberg 1989, 62.
780 Vgl. *Schmidt, K.* in: Schlegelberger, Handelsgesetzbuch, 5. Aufl. München 1986, § 155 Anm. 25.
781 Vgl. *Schmidt, K.* in: Schlegelberger, Handelsgesetzbuch, 5. Aufl. München 1986, § 155 Anm. 26 ff.

Sonderprobleme der Kommanditisten i.V.m. § 15a EStG

Beispiel 1: [782]

Das Reinvermögen einer OHG beträgt nach Befriedigung sämtlicher Gläubigerverbindlichkeiten 60.000 DM. Es teilt sich wie folgt auf:

Gesellschafter:	Kapitalkonto:
A:	50.000 DM
B:	25.000 DM
C:	12.000 DM
D:	3.000 DM
	60.000 DM

Die Gesamtabrechnung erfolgt in zwei Schritten. Zuerst wird das vorhandene Reinvermögen auf A (50/75 x 60.000 DM = 40.000 DM) und B (20.000 DM) verteilt. Darüber hinaus hat A einen Ausgleichsanspruch in Höhe von 10.000 DM (50.000 DM - 40.000 DM) gegenüber C, und B erhält 2.000 DM von C sowie 3.000 DM von D.

Beispiel 2:

Das Reinvermögen einer OHG beträgt nach Befriedigung sämtlicher Gläubigerverbindlichkeiten 60.000 DM. Es teilt sich wie folgt auf:

Gesellschafter:	Kapitalkonto:
A:	50.000 DM
B:	25.000 DM
C:	12.000 DM
[D:	3.000 DM]
	60.000 DM

Der Gesellschafter D ist zahlungsunfähig und fällt somit mit seiner Ausgleichsverpflichtung aus. Zuerst wird wiederum das vorhandene Reinvermögen auf A (50/75 x 60.000 DM = 40.000 DM) und B (20.000 DM) verteilt. Für die 3.000 DM der Ausgleichsansprüche, die ausfallen, müssen gem. § 735 Satz 2 BGB i.V.m. § 105 Abs. 2 HGB alle übrigen Gesellschafter verhältnismäßig[783] aufkommen. D.h. A, B und C stellen sich jeweils um 1.000 DM schlechter als in Beispiel 1. Somit hat im Ergebnis A einen Ausgleichsanspruch in Höhe von 9.000 DM gegenüber C, und B erhält 4.000 DM von C.

Beispiel 3:

Die OHG kann die Gesellschaftsverbindlichkeiten durch die Liquidationserlöse nicht decken, so daß sich Nachforderungen der Fehlbeträge ergeben. Die Beteiligungen lauten wie folgt:

Gesellschafter:	Kapitalkonto:
A:	+ 30.000 DM
B:	− 50.000 DM
	⁄ 20.000 DM

---

782 Um in die Methodik der Gesamtabrechnung einzuführen, werden in den ersten drei Beispielen nur unbeschränkt haftende Gesellschafter verwendet.
783 Entscheidend ist das Verhältnis nach dem sie laut Gesellschaftsvertrag die Verluste zu tragen haben. Im Beispiel wird der Verlust nach Köpfen verteilt.

Es besteht also ein Forderungsüberhang Dritter in Höhe von 20.000 DM. B muß aufgrund seines negativen Kapitalkontos sowohl die 20.000 DM der Fremdgläubiger als auch die interne Ausgleichsforderung des A (30.000 DM) begleichen. Würde jedoch A gesamtschuldnerisch von den Drittgläubigern in Anspruch genommen, müßte B die gesamten 50.000 DM an ihn leisten.

Beispiel 4:

Die KG kann die Gesellschaftsverbindlichkeiten durch die Liquidationserlöse nicht decken, so daß sich Nachforderungen der Fehlbeträge ergeben. Die Beteiligungen lauten wie folgt:

Gesellschafter: Kapitalkonto:
A (Komplementär):   + 30.000 DM
B (Kommanditist):   − 50.000 DM
                                     ∕. 20.000 DM

Es besteht also ein Forderungsüberhang Dritter in Höhe von 20.000 DM. B muß, da er seine Haftsumme voll einbezahlt hat, keinerlei weitere Haftung übernehmen (§ 171 Abs. 1 HGB). Dafür muß A 20.000 DM aus seinem Privatvermögen an die Drittgläubiger leisten. Obwohl das Kapitalkonto positiv ist, erhält er es mangels Masse nicht ausbezahlt.

Erst mit Beendigung der Liquidation, also wenn alle Rechtsbeziehungen unter den Gesellschaftern abgewickelt sind, gilt die Gesellschaft zivilrechtlich als vollbeendet.[784]

2. Steuerliche Rechtsfolgen

Steuerrechtlich entstehen aus der zivilrechtlichen Auflösung keine unmittelbaren Rechtsfolgen. Auch wenn die Kommanditgesellschaft i.d.R. mit der zivilrechtlichen Auflösung ihre werbende Tätigkeit einstellt, so besteht sie dennoch als Handelsunternehmen fort,[785] da sie gem. § 15 EStG auch in der Liquidationsphase bis zur letzten Abwicklungsmaßnahme als Gewerbebetrieb einzustufen ist.[786] Auch im Konkursverfahren beendet nicht der Tag der Eröffnung des Konkursverfahrens, sondern der Tag der Veräußerung der letzten wesentlichen Betriebsgrundlage durch den Konkursverwalter die gewerbliche Tätigkeit.[787] Etwas anderes gilt jedoch bezüglich der Gewerbesteuer, denn hier endet die Steuerpflicht von Personengesellschaften meistens mit Eintritt in die Liquidationsphase.[788] Im Konkursver-

---

784 Vgl. BFH v. 21.5.1971 V R 117/67, BStBl. II 1971, 540.
785 Vgl. BFH v. 28.1.1992 VIII R 28/90, BStBl. II 1992, 881.
786 Vgl. *Bitz* in: Littmann/Bitz/Hellwig, Das Einkommensteuerrecht, § 15 Rn. 20.
787 Vgl. BFH v. 19.1.1993 VIII R 128/84, BStBl. II 1993, 594.
788 Vgl. Abschn. 22 Abs. 5 Satz 1 bis 3 GewStR.

fahren ist jedoch zu unterscheiden, ob der Konkursverwalter den Betrieb fortführt oder ihn lediglich abwickelt. Im ersten Fall bleibt die sachliche Gewerbesteuerpflicht zunächst trotz der Eröffnung des Konkursverfahrens bestehen.[789]

Die steuerliche Behandlung des negativen Kapitalkontos eines Kommanditisten folgt den allgemeinen Grundsätzen. Soweit also während der Liquidationsphase stille Reserven realisiert werden, führen diese nicht begünstigten steuerpflichtigen Veräußerungsgewinne, soweit sie dem Kommanditisten anteilig gemäß des Gewinnverteilungsschlüssels zugerechnet werden, ganz oder teilweise zum Ausgleich seines negativen Kapitalkontos.[790] Dabei sind diese Gewinnanteile des Kommanditisten um die noch vorhandenen verrechenbaren Verluste i.S.v. § 15a Abs. 2 und Abs. 3 Satz 4 EStG zu mindern.[791]

Reichen die Abwicklungsgewinne nicht aus, um das negative Kapitalkonto auszugleichen, fällt es weg. Denn der Kommanditist ist, falls er seine Hafteinlage vollständig eingezahlt hat, nicht verpflichtet, sein Kapitalkonto aufzufüllen (§ 167 Abs. 3 HGB). Für die Rechtsfolgen ist dann von entscheidender Bedeutung, ob es sich bei den Verlusten, die das Kapitalkonto negativ werden ließen, um ausgleichs- bzw. abzugsfähige oder um verrechenbare Verluste handelt. In Höhe des wegfallenden negativen Kapitalkontos liegt ein Veräußerungsgewinn (Liquidationserlös) i.S.d § 16 EStG vor.[792] Dieser ist um die noch vorhandenen verrechenbaren Verluste des negativen Kapitalkontos zu kürzen.[793] Somit muß lediglich der Teil des wegfallenden negativen Kapitalkontos, der aus ausgleichs- bzw. abzugsfähigen Verlusten entstanden ist, gem. § 52 Abs. 21 Satz 4 EStG nachversteuert werden, und zwar ermäßigt um den Freibetrag des § 16 Abs. 4 EStG und zum halben durchschnittlichen Steuersatz (§ 34 Abs. 1 Satz 2 EStG). Da der BFH[794] entschieden hat, daß § 52 Abs. 19 Satz 4 EStG bei der zivilrecht-

---

789 Vgl. BFH v. 19.1.1993 VIII R 128/84, BStBl. II 1993, 594; RFH v. 20.11.1940 VI 330/40, RStBl. 1941, 225; *Sarrazin* in: Lenski/Steinberg, Gewerbesteuergesetz, § 2 Anm. 1591 ff.
790 Vgl. *Schmidt, L.* in: Schmidt, L., Einkommensteuergesetz, 15. Aufl. München 1996, § 15a Rz. 240. Der Fall, daß die Veräußerung der stillen Reserven zu einem positiven Kapitalkonto des Kommanditisten führt, wird auf den S. 157 ff. behandelt.
791 Vgl. *Schulze-Osterloh* in: Herrmann/Heuer/Raupach, Einkommensteuer- und Körperschaftsteuergesetz, § 15a Rdn. 164.
792 Vgl. BFH v. 11.8.1994 IV R 124/92, BStBl. II 1995, 253 [254]; *Bitz* in: Littmann/Bitz/Hellwig, Das Einkommensteuerrecht, § 15a Rn. 58.
793 Vgl. § 15a Abs. 2 EStG.
794 Vgl. BFH v. 11.8.1994 IV R 124/92, BStBl. II 1995, 253 [254].

lichen Auflösung von Kommanditgesellschaften immer zur Anwendung kommt,[795] stehen dem Kommanditisten die Vergünstigungen der §§ 16, 34 EStG auch dann zu, wenn die Auflösung der Gesellschaft sich über einen längeren Zeitraum erstreckt und daher keine Betriebsaufgabe gem. § 16 Abs. 3 EStG vorliegt.[796]

Besteht im Zeitpunkt des Wegfalls des negativen Kapitalkontos ein Überhang an verrechenbaren Verlusten (z.B. aufgrund von Einlagen), so werden diese fiktiv in ausgleichs- bzw. abzugsfähige Verluste umgepolt.[797]

Die beim Kommanditisten erfaßten Gewinne aus dem Wegfall des negativen Kapitalkontos müssen gem. § 52 Abs. 19 Satz 5 EStG allen anderen Mitunternehmern als Verluste zugerechnet werden. Die Finanzverwaltung möchte jedoch, da § 52 Abs. 19 Satz 4 EStG sich auf ausgleichs- bzw. abzugsfähige Verluste bezieht, die Verluste lediglich den Komplementären zurechnen (R 138d Abs. 5 Satz 3 EStR). Diese Auffassung ist m.E. abzulehnen, denn der Verlust ist immer bei dem Gesellschafter zu berücksichtigen, der ihn letztendlich wirtschaftlich zu tragen hat. Dies können bei Vollbeendigung der Gesellschaft und der dann erfolgenden Verlustzurechnung neben den Komplementären auch Kommanditisten mit positivem Kapitalkonto sein.[798] Falls die Kommanditisten die Haftsumme noch nicht einbezahlt bzw. sie durch Entnahmen zurückerhalten haben und somit eine überschießende Außenhaftung i.S.d. § 15a Abs. 1 Satz 2 EStG besteht, kann durch die Verlustzurechnung sogar das Kapitalkonto negativ (max. in Höhe der überschießenden Außenhaftung) werden.[799] Im übrigen ergibt sich diese Behandlung auch aus den Grundsätzen des Beschlusses des GrS v. 10.11.1980,[800] der insoweit durch § 52 Abs. 19 Sätze 4 und 5 EStG keine Einschränkung erfährt.[801]

---

795 Vgl. BFH v. 11.8.1994 IV R 124/92, BStBl. II 1995, 253 [255]; vgl. auch S. 204 ff.
796 Vgl. *Bitz* in: Littmann/Bitz/Hellwig, Das Einkommensteuerrecht, § 15a Rn. 58.
797 Vgl. hierzu die Ausführungen auf S. 213 f.
798 Gl.A. vgl. *Brandt* in: Hartmann/Böttcher/Nissen/Bordewin, Kommentar zum Einkommensteuergesetz, § 15a Rz. 74; *Bitz* in: Littmann/Bitz/Hellwig, Das Einkommensteuerrecht, § 15a Rn. 59; *Schmidt, L.* in: Schmidt, L., Einkommensteuergesetz, 15. Aufl. München 1996, § 15a Rz. 241; *Bordewin/Söffing/Brandenberg*, Verlustverrechnung bei negativem Kapitalkonto, 2. Aufl. Herne/Berlin 1986, Rdnr. 331; *Kudraß*, Verlustzurechnung beim Ausscheiden eines Kommanditisten mit negativem Kapitalkonto im Übergangsbereich zum § 15a EStG, BB 1986, 637 [638]; *Mittelsteiner*, Neue Erkenntnisse zum § 15a EStG, DStR 1981, 363 [365].
799 Vgl. *Clemm/Fitzner* in: Beck'scher Bilanz-Kommentar, 3. Aufl. München 1995, § 247 Rdn. 756.
800 Vgl. BFH v. 10.11.1980 GrS 1/79, BStBl. II 1981, 164 [169].
801 Vgl. *Söffing*, Das negative Kapitalkonto eines Kommanditisten bei Gesellschafterwechsel und Gesellschaftsauflösung, BB 1982, 629 [635].

Der Zeitpunkt, an dem das negative Kapitalkonto bei Vollbeendigung der Kommanditgesellschaft wegfällt, ist weder im § 52 Abs. 19 Sätze 4 und 5 EStG noch in § 15a Sätze 2 und 3 BerlinFG genau festgelegt. Es kann sich jedoch nur um jenen Moment handeln, in dem einkommensteuerlich das Ende der Betriebsaufgabe vorliegt.[802]

Nach Ansicht von *Schmidt* und *Bitz* gelten die obigen Ausführungen auch dann, wenn die Kommanditgesellschaft ohne gesellschaftsrechtliche Auflösung und Abwicklung beendet wird.[803] Also z.b. dann, wenn die Eröffnung eines Konkursverfahrens mangels Masse abgelehnt wird. In diesem Fall verwandelt sich die Kommanditgesellschaft kraft Gesetzes in eine Gesellschaft bürgerlichen Rechts, die keine Mitunternehmerschaft mehr darstellt, da sie kein gewerbliches Unternehmen mehr betreibt. M.E. ergibt sich jedoch aus dem obiter dictum des BFH in seinem Urteil v. 11.8.1994, daß es bei der Ablehnung eines Konkursverfahrens mangels Masse nicht zur Anwendung des § 52 Abs. 19 Satz 4 EStG, sondern bestenfalls zu einer Betriebsaufgabe i.S.d § 16 Abs. 3 EStG, ansonsten jedoch zu einem laufenden, nicht begünstigten Gewinn kommt.[804]

Hatte der Kommanditist für die Gesellschaft eine Bürgschaft übernommen und droht ihm daraus die Inanspruchnahme, so mindert dies den Aufgabegewinn.[805] Bei der Ermittlung des Aufgabegewinns ist nämlich auch die Sonderbilanz des Kommanditisten einzubeziehen. Wurde der Kommanditist aus der Bürgschaft schon in Anspruch genommen oder muß er mit einer Inanspruchnahme ernsthaft rechnen, so hat er in der Sonderbilanz eine Verbindlichkeit bzw. eine Rückstellung einzubuchen.[806] In gleicher Höhe hat der Kommanditist jedoch einen Ausgleichs- bzw. Rückgriffsanspruch gegenüber der Gesellschaft bzw. den Gesellschaftern. Diese Forderung muß teilwertberichtigt werden, wenn feststeht, daß der Ausgleichs- bzw. Rückgriffsanspruch wertlos ist.[807] In Höhe dieser Abschreibung ergibt

---

802 Vgl. *Söffing*, Anmerkung zum BFH-Urteil vom 26.3.1981, FR 1981, 386 [387].
803 Vgl. *Schmidt, L.* in: Schmidt, L., Einkommensteuergesetz, 15. Aufl. München 1996, § 15a Rz. 247; *Bitz* in: Littmann/Bitz/Hellwig, Das Einkommensteuerrecht, § 15a Rn. 59.
804 Vgl. BFH v. 11.8.1994 IV R 124/92, BStBl. II 1995, 253 [255].
805 Vgl. BFH v. 9.2.1993 VIII R 29/91, BStBl. II 1993, 747; v. 19.1.1993 VIII R 128/84, BStBl. II 1993, 594 [600]; v. 12.7.1990 IV R 37/89, BStBl. II 1991, 64; *Bitz* in: Littmann/Bitz/Hellwig, Das Einkommensteuerrecht, § 15a Rn. 2b; *Schmidt, L.* in: Schmidt, L., Einkommensteuergesetz, 15. Aufl. München 1996, § 15a Rn. 16. Zur allgemeinen Behandlung von Bürgschaften bei Personengesellschaften vgl. S. 192 ff.
806 Vgl. BFH v. 23.1.1986 IV R 335/84, BStBl. II 1986, 623; v. 26.5.1981 IV R 47/78, BStBl. II 1981, 795; v. 30.11.1977 I R 27/75, BStBl. II 1978, 149.
807 Vgl. BFH v. 12.7.1990 IV R 37/89, BStBl. II 1991, 64 [65 f.].

sich ein Verlust im Sonderbetriebsvermögen, der den Aufgabegewinn verringert.[808] Dies gilt sogar dann, falls er selbst zahlungsunfähig ist und somit einer drohenden Inanspruchnahme aus der Bürgschaft selbst gar nicht mehr nachkommen könnte.[809]

Stellt sich später heraus, daß der Kommanditist gar nicht bzw. mit einem geringeren oder größeren Betrag aus den Verpflichtungen gegenüber der Gesellschaft in Anspruch genommen wurde, so ist rückwirkend eine Korrektur der Steuerfestsetzung vorzunehmen (gem. § 175 Abs 1 Satz 1 Nr. 2 AO).[810]

III. Gestaltungsempfehlungen

Wie oben ausgeführt, ergeben sich die schwerwiegendsten Probleme eines Kommanditisten aus dem vorzeitigen Wegfall des negativen Kapitalkontos. Denn diese Gewinne unterliegen i.d.R. nicht der Steuervergünstigung der §§ 16, 34 EStG. Von insgesamt fünf Zeitpunkten, an denen ein negatives Kapitalkonto in der Krise wegfallen kann, sind drei begünstigt und zwei nicht:

Begünstigt:

1) Wegfall im Zusammenhang mit einer Betriebsaufgabe (§ 16 Abs. 3 EStG)

2) Wegfall durch Ausscheiden aus der Gesellschaft (§ 52 Abs. 19 Satz 4 1. Alt. EStG)

3) Wegfall im Zusammenhang mit der zivilrechtlichen Auflösung (§ 52 Abs. 19 Satz 4 2. Alt. EStG)

Nicht begünstigt:

4) Wegfall in einem Veranlagungszeitraum vor der zivilrechtlichen Auflösung ohne, daß eine Betriebsaufgabe vorliegt

5) Wegfall, ohne daß die Gesellschaft aufgelöst wird (z.B. bei Ablehnung des Konkurses mangels Masse) und kein Fall einer Betriebsaufgabe

Um nicht in die Fallkonstellationen 4 und 5 zu gelangen, muß der Kommanditist rechtzeitig entweder die zivilrechtliche Auflösung herbeiführen,

---

808 Vgl. OFD Münster v. 21.7.1995, DStR 1995, 1577 [1578].
809 Vgl. BFH v. 9.2.1993 VIII R 29/91, BStBl. II 1993, 747.
810 Vgl. *Schmidt, L.* in: Schmidt, L., Einkommensteuergesetz, 15. Aufl. München 1996, § 15a Rz. 25.

Sonderprobleme der Kommanditisten i.V.m. § 15a EStG 205

aus der Gesellschaft ausscheiden oder eine Betriebsaufgabe i.S.d. § 16 EStG vornehmen.

In der Praxis besteht das Problem meistens darin, daß erst im Rahmen einer Betriebsprüfung die Erkenntnis erwächst, daß das negative Kapitalkonto in einem zurückliegenden Jahr hätte aufgelöst werden müssen. Somit verbleibt als einzige Gestaltungsmöglichkeit eine Betriebsaufgabe gem. § 16 Abs. 3 EStG. Er muß dazu jedoch nachweisen können, daß der Zeitpunkt des vorzeitigen Wegfalls in den Aufgabezeitraum des § 16 EStG fällt. Dazu ist erforderlich, daß im Veranlagungszeitraum des vorzeitigen Wegfalls Handlungen unternommen wurden, die objektiv auf eine Aufgabe des Betriebs gerichtet waren.[811] Darüber hinaus erfordert der Tatbestand einer begünstigten Betriebsaufgabe einen einheitlichen Vorgang. Nach Ansicht des BFH ist dies i.d.R. gewährleistet, wenn der Betriebsaufgabegewinn allenfalls auf zwei aufeinander folgende Veranlagungszeiträume verteilt wird.[812]

Um die Steuervergünstigung der §§ 16, 34 EStG zu sichern, empfiehlt es sich daher, bei ersten Anzeichen eines drohenden Wegfalls tätig zu werden. Eine Gestaltung liegt in der Übertragung der Beteiligung an der Kommanditgesellschaft auf einen Dritten (z.B. Kind).[813] Da dann der nicht begünstigte vorzeitige Wegfall-Gewinn beim Erwerber entsteht, ist diese Variante nur sinnvoll, wenn dieser im Zeitunkt des vorzeitigen Wegfalls einer günstigeren Progression unterliegt. Die zweite Möglichkeit besteht darin, die zivilrechtliche Auflösung der Gesellschaft gem. § 131 HGB herbeizuführen.[814] Dies kann entweder durch die Beantragung der Eröffnung eines Konkursverfahrens über die Gesellschaft bzw. das Vermögen eines persönlich haftenden Gesellschafters oder durch einen einstimmig gefaßten Auflösungsbeschluß aller Gesellschafter geschehen.[815] Die Auflösung ist im Handelsregister einzutragen.[816]

---

811 Vgl. *Schmidt, L.* in: Schmidt, L., Einkommensteuergesetz, 15. Aufl. München 1996, § 16 Rz. 194.
812 Vgl. BFH v. 29.5.1993 X R 101/90, BStBl. II 1993, 710.
813 Zu den steuerlichen Auswirkungen der Übertragung von Mitunternehmeranteilen vgl. S. 216 ff.
814 Zu den steuerlichen Auswirkungen des Wegfalls eines negativen Kapitalkontos bei Beendigung der Gesellschaft vgl. S. 198 ff.
815 Die anderen Auflösungsgründe Zeitablauf, Tod eines Gesellschafters und gerichtliche Entscheidung können nicht von den Gesellschaftern beeinflußt werden. Auch der Auflösungsgrund der Kündigung kommt i.d.R. nicht zur Anwendung, da fast alle Gesellschaftsverträge für diese Fälle das Ausscheiden anstelle der Auflösung vorsehen.
816 Vgl. § 143 Abs. 1 HGB. Zeitpunkt oder Grund werden nicht ins Handelsregister eingetragen und somit auch nicht bekanntgemacht (vgl. *Emmerich* in: Heymann, Handelsgesetzbuch, 2 Aufl. Berlin 1996, § 143 Rdn. 20).

Aus steuerlicher Sicht[817] empfiehlt es sich daher, in Krisensituationen die zivilrechtliche Auflösung im Handelsregister einzutragen. Dadurch sichert sich der Kommanditist gem. § 52 Abs. 19 Satz 4 EStG immer den halben durchschnittlichen Steuersatz, unabhängig davon, wie lange sich die Liquidation hinzieht.[818] Für die einkommensteuerliche Behandlung der Komplementäre hat die zivilrechtliche Auflösung keine Auswirkung. Die Betriebsaufgabe i.S.d. § 16 Abs. 3 Satz 1 EStG beginnt nämlich erst mit Handlungen, die objektiv auf die Auflösung des Betriebs gerichtet sind, wie z.B. Einstellung der werbenden Tätigkeit oder der Veräußerung des Anlagevermögens.[819] Ist die Betriebsaufgabe nicht innerhalb eines kurzen Zeitraums[820] durchführbar, so erlangt zumindest der Kommanditist den Steuervorteil des § 34 Abs. 1 EStG. Wenn die Kommanditgesellschaft die Krise überwindet, kann sie jederzeit nach einem Fortsetzungsbeschluß, zwar nicht rückwirkend zum Tag des Auflösungsbeschlusses, jedoch ab dem Tag des Fortsetzungsbeschlusses die in Auflösung befindliche Gesellschaft als werbende Gesellschaft fortsetzen.[821]

C. Größeres Verlustausgleichs- bzw. -abzugsvolumen durch Einlagenerhöhung bzw. Haftungserweiterung

In § 15a Abs. 3 Sätze 1 und 2 EStG ist der Fall der Einlagenminderung, in § 15a Abs. 1 Sätze 3 und 4 EStG der Fall der Haftungsminderung geregelt. Für die Einlagen- bzw. Haftungserhöhung sucht man jedoch vergeblich nach einer Regelung. In der Gesetzesbegründung wird sogar explizit ausgeführt, daß es für diesen Fall keiner gesetzlichen Regelung bedürfe, da sich mögliche Verluste schon während des Wirtschaftsjahres andeuteten und diese mit einer vorherigen gezielten Erhöhung der Haftsumme im vollen Umfang steuerlich geltend gemacht werden könnten.[822] Die durch

---

817 Es sind jedoch auch außersteuerliche Gründe wie z.B. die möglichen Reaktionen der Gläubiger in die Entscheidung einzubeziehen.
818 Vgl. BFH v. 11.8.1994 IV R 124/92, BStBl. II 1995, 253 [255].
819 Vgl. *Schmidt, L.* in: Schmidt, L., Einkommensteuergesetz, 15. Aufl. München 1996, § 16 Rz. 194.
820 Vgl. BFH v. 29.5.1993 X R 101/90, BStBl. II 1993, 710.
821 Vgl. *Baumbach/Hopt*, Handelsgesetzbuch, 29. Aufl. München 1995, § 131, Rn. 21 f.
822 Vgl. BT-Drucks. 8/4157, S. 3.

die Gesetzesformulierung aufgetretene Rechtsunsicherheit hat der BFH mittlerweile jedoch umfassend beseitigt.[823]

I. Keine Umwandlung vorhandener verrechenbarer Verluste in ausgleichs- bzw. abzugsfähige Verluste durch Einlagenerhöhung

Nach dem Wortlaut des § 15a Abs. 2 EStG dürfen verrechenbare Verluste nur mit späteren Gewinnen des Kommanditisten aus der Beteiligung saldiert werden. Der Gesellschafter kann daher durch zusätzliche Einlagen[824] nicht erreichen, daß verrechenbare Verluste in ausgleichs- bzw. abzugsfähige Verluste umgewandelt werden.[825] Eine analoge Anwendung der Einlageminderungsregelungen (§ 15a Abs. 3 EStG), die zu einer Umpolung von ausgleichs- bzw. abzugsfähigen Verlusten in verrechenbare Verluste führen, ist nicht möglich.

Beispiel:

	Kapitalkonto	ausgleichs- bzw. abzugsfähige Verluste	verrechenbare Verluste
Kapitalkonto Anfang 01:	10.000 DM		
Verlustanteil in 01:	./. 17.500 DM	10.000 DM	7.500 DM
Kapitalkonto Ende 01:	./. 7.500 DM		
Einlage in 02:	5.000 DM		
Gewinn- bzw. Verlustanteil in 02:	0 DM		
Kapitalkonto Ende 02:	– 2.500 DM		7.500 DM

Von dem in 01 zugewiesenen Verlust können nur 10.000 DM ausgeglichen bzw. abgezogen werden, und somit entsteht in Höhe von 7.500 DM ein verrechenbarer Verlust. Obwohl sich das negative Kapitalkonto durch die Einlage in 02 auf –2.500 DM verringert, bleiben die verrechenbaren Verluste unverändert. Denn die Einlagenerhöhung führt nicht zu einer Umpolung der verrechenbaren in ausgleichs- bzw. abzugsfähige Verluste.

---

823 Vgl. BFH v. 14.12.1995 IV R 106/94, BStBl. II 1996, 226; Für eine analoge Anwendung des § 15a Abs. 3 EStG auf die Einlagenerhöhung haben sich ausgesprochen: *Groh*, § 15a EStG und die Kunst der Gesetzesanwendung, DB 1990, 13 [16]; *Eggesieker/Eisenach/Schürner*, Überraschende Effekte des Verlustbegrenzungsgesetzes – Einlageminderung und Einlageerhöhung, FR 1981, 13 [14]; *Lempenau*, Verlustzurechnung und Verlustverrechnung beim Kommanditisten – handelsrechtlich und steuerrechtlich –, StuW 1981, 235 [244]; dagegen: *Biergans*, Verluste bei beschränkter Haftung, DStR 1981, 3 [11]; *Bordewin/Söffing/Brandenberg*, Verlustverrechnung bei negativem Kapitalkonto, 2. Aufl. Herne/Berlin 1986, Rdnr. 198 ff.
824 Vgl. zur zivilrechtlichen Problematik der Pflichteinlage S. 161 f.
825 Vgl. BFH v. 14.12.1995 IV R 106/94, BStBl. II 1996, 226 [229].

II. Umwandlung von verrechenbaren Verlusten in ausgleichs- bzw. abzugsfähige Verluste durch Einlagenerhöhung im Jahr der Verlustzuweisung

Die den Kommanditisten zuzurechnenden Verluste fallen nur in der Höhe unter das Ausgleichsverbot des § 15a Abs. 1 EStG, soweit sie zur Entstehung oder Erhöhung eines negativen Kapitalkontos des Kommanditisten führen. Dabei ist ein Vergleich der Kapitalkontenstände am Bilanzstichtag des Wirtschaftsjahres der Verlustentstehung mit dem Kapitalkonto des Bilanzstichtages des Vorjahres vorzunehmen. Soweit es im betroffenen Wirtschaftsjahr nicht zu einer Entstehung bzw. (weiteren) Erhöhung des negativen Kapitalkontos des Kommanditisten kommt, greift die Verlustbeschränkung des § 15a EStG gar nicht, und der gesamte Verlustanteil ist abzugsfähig.[826]

Beispiel 1:

	Kapitalkonto	ausgleichs- bzw. abzugsfähige Verluste	verrechenbare Verluste
Kapitalkonto Anfang 01:	10.000 DM	10.000 DM	7.500 DM
Verlustanteil in 01:	./. 17.500 DM		
Kapitalkonto Ende 01:	./. 7.500 DM		
Einlage in 02:	5.000 DM	5.000 DM	7.500 DM
Verlustanteil in 02:	./. 5.000 DM		
Kapitalkonto Ende 02:	./. 7.500 DM		

Von dem in 01 zugewiesenen Verlust können nur 10.000 DM ausgeglichen bzw. abgezogen werden, und somit entsteht in Höhe von 7.500 DM ein verrechenbarer Verlust und gleichzeitig ein negatives Kapitalkonto von ./. 7.500 DM. Im Wirtschaftsjahr 02 wird dem Kommanditisten zwar ein Verlustanteil von 5.000 DM zugewiesen, da er aber in demselben Wirtschaftsjahr eine Einlage[827] von 5.000 DM geleistet hat, ergibt sich am Ende von 02 ein negatives Kapitalkonto in Höhe von ./. 7.500 DM. Da der Negativsaldo des Kapitalkontos beim Vergleich der Bilanzstichtage nicht angestiegen ist, handelt es sich bei dem gesamten zugewiesenen Verlustanteil um abzugs- bzw. ausgleichsfähige Verluste.

Sind die Einlagen im betroffenen Wirtschaftsjahr geringer als die zugewiesenen Verlustanteile, so ist der Verlust in Höhe der Einlage abzugs- bzw.

---

826 Vgl. BFH v. 14.12.1995 IV R 106/94, BStBl. II 1996, 226 [231].
827 Vgl. zur zivilrechtlichen Problematik der Pflichteinlage S. 161 f.

ausgleichsfähig und fällt nur in der Höhe des Differenzbetrags unter das Abzugsverbot des § 15a EStG.[828]

Beispiel 2:

	Kapitalkonto	ausgleichs- bzw. abzugsfähige Verluste	verrechenbare Verluste
Kapitalkonto Anfang 01:	10.000 DM		
Verlustanteil in 01:	./. 17.500 DM	10.000 DM	7.500 DM
Kapitalkonto Ende 01:	./. 7.500 DM		
Einlage in 02:	2.000 DM		
Verlustanteil in 02:	./. 5.000 DM	2.000 DM	3.000 DM
Kapitalkonto Ende 02:	./. 10.500 DM		10.500 DM

Von dem in 01 zugewiesenen Verlust können nur 10.000 DM ausgeglichen bzw. abgezogen werden, und somit entsteht in Höhe von 7.500 DM ein verrechenbarer Verlust und gleichzeitig ein negatives Kapitalkonto von ./. 7.500 DM. Im Wirtschaftsjahr 02 wird dem Kommanditisten ein Verlustanteil von 5.000 DM zugewiesen, da er aber in demselben Wirtschaftsjahr eine Einlage von 2.000 DM geleistet hat, ergibt sich am Ende von 02 ein negatives Kapitalkonto in Höhe von ./. 10.500 DM. Obwohl der Negativsaldo des Kapitalkontos im Vergleich der Bilanzstichtage angestiegen ist, kann der Kommanditist 2.000 DM sofort ausgleichen bzw. abziehen.

III. Haftungserweiterung

Die Haftungserweiterung kann, im Gegensatz zur Einlagenerhöhung, ohne Auswirkungen auf die Liquidität des Gesellschafters durch Aufstockung der im Handelsregister einzutragenden Haftsumme erfolgen. Ob und gegebenenfalls in welcher Höhe der Kommanditist eine entsprechende Einlage leisten muß, können die Gesellschafter im Innenverhältnis regeln. Zu beachten ist jedoch, daß die erhöhte Haftsumme am Bilanzstichtag im Handelsregister eingetragen sein muß, die Anmeldung zur Eintragung reicht nicht aus.[829] Eine andere handelsrechtliche Bekanntmachung der Erhöhung der Haftsumme z.B. durch Mitteilung an die Gläubiger (§ 172 Abs. 2 HGB) führt nicht zur Erhöhung des Verlustausgleichsvolumens.[830]

---

828 Vgl. BFH v. 14.12.1995 IV R 106/94, BStBl. II 1996, 226 [231].
829 Vgl. BFH v. 28.5.1993 VIII B 11/92, BStBl. II 1993, 665; FG München v. 13.12.1995, EFG 1996, 434, Rev. BFH: IV R 20/96.
830 Vgl. hierzu FN 668.

Beispiel 1:

Der Kommanditist (K) leistet am 1.1.01 eine Pflichteinlage[831] in Höhe von 10.000 DM. Die im Handelsregister eingetragene Haftsumme beträgt ebenfalls 10.000 DM. In 02 wird diese Haftsumme des K auf 15.000 DM aufgestockt.

	Kapitalkonto	ausgleichs- bzw. abzugsfähige Verluste	verrechenbare Verluste
Kapitalkonto Anfang 01:	10.000 DM		
Verlustanteil in 01:	∕. 10.000 DM	10.000 DM	
Kapitalkonto Ende 01:	0 DM		
Verlustanteil in 02:	∕. 5.000 DM	5.000 DM	
Kapitalkonto Ende 02:	∕. 5.000 DM		

Der in 01 zugewiesene Verlust kann in voller Höhe ausgeglichen bzw. abgezogen werden. Somit ergibt sich am Ende von 01 ein Kapitalkonto von 0 DM. Im Wirtschaftsjahr 02 wird dem Kommanditisten ein Verlustanteil von 5.000 DM zugewiesen, so daß am Ende von 02 ein negatives Kapitalkonto in Höhe von ∕. 5.000 DM besteht. Obwohl im Vergleich der Bilanzstichtage ein Negativsaldo des Kapitalkontos entstanden ist (von 0 DM auf ∕. 5.000 DM), kann der Kommanditist die 5.000 DM sofort ausgleichen bzw. abziehen, da er in demselben Wirtschaftsjahr seine Haftsumme um 5.000 DM aufgestockt hat (überschießende Außenhaftung gem. § 15a Abs. 1 Satz 2 EStG).

Auch wenn schon eine überschießende Außenhaftung besteht, kann diese durch eine Haftungserweiterung erhöht werden und somit zu ausgleichs- bzw. abzugsfähigen Verlusten verhelfen.

Beispiel 2:

Der Kommanditist (K) leistet am 1.1.01 eine Pflichteinlage in Höhe von 10.000 DM. Die im Handelsregister eingetragene Haftsumme beträgt 15.000 DM. In 02 wird diese Haftsumme des K auf 20.000 DM aufgestockt.

	Kapitalkonto	ausgleichs- bzw. abzugsfähige Verluste	verrechenbare Verluste
Kapitalkonto Anfang 01:	10.000 DM		
Verlustanteil in 01:	∕. 15.000 DM	15.000 DM	
Kapitalkonto Ende 01:	∕. 5.000 DM		
Verlustanteil in 02:	∕. 5.000 DM	5.000 DM	
Kapitalkonto Ende 02:	∕. 10.000 DM		

---

831 Vgl. zur zivilrechtlichen Problematik der Pflichteinlage S. 161 f.

Sonderprobleme der Kommanditisten i.V.m. § 15a EStG

Der in 01 zugewiesene Verlust kann in voller Höhe ausgeglichen bzw. abgezogen werden (10.000 DM gem. § 15a Abs. 1 Satz 1 EStG und 5.000 DM aufgrund der überschießenden Außenhaftung gem. § 15a Abs. 1 Satz 2 EStG). Somit ergibt sich am Ende von 01 ein Kapitalkonto von ./. 5.000 DM. Im Wirtschaftsjahr 02 wird dem Kommanditisten ein Verlustanteil von 5.000 DM zugewiesen, so daß am Ende von 02 ein negatives Kapitalkonto in Höhe von ./. 10.000 DM besteht. Obwohl sich im Vergleich der Bilanzstichtage der Negativsaldo des Kapitalkontos erhöht hat (von 0 DM auf ./. 5.000 DM), kann der Kommanditist die 5.000 DM des Jahres 02 sofort ausgleichen bzw. abziehen, da er in demselben Wirtschaftsjahr seine Haftsumme um 5.000 DM aufgestockt hat und somit eine „erweiterte" überschießende Außenhaftung besteht (§ 15a Abs. 1 Satz 2 EStG).

Die Haftungserweiterung führt jedoch nicht immer zum gewünschten Ergebnis. Übersteigen nämlich die vom Kommanditisten geleisteten Einlagen die Haftsumme, so muß die Haftungserweiterung nicht zwangsläufig eine überschießende Außenhaftung begründen.

Beispiel 3:

Der Kommanditist (K) leistet am 1.1.01 eine Pflichteinlage in Höhe von 20.000 DM. Die im Handelsregister eingetragene Haftsumme beträgt 15.000 DM. In 02 wird diese Haftsumme des K auf 20.000 DM aufgestockt.

	Kapitalkonto	ausgleichs- bzw. abzugsfähige Verluste	verrechenbare Verluste
Kapitalkonto Anfang 01:	20.000 DM		
Verlustanteil in 01:	./. 20.000 DM	20.000 DM	
Kapitalkonto Ende 01:	0 DM		
Verlustanteil in 02:	./. 5.000 DM		5.000 DM
Kapitalkonto Ende 02:	./. 5.000 DM		

Der in 01 zugewiesene Verlust kann in voller Höhe ausgeglichen bzw. abgezogen werden (20.000 DM gem. § 15a Abs. 1 Satz 1 EStG). Somit ergibt sich am Ende von 01 ein Kapitalkonto von 0 DM. Im Wirtschaftsjahr 02 wird dem Kommanditisten ein Verlustanteil von 5.000 DM zugewiesen, so daß am Ende von 02 ein negatives Kapitalkonto in Höhe von ./. 5.000 DM besteht. Obwohl K in 02 in Höhe des entstandenen Negativsaldos des Kapitalkontos seine Haftsumme aufgestockt hat, kann er den zugewiesenen Verlust nicht gem. § 15a Abs. 1 Satz 2 EStG ausgleichen bzw. abziehen. Die Aufstockung der Haftsumme führt nämlich in diesem Fall nicht zur Entstehung einer überschießenden Außenhaftung. Somit ist das maximale Verlustausgleichs- bzw. -abzugspotential durch die geleistete Einlage determiniert, und in Höhe von 20.000 DM wurde ja schon der Verlust in 01 steuerlich geltend gemacht. Der Verlustanteil von 5.000 DM in 02 ist daher lediglich mit künftigen Gewinnen verrechenbar.

Dieses trivial erscheinende Beispiel kann in der Praxis zu erheblichen Problemen führen. Es hat nämlich i.d.R. zur Folge, daß über viele Jahre[832] zurück Aufzeichnungen vorliegen müssen, die die geleisteten Einlagen des Kommanditisten dokumentieren. Hat der Kommanditist (im Handelsregister eingetragene Haftsumme: 50.000 DM) z.B. in einer ersten Krise im Jahr 21 eine Pflichteinlage von 200.000 DM geleistet und in gleicher Höhe zugewiesene Verluste mit anderen Einkünften verrechnet, so würde in einer zweiten Krise im Jahre 30 eine Haftungserweiterung von z.B. 50.000 DM auf 100.000 DM nicht zu ausgleichs- bzw. abzugsfähigen Verlusten führen.[833]

Wird das Kapitalkonto i.S.d. § 15a Abs. 1 Satz 1 EStG in der auf S. 172 f. dargestellten Form geführt, kann dieses Problem nicht auftreten. Denn durch die Trennung von geleisteten Einlagen (Kapitalkonto I und II) und Verlustzuweisungen (Kapitalkonto III) kann man immer genau erkennen, in welcher Höhe Einlagen auf die Pflichteinlage geleiste wurden.[834]

Die erweiterte Außenhaftung ist außerdem ausgeschlossen, falls davon auszugehen ist, daß eine Inanspruchnahme des Kommanditisten durch Gläubiger der Gesellschaft nach Art und Weise des Geschäftsbetriebes unwahrscheinlich ist (§ 15a Abs. 1 Satz 3 2. Halbsatz EStG). Die Interpretation, dieser früher von der Finanzverwaltung[835] sehr eng ausgelegten Gesetzesformulierung, ist durch die Rechtsprechung weitgehend entschärft worden. Der BFH[836] ist der Auffassung, daß mit der Eintragung der Haftsumme in das Handelsregister i.d.R. ein echtes wirtschaftliches Risiko verbunden ist und nicht mehr darauf abzustellen sei, daß am Bilanzstichtag konkret mit der Inanspruchnahme zu rechnen ist. Insbesondere in den hier behandelten Fällen der Unternehmenskrise, kommt § 15a Abs. 1 Satz 3 2. Halbsatz EStG somit nicht zur Anwendung.

---

832 Da eine analoge Anwendung des § 15a Abs. 3 EStG auf die Fälle der Haftungserweiterung vom BFH abgelehnt wird, ist nicht sicher, ob die dort aufgeführte Begrenzung des Korrekturzeitraums auf 10 Jahre anwendbar ist oder die geleisteten Einlagen noch weiter zurück verfolgt werden müssen.
833 Unter der Voraussetzung, daß keine Entnahmen getätigt wurden, die die geleistete Einlage unter 100.000 DM gemindert hat.
834 Auch Rückzahlungen haben keine Auswirkungen, da sie als nicht geleistete Einlagen gelten (*Schmidt, K.* in: Schlegelberger, Handelsgesetzbuch, 5. Aufl. München 1986, §§ 171, 172 Anm. 66) und somit das Verlustausgleichs- bzw. -abzugspotential schmälern.
835 Vgl. BMF-Schr. v. 8.5.1981, BStBl. I 1981, 308, Tz. 7 bis 10. Mit Schr. v. 20.2.1992, BStBl. I 1992, 123, Tz. 2.1 hat sich das BMF der gemilderten Interpretation des BFH angeschlossen.
836 Vgl. BFH v. 26.8.1993 IV R 112/91, BStBl. II 1994, 627 [628 f.]; v. 14.5.1991 VIII R 111/86, BStBl. II 1992, 164 [166]; beachte jedoch für Immobilienfonds und Bauherrengemeinschaften: BFH v. 30.11.1993 IX R 60/91, BStBl. II 1994, 497; v. 17.12.1992 IX R 7/91, BStBl. II 1994, 492; v. 17.12.1992 IX R 150/89, BStBl. II 1994, 490; BMF-Schr. v. 30.6.1994, BStBl. I 1984, 355.

D. Behandlung des Überhangs von verrechenbaren Verlusten bei der Liquidation

Bis vor kurzem war es unsicher, ob der Kommanditist bei der Liquidation in Höhe der verbleibenden verrechenbaren Verluste einen steuerlich nicht zu berücksichtigenden privaten Vermögensschaden erleiden würde oder eine Umpolung in ausgleichs- bzw. abzugsfähige Verluste fingiert würde. Die Ursache dieses Problems lag darin, daß die während der Krise schon aufgelaufenen verrechenbaren Verluste durch eine häufig aus Liquiditätsproblemen notwendige Einlage nicht automatisch ausgleichs- bzw. abzugsfähig wurden.[837] Fielen keine künftigen Gewinne mehr an, z.B. wenn die Kommanditgesellschaft in Konkurs geriet, konnte der Kommanditist den Verlust der Einlage, obwohl er ihn wirtschaftlich getragen hat, steuerlich nicht geltend machen, da eine gesetzliche Regelung fehlte.[838]

Dieses Ergebnis ist im Schrifttum überwiegend auf heftige Kritik gestoßen,[839] und der BFH hat mit Beschluß v. 8.5.1995[840] entschieden, daß bei der Liquidation der Gesellschaft dieser Überhang an verrechenbaren Verlusten als abzugs- bzw. ausgleichsfähige Verluste zu berücksichtigen ist.[841]

Somit sind diese Verluste dem Kommanditisten zuzurechnen, der sie auch wirtschaftlich zu tragen hat und nicht den Gesellschaftern, die anschließend sein Kapitalkonto übernehmen.[842]

---

837 Vgl. hierzu auch S. 208 ff.
838 Vgl. *Feddersen/v. Beckenrath* in: Kirchhof/Söhn, Einkommensteuergesetz, § 15a Rdnr. A 301 f.
839 Vgl. Für eine Berücksichtigung: *Schmidt, L.* in: Schmidt, L., Einkommensteuergesetz, 15. Aufl. München 1996, § 15a Rdn. 180 und 243; *v. Beckenrath* in: Kirchhof/Söhn, Einkommensteuergesetz, § 15a Rdnr. D 204; *Schulze-Osterloh* in: Herrmann/Heuer/Raupach, Einkommensteuer- und Körperschaftsteuergesetz, § 15a Rdn. 247; *Bitz* in: Littmann/Bitz/Hellwig, Das Einkommensteuerrecht, § 15a Rn. 21; R 138d Abs. 7 Sätze 3 und 4 EStR; Gegen eine Berücksichtigung: *Tischer*, Vollständige und zeitnahe Verlustverrechnung bei Kommanditgesellschaften, FR 1990, 625; *Eggesieker*, Aktuelles zu steuerbegünstigten Kapitalanlagen aus der Sicht des Steuerberaters, StbJb 1981/82, 147 [167].
840 Vgl. BFH v. 8.5.1995 III B 113/94, BFH/NV 1995, 971; bestätigt durch BFH v. 14.12.1995 IV R 106/94, BStBl. II 1996, 226 [231]; und FG Münster v. 19.12.1990, EFG 1991, 573 (rkr.).
841 Vgl. hierzu auch die Ausführungen zur Behandlung des Überhangs an verrechenbaren Verlusten beim vorzeitigen Wegfall auf S. 181 f.
842 Vgl. BFH v. 8.5.1995 III B 113/94, BFH/NV 1995, 971 [973]; R 138d Abs. 7 EStR; *Schmidt, L.* in: Schmidt, L., Einkommensteuergesetz, 15. Aufl. München 1996, § 15a Rz. 243; *Wassermeyer*, Eine Herausforderung für den steuerlichen Berater – Gestaltungshinweise für das Nutzbarmachen steuerlicher Verluste, DB 1985, 2634 [2638].

Beispiel:

	Kapitalkonto	ausgleichs- bzw. abzugsfähige Verluste	verrechenbare Verluste
Kapitalkonto Anfang 01:	10.000 DM		
Verlustanteil in 01:	./. 17.500 DM	10.000 DM	7.500 DM
Kapitalkonto Ende 01:	./. 7.500 DM		
Einlage in 02:	5.000 DM		
Kapitalkonto Ende 02:	./. 2.500 DM		7.500 DM

Der in 01 zugewiesene Verlust kann nur in Höhe von 10.000 DM ausgeglichen bzw. abgezogen werden, und somit entsteht in Höhe von 7.500 DM ein verrechenbarer Verlust. Obwohl sich das negative Kapitalkonto durch die Einlage in 02 auf ./. 2.500 DM verringert, bleiben die verrechenbaren Verluste unverändert. Denn die Einlagenerhöhung führt nicht zu einer Umpolung der verrechenbaren in ausgleichs- bzw. abzugsfähige Verluste.[843] Fällt jedoch am Ende von 02 das negative Kapitalkonto weg, so entsteht dem Kommanditisten ein Gewinn von 2.500 DM. Diesen Gewinn kann er gem. § 15a Abs. 2 EStG mit vorhandenen verrechenbaren Verlusten saldieren, und somit führt die Nachversteuerung aus dem Wegfall des negativen Kapitalkontos zu keiner Gewinnauswirkung. Nach diesem Vorgang verfügt der Kommanditist allerdings immer noch über verrechenbare Verluste in Höhe von 5.000 DM (entspricht der Einlage in 02), die dann bei der Vollbeendigung der Gesellschaft in abzugs- bzw. ausgleichsfähige Verluste umqualifiziert werden.

E. Saldierungsverbot von Verlusten aus dem Gesellschaftsvermögen mit Gewinnen aus dem Sonderbetriebsvermögen

Aus der strengen Trennung zwischen Gesamthands- und Sonderbetriebsvermögen resultieren nicht nur Probleme bei der Abgrenzung des Kapitalkontos gem. § 15a Abs. 1 EStG,[844] sondern es besteht nach herrschender Lehre auch ein Saldierungsverbot zwischen Gewinnen und Verlusten aus dem Gesellschaftsvermögen mit Verlusten und Gewinnen aus den Sonderbetriebseinnahmen.[845] Der BFH hat jedoch mit Beschluß vom 12.9.1996 entschieden, daß die Meinungen im Schrifttum, die die Saldierung bejahen

---

843 Vgl. hierzu auch S. 208 ff.
844 Vgl. hierzu S. 165 f.
845 Vgl. BMF-Schr. v. 15.12.1993, BStBl. I 1993, 976; *Schmidt, L.* in: Schmidt, L., Einkommensteuergesetz, 15. Aufl. München 1996, § 15a Rz. 104 m.w.N.; *Bitz* in: Littmann/Bitz/Hellwig, Das Einkommensteuerrecht, § 15a Rn. 16 ff.; *van Lishaut*, § 15a EStG nach der Ausgliederung von Sonderbetriebsvermögen, FR 1994, 273 [280]; a.A. *Schmidt, L.* in: Schmidt, L., Einkommensteuergesetz, 15. Aufl. München 1996, § 15a Rz. 104 f. Die Mindermeinung ist der Ansicht, daß für die Verlustverrechnung gem. § 15a EStG die Gesamtbilanz entscheident sei.

nicht von der Hand zu weisen seien und hat deshalb bis zur Entscheidung in der Sache, die Aussetzung der Vollziehung gewährt.[846]
Sonderbetriebseinnahmen liegen auf der Ebene des Kommanditisten dann vor, wenn die Vergütungsabrede aufgrund eines schuldrechtlichen Vertrages geschlossen wird. Es sind also z.b. Tätigkeitsvergütungen, Vergütungen für die Überlassung von Wirtschaftsgütern oder Vergütungen für die Überlassung von Darlehen betroffen. Die Rechtsfolge eines Saldierungsverbots in der Unternehmenskrise ist, daß der Kommanditist die Sonderbetriebseinnahmen voll versteuern muß und sich in Höhe der Aufwendungen der Kommanditgesellschaft lediglich der verrechenbare Verlust erhöht, der nicht dazu verwendet werden kann, die entstehenden Sonderbetriebsgewinne zu mindern. Sollte sich die Rechtsprechung der herrschenden Meinung im Schrifttum anschließen, so existieren folgende Gestaltungsmöglichkeiten um die negativen Auswirkungen des Saldierungsverbots zu vermeiden:[847]

- In erster Linie gilt es, die Verluste auf der Gesellschaftsebene zu minimieren. Dazu kann der Kommanditist auf Sondervergütungen verzichten oder die schuldrechtlichen Verträge auf gesellschaftsrechtliche Basis stellen, und somit die Vergütung als Vorweggewinn aus den Aufwandspositionen herauslösen.

- Eine zweite Möglichkeit besteht darin, Verluste in das Sonderbetriebsvermögen zu verlagern, denn dort unterliegen sie nicht den Beschränkungen des § 15a EStG. So sollte z.B. die Einlage fremdfinanziert werden, und das dadurch verfügbare Eigenkapital könnte der Gesellschaft zur Verfügung gestellt werden, um dadurch deren Zinsaufwand zu reduzieren.

F. Übertragung eines Kommanditanteils in der Krise

Befindet sich eine Kommanditgesellschaft in der Krise und droht daher z.B. der Wegfall des negativen Kapitalkontos oder die Besteuerung nicht entnahmefähiger Liquidationsgewinne,[848] so besteht eine Gestaltungsmög-

---

846 Vgl. BFH v. 12.9.1996 IV B 84/95, DStRE 1997, 17.
847 Vgl. *van Lishaut*, § 15a EStG nach der Ausgliederung von Sonderbetriebsvermögen, FR 1994, 273 [281]; *Haas*, Finanzierungsmodalitäten durch Kommanditisten und § 15a Abs. 1 EStG, DStZ 1992, 655.
848 Vgl. hierzu S. 157 f.

lichkeit darin, den Kommanditanteil auf Personen zu übertragen, die einer geringeren Einkommensteuerprogression unterliegen.[849]

I. Einkommensteuerliche Auswirkungen

1. Entgeltliche Übertragung eines Kommanditanteils

Geht der Kommanditanteil entgeltlich auf einen neuen oder die bisherigen Gesellschafter über, so entsteht beim *Veräußerer* ein Veräußerungsgewinn i.S.d. § 16 Abs. 1 Nr. 2 EStG, der sich zusammensetzt aus:[850]

+	zusätzliches Entgelt
+	Höhe des negativen Kapitalkontos[851]
./.	Veräußerungskosten
=	Veräußerungsgewinn

Der Veräußerungsgewinn ist um die vorhandenen verrechenbaren Verluste zu kürzen,[852] und der verbleibende Teil unterliegt der Begünstigung der §§ 16 i.V.m. 34 EStG.[853]

Sollten die verrechenbaren Verluste, z.B. infolge hoher Einlagen, größer sein als das negative Kapitalkonto, so kann der Fall eintreten, daß der Veräußerungsgewinn steuerlich neutralisiert wird und dann immer noch ein Überhang von verrechenbaren Verlusten verbleibt. Diese sind m.E. in Anlehnung an die Rechtsprechung zum Wegfall bei der Liquidation in ausgleichs- bzw. abzugsfähige Verluste umzupolen.[854]

---

849 Vgl. *Meyer-Scharenberg*, Steuerprobleme im Konkursfall, DStR 1994, 889 [895].
850 Vgl. BFH v. 28.7.1994 IV R 53/91, BStBl. II 1995, 112; v. 16.12.1992 XI R 34/92, BStBl. II 1993, 436; v. 26.5.1981 IV R 47/78, BStBl. II 1981, 795.
851 Ein negatives Kapitalkonto bringt zum Ausdruck, daß der Kommanditist am künftigen Vermögenszuwachs der Gesellschaft bis zur Auffüllung des negativen Kapitalkontos nicht beteiligt ist, vielmehr seine Gewinnanteile den Mitgesellschaftern überlassen muß („Verlust-haftung mit künftigen Gewinnanteilen", BFH v. 10.11.1980 GrS 1/79, BStBl. II 1981, 164). Veräußert der Kommanditist seine Beteiligung, ist er an künftigen Gewinnen nicht mehr beteiligt, so daß sich die unter dieser Annahme erfolgte Verlustzurechnung im nachhinein als ungerechtfertigt erweist und durch die Annahme eines entsprechenden Veräußerungsgewinns auszugleichen ist (BFH v. 26.5.1981 IV R 47/78, BStBl. II 1981, 795).
852 Vgl. BFH v. 26.1.1995 IV R 32/93, BFH/NV 1995, 872 [873]; *Schmidt, L.* in: Schmidt, L., Einkommensteuergesetz, 15. Aufl. München 1996, § 15a Rz. 224; *Bitz* in: Littmann/Bitz/Hellwig, Das Einkommensteuerrecht, § 15a Rn. 50; *Brandt* in: Hartmann/Böttcher/Nissen/Bordewin, Kommentar zum Einkommensteuergesetz, § 15a Rz. 71.
853 Vgl. *Schmidt, L.* in: Schmidt, L., Einkommensteuergesetz, 15. Aufl. München 1996, § 15a Rz. 217.
854 Gl. A. wenn auch zur Rechtslage vor den einschlägigen BFH-Urteilen; *Bordewin/Söffing/Brandenberg*, Verlustverrechnung bei negativem Kapitalkonto, 2. Aufl. Herne/Berlin 1986, Rdnr. 202. Vgl. hierzu auch die Ausführungen auf S. 213 f.

Der *Erwerber* hat einen Betrag in Höhe des übernommenen negativen Kapitalkontos zuzüglich des Entgelts als Anschaffungskosten in einer Ergänzungsbilanz[855] zu aktivieren.[856] Er erzielt also in Höhe des negativen Kapitalanteils keinen sofort abzugsfähigen Verlust, sondern muß ihn auf die Abschreibungsdauer der stillen Reserven einschließlich eines Geschäftswerts verteilen. Sind die stillen Reserven einschließlich des Geschäftswerts geringer als das übernommene negative Kapitalkonto, so entsteht in Höhe dieses Betrags kein abzugs- bzw. ausgleichsfähiger Gewinn, sondern der Gesellschafter muß in der Ergänzungsbilanz einen Ausgleichsposten aktivieren, der erst mit künftigen Gewinnanteilen der Kommanditgesellschaft zu verrechnen ist.[857] Dieser Ausgleichsposten erhöht jedoch, da Ergänzungsbilanzen einzubeziehen sind, das Kapitalkonto i.S.d. § 15a EStG.[858]

2. Unentgeltliche bzw. teilentgeltliche Übertragung eines Kommanditanteils

Bei der *unentgeltlichen Übertragung*[859] eines Kommanditanteils infolge einer Schenkung bzw. Erbschaft tritt der Übernehmer in die Rechtsstellung der Übertragenden ein (§ 7 Abs. 1 EStDV). Dieser Grundsatz ändert sich nicht dadurch, daß ein negatives Kapitalkonto übertragen wird.[860] Somit entsteht durch die Übertragung beim bisherigen Kommanditisten kein Gewinn, und der Rechtsnachfolger führt das negative Kapitalkonto fort.[861] Er muß daher die ihm zuzurechnenden künftigen Gewinne in Höhe der vorhandenen verrechenbaren Verluste nicht versteuern.

Falls der Übernehmer jedoch neben der Übernahme des negativen Kapitalkontos noch weitere Leistungen (z.B. Zahlung von Gleichstellungsgeldern, Abstandszahlungen, Übernahme privater Schulden des Veräußerers) erbringen muß, so handelt es sich einkommensteuerlich um ein *teilentgelt-*

---

855 Falls nur die bisherigen Gesellschafter die KG-Anteile erwerben, erfolgt die Aktivierung in der Gesamthandsbilanz.
856 Vgl. BFH v. 26.5.1981 IV R 47/78, BStBl. II 1981, 795.
857 Vgl. BFH v. 26.1.1995 IV R 32/93, BFH/NV 1995, 872; v. 21.4.1994 IV R 70/92, BStBl. II 1994, 745.
858 Vgl. hierzu S. 165 ff.
859 Die Übernahme von betrieblichen Verbindlichkeiten ändert nichts an der Unentgeltlichkeit der Übertragung (Vgl. BFH v. 5.7.1990 GrS 4-6/89, BStBl. II 1990, 847 [854]).
860 Vgl. BFH v. 24.8.1972 VIII R 36/66, BStBl. II 1973, 111; v. 23.4.1971 IV R 201/65, BStBl. II 1971, 686.
861 Vgl. *Wassermeyer*, § 15a EStG: Eine Herausforderung für den steuerlichen Berater – Gestaltungshinweise für das Nutzbarmachen steuerlicher Verluste, DB 1985, 2634 [2638]; *Bordewin*, Gesetz zur Änderung des Einkommensteuergesetzes, des Körperschaftsteuergesetzes und anderer Gesetze, BB 1980, 1033 [1040].

liches Rechtsgeschäft.[862] Die Folge ist, daß beim Rechtsvorgänger ein steuerpflichtiger Veräußerungserlös entsteht und der Übernehmer Anschaffungskosten zu aktivieren hat.[863] Es ist daher bei der Übertragung eines Kommanditanteils mit negativem Kapitalkonto unbedingt darauf zu achten, daß es nicht zur Teilentgeltlichkeit des gesamten Rechtsgeschäfts kommt. Ansonsten entsteht in Höhe der Nebenleistungen und des Teils des negativen Kapitalkontos, der auf ausgeglichene- bzw. abzugsfähige Verluste zurückzuführen ist, beim Veräußerer eine Gewinnrealisierung. Gleichstellungsgelder sollen daher nicht im Unternehmensübergabevertrag, sondern vorab weggefertigt oder in einem gesonderten Pflichtteilsverzichtsvertrag geregelt werden.[864] Auch darf auf keinen Fall im Übertragungsvertrag festgeschrieben werden, daß der Übernehmer das Betriebsprüfungsrisiko für den Übergeber trägt. Denn die Übernahme von Steuernachzahlungen stellt einkommensteuerlich eine Gegenleistung dar und führt somit zur steuerschädlichen Teilentgeltlichkeit der gesamten Übertragung.[865] Eine andere Möglichkeit, die Gewinnrealisierung zu vermeiden, besteht darin, vor der Übertragung das negative Kapitalkonto durch Einlagen auszugleichen, so daß ein Veräußerungserlös nur noch in Höhe der Nebenleistungen entsteht.[866]

II. Erbschaft- und schenkungsteuerliche Auswirkungen

Erbschaft- und schenkungsteuerlich entstehen, im Vergleich zu den einkommensteuerlichen Auswirkungen, weitaus geringere Belastungen. Zum einen könnten Schulden und Lasten bei der Übertragung von Mitunternehmeranteilen, soweit sie mit dem übertragenen Vermögen zusammenhängen, in voller Höhe abgezogen werden (§ 10 Abs. 6 Satz 4 ErbStG). Zum anderen wird, falls es sich um Betriebsvermögen handelt, neben den allgemeinen Freibeträgen des § 16 ErbStG eine zusätzliche Steuerbefreiung von 500.000 DM (§ 13 Abs. 2a ErbStG) gewährt.[867]

---

862 Vgl. *Wacker*, Ertragsteuerrechtliche Behandlung der vorweggenommenen Erbfolge, NWB F. 3, 8647 [8664].
863 Vgl. BFH v. 16.12.1992 XI R 34/92, BStBl. II 1993, 436; BMF-Schr. v. 13.1.1993, BStBl. I 1993, 80, Tz. 31.
864 Vgl. *Spiegelberger*, Vermögensnachfolge, München 1994, Rdn. 279.
865 Vgl. *Spiegelberger*, Vermögensnachfolge, München 1994, Rdn. 322.
866 Vgl. *Zimmermann/Reyher/Hottmann*, Die Personengesellschaft im Steuerrecht, 5. Aufl. Achim 1995, 1073.
867 Vgl. *Obermeier*, Vorweggenommene Erbfolge und Erbauseinandersetzung, 2. Aufl. Herne/Berlin 1995, Anm. 1653.

G. Zusammenfassung

1) Auch im Steuerrecht sind die gesellschaftsrechtlichen Termini „Haftsumme" und „Pflichteinlage" zu verwenden, um sicherzustellen, daß es sich bei einer Leistung des Gesellschafters an die Gesellschaft nicht um eine schuldrechtliche Forderung handelt. Somit können nur die auf die Pflichteinlage erbrachten Leistungen des Gesellschafters „geleistete Einlagen" i.S.d.§ 15a Satz 2 EStG darstellen.

2) Das Kapitalkonto des § 15a EStG beinhaltet nicht das Sonderbetriebsvermögen des Kommanditisten.

3) Ausgehend von den zivilrechtlichen Prämissen gewährleistet ein vierfach unterteiltes Kapitalkonto (Feste Einlage; Variable Einlagen und Entnahmen; Verlustanteile; Gewinnanteile bis zur Höhe der Verlustzuweisungen), die optimale zivil- und steuerrechtliche Handhabung.

4) Übersteigen die Mittelzuführungen des Kommanditisten die Pflichteinlage, so geht auf jeden Fall Verlustausgleichs- bzw. -abzugspotential verloren.

5) Der vorzeitige Wegfall des negativen Kapitalkontos führt im Gegensatz zum Wegfall bei Vollbeendigung der Gesellschaft nicht zur ermäßigten Besteuerung. Begünstigte Zeitpunkte sind lediglich: Wegfall im Zusammenhang mit einer Betriebsaufgabe; Wegfall durch Ausscheiden aus der Gesellschaft; Wegfall im Zusammenhang mit der zivilrechtlichen Auflösung.

6) Decken künftige Gewinne noch einen Teil des negativen Kapitalkontos ab, so kann der vorzeitige Wegfall nur anteilig vorgenommen werden.

7) In der Regel kommt ein vorzeitiger Wegfall des negativen Kapitalkontos nur bei Einstellung des Geschäftsbetriebs bzw. der Ablehnung des Konkursverfahrens mangels Masse in Betracht.

8) Übernommene Bürgschaften haben keinen Einfluß auf die Höhe des vorzeitigen Wegfall-Gewinns. Erst bei der Vollbeendigung erfolgt eine Berücksichtigung über die Abschreibung des Rückgriffsanspruchs in der Sonderbilanz.

9) Sanierungsgewinne führen immer zur Auffüllung eines negativen Kapitalkontos, ohne eine Nachversteuerung auszulösen.

10) Eine versäumte Auflösung kann gemäß den Grundsätzen des formellen Bilanzzusammenhangs nachgeholt werden.

11) Eine Erhöhung der geleisteten Einlage führt nicht zur Umqualifikation von vorhandenen verrechenbaren Verlusten in ausgleichs- bzw. abzugsfähige Verluste.

12) Im Jahr der Verlustzuweisung können durch Erhöhung der geleisteten Einlage verrechenbare Verluste in ausgleichs- bzw. abzugsfähige Verluste umgepolt werden.

13) Das Verlustausgleichs- bzw. -abzugspotential kann durch Erhöhung der im Handelsregister eingetragenen Haftsumme vermehrt werden.

14) Zugewiesene Verluste des Gesellschaftsvermögens können nicht mit Gewinnen des Sonderbetriebsvermögens saldiert werden.

15) Ein Überhang von verrechenbaren Verlusten kann immer erst bei Vollbeendigung der Gesellschaft steuerlich geltend gemacht werden.

16) Bei der Übertragung von Kommanditanteilen löst die Teilentgeltlichkeit die Versteuerung des negativen Kapitalkontos aus.

Teil 4:
Arbeitnehmer

Kapital 1:
Anrechenbarkeit nicht abgeführter Lohnsteuer

Die Besteuerung von Arbeitnehmern beinhaltet – ähnlich wie bei Gesellschaftern einer Kapitalgesellschaft die Kapitalertragsteuer –[868] die Besonderheit, daß i.d.R.[869] die Vorauszahlungen[870] zwar vom Steuerpflichtigen geschuldet, aber von einem Dritten (dem Arbeitgeber) im Wege des Lohnsteuerabzugsverfahrens erhoben werden.[871] Der Arbeitgeber hat daher im Zeitpunkt der Lohnzahlung[872] entsprechend den Eintragungen auf der Lohnsteuerkarte und den gültigen Steuertabellen die Lohnsteuer zu berechnen und für Rechnung des Arbeitnehmers einzubehalten.[873] Spätestens am zehnten Tag nach Ablauf eines Lohnsteuer-Anmeldungszeitraums muß er an das Betriebsstättenfinanzamt eine Lohnsteuer-Anmeldung übersenden und die einbehaltene Lohnsteuer abführen.[874] Die auf diese Weise erhobene Lohnsteuer wird dem Arbeitnehmer auf seine Einkommensteuer angerechnet.[875]

In Unternehmenskrisen kommt es jedoch vor, daß der Arbeitgeber aufgrund von Liquiditätsengpässen zwar die Lohnsteuer einbehält, aber sie nicht an das Finanzamt abführt. Für den Arbeitnehmer ergeben sich in diesen Fällen zwei Fragen:

1) Haftet er als Steuerschuldner für die durch den Arbeitgeber nicht abgeführte Lohnsteuer?

2) Ist er, obwohl dem Finanzamt keine Vorauszahlungen zugeflossen sind, dennoch zur Anrechnung der Lohnsteuer berechtigt?

---

868 Vgl. hierzu S. 151 ff.
869 Im Folgenden wird unterstellt, daß die Voraussetzungen des § 38 EStG erfüllt sind.
870 Vgl. *Drenseck* in: Schmidt, L., Einkommensteuergesetz, 15. Aufl. München 1996, § 38 Rz. 1.
871 Vgl. § 38 EStG.
872 Vgl. *Thürmer* in: Blümich, Einkommensteuer, § 38 Rdnr. 111.
873 Vgl. § 38a EStG.
874 Vgl. § 41a Abs. 1 EStG. Zur Anmeldung und Abführung der Lohnsteuer bei Konzernunternehmen vgl. OFD Magdeburg v. 14.2.1994, BB 1994, 772.
875 Vgl. § 36 Abs. 1 und Abs. 2 Nr. 2 EStG.

zu 1):

Grundsätzlich ist der Arbeitnehmer bzgl. seiner Einkommensteuer und den darauf geleisteten Vorauszahlungen (in diesem Fall der Lohnsteuer) originärer Steuerschuldner.[876] Da zusätzlich der Arbeitgeber im Rahmen der Voraussetzungen des § 42d EStG für die ordnungsgemäße Einbehaltung und Abführung der Lohnsteuer an das Finanzamt haftet,[877] besteht insoweit eine Gesamtschuldnerschaft, die die Finanzbehörde befähigt, ihre Ansprüche entweder gegenüber dem Arbeitgeber oder dem Arbeitnehmer geltend zu machen.[878]

Es gibt jedoch eine Ausnahmeregelung. Immer dann, wenn der Arbeitnehmer nicht weiß, daß der Arbeitgeber die Lohnsteuer nicht vorschriftsmäßig angemeldet hat - bzw. er zwar davon Kenntnis hat, aber dies unverzüglich dem Finanzamt mitteilt -, ergibt sich im Umkehrschluß aus § 42d Abs. 3 Satz 4 Nr. 2 EStG eine Haftungsbefreiung. Dabei ist unter „wissen" des Arbeitnehmers die positive Kenntnis zu verstehen.[879] Vermutet der Arbeitnehmer lediglich, daß die Lohnsteuer nicht vorschriftsmäßig angemeldet wurde, so kann daraus keine Haftung abgeleitet werden.[880] Die herrschende Meinung im Schrifttum vertritt daher die Auffassung, daß die Lohnsteuerschuld des Arbeitnehmers durch den Lohnsteuerabzug des Arbeitgebers erlischt.[881]

zu 2):

Die Frage einer möglichen Steueranrechnung ist unmittelbar mit der Haftung verbunden. Ist nämlich eine Haftung des Arbeitnehmers ausgeschlos-

---

876 Vgl. *Gersch* in: Herrmann/Heuer/Raupach, Einkommensteuer- und Körperschaftsteuergesetz, § 42d Rdn. 17.
877 Zu Spezifika der Lohnsteuerhaftung vgl.: *Drenseck* in: Schmidt, L., Einkommensteuergesetz, 15. Aufl. München 1996, § 42d Rz. 2 ff.; *Heuermann* in: Blümich, Einkommensteuer, § 42d Rdnr. 18 ff.; *Gersch* in: Herrmann/Heuer/Raupach, Einkommensteuer- und Körperschaftsteuergesetz, § 42d Rdn. 15 ff.; *Trzaskalik* in: Kirchhof/Söhn, Einkommensteuergesetz, § 42d Rdnr. D 2 ff.
878 Vgl. § 42d Abs. 3 Satz 1 EStG.
879 Vgl. BFH v. 8.11.1985 VI R 238/80, BStBl. II 1986, 186.
880 Vgl. *Gersch* in: Herrmann/Heuer/Raupach, Einkommensteuer- und Körperschaftsteuergesetz, § 42d Rdn. 145.
881 Vgl. *Trzaskalik* in: Kirchhof/Söhn, Einkommensteuergesetz, § 38 Rdnr. C 6 und § 42d Rdnr. D 7 f.; *Schick*, Steuerschuld und Steuerhaftung im Lohnsteuerverfahren, BB 1983, 1041 [1042]; *Heuermann in:* Blümich, Einkommensteuer, § 42d Rdnr. 90; BFH v. 8.11.1985 VI R 238/80, BStBl. II 1986, 186 [187]: zur Nettolohnvereinbarung; a.A. *Völlmeke*, Probleme bei der Anrechnung von Lohnsteuer, DB 1994, 1746: Sie ist der Ansicht, daß die Lohnsteuerschuld des Arbeitnehmers nur erlischt, wenn der Arbeitgeber die Lohnsteuer an das Finanzamt entrichtet hat.

sen und würde das Finanzamt über einen Ausschluß der Anrechnung die nicht abgeführte Lohnsteuer trotzdem vom Arbeitnehmer erheben, so hätte dies zur Folge, daß der Arbeitnehmer das gesamte Risiko für ein nicht gesetzestreues Verhalten des Arbeitgebers tragen müßte.[882] Eine Anrechnung nicht abgeführter Lohnsteuer ist somit immer gewährleistet, wenn der Arbeitnehmer für die unterbliebene Anmeldung und Abführung der Lohnsteuer nicht haftbar gemacht werden kann.[883] Das entscheidende Kriterium ist dabei einzig und alleine die Anmeldung.[884] Wann bzw. ob der Arbeitgeber die Lohnsteuer überhaupt abführt, ist für die Anrechnung beim Arbeitnehmer unerheblich.[885] Somit ist eine Anrechnung von nicht abgeführter Steuer nur dann nicht möglich, wenn der Arbeitnehmer positive Kenntnis davon hat, daß der Arbeitgeber die einbehaltene Lohnsteuer nicht vorschriftsgemäß angemeldet hat.

Die vorgestellten Grundsätze gelten auch dann, wenn eine Nettolohnvereinbarung getroffen wurde.[886] Denn obwohl durch die Nettolohnvereinbarung der Arbeitnehmer bzgl. aller Abzugsbeträge gegenüber den Sozialversicherungsträgern und dem Finanzamt freigestellt wird, bleibt das öffentlich-rechtliche Steuerschuldverhältnis unberührt.[887] Somit kann der Arbeitnehmer auch bei Nettolohnvereinbarungen in Anspruch genommen werden, wenn er von der nicht vorschriftsgemäßen Anmeldung weiß und dies nicht unverzüglich dem Finanzamt mitteilt.[888]

Wenn der Arbeitgeber die einzubehaltende und abzuführende Lohnsteuer bewußt nicht einbehält, sondern sie an die Arbeitnehmer auszahlt, so kann der Arbeitgeber nur dann für Hinterziehungszinsen gem. § 235 Abs. 1 AO in Anspruch genommen werden, wenn er als Täter oder Teilnehmer an der

---

882 Vgl. BFH v. 18.5.1972 IV R 168/68, BStBl. II 1972, 816; *Brenner* in: Kirchhof/Söhn, Einkommensteuergesetz, § 36 Rdnr. D 81; *Stuhrmann* in: Blümich, Einkommensteuer, § 36 Rdnr. 16.
883 Vgl. *Scholtz* in: Hartmann/Böttcher/Nissen/Bordewin, Kommentar zum Einkommensteuergesetz, § 36 Rz. 18; *Stuhrmann* in: Blümich, Einkommensteuer, § 36 Rdnr. 16.
884 Ein interessanter Unterschied ergibt sich zwischen der Kapitalertrag- (vgl. S. 151 ff.) und der Lohnsteuer. Obwohl beide Steuern vom Kapitalschuldner bzw. dem Arbeitgeber „einzubehalten und abzuführen" sind (§§ 44 Abs. 5 Satz 1; 42d Abs. 1 Nr. 1 EStG), haftet der Kapitalgläubiger, wenn er weiß, daß die Kapitalertragsteuer nicht „abgeführt" wurde (§ 44 Abs. 5 Satz 2 Nr. 2 EStG). Der Arbeitnehmer kann jedoch nur in Anspruch genommen werden, wenn er weiß, daß die Lohnsteuer nicht vorschriftsgemäß „angemeldet" wurde (§ 42d Abs. 3 Satz 4 Nr. 2 EStG).
885 Vgl. *Drenseck* in: Schmidt, L., Einkommensteuergesetz, 15. Aufl. München 1996, § 42d Rz. 19; *Gersch* in: Herrmann/Heuer/Raupach, Einkommensteuer- und Körperschaftsteuergesetz, § 42d Rdn. 145.
886 Vgl. *Neun*, Die Nettolohnvereinbarung aus arbeits- und steuerrechtlicher Sicht, NWB F. 26, 2629.
887 Vgl. *Kaiser/Sigrist*, Nettolohnvereinbarungen im deutschen Steuerrecht, DB 1994, 178.
888 Vgl. BFH v. 28.2.1992 VI R 146/87, BStBl. II 1992, 733 [735].

Steuerhinterziehung mitwirkt (§ 71 AO). Handelt es sich bei dem Arbeitgeber um eine juristische Person, so richtet sich die Haftung nach § 70 AO. Das heißt, er haftet nur für die durch die Tat verkürzten Steuern, nicht jedoch für Hinterziehungszinsen.[889]

Der *Solidaritätszuschlag* ist als Ergänzungsabgabe im Lohnsteuerabzugsverfahren nach den oben geschilderten allgemeinen Grundsätzen vom Arbeitgeber einzubehalten und an das Finanzamt abzuführen.[890]

Kapitel 2:
Arbeitnehmer-Darlehen und -Bürgschaften

Gewährt ein Arbeitnehmer seinem Arbeitgeber ein *Darlehen* und kann der Arbeitgeber dieses Darlehen nicht zurückzahlen, so hing nach alter Rechtslage der Werbungskostenabzug davon ab, wie das Darlehen verzinst wurde.

Handelte es sich um ein zu Marktkonditionen verzinstes Darlehen, so hat der VIII. Senat in ständiger Rechtsprechung[891] entschieden, daß es sich keinesfalls um Arbeitsvermögen, sondern um eine Kapitalforderung i.S.d. § 20 EStG handele. Auch wenn dem Kläger die schlechte Ertrags- und Vermögenslage der Gesellschaft bekannt sei, und er von vornherein damit rechnen müsse, daß die Rückzahlung und Verzinsung des Darlehens gefährdet seien, stehe dieser Umstand der Annahme einer Kapitalforderung nicht entgegen. Es gäbe nur einen Fall, bei dem der Untergang eines verzinslichen Darlehens zu Werbungskosten führen könne, und zwar, falls die Rückzahlungen und Zinserwartungen des Arbeitnehmers gänzlich unbegründet seien und das risikobehaftete Darlehen somit einen verlorenen Zuschuß darstelle.

Bei unverzinslich oder niedrig verzinslichen Darlehen war jedoch ein Werbungskostenabzug möglich.[892] Denn eine niedrige oder gar nicht vorhandene Verzinsung ließe darauf schließen, daß der Arbeitnehmer mit dem

---

889 Vgl. BFH v. 5.11.1993 VI R 16/93, BStBl. II 1994, 557 [559].
890 Vgl. *Drenseck* in: Schmidt, L., Einkommensteuergesetz, 15. Aufl. München 1996, § 51a 2. Exkurs: Solidaritätszuschlagsgesetz 1995, Rz. 6.
891 Vgl. BFH v. 31.10.1989 VIII R 210/83, BStBl. II 1990, 532; v. 19.10.1982 VIII R 97/79, BStBl. II 1983, 295 [296 f.]; v. 21.7.1981 VIII R 154/76, BStBl. II 1982, 37 [40].
892 Vgl. BFH v. 13.1.1989 VI R 51/85, BStBl. II 1989, 382.

Darlehen nicht Einkünfte als Kapitalvermögen i.S.d. § 20 EStG erzielen wolle, sondern das Darlehen zur Sicherung seines Arbeitsplatzes gegeben habe. Das FG Baden-Württemberg[893] ließ auch bei einem verzinslichen, jedoch refinanzierten Darlehen den Werbungskostenabzug zu, da der Arbeitnehmer aufgrund der gleichen Konditionen des Darlehens sowie der Refinanzierung von vornherein mit keinem Überschuß seiner Zinseinnahmen über die Refinanzierungskosten rechnen konnte. Somit liege ein unverzinsliches Darlehen vor, dessen Verlust zu Werbungskosten bei den Einkünften aus nichtselbständiger Arbeit führe.

Diese Rechtsauffasssung hat der VI. Senat mit dem Urteil v. 7.5.1993[894] revidiert. Nach der neuen Rechtslage ist es unerheblich, ob der Arbeitnehmer seinem Arbeitgeber das Darlehen unverzinslich oder zu Marktkonditionen verzinslich gewährt hat. Das entscheidende Kriterium, ob der Verlust der Darlehensforderung als Werbungskosten bei den Einkünften aus nichtselbständiger Arbeit zu berücksichtigen ist, besteht darin, ob der Arbeitnehmer das Risiko aus „beruflichen Gründen" auf sich genommen hat. Dabei können berufliche Gründe immer dann angenommen werden, wenn ein Außenstehender – insbesondere eine Bank – mit Rücksicht auf die Gefährdung der Darlehensforderung das Darlehen nicht gewährt hätten. Falls auch eine Bank neben dem Arbeitnehmer den Kredit gewähren würde, so liegt dennoch eine Hingabe aus beruflichen Gründen vor, wenn die Bank das Darlehen nur gegen die Gewährung von entsprechenden Sicherheiten geben würde, der Arbeitnehmer jedoch keine Sicherheiten verlangt, bzw. die eingeräumten Sicherheiten so nachrangig sind (z.B. aufgrund eines Rangrücktritts), daß die Bank sie nicht als ausreichend akzeptiert hätte. Da der Arbeitnehmer den Werbungskostenabzug mit objektiven Tatsachen belegen muß,[895] sollte er sich vor der Darlehensgewährung Nachweise beschaffen, die dokumentieren, daß eine Bank das Darlehen nicht gewährt hätte.

Beim Untergang eines Arbeitnehmer-Darlehens, welches in der Krise gewährt wurde, können somit i.d.R. Werbungskosten geltend gemacht werden. Die Rechtsfolgen von Darlehen, die der Arbeitnehmer seinem Arbeitgeber schon vor Beginn einer Krise gewährt, und sie bei beginnen-

---

893 Vgl. FG Baden-Württemberg v. 20.6.1991, EFG 1993, 24 (rkr.).
894 Vgl. BFH v. 7.5.1993 VI R 38/91, BStBl. II 1993, 663; bestätigt durch BFH v. 8.7.1993 VI R 44/91, BFH/NV 1993, 654; v. 8.7.1993 VI R 28/93, BFH/NV 1994, 165.
895 Vgl. BFH v. 14.5.1991 VI R 48/88, BStBl. II 1991, 758.

der Krise nicht zurückverlangt, sondern zur Sicherung seines Arbeitsplatzes im Unternehmen beläßt, ist jedoch noch nicht entschieden. Nach alter Rechtslage würde es sich bei Darlehen, die vor der Krise begeben werden, zweifelsfrei um Kapitalforderungen i.S.d. § 20 EStG handeln, die nicht zur Sicherung des Arbeitsplatzes gewährt werden und somit auch nicht durch das Arbeitsverhältnis veranlaßt sind. Die Rechtsprechungsänderung v. 7.5.1993,[896] die mit Zustimmung des VIII. Senats erfolgte, läßt auch bei verzinslichen Darlehen einen Werbungskostenabzug zu. Sie beruht auf einer Überlegung, die der VIII. Senat im Zusammenhang mit der Übernahme einer Bürgschaft[897] bzw. dem Stehenlassen von Darlehen bei beginnender Krise[898] angestellt hat. In allen Fällen geht es um die Abgrenzung, wann ein Darlehen auf rein schuldrechtlicher Basis überlassen wird bzw. wann die Darlehenshingabe durch das Gesellschaftsverhältnis oder das Arbeitsverhältnis veranlaßt ist. Da der BFH[899] somit die Abgrenzung eines Arbeitnehmer-Darlehens von einer rein schuldrechtlichen Darlehensüberlassung nach denselben Grundsätzen entscheidet wie bei Gesellschafterdarlehen, ist davon auszugehen, daß auch in der Frage des „Stehenlassens" eines vor der Krise gewährten Arbeitnehmer-Darlehens analoge Rechtsfolgen wie bei Gesellschafterdarlehen eintreten.[900] Das heißt, wenn ein Arbeitnehmer seine Darlehensforderung bei Kenntnis einer beginnenden Krise nicht kündigt, sondern das Darlehen dem Arbeitgeber weiterhin zur Verfügung stellt, so muß dies seinen Grund im Arbeitsverhältnis („berufliche Gründe") haben. Ein Verlust der Darlehensforderung führt demnach in Höhe des Nennwerts zu Werbungskosten bei den Einkünften aus nichtselbständiger Arbeit. Zu beachten ist jedoch, daß die Finanzverwaltung die Rechtsprechung des VIII. Senats bezüglich des Stehenlassens von Gesellschafterdarlehen nicht anwendet.[901] Auch das Problem des Stehenlassens von Arbeitnehmer-Darlehen wird sich somit erst nach dem Beschluß des Großen Senats zur Vorlage v. 27.7.1994 klären lassen.[902]

---

896 Vgl. BFH v. 7.5.1993 VI R 38/91, BStBl. II 1993, 663 [664].
897 Vgl. BFH v. 2.10.1984 VIII R 36/83, BStBl. II 1985, 320.
898 Vgl. BFH v. 7.7.1992 VIII R 24/90, BStBl. II 1993, 333. Zur Behandlung von Gesellschafterdarlehen vgl. die Ausführungen auf S. 94 ff.
899 Vgl. BFH v. 7.5.1993 VI R 38/91, BStBl. II 1993, 663 [654]; v. 7.7.1992 VIII R 24/90, BStBl. II 1993, 333.
900 Vgl. *Meyer-Scharenberg*, Zweifelsfragen beim Abzug von Arbeitnehmer-Darlehen als Werbungskosten, DStR 1994, 1450; *Wolff-Diepenbrock*, Verlust eines Darlehens als Anschaffungskosten bei § 17 EStG - Änderung des Anschaffungskostenbegriffs?, DB 1994, 1539 [1541].
901 Vgl. BMF-Schr. v. 14.4.1994, BStBl. I 1994, 257.
902 Vgl. BFH v. 27.7.1994 I R 23/93, I R 58/93, I R 103/93, BStBl. II 1995, 27.

Wenn ein zinsloses[903] Arbeitnehmer-Darlehen refinanziert wird, so entstehen beim Untergang neben der Darlehenssumme auch in Höhe der bis zu diesem Zeitpunkt[904] aufgewendeten Refinanzierungsaufwendungen Werbungskosten bei den Einkünften aus nichtselbständiger Arbeit.[905] Zeitpunkt der Geltendmachung der Werbungskosten bezüglich des Verlusts des Darlehens sowie eventuell damit zusammenhängende Refinanzierungskosten ist der Veranlagungszeitraum, in dem für den Arbeitnehmer die Wertlosigkeit der Forderung erkennbar wird.[906]

Übernimmt ein Arbeitnehmer für seinen Arbeitgeber eine *Bürgschaft* und wird er aus dieser in Anspruch genommen, so ist davon auszugehen, daß die Aufwendungen durch das Arbeitsverhältnis begründet sind und somit Werbungskosten bei den Einkünften aus nichtselbständiger Arbeit geltend gemacht werden können.[907] Die Höhe der steuerlichen Auswirkung ist nicht wie bei den nachträglichen Anschaffungskosten eines Gesellschafters einer Kapitalgesellschaft davon abhängig, inwieweit sich der Rückgriffsanspruch als werthaltig erweist.[908] Denn bei den Einkünften aus nichtselbständiger Arbeit ist nicht auf den Vermögensverlust, sondern auf die Aufwendungen des Steuerpflichtigen abzustellen. Somit liegen Werbungskosten auch dann vor, wenn mit der Zahlung an den Gläubiger ein werthaltiger Rückforderungsanspruch gegen den Arbeitgeber entsteht.[909] Zahlungen, die der Arbeitnehmer aufgrund des Rückgriffsanspruch erhält, stellen bei ihm Einkünfte i.S.d. § 19 EStG dar.[910]

Im Normalfall wird ein Arbeitnehmer die Bürgschaft während der Dauer eines Beschäftigungsverhältnisses übernehmen und aus dieser Bürgschaft

---

903 Bei verzinsten Arbeitnehmer-Darlehen können die Refinanzierungskosten bis zum Untergang des Darlehens, im Rahmen des § 20 EStG, als Werbungskosten geltend gemacht werden. Vgl. hierzu S. 235 f.
904 Da bei verzinsten Darlehen nach dem Untergang des Investments keine Werbungskosten mehr abgezogen werden dürfen, kann m.E. bei unverzinslichen Arbeitnehmer-Darlehen nichts anderes gelten. Vgl. hierzu die Ausführungen auf. S. 235 f.
905 Vgl. FG Münster v. 22.6.1989, EFG 1989, 629 (rkr.).
906 Vgl. BFH v. 13.1.1989 VI R 51/85, BStBl. II 1989, 382 [384]; FG Münster v. 22.6.1989, EFG 1989, 629 (rkr.).
907 Vgl. BFH v. 14.5.1991 VI R 48/88, BStBl. II 1991, 758; v. 29.2.1980 VI R 165/78, BStBl. II 1980, 395; v. 1.12.1961 VI 306/60 U , BStBl. III 1962, 63; RFH v. 21.2.1934 VI A 152/34, RStBl. 1934, 628.
908 Vgl. hierzu S. 112 ff.
909 Vgl. *Drenseck* in: Schmidt, L., Einkommensteuergesetz, 15. Aufl. München 1996, § 9 Rz. 4.
910 Vgl. *Drenseck* in: Schmidt, L., Einkommensteuergesetz, 15. Aufl. München 1996, § 19 Rz. 60 „Darlehen".

in Anspruch genommen. In diesem Fall kann er den Geldabfluß steuerlich als Werbungskosten geltend machen.

Seltener wird es sich bei der Inanspruchnahme aus einer Bürgschaft um vorab entstandene Werbungskosten handeln. Aber falls die Aufwendungen in einem erkennbaren unmittelbaren Zusammenhang mit der angestrebten beruflichen Karriere stehen, ist der Werbungskostenabzug zulässig.[911]

Oftmals wird der Arbeitnehmer bei Unternehmenskrisen erst nach Beendigung des Beschäftigungsverhältnisses für eine übenommnne Bürgschaft in Anspruch genommen. Der Werbungskostenabzug ist grundsätzlich auch in diesem Fall zulässig, allerdings muß die Übernahme der Bürgschaftsverpflichtung beruflich veranlaßt gewesen sein.[912]

Wenn der Arbeitnehmer in einem nicht unbedeutenden Umfang an der Gesellschaft beteiligt oder mit der Gesellschaft aufgrund privater Beziehungen verbunden ist,[913] so ist die Hingabe von Darlehen sowie die Übernahme von Bürgschaften oder anderer Sicherheiten regelmäßig nicht durch die berufliche Tätigkeit, sondern durch die Gesellschafterstellung veranlaßt.[914] Da der BFH annimmt, daß ein Gesellschafterdarlehen ab einer Beteiligung von 25% durch das Gesellschaftsverhältnis veranlaßt sei,[915] kann man im Umkehrschluß folgern, daß bei einer Beteiligung von unter 25% die Bürgschaftsübernahme des Arbeitnehmers durchaus primär durch das Arbeitsverhältnis begründet sei.[916]

Eine weitere Ausnahme vom Grundsatz besteht dann, wenn ein Gesellschafter-Geschäftsführer sich z.B. lediglich im Hinblick darauf verbürgt, daß er sich in seiner Funktion als Geschäftsführer schadensersatzpflichtig

---

911 Vgl. BFH v. 29.2.1980 VI R 165/78, BStBl. II 1980, 395 [398]: Übernahme einer Bürgschaft für erstes Filmprojekt, um dadurch die berufliche Karriere als Schauspieler zu ermöglichen.
912 Vgl. BFH v. 20.12.1988 VI R 55/84, BFH/NV 1990, 23 [24].
913 Vgl. BFH v. 14.5.1991 VI R 48/88, BStBl. II 1991, 758 [759]: Die Frau des Geschäftsführers hält 50% der Anteile der GmbH; a.A. BFH v. 2.9.1994 VI R 35/94, BFH/NV 1995, 94: keine Zurechnung der Anteile der Ehefrau gem. Art. 3 Abs. 1 i.V.m. Art. 6 Abs. 1 GG.
914 Vgl. BFH v. 11.2.1993 VI R 4/91, BFH/NV 1993, 645; v. 8.12.1992 VIII R 99/90, BFH/NV 1993, 654; v. 19.5.1992 VIII 16/88, BStBl. II 1992, 902; v. 20.12.1988 VI R 55/84, BFH/NV 1990, 23; v. 19.10.1982 VIII R 97/79, BStBl. II 1983, 295; *Centrale-Gutachtendienst*, Bürgschaftsübernahme durch einen Gesellschafter, GmbHR 1995, 440; *Lohse/Madle*, Rechtsprechungsänderung des BFH bei Ertragsteuern und Umsatzsteuer im Jahre 1993, DStR 1994, 684 [686 f.]; *Geiger*, Zahlungen eines Gesellschafter-Geschäftsführers auf Grund einer zugunsten der GmbH eingegangenen Bürgschaft, DB 1988, 1522 [1523].
915 Vgl. BFH v. 7.7.1992 VIII R 24/90, BStBl. II 1993, 333 [335].
916 Vgl. auch die Ausführungen auf S. 116.

macht, oder wenn er sich bezüglich einer Tätigkeit als Geschäftsführer verbürgt, die seine Inanspruchnahme als Haftender rechtfertigen würde.[917]

Der Grundsatz, daß der Untergang von Arbeitnehmer-Darlehen und -Bürgschaften die durch das Arbeitsverhältnis begründet sind, zu Werbungskosten bei den Einkünften aus nichtselbständiger Arbeit führen kann, ist nicht auf den Erwerb und Wertverlust von Beteiligungen übertragbar.[918] Der BFH unterstellt nämlich in diesem Fall, daß der Arbeitnehmer mit dem Erwerb der Beteiligung nicht nur die Sicherung seines Arbeitsplatzes beabsichtigt, sondern auch die mit der Stellung als Gesellschafter verbundenen Rechte anstrebt.

Kapitel 3:
Haftungsbeträge gem. § 69 AO

Juristische Personen bestimmen häufig Vertreter,[919] die dafür verantwortlich sind, daß die Steuerschuldverhältnisse gegenüber den Finanzbehörden ordnungsgemäß abgewickelt werden. Kommen die Vertreter den ihnen auferlegten Pflichten nicht nach, so haften sie gem. § 69 AO.[920] Da diese Haftung meistens bei zusammenbrechenden GmbHs zum Tragen kommt, wird sie auch als „Geschäftsführerhaftung" bezeichnet.[921]

Der Vertreter hat gem. § 34 Abs. 1 Satz 2 AO insbesondere dafür zu sorgen, daß die Steuern aus den Mitteln entrichtet werden, die von ihnen verwaltet werden. Wenn er diese gesetzlichen Bestimmungen nicht einhält, so haftet

---

917 Vgl. BFH v. 20.12.1988 VI R 55/84, BFH/NV 1990, 23; v. 1.12.1961 VI 306/60 U, BStBl. III 1962, 63. Zur steuerlichen Behandlung der Geschäftsführerhaftung wird im nächsten Kapitel detailliert Stellung genommen.
918 Vgl. BFH v. 12.5.1995 VI R 64/94, BStBl. II 1995, 644 [645].
919 Das sind z.B.: Geschäftsführer von GmbHs (§ 35 GmbHG), Vorstände (§ 78 AktG; § 26 BGB); Geschäftsführer von GbRs (§ 714 BGB); Geschäftsführer von OHGs (§§ 114, 125 HGB); Geschäftsführer von KGs (§§ 125, 169, 170 HGB); Vermögensverwalter (§ 34 Abs. 3 AO); Konkursverwalter (§§ 78 ff. KO); Treuhänder (§ 159 AO).
920 Vgl. *Depping*, Geschäftsführerhaftung bei gerichtlich angeordneter Sequestration, DStZ 1995, 173; *Fett*, Haftung des Geschäftsführers einer GmbH für steuerlichen Schaden aufgrund eines verspäteten Antrags auf Eröffnung des Konkurs-/Gesamtvollstreckungsverfahrens, DStZ 1995, 112; *Kerkhoff*, Die steuerliche Haftung des GmbH-Geschäftsführers, NWB F. 18, 3429; *Beermann*, AO-Geschäftsführerhaftung und ihre Grenzen nach der Rechtsprechung des BFH, DStR 1994, 805.
921 Vgl. *Lammerding*, Abgabenordnung und FGO, 12. Aufl. Achim 1993, 447.

er mit seinem gesamten Vermögen,[922] falls der Haftungsschaden (Steuerausfall) grob fahrlässig oder vorsätzlich verschuldet wird.[923] Ein Verschulden des gesetzlichen Vertreters hat der BFH z.B. in folgenden Fällen bejaht:

- Die Steuern wurden nicht gezahlt, um die Liquidität zu erhalten und somit Arbeitsplätze zu sichern.[924]
- Der gesetzliche Vertreter befindet sich noch in der Einarbeitungsphase, und alle wichtigen Entscheidungen werden noch vom Vorgänger getroffen.[925]
- Eine Darlehenszusage des Kreditinstituts wird widerrufen. Der Vertreter wollte die fälligen Steuern mit diesem Darlehen bezahlen.[926]
- Die nachträgliche Beantragung einer Stundung.[927]
- Ein Nachfolgegeschäftsführer haftet für vorhandene Steuerrückstände des Vorgängers, wenn die entsprechenden Mittel vorhanden sind und er sie nicht zur Bezahlung einsetzt.[928]
- Der gesetzliche Vertreter hat darauf vertraut, die nicht abgeführte Lohnsteuer aus erwarteten Erstattungsansprüchen bezahlen zu können.[929]
- Die Steuern wurden nicht gezahlt, da der gesetzliche Vertreter um seinen Arbeitsplatz fürchtete.[930]
- Der gesetzliche Vertreter kann sich nicht darauf berufen, daß er von den Geschäften ferngehalten werde und ein anderer die Geschäfte tatsächlich führe.[931]

Von entscheidender Bedeutung für die Haftung des gesetzlichen Vertreters ist die Art der Steuerrückstände. Wenn es sich nämlich um *Abzugssteuern*[932]

---

922 Vgl. *Völlmeke*, Das Entschließungsermessen beim Haftungsbescheid, DStR 1991, 1001.
923 Zu den Begriffen „grobe Fahrlässigkeit" und „vorsätzliches Verhalten" vgl. S. 151 f.
924 Vgl. BFH v. 12.7.1988 VII R 108-109/87, BFH/NV 1988, 764.
925 Vgl. BFH v. 9.2.1988 VII B 169/87, BFH/NV 1988, 649.
926 Vgl. BFH v. 17.11.1992 VII R 13/92, BStBl. II 1993, 471; v. 11.12.1990 VII R 85/88, BStBl. II 1991, 282; v. 12.7.1988 VII R 108-109/87, BFH/NV 1988, 764.
927 Vgl. BFH v. 17.9.1987 VII R 62/84, BFH/NV 1988, 7.
928 Vgl. BFH v. 24.11.1987 VII R 82/84, BFH/NV 1988, 206.
929 Vgl. BFH v. 2.8.1988 VII R 60/85, BFH/NV 1989, 150.
930 Vgl. BFH v. 17.9.1987 VII R 101/84, BFH/NV 1988, 345.
931 Vgl. BFH v. 7.3.1995 VII B 172/94, BFH/NV 1995, 941.
932 Abzugssteuern sind beispielsweise: Lohnsteuer (§§ 38, 41a, 42d EStG); Kapitalertragsteuer (§§ 43 ff. EStG); USt im Abzugsverfahren (§ 18 Abs. 8 UStG). Keine Abzugsteuer sondern Unternehmenssteuer ist die pauschalierte Lohnsteuer gem. §§ 40, 40a EStG.

Haftungsbeträge gem. § 69 AO

und somit um treuhänderische Fremdgelder handelt, so sind diese vorrangig gegenüber sonstigen Steuerverbindlichkeiten der Gesellschaft zu begleichen.[933] Werden diese Zahlungen verschuldet unterlassen, so drohen zusätzlich die Rechtsfolgen aus §§ 370, 378, 380 AO.[934] Bezüglich aller *sonstigen Steuerrückstände*[935] befindet sich das Finanzamt in einer normalen Gläubigerposition, d.h. es wird nach dem Grundsatz der Gleichbehandlung aller Gläubiger befriedigt.[936]

Beispiel:[937]

Eine GmbH hat am 1.1.08 Schulden in Höhe von 5 Mio. DM, darin enthalten USt-Rückstände von 50.000 DM. Bis zum 31.6.08 (Konkurs wird mangels Masse abgelehnt) sind die gesamten Verbindlichkeiten auf 8 Mio. DM angestiegen. Die USt-Rückstände haben sich im gleichen Zeitraum auf 80.000 DM erhöht. Der Geschäftsführer hat im Jahr 08 insgesamt Schulden in einer Höhe von 3 Mio. DM beglichen, unter anderem 5.000 DM Umsatzsteuer.

Von den 8 Mio. DM Gesamtschulden entfällt auf die USt-Rückstände ein Anteil von 1 %. Da der Geschäftsführer insgesamt in Höhe von 3 Mio. DM Verbindlichkeiten der GmbH bezahlt hat, hätte bei einer anteiligen Steuerhaftungsquote von 1 %,[938] Umsatzsteuer in Höhe von 30.000 DM an das Finanzamt abgeführt werden müssen. Da nur 5.000 DM gezahlt wurden, verbleibt ein Haftungsschaden von 25.000 DM, für den der Geschäftsführer gem. § 69 AO persönlich haftet.

Bezüglich der Lohnsteuer muß der gesetzliche Vertreter, wenn ihm nur Geldmittel in Höhe der Nettolöhne zur Verfügung stehen, die Löhne entsprechend kürzen, um eine anteilige Befriedigung des Finanzamts sicherzustellen.[939]

Wird der gesetzliche Vertreter gem. § 69 AO für Steuerschulden der Gesellschaft als Haftender in Anspruch genommen, so stellen diese Aufwendungen Werbungskosten bei den Einkünften aus nichtselbständiger

---

933 Vgl. BFH v. 20.4.1993 VII R 67/92, BFH/NV 1994, 142.
934 Vgl. *Lammerding*, Abgabenordnung und FGO, 12. Aufl. Achim 1993, 452.
935 Das sind Ansprüche gem. § 37 AO; z.B.: Umsatzsteuer, Gewerbesteuer, Körperschaftsteuer und pauschalierte Lohnsteuer.
936 Vgl. BFH v. 12.5.1992 VII R 52/91, BFH/NV 1992, 785; *rs* in: KÖSDI 1995, 10122, Nr. 118.; Zur allgemeinen Behandlung von Steuerverbindlichkeiten im Rahmen der §§ 61 ff. KO vgl. *Kilger/Schmidt, K.*, Konkursordnung, 16. Aufl. München 1993, § 61; *Schuhmann*, Zur Geschäftsführerhaftung bei der Umsatzsteuer, UR 1996, 37.
937 Angelehnt an AO-Kartei NRW, § 191 Abs. 1 Karte 3 Anlage 2.
938 50.000 DM Umsatzsteuerrückstände bei 5 Mio. DM Gesamtverbindlichkeiten.
939 Vgl. BFH v. 20.4.1993 VII R 67/92, BFH/NV 1994, 142; v. 26.7.1988 VII R 83/87, BStBl. II 1988, 859; v. 21.10.1986 VII R 144/83, BFH/NV 1987, 286.

Arbeit (§ 19 EStG) dar.[940] Dies gilt m.E. auch dann, wenn der Vertreter an der Gesellschaft beteiligt ist.[941] Der BFH[942] hat nämlich im Zusammenhang mit Arbeitnehmer-Bürgschaften entschieden, daß diese dann nicht durch die Gesellschafterstellung veranlaßt sind, wenn besondere Umstände vorliegen, die eine berufliche Veranlassung rechtfertigen. Das ist z.B. dann gegeben, wenn der Arbeitnehmer sich in seiner speziellen Funktion als Geschäftsführer schadensersatzpflichtig gemacht hat. Auch in den Fällen, in denen der Arbeitnehmer nur in einem unbedeutenden Umfang an der Gesellschaft beteiligt ist, kann eine Veranlassung der Aufwendungen durch das Arbeitsverhältnis vorliegen.[943]

Die Beweislast, daß die Pflichtverletzung beruflich veranlaßt ist, trägt der Steuerpflichtige, der den Werbungskostenabzug beantragt.[944]

Begleicht der gesetzliche Vertreter die Steuerschulden der Gesellschaft, so entsteht ihm dadurch ein Rückgriffsanspruch gegen die Gesellschaft.[945] Falls die Gesellschaft diese Ausgleichsverpflichtung teilweise oder in voller Höhe begleicht, so stellen diese Zahlungen Einkünfte aus nichtselbständiger Arbeit (§ 19 EStG) dar.

Nur falls die Pflichtverletzung nicht im objektiven Zusammenhang mit der beruflichen Tätigkeit steht, scheidet ein Werbungskostenabzug aus. Dies ist z.B. dann der Fall, wenn der gesetzliche Vertreter eine Unterschlagung begeht[946] oder den Arbeitgeber bewußt schädigt.[947]

Kapitel 4:
Zahlungen des Pensionssicherungsvereins

Hat ein Arbeitgeber einem Arbeitnehmer Leistungen der betrieblichen Altersversorgung entweder unmittelbar zugesagt, oder sind diese Leistun-

---

940 Vgl. BFH v. 14.10.1960 VI 45/60 U, BStBl. III 1961, 20; FG Düsseldorf v. 9.12.1987, EFG 1988, 168 (rkr.); FG Münster v. 15.7.1987, EFG 1988, 169 (rkr.).
941 Gl.A. OFD Düsseldorf v. 20.10.1992, DStR 1992, 1725.
942 Vgl. BFH v. 8.12.1992 VIII R 99/90, BFH/NV 1993, 654; v. 20.12.1988 VI R 55/84, BFH/NV 1990, 23.
943 Vgl. zur gleichen Problematik die Ausführungen zum Arbeitnehmer-Darlehen auf S. 228 f.
944 Vgl. BFH v. 24.8.1989 IV R 80/88, BStBl. II 1990, 17 [19].
945 Vgl. OFD Düsseldorf v. 20.10.1992, DStR 1992, 1725 [1726].
946 Vgl. BFH v. 4.11.1988 VI E 3/88, BFH/NV 1989, 316.
947 Vgl. BFH v. 18.9.1987 VI R 121/84, BFH/NV 1988, 353.

gen über eine Unterstützungskasse oder eine Direktversicherung der in § 7 Abs. 1 Satz 2 und Abs. 2 Satz 1 Nr. 2 BetrAVG Art abgedeckt, so besteht gem. § 10 Abs. 1 BetrAVG die Verpflichtung, Beitragszahlungen an den Pensionssicherungsverein zu bezahlen.[948] Dieser übernimmt dann im Fall der Insolvenz des Arbeitgebers die bereits laufenden betrieblichen Versorgungsleistungen sowie Versorgungsanwartschaften, welche zu diesem Zeitpunkt nach gesetzlichen Vorschriften unverfallbar sind.[949]

Eine Besonderheit bei der Leistungsübernahme durch den Pensionssicherungsverein besteht darin, daß gem. § 8 Abs. 2 BetrAVG anstatt einer Rente eine Abfindung in einer Summe an den Arbeitnehmer ausgezahlt werden kann. Ob der Träger der Insolvenzsicherung dieses Wahlrecht ausübt, steht in seinem alleinigen Ermessen, der begünstigte Arbeitnehmer kann sich der Entscheidung des Pensionssicherungsvereins nicht widersetzen.[950] Zahlt der Pensionssicherungsverein gem. § 8 Abs. 2 BetrAVG eine zwischen dem Arbeitnehmer und dem Arbeitgeber nicht vertraglich vereinbarte Abfindung an Stelle einer Rente, so beruht diese Abfindung auf einer neuen Rechtsgrundlage und stellt somit eine Entschädigung i.S.d. § 24 Nr. 1 Buchstabe a dar.[951] Der Arbeitneher hat also Anspruch auf Besteuerung mit dem halben durchschnittlichen Steuersatz gem. § 34 EStG.

Keine Entschädigung liegt jedoch in den Fällen vor, in denen schon die Pensionszusage des Arbeitnehmers eine Abfindungsregel enthält.[952] Um die Steuervergünstigungen des § 24 Nr. 1 Buchstabe a EStG für Entschädigungen zu erhalten, muß nämlich der an die Stelle der bisherigen Einnahmen tretende Ersatzanspruch auf einer neuen Rechtsgrundlage beruhen.[953] Da diese Voraussetzung nicht erfüllt ist, kommt der Arbeitnehmer, falls der Arbeitgeber von seinem Kapitalwahlrecht gebrauch macht, nicht in den Genuß der Tarifermäßigung gem. § 34 EStG.[954] Tritt der Pensions-

---

948 Vgl. BFH v. 12.10.1993 X B 21/93, BFH/NV 1994, 238; v. 13.11.1991 I R 102/88, BStBl. II 1992, 336 [337].
949 Vgl. *Greb* in: Gablers Wirtschaftslexikon, 11. Aufl. Wiesbaden 1983, „Betriebsrentengesetz" II. 5.
950 Vgl. *Höfer/Reiners/Wüst*, Gesetz zur Verbesserung der betrieblichen Altersversorgung, 3. Aufl. München 1992, § 8 Rdnr. 3016.
951 Vgl. BFH v. 25.8.1993 XI R 8/93, BStBl. II 1994, 167.
952 Vgl. BFH v. 27.2.1991 XI R 8/87, BStBl. II 1991, 703.
953 Vgl. BFH v. 6.2.1987 VI R 229/83, BFH/NV 1987, 572 [574]; v. 20.10.1978 VI R 107/77, BStBl. II 1979, 176.
954 Vgl. BFH v. 27.2.1991 XI R 8/87, BStBl. II 1991, 703.

sicherungsverein an die Stelle des insolventen Arbeitgebers und zahlt auch er die Leistungsansprüche des Arbeitnehmers in einer Summe aus, so muß sich der Arbeitnehmer die mit dem Arbeitgeber vereinbarte Abfindungsregel entgegen halten lassen, obwohl die Entschädigung gem. § 8 Abs. 2 BetrAVG gezahlt wird.[955]

---

[955] Der BFH führt im Leisatz des Urteils v. 25.8.1993 (XI R 8/93, BStBl. II 1994, 167) explizit aus, daß die Rechtsfolgen des § 24 Nr. 1 Buchstabe a nur dann eintreten, wenn die Abfindung vorher nicht vertraglich vereinbart war. Ebenso: *Seegert* in: Schmidt, L., Einkommensteuergesetz, 15. Aufl. München 1996, § 24 Rz. 31.

Teil 5:
Kapitalanleger

Kapitel 1:
Normalfall

Überläßt ein Kapitalanleger einer anderen natürlichen oder juristischen Person Vermögen, um dadurch Erträge zu erwirtschaften, so muß man bezüglich der steuerlichen Rechtsfolgen zwischen der Kapitalanlage als solcher und den daraus gezogenen Früchten unterscheiden.

Alle Aufwendungen, die der Steuerpflichtige trägt, um die *Kapitalanlage* zu erwerben (z.B. Ankaufspesen,[956] Auslosungskosten,[957] Optionsgebühren[958] usw.), wirken sich steuerlich nicht aus. Denn diese zu den Anschaffungskosten zählenden Aufwendungen und die Wertveränderungen des eingesetzten Vermögens, sowohl Wertsteigerungen als auch Wertminderungen bis hin zum vollständigen Untergang (z.B. durch Konkurs des Kapitalschuldners), werden von der Besteuerung grundsätzlich nicht erfaßt.[959] Lediglich bei Kapitalanlagen, die innerhalb der sechsmonatigen Spekulationsfrist des § 23 Abs. 1 Satz 1 Nr. 1 Buchstabe b EStG an- und wieder verkauft werden, unterliegen die Wertveränderungen der Besteuerung. Die einzige Möglichkeit der Gestaltung liegt darin, bei absehbarem Untergang der Kapitalanlage, diese innerhalb der Spekulationsfrist für z.B. eine DM zu verkaufen und somit den Vermögensverlust steuerlich geltend zu machen.[960]

Im Gegensatz zur Kapitalanlage unterliegen die *Früchte*, die aus dem überlassenen Kapital gezogen werden, der laufenden Besteuerung.[961] Von den erzielten Einnahmen können gemäß den allgemeinen Grundsätzen des § 9 EStG Werbungskosten (z.B. Schuldzinsen) in Abzug gebracht werden.[962]

---

956 Vgl. BFH v. 9.10.1979 VIII R 67/77, BStBl. II 1980, 116.
957 Vgl. BFH v. 9.10.1979 VIII R 67/77, BStBl. II 1980, 116.
958 Vgl. FG Köln v. 19.6.1995, EFG 1996, 18 (rkr.); FG Baden-Württemberg v. 30.6.1993, EFG 1994, 197 (rkr.).
959 Vgl. *Heinicke* in: Schmidt, L., Einkommensteuergesetz, 15. Aufl. München 1996, § 20 Rz. 4 f.
960 Vgl. Zu den Voraussetzungen der Geltendmachung von Vermögensverlusten bei Spekulationsgeschäften S. 51.
961 Vgl. § 20 EStG.
962 Vgl. § 2 Abs. 2 Nr. 2 EStG.

Gerät der Kapitalschuldner in eine Krise, so stellt sich die Frage, ob der Kapitalanleger auch nach dem Untergang der Anlage nachträgliche Werbungskosten absetzen kann. Insbesondere bei fremdfinanzierten Anlagen fallen auch nach deren Untergang oftmals erhebliche Zinsaufwendungen an. Die Rechtslage stellt sich im Moment so dar, daß der BFH in ständiger Rechtsprechung bei privat veranlaßten Schuldzinsen[963] den Werbungskostenabzug für die Zeit nach dem Untergang des Investments untersagt.[964] Sowohl von den Finanzgerichten[965] als auch im Schrifttum[966] werden jedoch heftige Bedenken angemeldet, und *Heinicke*[967] ist sogar der Auffassung, daß die oberste Rechtsprechung nicht mehr lange haltbar sein wird. Die Untersagung des Schuldzinsenabzugs verstößt nämlich eklatant gegen den Grundsatz, daß nachträgliche Werbungskosten auch dann abzugsfähig sind, wenn sie noch in wirtschaftlichem Zusammenhang mit der früheren Einnahmeerzielung stehen.[968]

Werbungskosten sind somit nur insoweit abzugsfähig, als sie auf die Zeit der Einkünfteerzielung entfallen.[969] Geht eine Kapitalanlage aufgrund der Zahlungsunfähigkeit des Kapitalschuldners unter, so können Werbungskosten nur bis zu dem Zeitpunkt geltend gemacht werden, in dem der Kapitalanleger verläßlich von der voraussichtlich dauernden Zahlungs-

---

[963] Handelt es sich um nachträgliche Schuldzinsen im Bereich des Betriebsvermögens, so ist ein Abzug zulässig (vgl. BFH v. 12.11.1991 IX R 15/90, BStBl. II 1992, 289 [290].)
[964] Vgl. BFH v. 14.6.1994 VIII R 14/93, BFH/NV 1995, 377; v. 8.12.1992 VIII R 99/90, BFH/NV 1993, 654; v. 10.11.1992 VIII R 98/90, BFH/NV 1993, 468; v. 18.8.1992 VIII R 22/89, BFH/NV 1993, 465; v. 31.7.1991 VIII R 67/88, BFH/NV 1992, 33; v. 8.12.1992 VIII R 78/89, BStBl. II 1993, 301; v. 12.11.1991 IX R 15/90, BStBl. II 1992, 289; v. 23.1.1990 IX R 8/85, BStBl. II 1990, 464; v. 9.8.1983 VIII R 276/82, BStBl. II 1984, 29; v. 21.12.1982 VIII R 48/82, BStBl. II 1983, 373.
[965] Vgl. FG München v. 15.7.1992, EFG 1993, 143 (rkr.); FG Düsseldorf v. 8.7.1992, EFG 1992, 732: aufgehoben durch BFH v. 25.4.1995 IX R 114/92, BFH/NV 1995, 966; FG München v. 24.9.1990, EFG 1991, 242: aufgehoben durch BFH v. 7.12.1993 IX R 134/90, BFH/NV 1994, 624; FG Saarland v. 4.2.1992, EFG 1992, 322 (rkr.); FG Düsseldorf v. 9.12.1987, EFG 1988, 168 (rkr.).
[966] Vgl. *Bilsdorfer/Engel*, Darlehens- und Bürgschaftsverluste von GmbH-Gesellschaftern und -Geschäftsführern, INF 1994, 321 [324]; *Rößler*, Nach Zwangsversteigerung entstehende Schuldzinsen keine nachträglichen Werbungskosten, DStZ 1992, 493; *Drenseck*, Anmerkungen zum BFH-Urteil v. 12.11.1991, FR 1992, 332; *Paus*, Nach Zwangsversteigerung entstehende Schuldzinsen keine nachträglichen Werbungskosten, DStZ 1992, 634, *ders.*, Sind Zinsen nach Veräußerung eines Mietwohngrundstücks Werbungskosten?, FR 1984, 135; *Söffing*, Die neue Rechtsprechung zum Schuldzinsabzug und ihre Auswirkungen, FR 1984, 185 [188].
[967] *Heinicke* in: Schmidt, L., Einkommensteuergesetz, 15. Aufl. München 1996, § 20 Rz. 230 „Nachträgliche Anschaffungskosten".
[968] Vgl. *Drenseck* in: Schmidt, L., Einkommensteuergesetz, 15. Aufl. München 1996, § 9 Rz. 40.
[969] Vgl. BFH v. 19.1.1993 VIII R 74/91, BFH/NV 1993, 714; v. 9.8.1983 VIII R 276/82, BStBl. II 1984, 29.

unfähigkeit erfährt.⁹⁷⁰ Verkauft der Kapitalgläubiger die Anlage, um z.B. den Vermögensverlust noch innerhalb der Spekulationsfrist zu realisieren (s.o.), so ist in diesem Fall, ab dem Zeitpunkt der Übertragung, ein Werbungskostenabzug nicht mehr möglich.

Handelt es sich nicht um eine endgültige, sondern nur um eine vorübergehende Ertragslosigkeit, so sind auch die während des ertraglosen Zeitraums anfallenden Werbungskosten abzugsfähig.⁹⁷¹ Ist somit der Kapitalschuldner nach überstandener Krise wieder in der Lage, die vereinbarten Kapitaldienste zu erbringen, bleibt der Werbungskostenabzug des Kapitalanlegers bestehen.

Kapitel 2:
Betrügerische Gewinngutschriften bei sog. „Schneeballsystemen"

Man schätzt, daß Kapitalanleger die ihr Vermögen betrügerischen Anlageberatern anvertraut haben, jährlich ca. 40 Milliarden DM verlieren.⁹⁷² Die Vorgehensweise dieser verbrecherischen Organisationen ähnelt in den meisten Fällen der des sog. VBS/Ambros-Skandals,⁹⁷³ der deshalb im Folgenden kurz vorgestellt wird. Geködert werden die Anleger mit astronomischen Renditen (bei Ambros: 25 bis 50% pro Jahr), die mittels Warentermingeschäften erwirtschaftet werden sollen. In Wirklichkeit werden die angelegten Gelder jedoch entweder von Anfang an veruntreut oder tatsächlich höchst spekulativ eingesetzt und bei diesen Investments aufgezehrt. Dem Kapitalanleger gegenüber werden jedoch auf monatlich erstellten Phantasie-Abrechnungen die versprochenen Renditen ausgewiesen und auf Wunsch entweder reinvestiert oder ausbezahlt. Die Auszahlungen werden, da die Renditen nie erwirtschaftet worden sind, aus den Einzahlungen der neuen Kapitalanleger bestritten. Erst wenn mehr Anleger ihr

---

970 Vgl. BFH v. 14.6.1994 VIII R 14/93, BFH/NV 1995, 377.
971 Vgl. BFH v. 10.11.1992 VIII R 98/90, BFH/NV 1993, 468.
972 Vgl. *Seeger*, Millionäre über Nacht, WiWo 1995, Heft 29, 92 ff.
973 Beim VBS/Ambros-Skandal handelt es sich um den größten Anlagenbetrug in Deutschland. Dabei wurden von rund 50.000 bis 70.000 Kapitalanlegern 550 bis 800 Mio. DM verloren (*Carl*, Zur Frage der Steuerpflicht von im sogenannten Schneeballsystem ausgeschütteten Kapitalerträgen, INF 1994, 680; *o.V.*, Gerupfte Anleger jetzt vom Fiskus gebeutelt, SZ. v. 31.1.1994, 19).

Kapital abziehen als neue Anleger investieren, bzw. wenn die Betrüger untertauchen, bricht das sog. Schneeballsystem zusammen.

Bei diesen Schneeballsystemen bereitet die Anwendung der im Kapitel 1 dargestellten Grundsätze große Schwierigkeiten.[974] Es bestehen daher über die Behandlung der gutgeschriebenen, aber nie tatsächlich erwirtschafteten Erträge sehr divergierende Ansichten, die anfangs dazu führten, daß das FG Baden-Württemberg,[975] das FG Münster[976] und das Niedersächsische FG[977] die betrügerischen Gewinngutschriften als steuerpflichtige Zinseinkünfte i.S.d. § 20 Abs. 1 Nr. 7 EStG behandelten. Dem Zufluß stehe nämlich nicht entgegen, daß die Werthaltigkeit den Kapitalanlegern vorgespielt worden sei. Die eingelegten Nichtzulassungsbeschwerden wurde vom BFH abgelehnt, mit der Begründung, daß eine grundsätzliche Bedeutung nicht vorliege.[978] Die Begründung erscheint etwas seltsam angesichts von tausenden von Betroffenen. Erst mit dem Beschluß v. 20.12.1994 hat der BFH einem Antrag auf Aussetzung der Vollziehung stattgegeben und ausgeführt, daß es „ernstlich zweifelhaft [sei], ob die erteilten Gewinngutschriften zu einem Zufluß von Kapitalerträgen beim Anleger führen, wenn das hoch überschuldete Unternehmen die gutgeschriebenen Beträge im Grunde nur aus den Einlagen der Kapitalgeber leisten könnte".[979] Diesem Beschluß hat sich auch die OFD Düsseldorf angeschlossen.[980] Somit wird bis zur Entscheidung durch den BFH in allen offenen Veranlagungen einer beantragten Aussetzung der Vollziehung entsprochen.

Während der BFH in seinen Beschlüssen zur Aussetzung der Vollziehung nur das Kriterium des Zuflusses der Erträge beim Kapitalanleger genauer

---

974 Vgl. *Pannen*, Zur Existenz steuerpflichtiger Einkünfte bei betrügerischem Schneballsystem, DB 1995, 1531; *Wernke*, Besteuerung des Initiators einer nach dem Schneeballsystem betriebenen Kapitalanlagegesellschaft, INF 1995, 129; *Jungen*, Doch keine steuerpflichtigen Einkünfte bei betrügerischem „Schneeballsystem"?, DStR 1994, 1882; *ders.*, Steuerpflichtige Einkünfte bei betrügerischem „Schneeballsystem"?, DStR 1994, 1676; *Meyer-Scharenberg*, Steuerprobleme im Konkursfall, DStR 1994, 889 [895 f.]; *Carl/Klos*, Zur Frage der Steuerpflicht von im sogenannten Schneeballsystem ausgeschütteten Kapitalerträgen, INF 1994, 680.
975 Vgl. FG Baden-Württemberg v. 25.10.1993 5 V 10/93, n.v.
976 Vgl. FG Münster v. 26.10.1993, EFG 1994, 660 (rkr.).
977 Vgl. Niedersächsisches FG v. 8.3.1994, EFG 1994, 659 (rkr.).
978 Vgl. BFH v. 20.12.1994 VIII B 82/94, n.v.; v. 16.3.1994 VIII B 8/94, BFH/NV 1994, 882.
979 Vgl. BFH v. 20.12.1994 VIII B 143/94, BStBl. II 1995, 262.
980 Vgl. OFD Düsseldorf v. 1.8.1995, DB 1995, 1688.

untersucht hat,[981] werden in der Literatur differenziertere Ansätze diskutiert.[982]

So ist zunächst zu prüfen, ob die erwirtschafteten Gewinne überhaupt steuerpflichtige Erträge darstellen. Da die Ambros S.A. Termin- und Optionsgeschäfte tätigte, die von der Rechtsprechung als Differenzgeschäfte eingestuft werden,[983] kann für diese Gewinne nach Ansicht einiger Autoren gar keine Steuerpflicht entstehen.[984]

Sollte dennoch eine Steuerbarkeit der Erträge zu bejahen sein, so ist in einem zweiten Schritt zu überprüfen, ob die erwirtschafteten Gewinne dem Kapitalanleger überhaupt zuzurechnen sind. Da die Anleger mit der Ambros S.A. sog. „Spar- bzw. Verwaltungsverträge" abgeschlossen haben, deutet vieles darauf hin, daß es sich um Treuhandverhältnisse handelt. Obwohl die aus dem Treugut erwirtschafteten Einkünfte grundsätzlich dem Treugeber zuzurechnen sind (§ 39 Abs. 2 Nr. 1 Satz 2 AO), legt *Pannen* schlüssig dar, daß die Ambros S.A. das Treugut veruntreut hat, und somit eine Zurechnung der Scheinrenditen auf den Treugeber nicht vorliegen könne.[985]

Da das Niedersächsische FG[986] das Vorliegen von Treuhandverhältnissen jedoch ausschließt und ein Kapitalnutzungsverhältnis unterstellt, muß untersucht werden, ob unter diesen Voraussetzungen Einkünfte aus Kapitalvermögen vorliegen.[987] Unabhängig davon, ob es sich im Rahmen eines Kapitalnutzungsverhältnisses um ein partiarisches Darlehen,[988] eine stille

---

981 Vgl. BFH v. 13.10.1995 VIII B 65/95, BFH/NV 1996, 208; v. 16.3.1995 VIII B 158/94, BFH/NV 1995, 680; v. 8.2.1995 VIII B 157/94, BFH/NV 1995, 733; v. 20.12.1994 VIII B 143/94, BStBl. II 1995, 262.
982 Auf eine detaillierte Darstellung wird verzichtet, da bis zur Entscheidung der anhängigen Verfahren beim BFH keinerlei Gestaltungsmöglichkeiten vorhanden sind. Die einzelnen Ansichten sind den zitierten Aufsätzen zu entnehmen.
983 Vgl. BFH v. 13.10.1988 IV R 220/85, BStBl. II 1989, 39; v. 22.9.1987 IX R 162/83, BFH/NV 1988, 230 [231]; v. 8.12.1981 VIII R 125/79 BStBl. II 1982, 618 [619 f.].
984 Vgl. FG Münster v. 14.7.1995, EFG 1995, 874 [875], Rev. BFH: VIII B 85/95; *Pannen*, Zur Existenz steuerpflichtiger Einkünfte bei betrügerischem Schneballsystem, DB 1995, 1531 [1533]; *Jungen*, Steuerpflichtige Einkünfte bei betrügerischem „Schneeballsystem"?, DStR 1994, 1676 [1678].
985 Vgl. *Pannen*, Zur Existenz steuerpflichtiger Einkünfte bei betrügerischem Schneballsystem, DB 1995, 1531.
986 Vgl. Niedersächsisches FG v. 8.3.1994, EFG 1994, 659 [660] (rkr.).
987 Von einem Kapitalnutzungsverhältnis gehen auch das FG Münster (v. 26.4.1995, EFG 1996, 102, Rev. BFH: VIII R 72/95) und das FG München (v. 26.10.1993, EFG 1994, 660 (rkr.)) aus.
988 Hierzu tendiert wohl das FG Münster v. 12.10.1995, EFG 1996, 277, Rev. BFH: VIII R 12/96.

Gesellschaft[989] oder sonstige Kapitalforderungen[990] handelt, wird zur Klärung der Besteuerung der Scheinrenditen erforderlich sein, daß der BFH entscheidet, ob ein steuerpflichtiger „Zufluß" der betrügerischen Gutschriften vorliegt oder nicht. Da mittlerweile 11 Verfahren beim VIII. Senat des BFH anhängig sind,[991] wird im Zuge der ergehenden Urteile eine umfassende Regelung der Besteuerung von betrügerischen Gewinngutschriften bei sog. Schneeballsystemen erfolgen.

Die verschiedenen Möglichkeiten der Kapitalüberlassung, sowie deren Rechtsfolgen beim Kapitalanleger sind in folgender Übersicht systematisch zusammengefaßt.

Art der Kapitalüberlassung:	Treuhandverhältnis	Kapitalnutzungsverhältnis		
		typisch stille Beteiligung (§ 20 Abs. 1 Nr. 4 1. Alt. EStG)	partiarisches Darlehen (§ 20 Abs. 1 Nr. 4 2. Alt. EStG)	sonstige Kapitalforderung (§ 20 Abs. 1 Nr. 7 EStG)
Rechtsfolgen:	a) Keine Zurechnung der betrügerischen Gewinngutschriften beim Kapitalanleger	a) Das Vorliegen steuerpflichtiger Kapitalerträge ist ernstlich zweifelhaft.	Das Vorliegen steuerpflichtiger Kapitalerträge ist ernstlich zweifelhaft.	Das Vorliegen steuerpflichtiger Kapitalerträge ist ernstlich zweifelhaft.
	b) Differenzgeschäfte (z.B. Warentermingeschäfte) sind, falls sie dem Kapitalanleger aufgrund eines Treuhandverhältnisses zuzurechnen sind, nicht steuerpflichtig	b) Die tatsächlich erwirtschafteten Verluste der Anlagegesellschaft sind dem Kapitalanleger bis zur Höhe seiner Anlage zuzurechnen.		

Abb. 19: Übersicht der Rechtsfolgen bei sog. Schneeballsystemen

---

989 Vgl. FG Baden-Württemberg v. 20.10.1994, EFG 1995, 74 (n.rkr.). Der BFH hat in seinem Beschluß zur Aussetzung der Vollziehung diese Frage explizit offengelassen (BFH v. 16.3.1995 VIII B 158/94, BFH/NV 1995, 680). *Pannen*, Zur Existenz steuerpflichtiger Einkünfte bei betrügerischem Schneballsystem, DB 1995, 1531 [1534]; *Meyer-Scharenberg*, Steuerprobleme im Konkursfall, DStR 1994, 889 [896].
990 Vgl. FG Düsseldorf v. 15.8.1994, EFG 1995, 30 (n.rkr.); FG Münster v. 26.10.1993, EFG 1994, 660 [661] (rkr.); *Heinicke* in: Schmidt, L., Einkommensteuergesetz, 15. Aufl. München 1996, § 20 Rz. 14.
991 Vgl. BFH/AV III, 1996, 95 f.

Teil 6:
Geschäftspartner, Lieferanten, Banken

Geschäftspartner, Lieferanten und Banken verfügen i.d.R. nur über unzureichende Informationen bzgl. der Finanz- und Vermögenssituation des Krisenunternehmens. Daher haben insbesondere die Lieferanten bei Konkursen ihrer Kunden die größten Vermögensverluste zu beklagen. Da die ertragsteuerliche Geltendmachung dieser Verluste keine größeren Probleme beinhaltet, widmet sich dieses Kapitel den Gestaltungsmöglichkeiten im Bereich der Umsatzbesteuerung.

Kapitel 1:
Rechnungskorrektur gem. § 17 UStG

Erbringt ein Unternehmer gegenüber einem anderen Unternehmer eine Lieferung oder sonstige Leistung, so entsteht im Voranmeldungszeitraum der erfolgswirksamen Fakturierung der Forderung eine Umsatzsteuerschuld gegenüber dem Finanzamt (Soll-Besteuerung).[992] Handelt es sich bei dem Geschäftspartner um ein Krisenunternehmen, muß der Lieferant sowohl die mit der Leistungserbringung zusammenhängenden Kosten als auch die anfallenden Steuern (Umsatz- und eventuell Ertragsteuern) vorfinanzieren. Werden dem Lieferanten jedoch Umstände bekannt, daß die Forderung über das allgemeine Kreditrisiko hinausgehend gefährdet ist, so muß er handels- und ertragsteuerlich eine Einzelwertberichtigung vornehmen.[993] Diese Abschreibung hat von der Netto-Forderung zu erfolgen. Da die Bemessungsgrundlage der Umsatzsteuer die vereinbarte Gegenleistung ist, hat die bilanzielle Korrektur der Forderung keine unmittelbare Auswirkung auf die Umsatzsteuer.[994]

---

992 Vgl. § 13 Abs. 1 Nr. 1 Buchstabe a UStG. Die entstandene Steuer wird auch sogleich dem Finanzamt geschuldet (§ 18 Abs. 1 i.V.m. § 16 Abs. 1 Satz 2 UStG). Nur falls es sich um Kleinunternehmer i.S.d. § 20 UStG handelt, kann auf Antrag eine Besteuerung nach vereinnahmten Entgelten (Ist-Besteuerung) vorgenommen werden (§ 13 Abs. 1 Nr. 1 Buchstabe b UStG).
993 Vgl. BFH v. 9.5.1961 I 128/60 S, BStBl. III 1961, 336; *Ellrott/Schulz/Bail* in: Beck´scher Bilanz-Kommentar, 3. Aufl. München 1995, § 253 Rdn. 569.
994 Vgl. § 10 Abs. 1 Satz 1 und 2 UStG. Da auch für die handels- und einkommensrechtliche Bewertung der Forderung die Zahlungsunwillig- bzw. -fähigkeit maßgeblich ist (*Glanegger* in: Schmidt, L., Einkommensteuergesetz, 15. Aufl. München 1996, § 6 Rz. 369; *Heuer/Raupach* in: Herrmann/Heuer/Raupach, Einkommensteuer- und Körperschaftsteuergesetz, § 6 Rdn. 917), entwickelt die Abschreibung für die umsatzsteuerliche Korrekturvorschrift eine Indizwirkung.

Das Prinzip der Besteuerung nach den vereinbarten Entgelten beruht allerdings auf der Prämisse, daß der Abnehmer seine Verbindlichkeit vereinbarungsgemäß bezahlt und somit der Lieferant keine längere Vorfinanzierung bzw. endgültige Belastung der Steuer zu tragen hat.[995] Droht eine Zahlung „uneinbringlich" zu werden, so ist gem. § 17 Abs. 2 i.V.m. Abs. 1 Satz 1 Nr. 1 UStG der geschuldete Umsatzsteuerbetrag zu berichtigen. Das heißt, ab dem Voranmeldungszeitraum, ab dem feststeht, daß die Nichtdurchsetzbarkeit der Forderung auf Zahlungsunfähigkeit[996] oder mangelndem Zahlungswillen beruht,[997] vermindert der Lieferant die Umsatzsteuerschuld gegenüber dem Finanzamt in der Höhe, in der die Forderung uneinbringlich wird.[998] Die Forderung wird spätestens dann uneinbringlich, wenn über das Vermögen des Krisenunternehmens das Konkursverfahren eröffnet wird.[999]

Korrespondierend mit der Korrektur der Umsatzsteuerverbindlichkeit des Lieferanten, muß auf seiten des Krisenunternehmens eine Korrektur der Vorsteuer vorgenommen werden, da der Grund für die Auszahlung dieses Betrags vom Finanzamt an den Leistungsempfänger ebenfalls im Nachhinein teilweise oder ganz weggefallen ist (§ 37 Abs. 2 AO).[1000]

Die Berichtigungspflicht des Lieferanten und des Krisenunternehmens entsteht jedoch unabhängig voneinander.[1001] Der Lieferant muß den Leistungsempfänger somit weder in Kenntnis setzen, noch eine korrigierte Rechnung ausfertigen - da die Forderung ja noch besteht -, um seinerseits die Umsatzsteuerverbindlichkeit gegenüber dem Finanzamt zu korrigieren.[1002] Auch der Umstand, daß der Leistende die Umsatzsteuerzahlung an die Finanzbehörde rückgängig macht und im Gegenzug eine Vorsteuerkorrektur beim Krisenunternehmen nicht mehr durchsetzbar ist, hat auf die Korrektur keinen Einfluß.[1003]

---

995 Vgl. *Stadie* in: Rau/Dürrwächter/Flick/Geist, Umsatzsteuergesetz, § 17 Anm. 132 f.
996 Zur Definition von Zahlungsunfähigkeit vgl. S. 43 f.
997 Vgl. BFH v. 16.7.1987 V R 80/82, BStBl. II 1987, 691 [692]; v. 10.3.1983 V B 46/80, BStBl. II 1983, 389; Abschn. 223 Abs. 5 Satz 2 UStR.
998 Vgl. *Stadie* in: Rau/Dürrwächter/Flick/Geist, Umsatzsteuergesetz, § 17 Anm. 26, 134.
999 Vgl. *Onusseit*, Umsatzsteuer im Konkurs, Köln 1988, 223.
1000 Vgl. BFH v. 21.5.1985 VII R 181/82, BStBl. II 1985, 488; FG Nürnberg v. 19.4.1994, EFG 1994, 1072, Rev. BFH: VIII R 80/94; FG Münster v. 10.9.1991, EFG 1992, 228 [229].
1001 Vgl. BFH v. 21.4.1987 V B 87/86, BFH/NV 1987, 604.
1002 Vgl. *Onusseit*, Umsatzsteuer im Konkurs, Köln 1988, 222 Fn. 226.
1003 Vgl. BFH v. 11.8.1994 XI R 57/93, BFH/NV 1995, 170; v. 25.2.1993 V R 112/91, BStBl. II 1993, 643.

Kapitel 2:
Verringerung von Verbindlichkeitsausfällen durch Widerruf der USt-Option nach § 9 Abs. 1 UStG

Unternehmen, die Umsätze im Bankgewerbe oder im Zusammenhang mit Immobilien ausführen, und kleinere Blindenwerkstätten haben gem. § 9 Abs. 1 UStG die Möglichkeit, auf die grundsätzlich bestehende Umsatzsteuerbefreiung ihrer Lieferungen und Leistungen zu verzichten. Diese Optionsmöglichkeit, die in erster Linie deshalb wahrgenommen wird, um den Vorsteuerabzug durchführen zu können, bietet auch im Fall des Konkurses des Erwerbers eine interessante Gestaltungsmöglichkeit. Durch einen Widerruf des Verzichts auf Steuerbefreiung, bei (zunächst) nach § 9 Abs. 1 UStG als steuerpflichtig behandelten Umsätzen, kann der Unternehmer in Höhe der Umsatzsteuer seine Gläubigerposition mit dem Finanzamt tauschen. Das Finanzamt ließ zwar in einem entsprechenden Fall den Wideruf der Option nicht zu und unterstellte dieser Gestaltung Mißbrauch von Gestaltungsmöglichkeiten (§ 42 AO). Der BFH hat diese Meinung jedoch korrigiert und explizit entschieden, daß für die Anwendung des § 42 AO kein Raum sei.[1004]

Beispiel:

Die Bank B verzichtet bei allen Umsätzen des § 4 Nr. 8 Buchstaben a-g und k UStG auf die Steuerbefreiung. D.h., sie stellt für einen banküblichen Umsatz in Höhe von z.B. 100 DM dem Unternehmer K zusätzlich 15 DM Umsatzsteuer in Rechnung (Vorgang 1 der Grafik). Dieser kann 15 DM Vorsteuer vom Finanzamt fordern, und B muß 15 DM Umsatzsteuer an das Finanzamt abführen.[1005] Fällt K in Konkurs, widerruft B die Umsatzsteueroption (Vorgang 2 der Grafik) mit der Folge, daß die Bank die 15 DM, die sie als Umsatzsteuer an das Finanzamt abgeführt hat, zurückerhält und K die 15 DM, die er als Vorsteuer vom Finanzamt erhalten hat, an dieses zurückzahlen muß. Aufgrund der Zahlungsunfähigkeit des K werden die 15 DM Vorsteuer jedoch nie an das Finanzamt zurückfließen. Da sich gleichzeitig der (uneinbringliche) Rechnungsbetrag für den Bankumsatz von 115 DM auf 100 DM verringert, hat im Ergebnis B bezüglich der 15 DM Umsatzsteuer die Gläubigerposition mit dem Finanzamt gewechselt.

1004 Vgl. BFH v. 11.8.1994 XI R 57/93, BFH/NV 1995, 170 [171].
1005 Vgl. zur Soll-Besteuerung S. 241 f.

Finanzamt

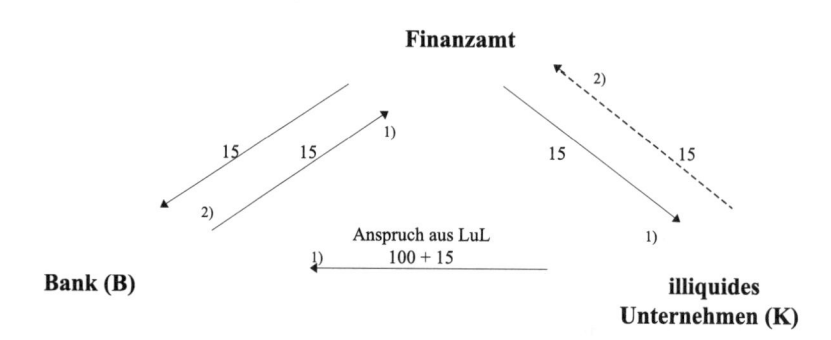

```
        15   15    1)          15         15
                                                
   2)                                         
              Anspruch aus LuL          1)
          1)     100 + 15
Bank (B)  ◄─────────────────            illiquides
                                        Unternehmen (K)
```

Abb. 20: Widerruf der Umsatzsteueroption nach Konkurs des Leistungsempfängers

Der Widerruf der Umsatzsteueroption ist einseitig vom leistenden Unternehmer auszuüben und bedarf somit nicht der Zustimmung des Leistungsempfängers oder des Finanzamts.[1006] Die Steuerpflicht entfällt aber nur dann, wenn die erteilten Rechnungen oder Gutschriften berichtigt werden.[1007] Eine Rückgabe der Erstrechnung mit dem gesonderten Steuerausweis ist jedoch nicht erforderlich.[1008]

Der Verzicht auf die Steuerbefreiung ist solange möglich, solange die Steuerfestsetzung noch nicht unanfechtbar geworden ist, der Steuerbescheid unter dem Vorbehalt der Nachprüfung steht oder die Steuerfestsetzung aufgehoben bzw. geändert wurde.[1009]

Kapitel 3:
Vorsteuerabzug bei der Verwertung von beweglichem Sicherungsgut und der Zwangsversteigerung von Grundvermögen

Wenn sich der Geschäftspartner in der Krise befindet und der Lieferant somit den Ausfall seiner Forderung(en) befürchten muß, kann er sich an bestimmten Gegenständen des Schuldners ein Sicherungseigentum einräu-

---

1006 Vgl. BFH v. 25.2.1993 V R 78/88, BStBl. II 1993, 777 [779].
1007 Vgl. Abschn. 148 Abs. 4 Satz 2 UStR.
1008 Vgl. BFH v. 25.2.1993 V R 78/88, BStBl. II 1993, 777; v. 29.10.1992 V R 48/90, BStBl. II 1993, 251.
1009 Vgl. Abschn. 148 Abs. 3 Sätze 2 und 3 UStR. Der BFH gesteht den Widerruf nur bis zum Eintritt der Steuerfestsetzung zu (BFH v. 25.2.1993 V R 78/88, BStBl. II 1993, 777 [779]; bestätigt durch BFH v. 11.8.1994 XI R 57/93, BFH/NV 1995, 170 [171]).

men lassen.[1010] Dabei erwirbt der Sicherungsnehmer zwar das Eigentum an dem Gegenstand, der Sicherungsgeber kann den Gegenstand jedoch weiterhin nützen.[1011] Als Sicherungsgut dienen in erster Linie bewegliche Sachen. Eine Sicherungsübereignung von Grundstücken ist zwar auch möglich, jedoch wird bei Immobilien anstelle einer Sicherungsübereignung i.d.R. eine Grundschuld (§ 1113 BGB) bestellt.[1012]

Die umsatzsteuerliche Behandlung hängt davon ab, welche zivilrechtliche Gestaltung der Verwertung des mobilen und des immobilen Vermögens zugrunde liegt.

A. Die Verwertung mobilen Sicherungsguts

I. Zivilrechtliche Fallgestaltungen

Für die umsatzsteuerliche Behandlung der Verwertung mobilen Sicherheitsguts, müssen zuerst zwei Fallgruppen unterschieden werden. Die Verwertungshandlungen außerhalb des Konkursverfahrens unterliegen nämlich anderen umsatzsteuerlichen Rechtsfolgen als diejenigen, die während eines laufenden Konkursverfahrens vorgenommen werden. Innerhalb dieser beiden Fallgruppen muß dann nochmals eine Aufteilung vorgenommen werden, und zwar in die Verwertungen, die einen steuerpflichtigen Umsatz auslösen und solche, die einen Doppelumsatz nach sich ziehen.

Bei der Verwertung von sicherungsübereigneten beweglichen Sachen *außerhalb des Konkursverfahrens* sind für umsatzsteuerliche Zwecke vier zivilrechtliche Fallgestaltungen zu unterscheiden:

Fall 1) Die Sache wird vom Sicherungsgeber (illiquides Unternehmen) dem Sicherungsnehmer (Lieferant) übereignet, und dieser verwertet den Gegenstand, in dem er ihn, mit dem Ziel seiner Befriedigung, in seinem Namen an einen Dritten veräußert.

1010 § 930 BGB. Eine zweite Möglichkeit bestünde darin, sich ein Pfandrecht an der Sache bestellen zu lassen (§§ 1204, 1205 BGB). Da diese Form der Sicherung in der Praxis kaum noch Verwendung findet, wird sie in dieser Darstellung nicht weiter verfolgt.
1011 Somit erhält der Sicherungsnehmer nur einen mittelbaren Besitz gem. § 868 BGB.
1012 Vgl. *Bassenge* in: Palandt, Bürgerliches Gesetzbuch, 46. Aufl. München 1987, § 930 Anm. 4c.

Mit der Ausübung des Verwertungsrechts werden zwei umsatzsteuerpflichtige Lieferungen ausgeführt.[1013] Zum einen liefert der Sicherungsgeber an den Sicherungsnehmer und zum zweiten der Sicherungsnehmer an den Erwerber.[1014]

Fall 2) Die Sache wird vom Sicherungsgeber dem Sicherungsnehmer übereignet, und dieser verwertet den Gegenstand, in dem er ihn „im Auftrag und für Rechnung" des Sicherungsgebers an einen Dritten veräußert.

Auch in diesem Fall handelt es sich um einen steuerpflichtigen Doppelumsatz, da alleine der Sicherungsnehmer bestimmt, wann, an wen und zu welchem Preis das Sicherungsgut veräußert wird.[1015]

Fall 3) Der Sicherungsgeber veräußert das Sicherungsgut direkt an einen Dritten. Der Sicherungsnehmer wird jedoch bei der Gestaltung des schuldrechtlichen Vetrags einbezogen.

Auch in diesem Fall handelt es sich um einen steuerpflichtigen Doppelumsatz. Denn aufgrund einer gemeinsamen Vereinbarung der am Sicherheitsverhältnis Beteiligten besteht die Übereinstimmung, daß die Verwertung des Sicherungsgutes zur Befriedigung des Sicherungsnehmers verwendet werden soll.[1016]

Fall 4) Der Sicherungsgeber veräußert das Sicherungsgut direkt an einen Dritten ohne jegliche Mitwirkung des Sicherungsnehmers am schuldrechtlichen Rechtsgeschäft.

In diesem Fall muß man zu einer anderen umsatzsteuerlichen Beurteilung kommen. Stimmt der Sicherungsnehmer nämlich lediglich dem sachenrechtlichen Rechtsgeschäft (z.B. gem. §§ 929, 185 BGB) zu, macht er dem Sicherungsgeber jedoch bezüglich des schuldrechtlichen Rechtsgeschäfts keinerlei Vorschriften, so kann er umsatzsteuerlich nicht mehr als Leistender i.S.d. §§ 1 Abs. 1, 3

1013 Es wird unterstellt, daß sowohl der Sicherungsgeber als auch der Sicherungsnehmer die Unternehmereigenschaft erfüllen und das Sicherungsgut zum Bereich des Unternehmensvermögens gehört. Die Übereignung stellt noch keine Lieferung dar, erst die Verwertung (vgl. BFH v. 21.7.1994 V R 114/91, BStBl. II 1994, 878).
1014 Vgl. BFH v. 4.6.1987 V R 57/79, BStBl. II 1987, 741; Abschn. 2 Abs. 1 Satz 1 f., 24 Abs. 2 Sätze 5 ff. UStR.
1015 Vgl. BFH v. 17.7.1980 V R 124/75, BStBl. II 1980, 673 [674]; Abschn. 2 Abs. 1 Satz 4 UStR.
1016 Vgl. BFH v. 9.3.1995 V R 102/89, BStBl. II 1995, 564 [566].

Abs. 1 UStG angesehen werden.[1017] Denn dies setzt nach der Rechtsprechung des BFH voraus, daß er alleine bestimmt, zu welchem Zeitpunkt, an welchen Erwerber und zu welchem Preis das Sicherungsgut veräußert werden soll.[1018] Es liegt somit nur ein steuerpflichtiger Umsatz zwischen dem Sicherungsgeber und dem Erwerber vor.

Wird die Verwertung der sicherungsübereigneten beweglichen Sachen erst *während eines laufenden Konkursverfahrens* vorgenommen, so ergeben sich folgende zivilrechtliche Fallgestaltungen:[1019]

Fall 5) Der Konkursverwalter veräußert das Sicherungsgut selbst und übergibt dem Sicherungsnehmer lediglich den ihm, aufgrund seiner Absonderungsberechtigung (§ 48 KO), zustehenden Anteil am Erlös.

Da der Sicherungsnehmer keinen Einfluß auf die Ausübung seines Verwertungsrechts hat, liegt nur eine Lieferung, und zwar vom Gemeinschuldner an den Erwerber, vor.[1020]

Fall 6) Der Konkursverwalter gibt den sicherungsübereigneten Gegenstand dem Sicherungsnehmer zur Selbstverwertung frei.

In diesem Fall handelt es sich, analog zu den oben dargestellten Grundsätzen der Verwertung außerhalb des Konkursverfahrens, um einen Doppelumsatz.[1021]

Fall 7) Der Konkursverwalter verwertet das Sicherungsgut in Abstimmung mit dem Sicherungsnehmer in dessen Namen und auf dessen Rechnung.

1017 Vgl. *Welzel*, Das Umsatzsteuerabzugsverfahren bei der Verwertung mobilen und immobilen Vermögens innerhalb und außerhalb des Konkurses, DStZ 1994, 647 [649].
1018 Vgl. BFH v. 17.7.1980 V R 124/75, BStBl. II 1980, 673 [674].
1019 Dabei wird im Folgenden nicht darauf eingegangen, ob es sich bei den entstehenden Umsatzsteuerverbindlichkeiten um Massekosten oder um Konkursforderungen handelt. Vgl. hierzu die Ausführungen von *Hess/Boochs/Weis*, Steuerrecht in der Insolvenz, Neuwied 1996, Rz. 731 ff.; *Onusseit*, Umsatzsteuer im Konkurs, Köln 1988, 233 ff.
1020 Vgl. BFH v. 4.6.1987 V R 57/79, BStBl. II 1987, 741 [743]; v. 20.7.1978 V R 2/75, BStBl. II 1978, 684 [685]; Abschn. 2 Abs. 4 Satz 1 UStR.
1021 Vgl. BFH v. 18.4.1996 V R 55/95, BStBl. II 1996, 561 [562]; v. 20.7.1978 V R 2/75, BStBl. II 1978, 684 [685]; Abschn. 2 Abs. 3 Sätze 1 und 2 UStR; *Knobbe-Keuk*, Konkurs und Umsatzsteuer, BB 1977, 757 [761 f.].

Da der Sicherungsnehmer – wenn auch indirekt – sein Verwertungsrecht selbst wahrnimmt, liegt wie im Fall 2 ein Doppelumsatz vor.[1022]

Fall 8) Der Konkursverwalter gibt die sicherungsübereigneten Gegenstände dem Gemeinschuldner mit der Maßgabe frei, daß der Verwertungserlös der Konkursmasse zugute kommen soll (sog. modifizierte Freigabe).

Auch in diesem Fall handelt es sich um einen Doppelumsatz vom Gemeinschuldner an den Sicherungsnehmer und vom Sicherungsnehmer an den Erwerber.[1023]

Fall 9) Der Konkursverwalter gibt die sicherungsübereigneten Gegenstände dem Gemeinschuldner zu dessen freier Verfügung frei (sog. unbedingte Freigabe).

Ob ein doppelter oder ein einfacher Umsatz vorliegt, ist im Einzelfall nach den oben dargestellten Grundsätzen der Verwertung außerhalb des Konkursverfahrens zu entscheiden.[1024]

II. Umsatzsteuerliche Rechtsfolgen

Die zivilrechtlichen Ausprägungen der Verwertung mobilen Vermögens müssen zuerst daraufhin untersucht werden, ob es sich im jeweiligen Fall um einen einzelnen Umsatz bzw. einen Doppelumsatz handelt. Die umsatzsteuerlichen Rechtsfolgen, die sich bei Einzel- bzw. Doppelumsätzen ergeben, bringen nämlich entweder den Sicherungsnehmer (Lieferanten) oder das Finanzamt in Höhe der Umsatzsteuer in eine Gläubigerposition gegenüber dem illiquiden Unternehmen. Die beteiligten Unternehmen können somit durch bestimmte zivilrechtliche Gestaltungen erreichen, daß der partielle Forderungsausfall zu Lasten des Finanzamts entsteht.

1. Rechtslage bis 31.12.1992

Nach der alten Rechtslage machte das Krisenunternehmen nach der Lieferung der bestellten Gegenstände gem. 15 Abs. 1 Nr. 1 UStG den Vorsteueranspruch aus der Rechnung geltend. War das Unternehmen aufgrund einer fortgeschrittenen Krise nicht mehr in der Lage, die Lieferan-

---

1022 Vgl. BFH v. 4.6.1987 V R 57/79, BStBl. II 1987, 741 [743].
1023 Vgl. BFH v. 24.9.1987 V R 196/83, BStBl. II 1987, 873.
1024 Vgl. Abschn. 2 Abs. 4 Sätze 3 und 4 UStR.

tenrechnung zu begleichen, so wurden die dem Lieferanten zur Sicherheit übereigneten Wirtschaftsgüter verwertet. Der Erlös aus der Verwertungshandlung floß dem illiquiden Unternehmen jedoch nie zu, da in den Fällen 1, 2 und 6 der Lieferant diesen Erlös mit seiner Forderung aufrechnete bzw. in den Fällen 3, 4, 5, 7, 8 und 9 das Konkursunternehmen den Erlös an den Lieferanten abgetreten hatte. Daher wurde die Umsatzsteuerschuld des illiquiden Unternehmens aus der Verwertungshandlung nie an das Finanzamt abgeführt. Andererseits wird der Lieferant aus der Verwertung auch in Höhe der Umsatzsteuer befriedigt, so daß im Ergebnis nur das Finanzamt eine Gläubigerposition innehat.

Beispiel zu Fall 1:

Ein Unternehmer (L) liefert an einen anderen Unternehmer (K) Waren im Wert von 100.000 DM zuzüglich 15.000 DM Umsatzsteuer. Das Schuldnerunternehmen ist nicht in der Lage die Verbindlichkeit zu begleichen, übereignet dem Lieferanten jedoch Maschinen als Sicherung. Da die Krise des Sicherungsgebers zunimmt, macht der Sicherungsnehmer von seinem Verwertungsrecht Gebrauch und veräußert die Maschinen für 100.000 DM zuzüglich 15.000 DM Umsatzsteuer an einen Dritten. Da der Erlös genau der Höhe der gesicherten Forderung entspricht, kann er gem. der Übereinkunft im Sicherungsvertrag verrechnen und muß dem Sicherungsgeber keinen Überschuß auskehren.[1025]

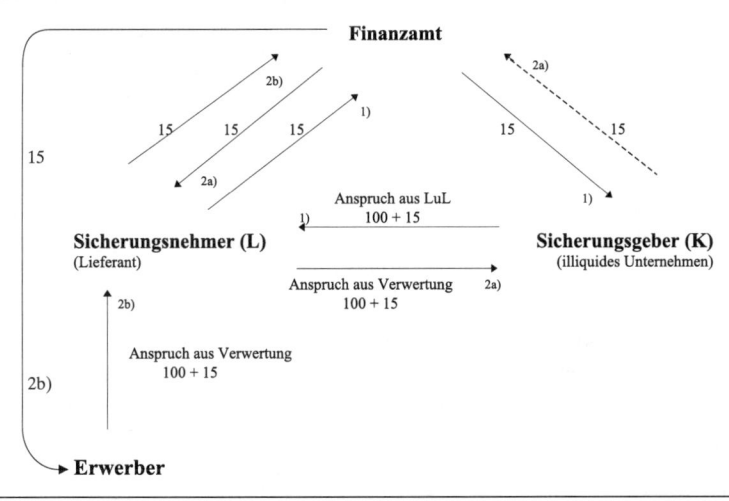

1025 Vgl. *Bassenge* in: Palandt, Bürgerliches Gesetzbuch, 46. Aufl. München 1987, § 930 Anm. 4d cc. Kosten der Verwertung gehen immer zu Lasten des Sicherungsgebers, so daß der Sicherungsnehmer darauf achten muß, mit der Verwertung seine gesamte Forderung zuzüglich der Verwertungskosten zu erreichen.

Die Lieferung des L an den K (1) führt umsatzsteuerlich dazu, daß L 15.000 DM Umsatzsteuer an das Finanzamt abführen muß und K 15.000 DM Vorsteuer vom Finanzamt erstattet bekommt, obwohl er die Rechnung nicht bezahlt.[1026] Wie oben dargelegt, werden durch den Verkauf des Sicherungsguts zwei Lieferungen i.S.d. Umsatzsteuerrechts ausgeführt. Die Verwertung führt sowohl zu einer steuerbaren Lieferung des Sicherungsgebers an den Sicherungsnehmer (2a) als auch gleichzeitig zu der steuerbaren Lieferung des Sicherungsnehmers an den Erwerber (2b).[1027] Der erste Umsatz der Verwertungshandlung von K an L (2a) bewirkt, daß K 15.000 DM Umsatzsteuer an das Finanzamt abführen müßte und L 15.000 DM Vorsteuer zurückerhält. Aus dem Verkauf an den Erwerber (2b) muß L 15.000 DM Umsatzsteuer an das Finanzamt abführen, und der Erwerber kann 15.000 DM Vorsteuer geltend machen. Aufgrund der Illiquidität des K entsteht auf seiten des Finanzamts eine uneinbringliche Forderung in Höhe von 15.000 DM.

Die folgende Tabelle zeigt die umsatzsteuerlichen Zahlungen und verdeutlicht, daß im Ergebnis das Finanzamt gegenüber K eine (in den meisten Fällen) wertlose Gläubigerposition in Höhe von 15.000 DM innehat, und sich die Position des L in genau dieser Höhe verbessert.

	Lieferant	Konkursunternehmen	Erwerber	Finanzamt
Lieferung (1)	− 15.000 DM	+ 15.000 DM	−	0 DM
Lieferung (2a)	+ 15.000 DM	**0 DM**[1028]	−	− 15.000 DM
Lieferung (2b)	0 DM	−	0 DM	0 DM
Ergebnis	0 DM	+ 15.000 DM	0 DM	− 15.000 DM

Beispiel zu Fall 4:

Ein Unternehmer (L) liefert an einen anderen Unternehmer (K) Waren im Wert von 100.000 DM zuzüglich 15.000 DM Umsatzsteuer. Das Schuldnerunternehmen ist nicht in der Lage die Verbindlichkeit zu begleichen, übereignet dem Lieferaten jedoch Maschinen als Sicherung. Als die Krise des Sicherungsgebers zunimmt, möchte der Sicherungsnehmer eigentlich von seinem Verwertungsrecht Gebrauch machen. Aufgrund seiner Branchenunkenntnis willigte der Sicherungsnehmer bezüglich des dinglichen Rechtsgeschäfts ein, daß der Sicherungsgeber die Maschinen an einen Dritten veräußern soll. An der Gestaltung des schuldrechtlichen Rechtsgeschäfts beteiligt er sich nicht. Er verein-

---

1026 Vgl. S. 241 f.
1027 Vgl. Abschn. 2 Abs. 1, 24 Abs. 2 Sätze 5 ff. UStR; Im Folgenden wird unterstellt, daß alle Voraussetzungen für umsatzsteuerpflichtige Lieferungen erfüllt sind, und jeweils Vorsteuerabzugsberechtigung besteht.
1028 K würde zwar von L 100.000 DM + 15.000 DM erhalten, diese 15.000 DM Umsatzsteuer erreichen ihn jedoch nicht, da L sie gleich mit seiner Forderung verrechnet. Da K die aus diesem Umsatz resultierende Umsatzsteuer in Höhe von 15.000 DM nicht ans Finanzamt abführt, ergibt sich bei ihm eine Umsatzsteuerbelastung von 0 DM.

Vorsteuerabzug bei der Verwertung von Sicherungsgut 251

bart lediglich, daß er den ihm zustehenden Teil des Verkaufserlöses durch die Abtretung der Kaufpreisforderung erhält. Der Sicherungsgeber veräußert die Maschinen an einen Dritten für 100.000 DM zuzüglich 15.000 DM Umsatzsteuer.

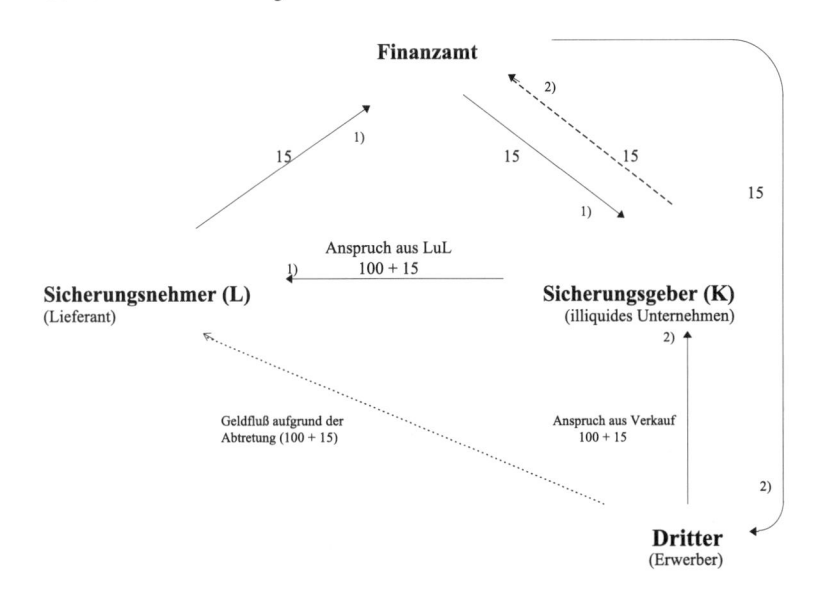

```
                            Finanzamt
                                      ↖ ─ ─ 2)
                 ↗ 1)
              15                 15        ↘ 15
                                                    15
                                  1)  ↘
                     Anspruch aus LuL
                 1)      100 + 15
Sicherungsnehmer (L)  ←─────────────  Sicherungsgeber (K)
(Lieferant)                            (illiquides Unternehmen)
    ↖........                                2) ↑
            ........
         Geldfluß aufgrund der        Anspruch aus Verkauf
         Abtretung (100 + 15)              100 + 15
                      ........
                              ........      2)
                                      ↘
                                    Dritter  ←
                                    (Erwerber)
```

Im Gegensatz zu Beispiel 1 wird durch den Verkauf des Sicherungsguts nur eine Lieferung i.S.d. Umsatzsteuerrechts ausgeführt, und zwar vom Sicherungsgeber an den Erwerber (2). Aus dem Verkauf an den Erwerber müßte K 15.000 DM Umsatzsteuer an das Finanzamt abführen, und der Erwerber kann 15.000 DM Vorsteuer geltend machen. Aufgrund der Illiquidität des K entsteht auf seiten des Finanzamts jedoch, ebenso wie im Beispiel 1, eine uneinbringliche Forderung in Höhe von 15.000 DM.

	Lieferant	Konkurs-unternehmen	Erwerber	Finanzamt
Lieferung (1)	− 15.000 DM	+ 15.000 DM	−	0 DM
Lieferung (2)	+ 15.000 DM	**0 DM**[1029]	0 DM	− 15.000 DM
Ergebnis	0 DM	+ 15.000 DM	0 DM	− 15.000 DM

[1029] K würde zwar vom Erwerber aus dem Verkauf 100.000 DM + 15.000 DM erhalten, diese 15.000 DM Umsatzsteuer erreichen ihn jedoch nicht, da der Erwerber den gesamten Bruttokaufpreis an L zahlt. Da K die aus diesem Umsatz resultierende Umsatzsteuer in Höhe von 15.000 DM somit nicht ans Finanzamt abführt, ergibt sich bei ihm eine Umsatzsteuerbelastung von 0 DM.

Auch bei allen anderen Fallgestaltungen hat am Ende der Verwertungshandlung das Finanzamt eine Gläubigerposition gegenüber dem illiquiden Unternehmen.

2. Rechtslage ab 1.1.1993

Durch die Ausdehnung des Abzugsverfahrens auf Lieferungen sicherungsübereigneter Gegenstände (§ 18 Abs. 8 Satz 1 Nr. 2 UStG i.V.m. § 51 Abs. 1 Nr. 2 UStDV) wollte der Gesetzgeber den oben dargelegten Steuerausfällen begegnen.[1030] Seit dem Veranlagungszeitraum 1993 muß somit immer dann, wenn „Lieferungen sicherungsübereigneter Gegenstände durch den Sicherungsgeber an den Sicherungsnehmer außerhalb des Konkursverfahrens"[1031] durchgeführt werden, der Leistungsempfänger die Umsatzsteuer direkt an das Finanzamt abführen.

Im Vergleich zur alten Rechtslage ergeben sich daher für die umsatzsteuerliche Behandlung des 1. Falls folgende Änderungen:

Beispiel zu Fall 1:

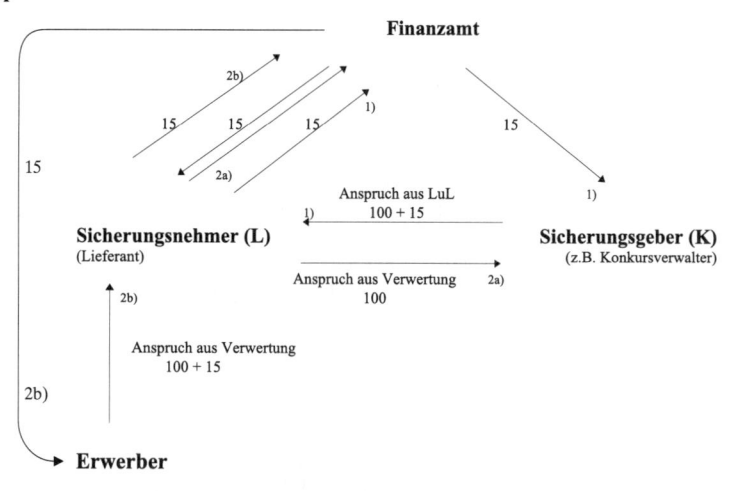

Der erste Teil des Doppelumsatzes (2a) führt dazu, daß L zwar weiterhin 15.000 DM Vorsteuer vom Finanzamt erstattet erhält, gleichzeitig muß er jedoch für K 15.000 DM Umsatzsteuer im Wege des Abzugsverfahrens an das Finanzamt zahlen. Somit fließen

---

1030 Zur Darstellung des Abzugsverfahrens vgl. *Schuhmann* in: Rau/Dürrwächter/Flick/Geist, Umsatzsteuergesetz, § 18 Anm. 172 ff.
1031 § 51 Abs. 1 Nr. 2 UStDV.

K aus dieser Lieferung nur netto 100.000 DM zu, die mit der besicherten Verbindlichkeit des L verrechnet werden können. Im Ergebnis hält nun L eine Gläubigerposition gegenüber K in Höhe von 15.000 DM.

	Lieferant	Konkurs-unternehmen	Erwerber	Finanzamt
Lieferung (1)	– 15.000 DM	+ 15.000 DM	–	0 DM
Lieferung (2a)	+ 15.000 DM – 15.000 DM	0 DM	–	0 DM
Lieferung (2b)	0 DM	–	0 DM	0 DM
Ergebnis	– 15.000 DM	+ 15.000 DM	0 DM	0 DM

Das Ergebnis zeigt, daß der Gesetzgeber in diesem Fall sein Ziel erreicht hat und durch das umsatzsteuerliche Abzugsverfahren die Gläubigerposition vom Finanzamt auf den Lieferanten übergegangen ist.

3. Gestaltungsmöglichkeit

Da nach dem Wortlaut des § 51 Abs. 1 Nr. 2 UStDV nur die Fälle in das Abzugsverfahren einzubeziehen sind, bei denen es sich um „Lieferungen sicherungsübereigneter Gegenstände durch den Sicherungsgeber an den Sicherungsnehmer außerhalb des Konkursverfahrens" handelt, fallen nicht alle zivilrechtlichen Gestaltungen unter die Verschärfung.[1032] Findet nämlich gar kein Umsatz zwischen dem Sicherungsgeber und dem Sicherungsnehmer statt (Fall 4) oder erlangt der Sicherungsnehmer erst im Laufe des Konkursverfahrens (Fälle 5 – 9) die Befriedigung seiner Forderung, so ist das Abzugsverfahren nicht anzuwenden.[1033] Der Sicherungsgeber sollte daher das Sicherungsgut nicht selbst verwerten, sondern entweder dem Sicherungsgeber die Veräußerung überlassen[1034] oder warten, bis das Konkursverfahren eröffnet ist[1035] und er dann im Zuge der Absonderung (§§ 47 ff. KO) befriedigt wird.

1032 Vgl. *Welzel*, Das Umsatzsteuerabzugsverfahren bei der Verwertung mobilen und immobilen Vermögens innerhalb und außerhalb des Konkurses, DStZ 1994, 647 [651 f.].
1033 Vgl. *Welzel*, Das Umsatzsteuerabzugsverfahren bei der Verwertung mobilen und immobilen Vermögens innerhalb und außerhalb des Konkurses, DStZ 1994, 647 [651 ff.]. Welzel ist jedoch der Meinung, daß auch der Fall 9 vom Abzugsverfahren erfaßt wird. Nämlich dann, wenn der Konkursverwalter das Sicherungsgut bedingungslos aus der Konkursmasse entläßt und dies umsatzsteuerlich zu zwei Lieferungen führt. M.E. ist die Formulierung der UStDV jedoch eindeutig („außerhalb") und betrifft daher lediglich Fallgestaltungen, die die Verwertung vor Eröffnung des Konkursverfahrens betreffen.
1034 Vgl. hierzu die zivilrechtliche Fallgestaltung 4) auf S. 246 und das Beispiel zu Fall 4 auf S. 250 f.
1035 Vgl. hierzu die zivilrechtliche Fallgestaltung auf den S. 245 f.

Da sowohl die Veräußerung durch den Sicherungsgeber als auch die Befriedigung des Sicherungsnehmers im Zuge der Absonderung nicht vom Abzugsverfahren erfaßt werden, stellt sich jedoch die Frage, ob Fall 4 nicht einen Mißbrauch von Gestaltungsmöglichkeiten (§ 42 AO) darstellt. „Eine Gestaltung ist dann rechtsmißbräuchlich, wenn sie, gemessen an dem erstrebten Ziel, unangemessen und ungewöhnlich ist, der Steuerminderung dienen soll und durch wirtschaftliche oder sonst beachtliche nichtsteuerliche Gründe nicht zu rechtfertigen ist."[1036] M.E. handelt es sich um eine zulässige Gestaltung, da gravierende wirtschaftliche Gründe vorliegen, den Sicherungsnehmer in dieser Form zur Befriedigung seiner Forderung zu verhelfen.[1037] Die Marktkenntnis und Beziehungen des Sicherungsgebers tragen nämlich in hohem Maße dazu bei, den Veräußerungserlös zu maximieren. Durch ein alternativ vom Sicherungsnehmer angestrengtes Zwangsversteigerungsverfahren[1038] würde sicherlich ein weitaus geringerer Verkaufspreis erzielt.

B. Die Verwertung immobilen Sicherungsguts

Die Verwertung immobilen Sicherungsguts erfolgt fast immer im Wege einer Zwangsversteigerung.[1039] Dabei liegt umsatzsteuerlich immer nur eine Lieferung des Eigentümers an den Ersteher vor.[1040] Dies gilt, im Unterschied zur Verwertung von mobilem Sicherungsgut, sowohl für Zwangsversteigerungen innerhalb als auch außerhalb[1041] des Konkursverfahrens. Da die staatlichen Vollstreckungsorgane nicht als Leistende i.S.d. Umsatzsteuerrechts zu berücksichtigen sind, entsteht kein Doppelumsatz.[1042]

Die Verwertung von Immobilien beinhaltet jedoch die Besonderheit, daß aufgrund von § 4 Nr. 9a UStG die Lieferung des Grundstücks an den Ersteher steuerbefreit ist. Auf diese Steuerbefreiung kann der Eigentümer

---

1036 BFH v. 6.6.1991 V R 70/89, BStBl. II 1991, 866 [867].
1037 Gl. A. *Welzel*, Das Umsatzsteuerabzugsverfahren bei der Verwertung mobilen und immobilen Vermögens innerhalb und außerhalb des Konkurses, DStZ 1994, 647 [648 f.].
1038 Vgl. § 15 ff. ZVG.
1039 Zum Zwangsversteigerungsverfahren vgl. *Zeller/Stöber*, Zwangsversteigerungsgesetz, 15. Aufl. München 1996.
1040 Vgl. Abschn. 2 Abs. 2 UStR.
1041 Vgl. zu den diversen zivilrechtlichen Fallgestaltungen: Abschn. 2 Abs. 6 und 7 UStR.
1042 Vgl. Abschn. 2 Abs. 2 UStR.

jedoch gem. § 9 Abs. 1 UStG verzichten, und zwar bis zur bestandskräftigen Veranlagung des betroffenen Veranlagungszeitraums, also auch noch nach Abschluß des Versteigerungsverfahrens.[1043]

I. Rechtslage bis 31.12.1992

Vor der Einführung des umsatzsteuerlichen Abzugsverfahrens verblieb dem Finanzamt, nach der Verwertung von Immobilien im Wege des Zwangsversteigerungsverfahrens, fast immer eine wertlose Forderung gegenüber dem illiquiden Unternehmen. Der Eigentümer machte nämlich bei der Versteigerung regelmäßig von der Option des § 9 Abs. 2 UStG Gebrauch, um dadurch den Nettokaufpreis des Erstehers um 15% zu senken.[1044] Die Folge für das Finanzamt war, daß der Ersteher einen Vorsteuererstattungsanspruch erhielt und der Eigentümer aufgrund seiner Illiquidität keine Umsatzsteuer abführte.

Obwohl durch diese Gestaltung dem Finanzamt eine uneinbringliche Forderung entsteht und gleichzeitig der Ersteher begünstigt ist, da er das Grundstück ca. 13%[1045] billiger erhält, liegt darin kein Mißbrauch von Gestaltungsmöglichkeiten.[1046] Da dem Krisenunternehmen der Bruttoverkaufspreis zufließt, ist nicht von vornherein ausgeschlossen, daß es die fällige Umsatzsteuer an das Finanzamt abführt.

Beispiel 1:

Ein Unternehmer (L) liefert an einen anderen Unternehmer (K) Waren im Wert von 100.000 DM zuzüglich 15.000 DM Umsatzsteuer. Das Schuldnerunternehmen ist nicht in der Lage, die Verbindlichkeit zu begleichen, räumt dem Lieferaten jedoch eine Grundschuld als Sicherung ein. Als die Krise des Sicherungsgebers zunimmt, macht der Sicherungsnehmer von seinem Verwertungsrecht Gebrauch und läßt die Immobilie versteigern. Da L über eine Grundschuld in Höhe von 115.000 DM verfügt, soll die Versteigerung in diesem Beispiel genau 115.000 DM erzielen. Macht K bei der Verwertung des Grundstücks von der Optionsmöglichkeit des § 9 Abs. 2 UStG Gebrauch, so kostet das Grundstück den Ersteher nicht 115.000 DM, sondern nur 100.000 DM. 15.000 DM Umsatzsteuer bekommt er vom Finanzamt als Vorsteuer erstattet. Da K jedoch 115.000 DM an L weiterreichen muß, verbleibt am Schluß dem Finanzamt eine uneinbringliche Forderung gegenüber K in Höhe der optierten Umsatzsteuer.

1043 Vgl. BFH v. 19.12.1985 V R 139/76, BStBl. II 1986, 500 [502].
1044 Es wird unterstellt, daß die notwendigen Voraussetzungen des Verzichts auf die Steuerbefreiung (§ 9 Abs. 1 und 2 UStG) erfüllt sind und Vorsteuerabzugsberechtigung besteht.
1045 Anstatt 115.000 DM muß er netto nur 100.000 DM bezahlen.
1046 Vgl. BFH v. 24.2.1994 V R 80/92, BStBl. II 1994, 487; v. 18.6.1993 V R 56/92, BFH/NV 1994, 588.

Teil 6: Geschäftspartner, Lieferanten, Banken

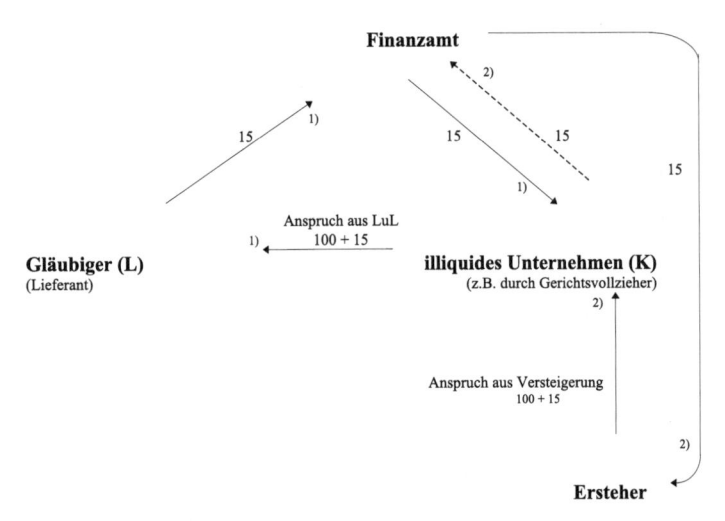

```
                        Finanzamt
                         ↖  2)
                        ╱  ╲ ╲
                    15 ╱    ╲ ╲
                  1)  ╱   15 ╲ 15
                     ╱        ╲
                    ╱    1)    ↘     15
                                      
                   Anspruch aus LuL
              1)    100 + 15
Gläubiger (L)  ←─────────────  illiquides Unternehmen (K)
(Lieferant)                     (z.B. durch Gerichtsvollzieher)
                                     ↑ 2)
                                     │
                              Anspruch aus Versteigerung
                                    100 + 15
                                     │
                                     │ 2)
                                  Ersteher
```

In dem Fall jedoch, daß der Lieferant die Immobilie direkt vom illiquiden Unternehmen übereignet bekommt und in der Höhe seiner Forderung den Kaufpreis verrechnet, hat die Rechtsprechung bei der Ausübung der Option gem. § 9 Abs. 2 UStG einen Mißbrauch von Gestaltungsmöglichkeiten (§ 42 AO) angenommen.[1047] In diesem Fall kommmt nämlich, wie das Beispiel 2 sehr anschaulich zeigt, das Leistungsentgelt dem Lieferanten sogleich wieder selbst zugute, so daß eine Erhebung beim illiquiden Unternehmen von vornherein ausgeschlossen ist.

Beispiel 2:

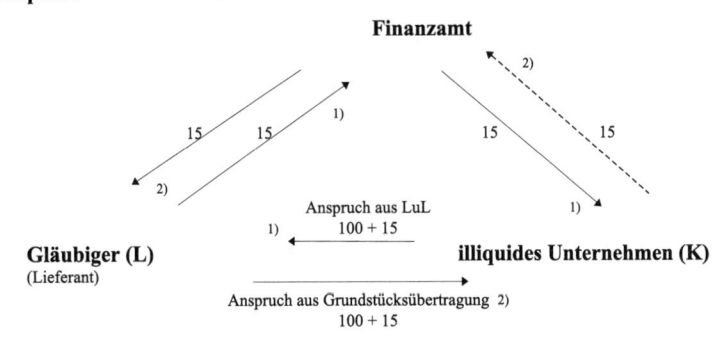

```
                        Finanzamt
                         ↖  2)
                        ╱ ↗ ╲
                   15 ╱ 15  ╲
                     ╱  1)   ╲ 15      15
                    ↗         ╲
                 2)             ↘
                   Anspruch aus LuL
              1)    100 + 15           1)
Gläubiger (L)  ←─────────────  illiquides Unternehmen (K)
(Lieferant)    ─────────────→
              Anspruch aus Grundstücksübertragung 2)
                      100 + 15
```

1047 Vgl. BFH v. 23.9.1993 V R 3/93, BFH/NV 1994, 745; v. 6.6.1991 V R 70/89, BStBl. II 1991, 866 [868]; *Wenzel* in: Rau/Dürrwächter/Flick/Geist, Umsatzsteuergesetz, § 9 Anm. 64.

Vorsteuerabzug bei der Verwertung von Sicherungsgut 257

Da K die 100.000 DM + 15.000 DM aus der Grundstücksübertragung nie zufließen, ist er nie in der Lage die 15.000 DM Umsatzsteuer an das Finanzamt abzuführen.

II. Rechtslage ab 1.1.1993

Aufgrund der Ausdehnung des Abzugsverfahrens auf die Lieferung eines Grundstücks im Zwangsversteigerungsverfahren (§ 18 Abs. 8 Satz 1 Nr. 3 UStG i.V.m. § 51 Abs. 1 Nr. 3 UStDV) wollte der Gesetzgeber den in Beispiel 1) dargestellten Steuerausfällen begegnen.[1048] Das heißt, seit dem Veranlagungszeitraum 1993 muß der Ersteher von Grundstückslieferungen, die im Zwangsversteigerungsverfahren durchgeführt werden, die Umsatzsteuer direkt an das Finanzamt abführen. Das Konkursunternehmen kann also entscheiden, ob es vom Optionsrecht des § 9 Abs. 2 UStG Gebrauch macht und somit dem Ersteher zu Lasten des L begünstigt, oder nicht optiert und somit zugunsten des L der Ersteher netto mehr für das Grundstück zahlen muß. Wie die Abläufe in Beispiel 3 zeigen, hat der Gesetzgeber dadurch erreicht, daß das Finanzamt in keinem Fall mehr eine Gläubigerposition gegen K übernimmt.

Beispiel 3:

Konstellation wie bei Beispiel 1. Der Versteigerungserlös wird vom Ersteher aber nicht mehr brutto an K bzw. L übergeben, sondern er muß die USt direkt ans Finanzamt abführen.

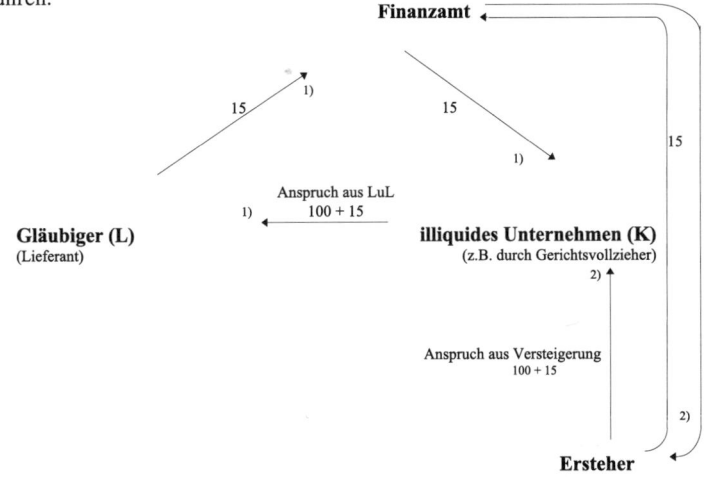

1048 Zur Darstellung des Abzugsverfahrens vgl. *Schuhmann* in: Rau/Dürrwächter/Flick/Geist, Umsatzsteuergesetz, § 18 Anm. 172 ff.

III. Gestaltungsmöglichkeit

Da die Neuregelung nur greift, wenn „ein Grundstück im Zwangsversteigerungsverfahren"[1049] verwertet wird, kommt das umsatzsteuerliche Abzugsverfahren gar nicht zur Anwendung, wenn die Immobilie nicht in einem Zwangsversteigerungsverfahren verwertet wird, sondern eine normale Veräußerung stattfindet. Dabei muß der Gläubiger (L) darauf achten, daß im notariell zu beurkundenden Kaufvertrag der Kaufpreisanspruch an ihn abgetreten wird und erst dann die Löschung der Hypothek stattfindet. Auf diese Weise erhält L den ungekürzten Veräußerungserlös zu seiner Befriedigung.[1050]

1049 § 18 Abs. 8 Satz 1 Nr. 3 UStG i.V.m. § 51 Abs. 1 Nr. 3 UStDV.
1050 Vgl. *Welzel*, Das Umsatzsteuerabzugsverfahren bei der Verwertung mobilen und immobilen Vermögens innerhalb und außerhalb des Konkurses, DStZ 1994, 647 [654 f.]. Er schließt auch die Anwendung des § 42 AO aus, allerdings ohne Begründung.

Teil 7:
Fazit

Wie die neuesten Zahlen belegen, haben die durch Unternehmenskrisen hervorgerufenen Vermögensverluste bei den beteiligten Personengruppen im Jahr 1996 ein Volumen von über 60 Milliarden DM erreicht.[1051] Der ökonomisch gebotene Versuch der Betroffenen, diese Verluste über eine geringere Steuerzahlung abzufedern, führt zu großen Steuerausfällen. Gesetzgebung und Finanzverwaltung sind daher zunehmend darum bemüht, den bei Unternehmenskrisen erlittenen Vermögensverlusten die steuerliche Anerkennung zu versagen. Wie die vorstehenden Ausführungen zeigen, existieren jedoch fast immer Möglichkeiten, die Abzugsfähigkeit trotzdem zu erreichen. Dabei sind zwei Fälle zu unterscheiden:

- Wenn für den betroffenen Sachverhalt der Verlustabzug nicht generell untersagt ist, so muß darauf geachtet werden, die immer restriktiveren Voraussetzungen zu erfüllen. In diesen Fällen werden die gesetzlichen Normen und die Bestimmungen der Finanzverwaltung genau analysiert und erläutert, um den Verlustabzug sicherzustellen.

- Ist für den betroffenen Sachverhalt die steuerliche Berücksichtigung des erlittenen Vermögensverlustes jedoch grundsätzlich untersagt, so werden Gestaltungen vorgestellt, die es ermöglichen, die Verlustabzugsbeschränkungen zu umgehen.

Die wichtigsten Gestaltungsmaßnahmen werden im Folgenden noch einmal kurz zusammengefaßt:

1) Obwohl der Untergang von nicht wesentlichen Beteiligungen gem. § 17 Abs. 1 EStG steuerlich nicht berücksichtigt werden kann, ist das gewünschte Ergebnis mittels einer atypisch stillen Beteiligung oder dem gezielten Zukauf von Anteilen (Rotationsmodell) zu erreichen.

2) Die seit dem Veranlagungszeitraum 1996 eingeführte Verlustabzugsbeschränkung des § 17 Abs. 2 Satz 4 EStG, kann auf mehreren Wegen umgangen werden. So greift diese Gesetzesnorm nicht, wenn ein Gesellschafter von Gründung an wesentlich beteiligt ist bzw. im Zuge einer Kapitalerhöhung zur alten eine neue wesentliche Beteiligung erwirbt.

1051 Vgl. *Jl.*, Die Unternehmensinsolvenzen erreichen einen neuen Höchststand in FAZ v. 4.12.1996, Nr. 283, 17.

Aber auch im Wege einer Umwandlung der Kapitalgesellschaft in eine Personengesellschaft können die Verluste aus den wertgeminderten Anteilen steuerlich geltend gemacht werden.

3) Die Untersuchung der verschiedenen Finanzierungsmöglichkeiten zeigt, daß sie in Krisensituationen mit teilweise gravierenden zivil- und steuerrechtlichen Nachteilen verbunden sind. Es weden jedoch zwei Möglichkeiten herausgearbeitet, mit deren Hilfe in Abhängigkeit vom Krisenverlauf die Finanz- bzw. Vermögenssituation der Kapitalgesellschaft verbessert werden kann. Bei beginnender Krise ist es am sinnvollsten, der Gesellschaft die Mittel in Form einer stillen Beteiligung zukommen zu lassen, während bei fortgeschrittener Krise ein verbürgtes Bankdarlehen mit Rangrücktritt die optimale Finanzierungsform darstellt. Nur diese beiden Möglichkeiten sind ohne größere gesellschaftsrechtliche Restriktionen durchführbar und erfüllen die aufgestellten Prämissen sowohl zivil- als auch steuerrechtlich. Das heißt, sie werden im Überschuldungsstatus nicht passiviert und sichern die steuerliche Berücksichtigung des Untergangs des Investments in voller Höhe.

4) Ein weiteres großes Problem besteht darin, daß die Verluste einer Kapitalgesellschaft nur mit Gewinnen dieser Gesellschaft verrechnet werden können. Um diese sog. Verlustfalle zu vermeiden, werden zwei Gestaltungen (Umwandlung der Gesellschaft bzw. stille Beteiligung) diskutiert, die es ermöglichen, die Verluste auf andere Rechtssubjekte zu transferieren.

5) Die Verlustverrechnungsbeschränkung des § 15a EStG läßt die steuerliche Geltendmachung von zugewiesenen Verlustanteilen nur in Höhe der geleisteten Einlage bzw. der überschießenden Außenhaftung des Kommanditisten zu. Um ein maximales Verlustausgleichs- bzw. -abzugsvolumen zu erreichen, müssen die Einlagen des Kommanditisten auf die Pflichteinlage geleistet werden. Wird gegen diese zivilrechtliche Restriktion verstoßen, so stellt die Mittelzuführung Fremdkapital dar und wird nicht in das Kapitalkonto gem. § 15a EStG einbezogen.

6) Der vorzeitige Wegfall eines negativen Kapitalkontos ist im Gegensatz zur Auflösung bei Beendigung der Kommanditgesellschaft bzw. beim Ausscheiden des Kommanditisten nicht steuerbegünstigt. Es wird jedoch ausgeführt, wie der Kommanditist entweder die zivilrechtliche

Auflösung herbeiführen, aus der Gesellschaft ausscheiden oder eine Betriebsaufgabe i.S.d. § 16 EStG vornehmen kann, um so den durchschnittlichen halben Steuersatz auf den Wegfall-Gewinn zu retten.

7) Da verrechenbare Verluste durch nachträgliche Einlagen nicht in ausgleichs- bzw. abzugsfähige Verluste umgewandelt werden können, muß jeweils am Jahresende das Kapitalkonto überprüft werden und gegebenenfalls durch Einlagenerhöhungen bzw. durch Haftsummenerweiterung die Verlustabzugs- bzw. -ausgleichsmöglichkeit optimiert werden.

8) Durch die, ab dem Veranlagungszeitraum 1993 vorgenommene Ausdehnung des umsatzsteuerlichen Abzugsverfahrens auf Lieferungen sicherungsübereigneter Gegenstände und Zwangsversteigerungen von Grundstücken (§ 18 Abs. 8 Satz 1 Nr. 2 und 3 UStG i.V.m. § 51 Abs. 1 Nr. 2 und 3 UStDV), wollte der Gesetzgeber den Umsatzsteueranspruch des Finanzamts sicherstellen. Bei beiden Sachverhalten existieren jedoch Gestaltungsmöglichkeiten, die wertlose Gläubigerposition des Lieferanten gegenüber dem illiquiden Unternehmen mit dem Finanzamt zu tauschen. Verwertet nämlich der Sicherungsgeber ohne Mitwirkung des Sicherungsnehmers das Sicherungsgut, oder erlangt der Lieferant erst im Laufe des Konkursverfahrens die Befriedigung seiner Forderung, so kommen die neuen Rechtsnormen bzgl. der Verwertung sicherungsübereigneter Gegenstände gar nicht zur Anwendung. Ebenso verhält es sich, wenn ein Grundstück zur Befriedigung der darauf lastenden Hypothek nicht im Zwangsversteigerungsverfahren verwertet wird, sondern sich Gläubiger und Konkursunternehmen darauf einigen, eine normale Veräußerung vorzunehmen.

Register

A. Rechtsprechung
I. Bundesgerichtshof

BGH v. 4.12.1995 II ZR 281/94, DB 1996, 465
BGH-Beschl. v. 6.6.1994 II ZR 221/93, DStR 1994, VI
BGH v. 21.2.1994 II ZR 60/93, BB 1994, 882
BGH v. 6.12.1993 II ZR 102/93, BB 1994, 392
BGH v. 20.9.1993 II ZR 151/92, BGHZ 123, 289
BGH v. 13.7.1992 II ZR 269/91, GmbHR 1992, 659
BGH v. 9.3.1992 II ZR 168/91, GmbHR 1992, 367
BGH v. 3.12.1991 1 StR 469/91, GmbHR 1992, 678
BGH v. 5.2.1990 II ZR 114/89, NJW 1990, 1730
BGH v. 16.10.1989 II ZR 307/88, BGHZ 109, 55
BGH v. 24.4.1989 II ZR 207/88, WM 1989, 1166
BGH v. 14.11.1988 II ZR 115/88, BB 1989, 242
BGH v. 19.9.1988 II ZR 255/87, BGHZ 105, 168
BGH v. 21.3.1988 II ZR 238/87, BGHZ 104, 33
BGH v. 28.9.1987 II ZR 28/87, ZIP 1987, 1541
BGH v. 11.5.1987 II ZR 226/86, DB 1987, 1781
BGH v. 9.2.1987 II ZR 140/86, DB 1987, 979
BGH v. 18.7.1986, ZIP 1986, 1113 [1119]
BGH v. 17.4.1986 IX ZR 54/85, DB 1986, 1718
BGH v. 23.10.1985 IV b ZR 62/84, HFR 1987, 36
BGH v. 10.1.1985 IX ZR 4/84, NJW 1985, 1785
BGH v. 13.6.1984 IVa ZR 196/82, WM 1984, 1125
BGH v. 26.3.1984 II ZR 14/84, BGHZ, 90, 370
BGH v. 26.3.1984 II ZR 171/83, BGHZ 90, 381
BGH v. 26.3.1984 II ZR 171/83, DB 1984, 1188
BGH v. 8.3.1982 II ZR 86/81, ZIP 1982, 563
BGH v. 28.9.1981 II ZR 223/80, NJW 1982, 386
BGH v. 21.9.1981 II ZR 104/80, BGHZ 81, 311
BGH v. 24.3.1980 II ZR 213/77, NJW 1980, 1524
BGH v. 9.7.1979 II ZR 118/77, BGHZ 75, 96
BGH v. 28.3.1977 II ZR 230/75, DB 1977, 1249
BGH v. 27.9.1976 II ZR 162/75, NJW 1977, 104
BGH v. 10.4.1957 V ZR 240/56, BB 1957, 941
BGH v. 18.10.1952 II ZR 72/52, BGHZ 7, 311

II. Reichsfinanzhof

RFH v. 20.11.1940 VI 330/40, RStBl. 1941, 225
RFH v. 17.2.1937 VI A 485/36, RStBl. 1937, 963

RFH v. 21.2.1934 VI A 152/34, RStBl. 1934, 628
RFH v. 13.11.1930 VI A 1286/30, RStBl. 1931, 134

III. Bundesfinanzhof

BFH v. 4.12.1996 II B 116/96, DB 1997, 79
BFH v. 12.9.1996 IV R 19/95, DB 1997, 355
BFH v. 12.9.1996 IV B 84/95, DStRE 1997, 17
BFH v. 27.6.1996 IV R 80/95, DStR 1996, 1925
BFH v. 9.5.1996 IV R 75/93, BStBl. II 1996, 474
BFH v. 23.4.1996 VIII R 30/93, DStR 1996, 1526
BFH v. 18.4.1996 IV R 48/95, DB 1996, 1902
BFH v. 18.4.1996 V R 55/95, BStBl. II 1996, 561
BFH v. 14.12.1995 IV R 106/94, BStBl. II 1996, 226
BFH v. 13.10.1995 VIII B 65/95, BFH/NV 1996, 208
BFH v. 25.7.1995 VIII R 54/93, BStBl. II 1995, 794
BFH v. 25.7.1995 VIII R 25/94, DStR 1995, 1954
BFH v. 29.6.1995 VIII R 68/93, BStBl. II 1995, 722
BFH v. 12.5.1995 VI R 64/94, BStBl. II 1995, 644
BFH v. 8.5.1995 III B 113/94 BFH/NV 1995, 971
BFH v. 25.4.1995 IX R 114/92, BFH/NV 1995, 966
BFH v. 5.4.1995 I B 126/94, BStBl. II 1995, 496
BFH v. 16.3.1995 VIII B 158/94, BFH/NV 1995, 680
BFH v. 9.3.1995 V R 102/89, BStBl. II 1995, 564
BFH v. 7.3.1995 VII B 172/94, BFH/NV 1995, 941
BFH v. 8.2.1995 VIII B 157/94, BFH/NV 1995, 733
BFH v. 26.1.1995 IV R 32/93, BFH/NV 1995, 872
BFH v. 20.12.1994 VIII B 143/94, BStBl. II 1995, 262
BFH v. 20.12.1994 VIII B 82/94, n.v.
BFH v. 22.9.1994 IV R 41/93, DStR 1995, 678
BFH v. 2.9.1994 VI R 35/94, BFH/NV 1995, 94
BFH v. 11.8.1994 IV R 124/92, BStBl. II 1995, 253
BFH v. 11.8.1994 XI R 57/93, BFH/NV 1995, 170
BFH v. 28.7.1994 IV R 53/91, BStBl. II 1995, 112
BFH v. 27.7.1994 I R 23/93, I R 58/93, I R 103/93, BStBl. II 1995, 27
BFH v. 21.7.1994 V R 114/91, BStBl. II 1994, 878
BFH v. 14.6.1994 VIII R 14/93, BFH/NV 1995, 377
BFH v. 21.4.1994 IV R 70/92, BStBl. II 1994, 745
BFH v. 16.3.1994 VIII B 8/94, BFH/NV 1994, 882
BFH v. 24.2.1994 V R 80/92, BStBl. II 1994, 487
BFH v. 7.12.1993 IX R 134/90, BFH/NV 1994, 624
BFH v. 30.11.1993 IX R 60/91, BStBl. II 1994, 497
BFH v. 10.11.1993 I R 20/93, BStBl. II 1994, 327
BFH v. 5.11.1993 VI R 16/93, BStBl. II 1994, 557
BFH v. 12.10.1993 X B 21/93, BFH/NV 1994, 238
BFH v. 23.9.1993 V R 3/93, BFH/NV 1994, 745

BFH v. 26.8.1993 IV R 112/91, BStBl. II 1994, 627
BFH v. 25.8.1993 XI R 8/93, BStBl. II 1994, 167
BFH v. 8.7.1993 VI R 44/91, BFH/NV 1993, 654
BFH v. 8.7.1993 VI R 28/93, BFH/NV 1994, 165
BFH v. 18.6.1993 V R 56/92, BFH/NV 1994, 588
BFH v. 18.6.1993 V R 6/91, BStBl. II 1993, 854
BFH v. 3.6.1993 VIII R 81/91, BStBl. II 1994, 162
BFH v. 29.5.1993 X R 101/90, BStBl. II 1993, 710
BFH v. 28.5.1993 VIII B 11/92, BStBl. II 1993, 665
BFH v. 27.5.1993 IV R 1/92, BStBl. II 1994, 700
BFH v. 7.5.1993 VI R 38/91, BStBl. II 1993, 663
BFH v. 3.5.1993 GrS 3/92, BStBl. II 1993, 616
BFH v. 20.4.1993 VII R 67/92, BFH/NV 1994, 142
BFH v. 30.3.1993 IV R 57/91, BStBl. II 1993, 502
BFH v. 16.3.1993 V R 54/92, BStBl. II 1993, 736
BFH v. 25.2.1993 V R 112/91, BStBl. II 1993, 643
BFH v. 25.2.1993 V R 78/88, BStBl. II 1993, 777
BFH v. 11.2.1993 VI R 4/91, BFH/NV 1993, 645
BFH v. 9.2.1993 VIII R 29/91, BStBl. II 1993, 747
BFH v. 19.1.1993 VIII R 128/84, BStBl. II 1993, 594
BFH v. 19.1.1993 VIII R 74/91, BFH/NV 1993, 714
BFH v. 17.12.1992 IX R 150/89, BStBl. II 1994, 490
BFH v. 17.12.1992 IX R 7/91, BStBl. II 1994, 492
BFH v. 16.12.1992 XI R 34/92, BStBl. II 1993, 436
BFH v. 15.12.1992 VIII R 42/90, BStBl. II 1994, 702
BFH v. 10.12.1992 IV R 11/90, BStBl. II 1994, 381
BFH v. 8.12.1992 VIII R 78/89, BStBl. II 1993, 301
BFH v. 8.12.1992 VIII R 99/90, BFH/NV 1993, 654
BFH v. 17.11.1992 VII R 13/92, BStBl. II 1993, 471
BFH v. 10.11.1992 VIII R 98/90, BFH/NV 1993, 468
BFH v. 29.10.1992 V R 48/90, BStBl. II 1993, 251
BFH v. 18.8.1992 VIII R 22/89, BFH/NV 1993, 465
BFH v. 7.7.1992 VIII R 24/90, BStBl. II 1993, 333
BFH v. 7.7.1992 VIII R 56/88, BFH/NV 1993, 25
BFH v. 2.7.1992 VIII B 17/92, BFH/NV 1993, 421
BFH v. 19.5.1992 VIII 16/88, BStBl. II 1992, 902
BFH v. 12.5.1992 VII R 52/91, BFH/NV 1992, 785
BFH v. 28.2.1992 VI R 146/87, BStBl. II 1992, 733
BFH v. 5.2.1992 I R 127/90, BStBl. II 1992, 532
BFH v. 28.1.1992 VIII R 28/90, BStBl. II 1992, 881
BFH v. 10.12.1991 VIII R 17/87, BStBl. II 1992, 650
BFH v. 13.11.1991 I R 102/88, BStBl. II 1992, 336
BFH v. 12.11.1991 IX R 15/90, BStBl. II 1992, 289
BFH v. 26.9.1991 VIII B 41/91, BStBl. II 1991, 924
BFH v. 31.7.1991 VIII R 67/88, BFH/NV 1992, 33

BFH v. 18.6.1991 VIII R 84/87, BFH/NV 1992, 229
BFH v. 6.6.1991 V R 70/89, BStBl. II 1991, 866
BFH v. 4.6.1991 X R 136/87, BStBl. II 1992, 70
BFH v. 14.5.1991 VIII R 31/88, BStBl. II 1992, 167
BFH v. 14.5.1991 VI R 48/88, BStBl. II 1991, 758
BFH v. 14.5.1991 VIII R 111/86, BStBl. II 1992, 164
BFH v. 16.4.1991 VIII R 100/87, BStBl. II 1992, 234
BFH v. 16.4.1991 VIII R 224/85, BFH/NV 1992, 94
BFH v. 27.2.1991 XI R 8/87, BStBl. II 1991, 703
BFH v. 31.1.1991 IV R 31/90, BStBl. II 1991, 627
BFH v. 22.1.1991 VIII R 12/88, BFH/NV 1991, 806
BFH v. 18.12.1990 VIII R 39/87, BStBl. II 1991, 784
BFH v. 11.12.1990 VII R 85/88, BStBl. II 1991, 282
BFH v. 11.12.1990 VIII R 122/86, DB 1991, 1054
BFH v. 20.11.1990 VIII R 10/87, DB 1991, 1052
BFH v. 7.11.1990 I R 116/86, BStBl. II 1991, 342
BFH v. 24.7.1990 VIII R 226/84, BFH/NV 1991, 588
BFH v. 12.7.1990 IV R 37/89, BStBl. II 1991, 64
BFH v. 5.7.1990 GrS 4-6/89, BStBl. II 1990, 847
BFH v. 30.5.1990 I R 41/87, BStBl. II 1991, 588
BFH v. 30.5.1990 I R 97/88, BStBl. II 1990, 875
BFH v. 23.1.1990 IX R 8/85, BStBl. II 1990, 464
BFH v. 7.12.1989 IV R 79/88, BFH/NV 1991, 364
BFH v. 31.10.1989 VIII R 210/83, BStBl. II 1990, 532
BFH v. 14.9.1989 IV R 85/88, BFH/NV 1990, 591
BFH v. 24.8.1989 IV R 80/88, BStBl. II 1990, 17
BFH v. 21.7.1989 III R 303/84, BStBl. II 1989, 960
BFH v. 22.2.1989 I R 9/85, BStBl. II 1989, 631
BFH v. 26.1.1989 IV R 86/87, BStBl. II 1989, 456
BFH v. 13.1.1989 VI R 51/85, BStBl. II 1989, 382
BFH v. 20.12.1988 VI R 55/84, BFH/NV 1990, 23
BFH v. 4.11.1988 VI E 3/88, BFH/NV 1989, 316
BFH v. 13.10.1988 IV R 220/85, BStBl. II 1989, 39
BFH v. 10.8.1988 IX R 219/84, BStBl. II 1989, 131
BFH v. 2.8.1988 VII R 60/85, BFH/NV 1989, 150
BFH v. 27.7.1988 I R 104/84, BStBl. II 1989, 274
BFH v. 26.7.1988 VII R 83/87, BStBl. II 1988, 859
BFH v. 12.7.1988 VII R 108-109/87, BFH/NV 1988, 764
BFH v. 9.2.1988 VII B 169/87, BFH/NV 1988, 649
BFH v. 3.2.1988 I R 394/83, BStBl. II 1988, 551
BFH v. 24.11.1987 VII R 82/84, BFH/NV 1988, 206
BFH v. 10.11.1987 VIII R 53/84, BStBl. II 1988, 186
BFH v. 26.10.1987 GrS 2/86, BStBl. II 1988, 348
BFH v. 24.9.1987 V R 196/83, BStBl. II 1987, 873
BFH v. 22.9.1987 IX R 162/83, BFH/NV 1988, 230

BFH v. 22.9.1987 VI R 221/75, BStBl. II 1979, 55
BFH v. 18.9.1987 VI R 121/84, BFH/NV 1988, 353
BFH v. 17.9.1987 VII R 62/84, BFH/NV 1988, 7
BFH v. 17.9.1987 VII R 101/84, BFH/NV 1988, 345
BFH v. 16.7.1987 V R 80/82, BStBl. II 1987, 691
BFH v. 4.6.1987 V R 57/79, BStBl. II 1987, 741
BFH v. 21.4.1987 V B 87/86, BFH/NV 1987, 604
BFH v. 10.4.1987 III R 274/83b BFH/NV1988, 22
BFH v. 26.2.1987 IV R 61/84, BFH/NV 1988, 24
BFH v. 6.2.1987 VI R 229/83, BFH/NV 1987, 572
BFH v. 16.12.1986 VIII B 115/86, BStBl. II 1987, 217
BFH v. 21.10.1986 VII R 144/83, BFH/NV 1987, 286
BFH v. 9.9.1986 VIII R 195/85, BStBl. II 1987, 257
BFH v. 9.9.1986 VIII R 95/85, BFH/NV 1986, 731
BFH v. 23.1.1986 IV R 335/84, BStBl. II 1986, 623
BFH v. 19.12.1985 V R 139/76, BStBl. II 1986, 500
BFH v. 10.12.1985 VIII R 41/85, BFH/NV 1986, 404
BFH v. 14.11.1985 IV R 63/83, BStBl. II 1986, 58
BFH v. 12.11.1985 VIII 364/83, BStBl. II 1986, 311
BFH v. 8.11.1985 VI R 238/80, BStBl. II 1986, 186
BFH v. 21.5.1985 VII R 181/82, BStBl. II 1985, 488
BFH v. 7.2.1985 IV 177/83, BStBl. II 1985, 504
BFH v. 22.1.1985 VIII 37/84, BStBl. II 1995, 501
BFH v. 2.10.1984 VIII R 36/83, BStBl. II 1985, 320
BFH v. 2.10.1984 VIII R 20/84, BStBl. II 1985, 428
BFH v. 22.11.1983 VIII R 14/81, BStBl. II 1984, 472
BFH v. 9.8.1983 VIII R 276/82, BStBl. II 1984, 29
BFH v. 21.6.1983 VIII R 237/80, BStBl. II 1983, 563
BFH v. 10.3.1983 V B 46/80, BStBl. II 1983, 389
BFH v. 21.12.1982 VIII R 48/82, BStBl. II 1983, 373
BFH v. 8.12.1982 I R 9/79, BStBl. II 1983, 570
BFH v. 19.10.1982 VIII R 97/79, BStBl. II 1983, 295
BFH v. 21.9.1982 VIII R 140/79, BStBl. II 1983, 289
BFH v. 21.7.1982 I R 177/77, BStBl. II 1982, 758
BFH v. 16.12.1981 I R 93/77, BStBl. II 1982, 474
BFH v. 8.12.1981 VIII R 125/79 BStBl. II 1982, 618
BFH v. 21.7.1981 VIII R 154/76, BStBl. II 1982, 37
BFH v. 26.5.1981 IV R 17/81, BStBl. II 1981, 668
BFH v. 26.5.1981 IV R 47/78, BStBl. II 1981, 795
BFH v. 25.5.1981 IV R 47/78, BStBl. II 1981, 795
BFH v. 26.3.1981 IV R 134/78, BStBl. II 1981, 572
BFH v. 22.1.1981 IV B 41/80, BStBl. II 1981, 424
BFH v. 11.12.1980 IV R 91/77, BStBl. II 1981, 422
BFH v. 10.11.1980 GrS 1/79, BStBl. II 1981, 164
BFH v. 17.7.1980 V R 124/75, BStBl. II 1980, 673

BFH v. 29.2.1980 VI R 165/78, BStBl. II 1980, 395
BFH v. 12.2.1980 VIII R 114/77, BStBl. II 1980, 494
BFH v. 6.2.1980 I R 50/76, BStBl. II 1980, 477
BFH v. 9.10.1979 VIII R 67/77, BStBl. II 1980, 116
BFH v. 31.10.1978 VIII R 124/74, BStBl. II 1979, 108
BFH v. 20.10.1978 VI R 107/77, BStBl. II 1979, 176
BFH v. 10.10.1978 VIII R 126/75, BStBl. II 1979, 77
BFH v. 20.7.1978 V R 2/75, BStBl. II 1978, 684
BFH v. 30.11.1977 I R 27/75, BStBl. II 1978, 149
BFH v. 4.5.1977 I R 27/74, BStBl. II 1977, 802
BFH v. 9.12.1976 IV R 47/72, BStBl. II 1977, 155
BFH v. 28.10.1976 IV R 76/72, BStBl. II 1977, 73
BFH v. 10.12.1975 I R 135/74, BStBl. II 1976, 226
BFH v. 19.3.1975 I R 173/73, BStBl. II 1975, 614
BFH v. 4.7.1974 IV R 166/70, BStBl. II 1974, 677
BFH v. 30.4.1974 VIII R 123/73, BStBl. II 1974, 541
BFH v. 24.8.1972 VIII R 36/66 BStBl. II 1973, 111
BFH v. 8.6.1972 IV R 129/66, BStBl. II 1972, 784
BFH v. 18.5.1972 IV R 168/68, BStBl. II 1972, 816
BFH v. 21.5.1971 V R 117/67, BStBl. II 1971, 540
BFH v. 23.4.1971 IV R 201/65, BStBl. II 1971, 686
BFH v. 19.11.1964 IV 455/61 U, BStBl. III 1965, 111
BFH v. 22.4.1964 I 386/61 U, BStBl. III 1964, 362
BFH v. 13.3.1964 VI 343/61 S, BStBl. III 1964, 359
BFH v. 1.12.1961 VI 306/60 U , BStBl. III 1962, 63
BFH v. 9.5.1961 I 128/60 S, BStBl. III 1961, 336
BFH v. 14.10.1960 VI 45/60 U, BStBl. III 1961, 20
BFH v. 17.10.1957 IV 64/57 U, BStBl. III 1957, 443
BFH v. 29.3.1957 VI 25/56 U, BStBl. III 1957, 161
BFH v. 26.1.1956 IV 566/54 U, BStBl. III 1956, 113

IV. Finanzgerichte

FG Nürnberg v. 4.7.1996, NWB EN-Nr. 1154/96, Rev. BFH: IV B 90/96
FG Münster v. 13.6.1996, DB 1996, 2212
FG Düsseldorf v. 8.5.1996, DStRE 1997, 129, Rev. BFH: VIII 46/96
Niedersächsisches FG v. 6.2.1996, DStRE 1997, 195, Rev. BFH: VIII R 53/96
FG Baden-Württemberg v. 18.1.1996, DStRE 1997, 6, Rev. BFH: VIII R 25/96
FG München v. 13.12.1995, EFG 1996, 434, Rev. BFH: IV R 20/96
FG Münster v. 12.10.1995, EFG 1996, 277, Rev. BFH: VIII R 12/96
FG Münster v. 14.7.1995, EFG 1995, 874, Rev. BFH: VIII B 85/95
FG Köln v. 19.6.1995, EFG 1996, 18 (rkr.)
FG Münster v. 26.4.1995, EFG 1996, 102, Rev. BFH: VIII R 72/95
FG Baden-Württemberg v. 20.10.1994, EFG 1995, 74 (n.rkr.)
FG Düsseldorf v. 15.8.1994, EFG 1995, 30 (n.rkr.)
FG Nürnberg v. 19.4.1994, EFG 1994, 1072, Rev. BFH: VIII R 80/94

Register 269

Niedersächsisches FG v. 8.3.1994, EFG 1994, 659 (rkr.)
FG Köln v. 23.11.1993, EFG 1994, 351 (rkr.)
FG München v. 26.10.1993, EFG 1994, 660 (rkr.)
FG Baden-Württemberg v. 25.10.1993 5 V 10/93, n.v.
FG Baden-Württemberg v. 30.6.1993, EFG1994, 197 (rkr.)
FG Düsseldorf v. 2.4.1993, EFG 1993, 710 (rkr.)
FG Münster v. 16.12.1992, GmbHR 1993, 448, Rev. BFH: I R 23/93
FG Rheinland-Pfalz v. 16.11.1992, KÖSDI 1993, 951
FG Baden-Württemberg v. 2.9.1992, EFG 1993, 228 (rkr.)
FG München v. 15.7.1992, EFG 1993, 143 (rkr.)
FG Düsseldorf v. 8.7.1992, EFG 1992, 732
FG München v. 11.3.1992, EFG 1992, 456 (rkr.)
FG Saarland v. 4.2.1992, EFG 1992, 322 (rkr.)
FG München v. 15.1.1992, EFG 1992, 463 (rkr.)
FG Münster v. 10.9.1991, EFG 1992, 228
FG Baden-Württemberg v. 20.6.1991, EFG 1993, 24 (rkr.)
FG Münster v. 19.12.1990, EFG 1991, 537 (rkr.)
FG Münster v. 24.10.1990, EFG 1991, 320
FG München v. 24.9.1990, EFG 1991, 242
FG Baden-Württemberg v. 14.9.1989, EFG 1990, 237 (rkr.)
FG Münster v. 22.6.1989, EFG 1989, 629 (rkr.)
FG Münster v. 16.12.1988, EFG 1989, 476 (rkr.)
FG Münster v. 17.5.1988, EFG 1988, 635 (rkr.)
FG Düsseldorf v. 9.12.1987, EFG 1988, 168 (rkr.)
FG Düsseldorf v. 26.10.1987, EFG 1988, 239 (rkr.)
FG Münster v. 15.7.1987, EFG 1988, 169 (rkr.)
FG Baden-Württemberg v. 4.7.1986, EFG 1987, 158 (rkr.)
FG Hamburg v. 1.8.1985 II 71/82, EFG 1986, 141
FG München v. 5.11.1980, EFG 1981, 341 (rkr.)

V. Oberlandesgerichte

OLG München v. 8.7.1994, NJW 1994, 3112
OLG Hamburg v. 25.5.1990, GmbHR 1991, 109
OLG Hamburg v. 8.12.1989, GmbHR 1991, 103
OLG Düsseldorf v. 2.3.1989, ZIP 1989, 586
OLG Karlsruhe v. 16.12.1988, ZIP 1989, 588
OLG Köln v. 19.10.1988, ZIP 1989, 523
OLG Hamburg v. 18.7.1986, DB 1986, 2015
OLG Hamburg v. 16.12.1985, ZIP 1986, 227
OLG Hamburg v. 4.4.1984, ZIP 1984, 584
OLG München v. 17.2.1966, NJW 1966, 2366

VI. Landgerichte

LG Waldshut-Thiengen v. 28.7.1995, DB 1995, 2157

B. Verwaltungsanweisungen

BMF-Schr. v. 5.12.1996, BStBl. I 1996, 1500; korrigierte Fassung DB 1997, 552
BMF-Schr. v. 24.8.1994, BStBl. I 1994, 711
BMF-Schr. v. 30.6.1994, BStBl. I 1984, 355
BMF-Schr. v. 14.4.1994, BStBl. I 1994, 257
BMF-Schr. v. 15.12.1993, BStBl. I 1993, 976
BMF-Schr. v. 24.11.1993, BStBl. I 1993, 934
BMF-Schr. v. 15.4.1993, BStBl. I 1994, 711
BMF-Schr. v. 13.1.1993, BStBl. I 1993, 80
BMF-Schr. v. 26.10.1992, BStBl. I 1992, 693
BMF-Schr. v. 20.2.1992, BStBl. I 1992, 123
BMF-Schr. v. 8.5.1981, BStBl. I 1981, 308
FinMin Baden-Württemberg v. 12.12.1994, DB 1994, 2592
FinMin Bayern v. 14.7.1995, DB 1995, 1685
Niedersächsisches FinMin v. 16.8.1982, DB 1982, 1849
FinMin NordrheinWestfalen v. 10.4.1995, BB 1995, 1184
OFD Münster v. 21.7.1995, DStR 1995, 1577
OFD Münster, v. 27.7.1983, StEK EStG § 15 Nr. 115
OFD München v. 30.4.1996, ESt-Kartei § 17 Karte 5.2
OFD Magdeburg v. 14.2.1994, BB 1994, 772
OFD Kiel v. 3.7.1996, DStR 1996, 1168
OFD Kiel v. 8.6.1993, BBK F. 1, S. 3207
OFD Hannover v. 18.2.1993, DStR 1993, 1023
OFD Hannover v. 29.3.1982, BB 1982, 661
OFD Freiburg, Karlsruhe und Stuttgart v. 16.2.1984, DStR 1984, 652
OFD Frankfurt am Main v. 26.6.1996, BB 1996, 1701
OFD Frankfurt am Main v. 13.1.1994, BB 1994, 773
OFD Düsseldorf v. 1.8.1995, DB 1995, 1688
OFD Düsseldorf v. 31.7.1995, BB 1995, 2001
OFD Düsseldorf v. 20.10.1992, DStR 1992, 1725
OFD Düsseldorf v. 8.10.1990, DStR 1990, 749
OFD Düsseldorf v. 1.2.1989, DStR 1989, 291

Stichwortverzeichnis

Die Zahlen verweisen auf die Seiten.

Abzugsverfahren 252 f., 257 f.
Ambros 237
Anrechenbarkeit nicht abgeführter
Steuern 146 ff.
– Kapitalertragsteuer 151
– Körperschaftsteuer 146 ff.
– Lohnsteuer 221 ff.
– Pensionssicherungsverein 233 ff.
– Solidaritätszuschlag 155 f., 224
Anteilsrotation 57
Anschaffungskosten (nachträgliche)
91 ff.
Arbeitnehmer 221 ff.
– Bürgschaften 227 ff.
– Darlehen 224 ff.
– Haftungsbeträge gem. § 69 AO 229 ff.
– Lohnsteuer 221 ff.
Atypisch stille Beteiligung 56 f., 120 ff.,
142 ff.
Auflösungsverlust
– Mitunternehmeranteil 122
– wesentliche Beteiligung 50
Ausschüttungssperre 82 f.
– Verstoß gegen die Ausschüttungssperre 84 f.
Außenhaftung (überschießende) 165,
209 ff.

Beteiligung
– Wertberichtigung bei Untergang
47 ff.
– Zeitpunkt der Wertberichtigung 52 f.,
55 f.
Bürgschaften 112 ff., 192 ff., 227 ff.

Darlehen (partiarische) 239 f.
Darlehenszinsen 96 ff.
Differenzgeschäfte 239
Dividende 147 ff.

Einlage
– geleistete Einlage 160 f., 174 ff.

– gesellschaftsrechtliche
Voraussetzungen 159 ff.
– verdeckte Einlage 89 ff.

Feststellungsbescheid 53
Finanzplankredite 77
Forderungen
– Bewertung 91 ff.
Fortbestehens- und Überlebensprognose
44, 46

Gesamtabrechnung bei Auflösung einer
Personengesellschaft 198 ff.
Gesellschafter einer Kapitalgesellschaft
47 ff.
– Darlehen 72 ff.
– – im Betriebsvermögen 47 ff.
– – im Privatvermögen (nicht wesentliche Beteiligung) 54
– – im Privatvermögen (wesentliche
Beteiligung) 50 ff.
– Untergang der Beteiligung 47 ff.
– – nachträgliche Anschaffungskosten
91 ff.
– Vermeidung der Verlustabzugsbeschränkung des § 17 Abs. 1 Satz 1
EStG 56 ff.
– Vermeidung der Verlustabzugsbeschränkung des § 17 Abs. 2 Satz 4
EStG 56 ff., 69 ff.
– Zeitpunkt der Verlustrealisation 47,
52, 55 f.
Gesellschafter einer Personengesellschaft
157 ff.
– Verlustzurechnung nach Veruntreuung
158 f.
– Verzicht auf Gesellschafterdarlehen
158
Gesellschafterdarlehen 72 ff.
– eigenkapitalersetzend 75 ff.
– Rangrücktritt 98 ff.
– Stehenlassen in der Krise 91 ff.

- Verzicht 91 ff.
-- Bewertung 101 ff.
- Verzicht mit Besserungsvereinbarung 108 ff.
- Zinsen 96 ff.
Gesellschafterfremdfinanzierung 73
Grunderwerbsteuer 138 f.

Haftsumme 161
Haftungsbeträge gem. § 69 AO 229 ff.
Haftungserweiterung 209 ff.
Hinterziehungszinsen 223 f.

Insolvenzstatistik 35

Kapitalerhöhung 66 ff.
Kapitalanleger 235 ff.
- Untergang der Anlage 235 f.
- Schneeballsystem 237 ff.
Kapitalkonto i.S.d. § 15a EStG 165 ff.
- Aufteilung 168 ff.
- Ausnahmeregelungen bei der Verlustzurechnung 178 f.
- Außenhaftung (überschießende) 165, 209 ff.
- geleistete Einlage 160 f., 174 ff.
- gesamthänderisch gebundenes Gesellschaftsvermögen 168 ff.
- Sonderbetriebsvermögen 166, 214 f.
- Verlustausgleichs- bzw. -abzugsvolumen 172 ff., 206 ff.
- vorzeitiger Wegfall 179 ff.
-- Behandlung von Bürgschaften 192 ff.
-- Behandlung von Sanierungsgewinnen 195 f.
-- Nachholung versäumter Auflösung 196 ff.
-- Umfang des Wegfalls 183 ff.
-- Zeitpunkt des Wegfalls 188 ff.
- Wegfall bei Vollbeendigung 198 ff.
-- Behandlung von Bürgschaften 203 f.
-- Zeitpunkt des Wegfalls 203
Kommanditisten 159 ff.

Kommanditanteil
- Ermittlung des Veräußerungsgewinns 216
- Übertragung in der Krise 215 ff.
Konkursantragspflicht 139 f.
Kreditunwürdigkeit 41 f., 76
Krisenverlauf 39 ff.

Liquidationsgewinn 157 ff.
Liquidationsschlußbilanz 198

Nachschüsse 123 ff.
Nettolohnvereinbarung 223

Pensionssicherungsverein 232 ff.
Pflichteinlage 161

Rangrücktritt 98 ff.
Rotationsmodell 75 ff.

Sanierungsgewinn 105 f., 195 ff.
Schneeballsystem 237 ff.
Sicherungsübereignung 245 ff.
Sonderbetriebsvermögen 166, 214 ff.
Spekulationsgeschäfte 51, 235
Steuerbescheinigung 153
Stille Beteiligung 119 ff.
- Atypisch stille Beteiligung 56 f., 120 ff., 142 ff.
- Typisch stille Beteiligung 119 f., 140 ff., 239 f.

Teilwertabschreibung 48 ff.
Treuhandverhältnisse 239 f.
Typisch stille Beteiligung 119 f., 140 ff.

Überbrückungsdarlehen 78
Überschuldung (konkursrechtliche) 44 ff., 76
Überschuldungsstatus 44 ff.
Umsatzsteuer
- Rechnungskorrektur 241 f.
- Vorsteuerabzug im Konkurs 244 ff.
- Widerruf der Option gem. § 9 Abs. 1 UStG 243 f.

Stichwortverzeichnis

Umwandlung
- in Kapitalgesellschaft 132 ff.
- in Personengesellschaft 64 ff., 134 ff.

Unterbilanz 79 ff.

Verluste i.S.d. § 15a EStG
- ausgleichs- bzw. abzugsfähiger Verlust 164 ff.
- verrechenbarer Verlust 164 ff.
- - Überhang bei Wegfall 202, 213 f.

Verlustfalle 131
- Vermeidung durch stille Beteiligung 140 ff.
- Vermeidung durch Umwandlung 131 ff.

Verlustvortrag
- Gewerbesteuer 137 f., 144 ff.
- Körperschaftsteuer 144 ff.

Veruntreuung 158 f.

Zahlungsunfähigkeit 43 f., 76

Zuschüsse 127 f.

Zwangsversteigerung von Grundstücken 254 ff.